中国宗族通史

·先秦卷·

常建华◎主编

陈絜　王旭东◎著

人民出版社

总　序

　　呈现在读者面前的这部八卷本《中国宗族通史》，是 2014 年 11 月立项的国家社会科学基金重大招标项目的最终成果。承担者系教育部人文社会科学重点研究基地——南开大学中国社会史研究中心的专兼职研究人员。

　　在冯尔康先生主持下，南开大学的学者于 1994 年著成《中国宗族社会》一书，由浙江人民出版社刊行；2009 年增订更名为《中国宗族史》，由上海人民出版社刊行。该书就中国宗族的演变提出了较为全面而系统的看法。此后，我们就中国宗族继续探讨，出版了断代性的多项研究成果，我曾著文《改革开放以来南开大学的中国宗族、家族与家庭研究》(《南开史学》2019 年第 2 期) 予以介绍。为了更加充分地反映我们的研究成果以及学界的相关进展，我们采取多卷本的形式，揭示中国宗族的历史。

　　如何理解"宗族"这一概念？我在《宗族志·导言》(上海人民出版社 1998 年版) 中曾对"宗族"释义，这里概括如下：

　　应当首先从中国古代的解释出发作为定义的基本依据。中国古代文献中最早对"宗族"一词的解释是《尔雅·释亲》所说："父之党为宗族。"《释亲》共分为宗族、母党、妻党、婚姻四部分；宗族部分，有 45 种宗亲称谓，己身直系男姓亲属上至高祖，下至云孙，以己身旁系亲属至从曾祖而别的三从兄弟。此外，还有一种三从兄弟之子，称为"亲同姓"。可知玄孙以下四世，即来孙、昆孙、仍孙、云孙，以及"亲同姓"均出了五服，宗族既包括五服之内人，也包括出服之人，只不过出服之人的血缘关系疏远，其称谓难以尽指而已。"父之党"即父系集团，包含具有直、旁系的亲属和出服之人，即有分支存在，也就是说，宗族是父系分支结成的集团。

把握"宗族"的含义，还应当考察"宗"和"族"二字。东汉许慎《说文解字》说："宗"，"尊祖庙也"。强调祖先祭祀。至于"族"，《说文解字》说："矢锋也，束之族族也。"释为聚集之意。结合东汉班固《白虎通·宗族》的论述，可知宗是尊奉共同祖先的族人，有大宗、小宗、群弟若干层次，从而治理族人，"族"是上至高祖下至玄孙的五服亲。小宗以外，还有出了服的共祖之人。

根据《左传·襄公十二年》记载，鲁的亲属组织是三个层次，祭奉宗庙的同姓，祭奉祖庙的同宗，祭奉祢庙的同族。"宗"是指同姓之下有明确祖先的一级亲属组织，其下包含"族"。由于"族"是聚集的意思，所以不同层次的亲属组织聚集的规模和结构就不同，聚于高祖的族是最基层的"族"，聚于宗的族，是"宗族"，聚于姓的族是"姓族"。宗族，应当是指聚于宗之族人。北宋人邢昺为《论语·子路》"宗族称孝焉"所作疏云："宗族，同宗族属也"。可知宗族最主要的是确立"宗"，即共同祖先。同姓成员可以包括分支集团。

《尔雅》及邢昺是从系谱和家族角度对宗族下定义，将两个概念合起来理解，宗族即同一父系祖先若干分支结成的同姓集团。根据上述对宗和族的考察，宗族已成为一种制度，即它是宗族活动有组织的系统，以祖先崇拜把族人结合在一起，强调共同体意识和互助精神，并有相应的规范。这一制度表现在祭祀先祖和睦族人的庙制，包含继承、分支、管理的大小宗制，五服亲属制度，最基本的组织是家庭。

以上对宗族的认知，主要出自对先秦时代宗族制度的理解，融进了汉、宋时代人们对现实宗族制度的认识。宋以后宗族同前代宗族从谱系结构上比较，其特征主要表现在同姓为族现象上，即宗族范围扩大，谱系不太严格。元朝出生于苏州的徐元瑞撰有集释吏员习用术语的《吏学指南》一书，对宗族的解释是："同姓曰宗，同枝曰族。""宗"的含义为同姓之人确立祖先，"族"则限制在"枝"的范围内，"枝"从属于"宗"。徐元瑞对宗族的解释，可以证诸历史。清代乾隆年间，江西宗族有"同姓立祠"之俗，联宗通谱扩展至府、省范围，所建府省祠堂与所修宗谱，推举年远君王将相一人共为始祖。这种宗族没有明确的继嗣关系，始祖是推举出来的，比较可靠的仅是同姓。但其组织法仍符合传统，有始祖、父系世系、同姓之人。

因此，中国的宗族，如同人类学家所说："'宗族'之称不过是证明以父系继嗣关系，即所谓'宗'所界定出来的群体。这个宗族群体可以是缺乏实际社会功能的人群范畴(category)，也可以是带有各种不同功能作用，彼此互动的社会团体(group)。"①宗族，既包括内部系谱关系较清楚的"宗族"(lineage)，也含有松懈的同姓继嗣群体"氏族"(clan)。

学术界对于宗族的概念，表述不尽一致，我们的上述表达还是可行的。②

撰写《中国宗族通史》，自然应在"通"字上下功夫，做到贯通、汇通、会通，这是有相当难度的，我们知其难而勉力为之。一般来说，多卷本的通史应当有统一的框架。然而，写作框架太统一，也易产生削足适履之弊。鉴于不同历史时期宗族问题的差异性较大，我们采取相对统一的策略，达到"多元一体"的目标。为此，我们通过多次研讨形成共识，强调本项研究要在以下几个方面把握各卷的著述：

一是注意把握宗族历史的整体性，即注意宗族与政治、经济、社会、思想文化及民族的关联；

二是强调呈现宗族的不同时空特色，既要注意宗族的演变以及阶段性，又要关注不同地域的宗族特色；

三是强调从日常生活的视角看宗族制度，宗族的重要特征是作为生活共同体，探讨宗族的生活形态是本书的题中之义；

① 陈其南：《家族与社会》，联经出版事业公司1990年版，第217页。
② 钱杭：《宗族建构过程中的血缘与世系》，《历史研究》2009年第4期。

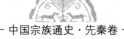
四是综合性论述与个案剖析相结合,通史的基本特性是综合性论述,但也容易流于平铺直叙,影响深入分析,好的个案可以弥补这样的缺陷。

以上四点做得好,或许可以在一定程度上形成本书的特色。不过,由于各卷的具体情况不同,这四点从形式到内容的体现也有所不同。

下面向大家介绍各卷的特色:

先秦卷,论述晚商、西周至春秋、春秋晚期以降至战国三个时期的宗族,撰述突出争议较大的核心问题。本卷提出,商王室并无社会史意义上的宗族组织,只是未继位的王子王孙,可以另立门庭,立庙铸器,祭祀所自出的祖灵,保留了“多子族”的血族团体组织。西周采取赐民、赐土与赐姓命氏的封建制度。新出现的“姓族”,改变了周人对血亲范围的认知,彰显出家族团结的重要性,分家别族的自发性本能冲动受到抑制,于是宗族结构发生了变化。

秦汉卷,认为秦汉时代的宗族带有以父系为主、兼顾母系二元性的“后氏族时代”家族的特征;同时社会又出现许多新的父权制家长因素,克服母系遗风的新型父系宗族开始成长。从“整体史”多视野的思维设计专题论述,还从宗族的视角,去探讨秦汉人物、事件中的族制因素。如从宗族的迁徙、世代职业,探究汉高祖的定陶戚姬家族背景,刘邦立赵王如意背后的外戚宗族因素;由属籍制探讨海昏侯的身份与“大刘记印”的含义。

魏晋南北朝卷,既充分兼顾魏晋南北朝时期各类型宗族的诸面向,同时通过社会史研究理路,以“人”的生存方式为核心,还原此时期宗族的社会性。还通过对不同时间、空间、生态背景下的魏晋南北朝宗族问题的解读,建构全新的宗族史学术诠释体系。认为这时的宗族是由若干宗族单元组成的亲族关系网络。宗族作为一种“关系”而存在,并非实体。每个宗族单元则是实体,更像家庭。

隋唐五代卷,强调宗族的基本组织结构,包括家庙、谱牒、祖茔、族产及其来源与管理,宗族类型可分为皇族、山东士族宗族、关中宗族、鲜卑族宗族、岭南与蜀中地域特征突出的宗族以及安史之乱后的勋族等,宗族与国家政权的互动与博弈，影响着国家治理，士族宗族的家礼、家法和家学等文化传统影响着社会历史发展，宗族发展呈现出承绪、振兴、重建、大流动与大整合的不同时期，宗族组织在社会文化生活中具有广泛、深入的影响。

辽宋夏金元卷，这一时期宗族形态演变过程中明显具有区域性差别，辽夏金统治区域内的宗族，较多地继承了门阀士族宗族制度的观念和组织方式；宋代特别是南宋统治区域内的宗族，则沿着敬宗收族宗族制度的方向进行转型。元代敬宗收族宗族制度的发展虽逐渐完善，但明显表现出南方与北方的地域差别。宗族的组织结构与各民族的社会发展阶段、生活方式与民族习俗密切相关。

明代卷，重点论述祖先祭祀、族谱纂修、族产族学、族规家训，并就日常生活与移风易俗、故家论与名族志加以阐述，注意宗族在明代前期、中期、后期不同时期的变化，认为明代宗族形态的区域性特点比较突出，大致可以分为三种类型：闽赣皖型宗族、江南型宗族、粤及北方型宗族。一定程度上突破了南方宗族、北方宗族的二分法模式认知，通过对明代三种类型宗族模式的分析，以期把握明代宗族形态的多样性与复杂性。

清代卷，通过对宗族活动意识、祠堂、族长、祠祭、祖坟、族谱、族学、族产以及家国一体的细密剖析，提出清代宗族呈现四个特点：一是宗族实现绅衿平民化、大众化，具有"自治"性；二是传统宗族笃信的宗法观念仍在人们的生活中起作用，但出现由传统型族长制向近代族会民主制类型转化的趋势；三是宗族行施教化权，族权与政权密切结合；四是宗族在不同地区发展不平衡，不同时期发展程度亦不相同。

近现代卷，20世纪以来中国社会经历了封建王朝的覆灭、新中国的成立和实行改革开放三次巨变，家族走过了受冲击、基本上销声匿迹以及一定程度的复苏的历程。人们的宗族宗亲活动受家族观念支配，各界人士的家族观有所不同，宗族、宗亲会一般活动与修谱活动均在开展，人们关注宗族与现代化关系、家族文化的当代价值。随着中国社会的巨大变化，宗族式微，但它能够适应社会发展变化，逐渐克服其宗法性,向近现代社会团体方向转化。

综合以上各卷内容与观点,形成了我对中国宗族演变阶段性及其特色的看法:先秦宗族的商周两种模式,属于中国宗族的奠基阶段;秦汉至五代宗族的多样性,属于中国宗族的变异阶段;辽宋夏金元明清宗族的组织化,属于中国宗族的转型阶段;近现代宗族与现代化,属于中国宗族的蜕变阶段。

最后简单介绍本书完成经过,并向有关人士致谢。这一课题于2015年5月26日举行开题报告会,听取专家意见。2017年11月10—13日,课题组与南开大学中国社会史研究中心合作举办"日常生活视野下的中国宗族学术研讨会",并于2009年11月由科学出版社出版了常建华、夏炎主编的《日常生活视野下的中国宗族》论文集。2019年底项目初稿完成,并于翌年9月27日举行了结项鉴定会。此后,进入初稿修改阶段,由于正值新冠疫情防控时期,修改工作的进展缓慢,本来2022年完成修订出书的计划不得不延迟一年,2023年7月终于完成修订工作。从立项到出书,历时九年之久,深感大型集体项目完成之不易,倘若这一学术成果被读者所认可,也是拜课题组冯尔康先生暨闫爱民、王力平、王善军、陈絜、夏炎诸教授以及惠清楼、梁轩、王旭东等合作者精诚团结、不懈努力所赐。感谢大家!特别是要向著名宗族史研究专家冯尔康老师致敬!

本课题立项与出版方面还得到以下学者的帮助与指教,他们是论证阶段的朱凤瀚教授、李治安教授,开题时的赵世瑜教授、钱杭教授、侯旭东教授、姜锡东教授、王跃生研究员,结项时的赵世瑜教授、孟宪实教授、阿风教授、郭玉峰教授、王跃生研究员、张利民研究员、任吉东研究员,出版阶段的钱杭教授、郑振满教授。在此,向诸位先生表示衷心的感谢!

本书一定存在这样那样的问题,还请专家学者以及读者不吝赐教。

常 建 华

2023年7月25日于津门

目　录

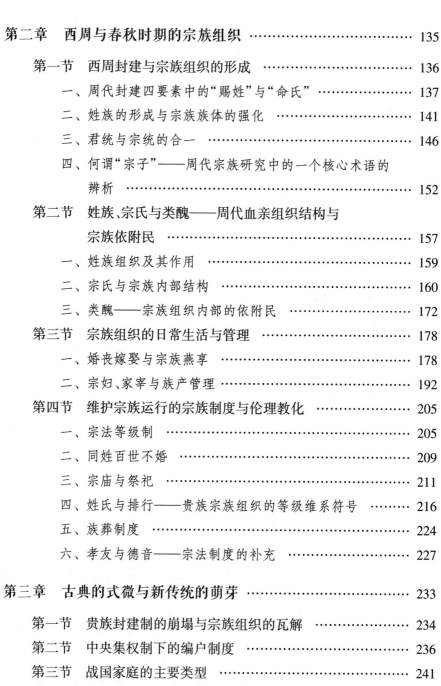

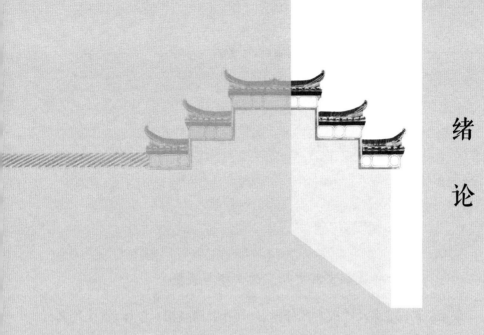

绪 论

一、近四十年先秦宗族史研究的回顾与展望

宗亲就是以族名及姓氏为区分标志、具有共同祭祀对象体系（无论其祖神体系是真实记录还是虚构而成）的血缘亲属团体。宗亲组织是我国古史研究中的核心论题之一，诸家之所以关注的原因主要有两点：

其一，婚姻、家庭、亲族组织是普遍存在于人类历史与现实生活的客观社会现象，是人类学、社会学、历史学等共同关切的研究课题。19世纪泰勒《原始文化》、摩尔根《古代社会》、恩格斯《家庭、私有制和国家的起源》等论著，均把家庭、家族视作相应研究的核心内容，甚至是各自理论体系的研究基石。

其二，宗亲组织在古代中国十分发达，它在维护当时的社会秩序、基层权力运作等方面，所起作用至为关键，而且对我国传统政治体制也产生了巨大而积极的影响。传统儒家有"修身、齐家、治国、平天下"的主张，卿大夫"齐家"是国家治理体系中不可或缺的重要逻辑环节。这套儒家体系，深刻影响着中国古代社会的历史走向，同时又具有重要的现实意义，家、国互动无疑成为中国传统文化的一个重要特点。所以，如费孝通《乡土中国》、林耀华《义序的宗族研究》、弗里德曼《中国东南的宗族组织》及《中国宗族与社会》、许烺光《宗族、种姓与社团》、守屋美都雄《中国古代的家族与国家》、井上彻《中国的宗族与国家礼制》等中外论著，都是把宗族问题视作农耕文明下汉族社会的核心论题加以讨论。史家的研究兴趣更为浓厚，尤其是20世纪80年代以来，中国历史时期的各个阶段，几乎都有相应的重要论著问世。

　　而在很长的一段时期内,宗族组织和宗法社会通常被认为是先秦社会形态的重要特征。尤其改革开放以来,中国古史学界对于这一课题的研究取得了长足进步,大致体现在如下几个方面:

　　首先是专著。谢维扬《周代家庭形态》借鉴现代人类学理论,对古代文献所记载的亲属制度和家庭形态加以细致的剖析。该书从世系问题入手,分别对婚姻、亲属称谓、世系集团等问题作了重点论述,继而探讨了周代家庭的内部构造与亲属成员之间的关系,揭示出血缘纽带、宗族组织和宗法制度对于周代社会的重要影响。在周代的交表婚制、亲属称谓及超出家族组织之外的"近缘氏集团"的形成和构造等问题方面,作者都有独到的见解发表。①

　　朱凤瀚《商周家族形态研究》一书,综合运用古文字、考古与传世文献资料,对殷商、西周和春秋时期的家族形态作了详细的断代研究,具体涉及家族组织的规模、结构、功能、聚居方式、家族成员的等级结构与家族内部的政治、经济形态等重要内容。该书注重对不同时段各种家族组织之异同的比较,继而在此基础上,致力于探索商周家族形态演变的过程和规律。在本书绪论中,作者将商周时期的家族划分为高低两个层次。其中,低层次的家族是指通过婚姻与血缘关系而形成的同居或聚居的、拥有共同经济生活的亲属组织;至于高层次的家族,则指从同一低层次家族中分化出来的若干相对独立的低层次家族、以某种方式与所从分出来的本家结合而成的亲属集团。作者强调,宗族归属于高层次的家族,相当于现代人类学概念的"世系群",就宗族亲属组织的实质而言,具有明确的父系祖先和谱系以及包含若干分支家族当为其主要特征。②

　　宗法制度是先秦宗族社会的重要表征。20世纪80—90年代,围绕这一主题相继出版了两部很有影响力的学术专著,即钱宗范的《周代宗法制度研究》和钱杭的《周代宗法制度史研究》。《周代宗法制度研究》一书对宗法制的起源和本质、宗法家族形态、宗法分封制度、宗法与政治的结合、宗统

---

①　参见谢维扬:《周代家庭形态》,中国社会科学出版社1990年版。

②　参见朱凤瀚:《商周家族形态研究》,天津古籍出版社1990年初版;2004年修订;商务印书馆2022年再版。

与君统的结合及卿大夫世族和士、庶人阶层的宗法制分别加以论述,最后就宗法制对中国历史文化的影响作了探讨。该书认为宗法制度以父权为特征,"宗统"与"君统"是紧密结合的,针对"庶人无宗法组织"的传统观点,作者持以否定态度,并对庶人宗法组织与贵族宗法组织的特点和异同之处作了详细分析。① 钱杭《周代宗法制度史研究》借鉴人类学、民族学和社会学理论,深入探讨宗法制度所蕴含的政治、经济、文化等方面内容。该书上编首先从殷周宗法比较的角度入手,论述了西周宗法制度的形成背景、过程及其存在的范围,对宗法的定义、"宗君合一"、宗亲观念的内涵及宗法制与社会经济形态的关系等问题,均发表了富有胜意的见解;下编则以鲁、齐、晋、楚、秦五国为例,对东周宗法的形态与演变作了详细考察,具体涉及宗法继承制度、宗法伦理类型、宗族世系排列方式、丧服制度和祖先崇拜等重要问题。该书最后讨论了宗法在中国古代历史上的地位,认为周代宗法制度的创设和发展是对世界文明史的一大贡献。②

此外,赵光贤《周代社会辨析》、田昌五《中国古代社会形态研究》、王贵民《商周制度考信》、赵伯雄《周代国家形态研究》、杜正胜《编户齐民:传统政治社会结构之形成》、宋镇豪《夏商社会生活史》、段志洪《周代卿大夫研究》、田昌五与臧知非《周秦社会结构研究》、晁福林《先秦社会形态研究》等专著及小书《商周姓氏制度研究》,③也有涉及先秦宗族组织及其形态演变的专门论述,有其相应的参考价值。韩巍博士学位论文《西周金文世族研究》④,为近年利用多学科材料系统研究西周金文世族的一部佳构,可惜至

① 参见钱宗范:《周代宗法制度研究》,广西师范大学出版社1989年版。
② 参见钱杭:《周代宗法制度史研究》,学林出版社1991年版。
③ 赵光贤:《周代社会辨析》,人民出版社1982年版;田昌五:《中国古代社会形态研究》,天津人民出版社1980年版;王贵民:《商周制度考信》,台湾明文书局1989年版;赵伯雄:《周代国家形态研究》,湖南教育出版社1990年版;杜正胜:《编户齐民:传统政治社会结构之形成》,台湾联经出版事业公司1990年版;宋镇豪:《夏商社会生活史》,中国社会科学出版社1994年初版,2005年增订;段志洪:《周代卿大夫研究》,台湾文津出版社1994年版;田昌五、臧知非:《周秦社会结构研究》,西北大学出版社1996年版;晁福林:《先秦社会形态研究》,北京师范大学出版社2003年版;陈絜:《商周姓氏制度研究》,商务印书馆2007年版。
④ 韩巍:《西周金文世族研究》,北京大学博士学位论文(2007年)。

今尚未定稿出版。

　　研究论文方面成果丰硕。斯维至《释宗族》认为，商周时期的宗族即父家长家庭公社，以父权制为核心特征。宗族由若干的"室"构成，"室"即小型家庭。父家长贵族家庭使用家内奴隶，庶人则是家庭公社的农民。① 程德祺在《父系宗族公社》《宗族公社若干问题试探》等系列论文中，借鉴民族学的理论与方法，认为父系宗族公社作为一种社会宗族集团，最初出现于原始社会后期，其规模大于原始家族公社而小于氏族公社，这种宗族集团延续至商周社会，发展出相应的亲属制度和更为复杂的内部构造，残余的宗族组织和剥削阶级权利结合形成了所谓的宗法制。② 孙晓春陆续发表《春秋时期宗族组织的经济形态初探》和《试论商代的父系家族公社》等论文，认为"众人"是父系家族的基本成员，处在宗族组织之内；而个体家庭为宗族组织内部的基本单元，土地公有制是宗族组织的经济基础，宗族组织属于家长制家庭的次生形态。③

　　利用出土文献进行商周宗族形态的研究，在近四十年取得了长足进展。林沄《从武丁时代的几种"子卜辞"试论商代的家族形态》一文，通过甲骨学界所命名的"子卜辞"材料，对晚商贵族家族内部的形态、构造与宗法等级关系作了全面讨论，指出"子"即贵族家族长的通称，家族内部诸成员与族长的关系相当于君臣关系。④ 裘锡圭《关于商代的宗族组织与贵族和平民两个阶级的初步研究》一文，指出晚商时期已存在宗法制度与跟周代类似的宗族组织。作者认为，商代各宗族的族人基本上属于统治阶级，甲骨文所见狭义的"众"是指被排斥在宗族组织之外的商族平民。⑤ 刘昭瑞《关于甲

---

① 参见斯维至：《释宗族——关于文家长家族公社及土地私有制的产生》，《思想战线》1978年第1期。
② 参见程德祺：《父系宗族公社》，《中央民族学院学报》1981年第1期；《宗族公社若干问题试探》，《中央民族学院学报》1983年第1期。
③ 参见孙晓春：《试论商代的父系家族公社》，《史学集刊》1991年第3期；《春秋时期宗族组织的经济形态初探》，《史林》1986年第2期。
④ 参见林沄：《从武丁时代的几种"子卜辞"试论商代的家族形态》，载《古文字研究》第1辑，中华书局1979年版，第314—336页。
⑤ 参见裘锡圭：《关于商代的宗族组织与贵族和平民两个阶级的初步研究》，载《文史》第17辑，中华书局1983年版，第1—26页。

骨文中子称和族的几个问题》一文,认为甲骨文中的"大子"、"中子"和"小子"形成一套称谓系统,"大子"即家族长,"中子"拥有自己的分族,"小子"则有规模较小的家庭组织,此即构成商代的一个家族形态。① 近年,林沄在《再论殷墟卜辞中的"多子"与"多生"》一文中,对甲骨文"子某"又作了进一步区分。他指出,子卜辞的"子某"基本都是生存在以子为族长的家族之内的成员;而王卜辞的"子某"一部分是指已故的王子,多数属于尚未建立分支族氏的"王族"成员,另一些则存在别氏迹象,可能是拥有自己封地和族众的王室贵族。按照上述观点,与商王血缘关系很近的贵族未必都称"子某",称"子某"者也并非都有王子身份,那些未成家立业的"子某"和已别氏的族长"子"应予以区别;至于"小子",也不宜一概视作小宗之长,而往往是指未分立的族内诸子。② 林沄《商史三题》第二讲"商王国的社会结构",其主张亦基本如此。林沄的上述论断,不仅是对"子"和"小子"内涵理解的重要修正,对于我们重新审视商周家族形态与层级结构也极有帮助。③

金文"复合氏名(族徽)"所反映的商周家族结构特点,也是学界长期关注的重要问题。关于复合氏名的内涵,学术界长期存在"联合说"与"分支说"的意见分歧。林沄、朱凤瀚等撰文系统论证,复合氏名体现的是族氏的分衍关系,进一步强调"分支说"的合理性④。客观地说,上述复合氏名理论所揭示的早期贵族家族组织的形态特征,与考古和古文字材料反映的情形是基本一致的。不过,若将这一理论"泛化"运用,或不加分辨地作为立论前提,则往往会产生一些难以解释的问题。比如说,有学者先把某一复合氏名拆分成若干族氏名号,并认定这些族氏之间存在着层级的分衍关系,进而再将与之具有复合关系的其他族氏也联系进来,其结果无外乎会出现两种

---

① 参见刘昭瑞:《关于甲骨文中子称和族的几个问题》,载《中国史研究》1987 年第 2 期。
② 参见林沄:《再论殷墟卜辞中的"多子"与"多生"》,载李宗焜主编:《古文字与古代史》第 3 辑,台湾"中央研究院"历史语言研究所 2012 年版,第 107—124 页。
③ 参见林沄:《商史三题》,台湾"中央研究院"历史语言研究所 2018 年版。
④ 参见林沄:《对早期铜器铭文的几点看法》,载《古文字研究》第 5 辑,中华书局 1981 年版,第 35—48 页;朱凤瀚:《商周青铜器铭文中的复合氏名》,《南开学报》(哲学社会科学版) 1983 年第 3 期。

可能:一是将原本没有血缘联系的若干族氏,尽皆归为某一族氏的分族;二是发现若干不同母族的分支,居然会是同一族氏。这样的结论显然都不符合历史事实。

　　上述问题的出现,促使研究者对"分支说"理论提出反思。如严志斌通过举例论证,指出复合氏名中的各族氏之间未必存在层级的分化关系,并认为复合氏名的解释需要兼顾"分支说"和"联合说",才能弥补两种理论各自存在的缺陷。① 是说对于纠正"分支说"理论的"泛化"运用,无疑具有积极意义。但"联合说"强调不同族氏之间曾有一定程度的联合,这样势必会否定所谓复合氏名作为"族徽"而存在的逻辑基础。考虑到复合氏名终究属于族氏铭文的一种特殊类型,它代表的只能是某个具有单一性和排他性的血族单元,而无法同时兼作若干个族氏的名号标识。事实上,族氏之间的联合不可能产生新的独立的族组织。因而从这一角度来讲,复合氏名恐怕也不宜采用"若干族氏联合作器"的观点加以解释。近来,朱凤瀚撰《商周金文中"亚"字形内涵的再探讨》,在进一步完善前说的基础上,重点论证"亚"字在复合氏名中表示分族的含义。② 而曹大志在《"族徽"内涵与商代的国家结构》中提出,传统的"族氏铭文"理论在解释上存在诸多问题,并认为所谓"族徽"的实质当为亲称和职官名号,这实际否定了长期以来学界对于族氏铭文与复合氏名的定性。③ 可见"族徽"问题的研究依然是任重而道远。

　　关于商周宗族组织内部结构与所有制问题,裘锡圭在《从几件周代铜器铭文看宗法制度下的所有制》一文中指出,在典型的宗法制度下,父权制家庭的家长和宗族内部的宗子是全家或整个宗族财产的支配者。④ 围绕琱

---

① 参见严志斌:《复合氏名层级说之思考》,《中原文物》2002 年第 3 期。
② 参见朱凤瀚:《商周金文中"亚"字形内涵的再探讨》,载陈光宇、宋镇豪主编:《甲骨文与殷商史》新 6 辑,上海古籍出版社 2016 年版,第 194—207 页。
③ 参见曹大志:《"族徽"内涵与商代的国家结构》,载北京大学中国考古学研究中心、北京大学震旦古代文明研究中心编:《古代文明》第 12 卷,上海古籍出版社 2018 年版,第 71—122 页。
④ 参见裘锡圭:《从几件周代铜器铭文看宗法制度下的所有制》,载吴荣曾主编:《尽心集——张政烺先生八十寿庆论文集》,中国社会科学出版社 1996 年版,第 127—136 页。

生器的内涵与周代宗族内部析产问题,林沄、朱凤瀚、王玉哲、李学勤、陈昭容、冯时等撰述颇丰,①均作了积极探索,有力地推动了相关研究的深化。

商周宗法制度也是古史学界讨论的重要问题,除了前举专著,还有一系列有价值的专题论文。程有为《西周宗法制度的几个问题》、吴浩坤《西周和春秋时代宗法制度的几个问题》诸文认为,周代宗法制度与政治统治密切结合,"宗统"与"君统"是合一的,天子、诸侯均在宗法体系之内。② 而李向平《西周春秋时期士阶层宗法制度研究》和《西周春秋时期庶人宗法组织研究》则进一步论述了士、庶人阶层亦行宗法的观点。③ 杨升南《从殷墟卜辞中的"示"、"宗"说到商代的宗法制度》、晁福林《关于殷墟卜辞中的"示"和"宗"的探讨——兼论宗法制的若干问题》二文,通过考察"示"、"宗"二字含义及其用法,分别得出了不同的观点。杨升南认为,商代王位继承以传嫡长为常制,宗法制度在当时已经实行。晁福林则主张,有关"示"、"宗"的卜辞材料,并不能证明宗法制的存在,且从反面证明商代并未出现大小宗之别。④ 此外,李曦《周代伯仲排行称谓的宗法意义》从人称的角度探讨了周代宗法制度。⑤ 李学勤《长子、中子和别子》主张商周金文中的"长子"、"中子"分别是指元子和支子,其中的"子"是亲称而非爵名;在此基础上,李学

① 林沄:《瑚生簋新释》,载《古文字研究》第 3 辑,中华书局 1980 年版,第 120—135 页;朱凤瀚:《瑚生簋铭新探》、王玉哲:《〈瑚生簋铭新探〉跋》,均收入《中华文史论丛》1989 年第 1 辑(总第 44 辑);李学勤:《瑚生诸器铭文联读研究》,《文物》2007 年第 8 期;陈昭容等:《新出土青铜器〈瑚生尊〉及传世〈瑚生簋〉对读——西周时期大宅门土地纠纷协调事件始末》,《古今论衡》第 16 期,台湾"中央研究院"历史语言研究所 2007 年版;冯时《瑚生三器铭文研究》,《考古》2010 年第 1 期。另陈絜:《瑚生诸器铭文综合研究》,载朱凤瀚主编:《新出金文与西周历史》,上海古籍出版社 2011 年版,第 82—105 页,亦有相应讨论。

② 参见程有为:《西周宗法制度的几个问题》,《河南师大学报》1981 年第 1 期;吴浩坤:《西周和春秋时代宗法制度的几个问题》,《复旦学报》(社会科学版)1984 年第 1 期。

③ 参见李向平:《西周春秋时期士阶层宗法制度研究》,《历史研究》1986 年第 5 期;《西周春秋时期庶人宗法组织研究》,《历史研究》1989 年第 2 期。

④ 参见杨升南:《从殷墟卜辞中的"示"、"宗"说到商代的宗法制度》,《中国史研究》1985 年第 3 期;晁福林:《关于殷墟卜辞中的"示"和"宗"的探讨——兼论宗法制的若干问题》,《社会科学战线》1989 年第 3 期。

⑤ 参见李曦:《周代伯仲排行称谓的宗法意义》,《陕西师范大学学报》(哲学社会科学版)1986 年第 1 期。

勤又将金文"北子"的"北"读为"别",指出"北子"应理解为"别子",亦即支子。① 黄铭崇《甲骨文、金文所见以十日命名者的继统"区别字"》基本赞同李学勤对"长子"、"北子"的理解,他强调"长"、"北(别)"都是贵族身份的区别字,只不过前者仅标明排行,后者则与继统有关。② 近来,黄国辉《江陵"北子"器所见人物关系及宗法史实》通过"北子"器群所见人物关系的勾勒,进一步论证"北子"即"别子"之说。他指出,蓼簋铭谓器主给"北子柞"作器,用来祭祀其祖及父,"蓼"是宗子,与"北子柞"为兄弟关系,正是前者赋予"北子柞"祭祀祖先的权力。③

　　在过去的四十年中,尽管先秦宗族史研究取得了巨大的发展,但人们对若干核心问题的理解依然见仁见智,少数重点难点问题的探索进入瓶颈,亟待突破。

　　首先是"族徽"、族氏铭文与复合氏名问题。我们认为,欲通过"族徽"和复合氏名来认识商周时期的宗族结构和族际关系,前提在于廓清复合氏名中若干成分的具体内涵:即哪些成分属于族氏名号,哪些属于非族名性质的附赘成分,其中是否可能存在纯粹的贵族个体标识。正确把握地名、职官或职事名号、贵族称号(以所谓的"爵称"为代表)与族氏名号的联系和界限,具体而言,即明确地名、职官或职事名号、贵族称号究竟只是加缀成分,抑或已经转化成为族氏名号之一部分,则是至为关键的。所以,像甲骨地理、商代官制与爵制等问题的探讨,应该引入金文复合氏名的内涵分析工作之中,这部分内容,恰恰也是目前商史研究的难点。

　　其次是商周家族的内部结构与人群构成研究。此中关涉两个方面的内容:其一,即传统宗法意义上的文献"大宗"、"小宗"、"宗子"、"宗氏"、"分族"与甲骨金文"子"、"小子"及"多亚"、"亚族"、"大亚"等概念的对应关系辨析;其二,则是针对商周家族内部的"附庸"群体的研究,具体来说,即通过考察上述群体与贵族家族主体的血缘和政治关系,从而明确前者以何

①　参见李学勤:《长子、中子和别子》,《故宫博物院院刊》2001年第6期。
②　参见黄铭崇:《甲骨文、金文所见以十日命名者的继统"区别字"》,台湾《"中央研究院"历史语言研究所集刊》2005年第76本第4分。
③　参见黄国辉:《江陵"北子"器所见人物关系及宗法史实》,《历史研究》2011年第2期。

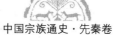

种途径和形式被纳入贵族家族组织之中。上述两个问题，均直接影响到研究者对商周家族形态与内部结构的准确认识。

最后，过去学界长期受到先秦国家与社会是由"血缘主导"发展到"地缘主导"这一单线演进论的影响，从而认为殷周春秋时期的家族组织规模庞大、层级复杂，直到战国以后才普遍被"编户齐民"式的个体小家庭所取代。例如，关于殷墟西区墓地的性质讨论，过去一般认为是商人聚族而葬形成的族墓地，并划分出墓区、墓组与文献所讲的"宗氏"、"分族"相对应，由此形成对商人族组织规模和层级结构的基本认识。但近年来，学界逐渐对所谓"族墓地"的定性加以反思和重新审视。如唐际根等学者提出，"所谓'殷墟西区墓地'，实际上可能是居址与墓地相夹杂的关系"①。此外也有学者从族氏铭文、葬俗葬制等不同角度指出，殷墟西区墓地所体现的社会组织形态，很可能是以核心家庭为主流的。②

我们认为上述讨论富有积极意义。无论就晚商还是西周而言，族氏组织的形态与结构必须分时、分域进行具体考察，都邑类聚落与周边中低级聚落（尤其是农村基层聚落）内部的居民组织形态很可能存在明显差异，观念或形式上的"宗族"，与作为实际社会单元的个体或核心家庭，往往是可以同时并存的。早期血缘组织的规模及其内部结构的探讨，不宜以后世文献和尚在建构中的近现代西方理论作为基点，商周血缘因素和地缘因素是平行发展的互融关系而非单线演进关系，③而且商周二代在宗亲组织上的本质差异，必须予以充分讨论，旧所谓地缘替代血缘的浅陋而僵化的模式，绝

---

① 中国社会科学院考古研究所安阳工作队：《河南安阳市殷墟孝民屯东南地商代墓葬1989—1990年的发掘》，《考古》2009年第9期。

② 参见严志斌：《殷墟西区墓地所见铜器铭文探讨》，载中国社会科学院考古研究所夏商周考古研究室编：《三代考古》（二），科学出版社2006年版，第450—458页；严志斌：《关于殷墟的"族邑"问题与"工坊区模式"》，《中国国家博物馆馆刊》2022年第10期；邰向平：《晚商"族墓地"再检视》，载北京大学中国考古学研究中心、北京大学震旦古代文明研究中心编：《古代文明》第12卷，上海古籍出版社2017年版，第123—131页。

③ 参见陈絜：《试论殷墟聚落居民的族系问题》，《南开学报》（哲学社会科学版）2002年第6期；林沄：《"百姓"古义新解——兼论中国早期国家的社会基础》，《吉林大学社会科学学报》2005年第4期。

不适用于对商周二族及二代社会变化实情的科学而客观的解释。①

此外文献与术语的正本清源，也是亟待展开的基础工作之一，很多问题纠缠不清，实际上与我们对文献字词内涵的理解不够准确、对概念术语的古今含义不加区分密切相关。

二、宗、宗族与宗法——先秦宗族史研究的概念与基础

今人讨论先秦宗族发展演变史，首先要清楚何谓宗族。前文已述，现代学者对"宗族"内涵的理解多存分歧，尤其是对宗族成员的涵盖范围，认知上的出入其实很大。例如杨希枚认为宗族就是同姓之族的集合体，其依据大致就是《国语·晋语四》"凡黄帝之子二十五宗，其得姓者十四人为十二姓"云云之辞。② 而杨宽主张宗族是姓族的分支，也即周代"致邑立宗"的氏族组织，他所凭借的当然是大家熟悉的《礼记》"别子为祖，继别为宗"之文。③ 这两种意见，各有立论依据，一时间似乎很难判别是非曲直，故我们的研究不妨换一个角度，循名责实，从宗字本义入手，以探寻宗族的内涵及其相关问题。

宗。《说文》宀部："宗，尊祖庙也。从宀、示。"示部："示，天垂象，见吉凶，所以示人也。从二（上），三垂，日月星也。观乎天文以察时变，示神事也。"在许慎看来，"宗"是会意字，表示庙堂之内有先祖神祇在焉。不过，就甲骨"宗"字写法看，小篆宗字是文字讹变的结果，其从示之说或不可信。

按殷墟卜辞有王宗、新宗、大宗、小宗、河宗之辞，其中"宗"字"介"（《甲骨文合集》④13542，宾组，以下文中简称"《合集》"）、"介"（《合集》13547，宾组）二形并作，宀下所从T、T不分，过去学界往往统一视为"示"字，也就是把

---

① 参见陈絜：《西周王朝如何进行基层治理》，《人民论坛》2019年S1期。
② 参见杨希枚：《〈国语〉黄帝二十五子得姓传说的分析（上）》《〈国语〉黄帝二十五子得姓传说的分析（下）》（1976）等，皆收录于杨希枚：《先秦文化史论集》，中国社会科学出版社1996年版，第211—256页。
③ 参见杨宽：《试论西周春秋间的宗法制度与贵族组织》、《"冠礼"新探》等，皆收录于杨宽：《古史新探》，中华书局1965年版。
④ 郭沫若主编，胡厚宣总编辑，中国社会科学院历史研究所编：《甲骨文合集》，中华书局1978—1982年版。以下文中简称"《合集》"并括注著录号。

T字看作T的繁化形构。这种理解殆以许慎的文字分析为依据,极有修正之必要。晚商T、T二字的含义不同,其使用还是有比较严格的区别的,例如:

（1）摧入（纳）,禹（丙）示（视）十,殸。（《合集》656 反,宾组,甲桥纪事刻辞）

（2）我以千,妇井示（视）冊（四十）,宾。（《合集》838 反,宾组,纪事刻辞）

（3）妇良示（视）七,相。（《合集》1121 白,宾组,纪事刻辞）

殷人好事鬼神,凡事须借占卜结果而定,故对龟甲的需求甚夥,并有一套严格的有关甲骨来源的登录入藏手续:何人何族在何地贡纳,由谁负责抽检质量,最后又是经何人之手入藏,均要一一交代清楚,并将相关信息刻写在甲桥、背甲与尾甲等处,即所谓纪事刻辞。毫无例外,其中表检视义的"示"字,均作T形,或为"见（视）"、"眂（视）"字之假借。再如:

（1）贞:勿曰T（示）龟。（《合集》4415,宾组）

（2）辛未卜,王令厚T（示）龆。（《合集》34124,①历组）

（3）令骨（过）罙（速）龟T（示）卜。（《合集》32912,历组）

上引诸占卜遗存中的T,同样应读作视,乃侦视之谓,而龟、龆、卜②等均为受侦视的对象或地点。也就是说,目前比较确定的当读为"视"的"示"字,均作T形。

与之相对照,跟宗庙、神龛相关的文字则往往从T,例如表收藏神主的祐字作（《合集》13551、15216,宾组）,而《合集》1161（宾组）云:"贞:勿屮自上甲……引。"就卜辞通例推测,引字似与收纳神主牌的神龛之类的器物有关。③ 尤为关键的是,商王室先公有"壬"（《合集》1256,宾组）、"壬"（《合集》27087,何组）、"壬"（《合集》33309,无名组）、"T壬"（《合集》1253,宾组）、"癸"（《合集》27087,何组）、"T癸"（《合集》1257、1258,宾

---

① 同文卜辞《合集》33219+34123 作"辛未卜,王令厚T（示）龆又",其中"又"或可读"右",表方位。

② 历组《合集》32914 有"其自卜又（有）来骨"之占,其中"卜"字旧读作"外",私以为族名或地名的可能性较大,"骨"字可破读为"祸",如《缀汇》363"在卜又（有）骨（祸）"所示。

③ 亦有学者认为"引"乃报、T二字之合文,似亦通,故所指实为三报（报乙、报丙、报丁）与二主（主壬、主癸）之合称。

组）、"三⊐（报）二ε"（《合集》32392）者，结合《史记·殷本纪》可知，即司马迁所说的是主壬、主癸二先公。由此可知，丅字实由ε、⊐、Ⅱ诸体演变而成，当释作"主"，乃祖先灵位牌的象形表意字。① "主"字与"示"形体接近，而且晚商时期已是混"主"入"示"，此乃不争之事实。② 但每当一并出现之时，往往有清晰的区分，例如前引《合集》34124"丅㐱"与"伊尹十丅又三"在前后辞中出现，前者乃侦视之"示"，后者则为神主之"主"，两不相混。又如《合集》938（宾组）"⩊于丅（主）壬"（祭祀占卜）、"［妇］好丅（示＝视）五"（纪事刻辞）并见，二字区异显而易见。《合集》32033（历组）则曰："丙寅贞：更丅（示）以羌冪赢于鼺丅（主），用。"其示、主二字亦不混淆，唯"示"指示族首领或示族之人。③

神主是亡灵的依凭之所，是祖先在阳间的物化表现。这一实实在在的木制牌位，能依照祭祀的实际所需，或将迎入庙，或外携受祭。例如《殷墟花园庄东地甲骨》④496"其将妣庚主"者，就是占卜主体"子"送其妣庚的神主至某地。《怀特氏等收藏甲骨文集》⑤1644"主先羌入"，殆贞问祭祀过程中神主先于牺牲"羌"入庙。《合集》32847"毕以大主"、《小屯南地甲骨》⑥3748"弜以大主"，殆贞问商王出行中是否携带神主及由何人负责奉送，此举颇似《史记·伯夷列传》所载"西伯卒，武王载木主，号为文王，东伐纣"，因商王经常外出巡察边邑，但繁缛而周密的祭祀活动不能中断，故作为主祭者的商王须挈神主一并出行。

① 过去甲骨学界误将卜辞"主壬"、"主癸"隶写作"示壬"、"示癸"，且认定史迁所记有误，实有厚诬前贤之嫌。另侯马盟书习见"某敢不剖其腹心，以事其主"之语，其中"主"字作龠，亦可证明卜辞丅字当释作"主"。

② 如《殷墟花园庄东地甲骨》184反甲桥纪事刻辞有"大丅五"之辞，其中表检视义的"示"就被误写为"主"形。

③ 《小屯南地甲骨》29"令以示先步"之"示"，即指示族之人或示族首领。

④ 中国社会科学院考古研究所编：《殷墟花园庄东地甲骨》，云南人民出版社2003年版。以下文中简称《花东》并括注著录号。

⑤ 许进雄：《怀特氏等收藏甲骨文集》，加拿大皇家安大略博物馆1979年版。以下文中简称《怀特》并括注著录号。

⑥ 中国社会科学院考古研究所编：《小屯南地甲骨》，中华书局1980年版。以下文中简称《屯南》并括注著录号。

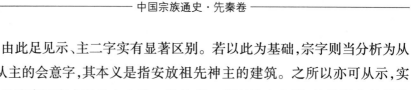

由此足见示、主二字实有显著区别。若以此为基础,宗字则当分析为从宀、从主的会意字,其本义是指安放祖先神主的建筑。之所以亦可从示,实际上是晚商用字中混示入主的一种体现。宗字从主之说,较早提出的是陈梦家,①张光直进而指出,"宗则表示为屋下之牌位,代表着供置牌位的宗庙"②。此外,钱杭亦有类似的主张。③ 这样的理解无疑是准确的。

宗族。"宗族"是一个比较晚起的词汇。何谓宗族,学界亦多有争议。其中较早的界定见诸东汉典籍,如班固《白虎通·宗族》有曰:

> 宗者何谓也? 宗者尊也,为先祖主者,宗人之所尊也……古者所以必有宗何也? 所以长和睦也。大宗能率小宗,小宗能率群弟,通其有无,所以纪理族人者也。

> 族者何也? 族者凑也、聚也,谓恩爱相流凑也。上凑高祖,下至玄孙。一家有吉,百家聚之,合而为亲,生相亲爱,死相哀痛,有会聚之道,故谓之族。④

从中大体可知,宗族是一个血缘团体,而这一血缘团体的核心就是有共同的祖先。朱凤瀚认为:"'宗族'本义是指有共同祖庙的亲族,亦即是有明确父系祖先的家族。"⑤窃以为这一说法无疑是可信的。结合前面所讨论的"宗"字本义,我们可以明确地讲,宗族是指具有共同祖先崇拜的族群的合称,祭祖系统相同者,相互间方构成宗亲关系,才可以互称族人。依照理想化的模型,由于祭祖的需要,故宗亲成员往往生活在一个相对集中的范围内,生产经营上有一定的联系,子嗣培育上也能相互照顾,死后则可能埋葬在同一个墓地之中,形成一个相对稳固的生活共同体。然而商周"宗族"的实际情况远较此复杂,存在着实体与虚化、扩大与紧缩等诸多变例。

宗庙内供奉的先祖神主代系多寡,决定了宗族的结构与规模。一个社会是否存在宗族组织,其核心依然要归结到是否存在祭祀先祖的宗庙与相

---

① 参见陈梦家:《释示宗及主》,《考古社刊》1937 年第 6 期;又改写收入《殷虚卜辞综述》,中华书局 1988 年版,第 468—473 页。

② 张光直:《商文明》,辽宁教育出版社 2002 年版,第 179 页。

③ 参见钱杭:《宗族的世系学研究》,复旦大学出版社 2011 年版,第 90—91 页。

④ (清)陈立撰,吴则虞点校《白虎通疏证》,中华书局 2018 年版,第 397—398 页。

⑤ 朱凤瀚:《商周家族形态研究》(增订本),天津古籍出版社 2004 年版,第 10 页。

应的宗庙体系及制度。若受祭对象只有一两位，宗族结构自然比较简单，所涉人口数量也不能太过庞大。若受祭对象数量多，涵盖三五代甚至更多，相应的宗族规模就会非常庞大，结构也会复杂许多。所以，只要有庙祭，便有宗族，各代各地的宗族规模与结构不必完全一致，实受宗法之限制，如《仪礼·丧服》云："大宗者，收族者也。"《礼记·大传》曰："别子为祖，继别为宗，继祢者为小宗。有百世不迁之宗，有五世则迁之宗。百世不迁者，别子之后也……宗其继高祖者，五世则迁者也。"以上所述，一般理解为与周代宗族组织相对应，其复杂程度亦非有商所可比拟。当然，周代是否有严格的五世则迁制度恐怕也是令人怀疑的，至于宗法宗族只为大夫士（"别子"）所设更是无稽之谈。

宗法。宗族这一生活共同体是由性别不同、年辈不等、能力有异的若干个体组成，当个体数量达到一定规模，自然需要有相应的社会分工，或主祭祀，或事生产，或专门负责幼儿的养育与家内庶务，甚至还须有相应的礼规，以维护宗族内部的关系，这就是宗法的萌芽。当各种礼俗得到共同体内多数成员的认可并遵守，甚至有文字上的系统记载，这就成了具有契约性和类法律性的制度，成为共同体内所有成员的行止规范。简言之，宗法就是针对于宗族组织的礼规。具体说来应该包括宗庙祭祀制度、宗亲间的关系等级制度、居葬制度，以及婚姻制度、姓氏制度等各个方面。

通过以上对宗、宗族与宗法（或宗族制度）等概念的讨论，我们大致可以抓住先秦宗族史研究的核心议题：

第一，宗族形态，包括宗族结构与规模、宗族的居葬形态、宗族的管理、宗族日常生活等。

第二，宗族制度，包括婚姻制度、姓氏制度、宗庙祭祀制度、宗亲等级制度、居葬制度等。

所以，宗族史研究的最为基本的内容无非由以下几个方面构成：祭祀对象（祖神的范围）、祭祀场所（宗庙）与相应的制度（祭祖的权力）、宗族成员的划分与个体在宗族内部的地位规范（族人管理之法）。当然，各个历史阶段有各自特点，尤其是在国家政治与社会组织的交互影响下，不断有认知与礼规上的变化，从而影响相应阶段的宗族形态与结构。总之，祖神及其祭祀问题才是宗族史研究的核心,其他方面则属宗族结构与形态的具体表现。

先秦宗族史的撰写,我们所能利用的传统资料有限,且传世文献本身具有天然的时代局限性,《诗经》《春秋》经传、"三礼"之类典籍,用于讨论两周,犹须详尽分析,才能避免出现舛错;用于解释晚商,更须慎重。所以,我们终须以出土文字资料如甲骨、金文、战国竹简为主,辅之以其他非文字性考古遗存,包括墓地、房址等,继以典籍所记,条辨缕析,错综用之,以期对先秦宗族发展史的总体框架作出勾画,对各个历史演变阶段的重要细节作出梳理。

本书主要分晚商、西周至春秋、春秋晚期以降至战国三个阶段加以梳理。具体的写作则突出争议较大的核心问题,尽量避免平铺直叙、面面俱到的现象描述式工作。把各种核心问题摆出来,将各种资料梳理清楚,当然最为关键的是个人观点的合理表述,而非东拼西凑各种"借鉴"的大杂烩。

晚商时期的族氏组织

　　自盘庚迁都殷墟（今河南安阳）后，商王朝的政治局势大致得以稳定下来，旧所谓"二百七十三年更不徙都"，即从早商"不常厥邑"到晚期政治中心的长期恒定，就是最好的表征。在这崭新局面的影响下，华夏族的文明化程度得以极大提升。今日所见，不仅有规划严整、用工浩繁、规模宏大的王都建筑群与王陵区，还有数量惊人、铸造精美的青铜礼器不断出土，更有成熟系统的占卜文字资料流传至今，让三千余年后处于工业化、电子信息化社会背景下的现代人，拥有了深切理解商代社会与文明的材料基础。

　　就甲骨资料看，晚商已有"族"的组织，如"王族"、"多子族"、"癶族"、"三族"、"五族"等，皆是显例。但这里的"族"，究竟是血族团体还是军事组织，学界尚有较大分歧。客观地讲，现有资料也很难于一时间辨明孰是孰非。所以，讨论殷代的血族组织不能单纯地从字词的简单解释入手，要换视角，甚至需要迂回前行，从姓族、氏族（学界一般又以"族氏"称之）等组织的形态着眼，分析它们是否生而聚居、死而聚葬，是否具有共同的祖先祭祀崇拜体系，是否构成有机的生活共同体，从而揭示晚商"宗族"的内涵与实质。有鉴于此，下面我们将从诸"姓族"的地域分布、复合氏名的形式内涵与族氏组织结构等方面渐次展开相关讨论，最后总结归纳出商代血亲组织的时代特征。

　　有商一代的历史，传世文献所载极为有限，涉及社会组织方面的内容，则概付阙如，出自周人之口的寥寥数语，也存在极大的悬测倾向，与商代实际或多有出入。好在尚有大量的甲骨金文及其他考古遗存可资利用，使得今人依然拥有窥豹一斑的机缘，实乃幸事。

第一节　晚商时期的"姓族"探微

——以族群地域分布的考察为中心

就现有资料看,存在于先秦文献的古姓有30余个,其中商王族子姓、周王族姬姓、有夏姒姓、有虞妫姓,还有姜、妊、嬴等著姓,基本可以得到两周金文的验证。以古姓为系联标准的亲族团体,学界一般称之为姓族。姓族是目前所知的涵盖范围最广的上古血族组织(此中亦不免有拟血缘团体的存在)。过去受某些经典理论的经典论断之影响,多认为姓族是一个有机的生活共同体,甚至在已进入高度文明的晚商时期,姓族依然维系着聚居聚葬、共同生活的局面。所以,在一些学者的认知中,晚商的姓族就是宗族。实际情况究竟如何,恐怕还须根据相关材料认真考辨。若着眼于第一手史料,直接描述商代"姓族"层级结构或社会生活的记载非常少见,唯古族地理犹可考求,不失为探索"姓族"初始面貌之管钥。今以晚商时期的诸姒、诸妊与诸嬴为例,分别就其地域分布状况作一梳理,以便于读者对商代"姓族"内涵的理解与判断。

一、诸姒之族

今日对于上古族群、族属的划分,殆以族姓为唯一标准。依照传统的说法,夏人姒姓,商人子姓,周人姬姓。子商姬周,应该是确凿无疑的事实。故如姒姓夏族之说,亦不好轻易否定,非说姓的概念出自西周,恐怕很难证明,毕竟"赐姓"不是创造姓的概念与具体古姓,周初赐姓,也即姓族的划分,还是有一定的社会基础与事实依据的。

传世典籍中集中体现诸姒的较早的材料主要是《史记·夏本纪》,其辞曰:

> 禹为姒姓。其后分封,用国为姓,故有夏后氏、有扈氏、有男氏、斟寻氏、彤城氏、褒氏、费氏、杞氏、缯氏、辛氏、冥氏、斟戈(灌)氏。

此中共记诸姒之族12个。此外《左传》昭公二十五年"季公鸟娶妻于鲍文子"事,《国语·齐语》"桓公自莒反于齐"章韦昭注,均有鲍氏姒姓之说。另金文所见者则有繁、癈二氏,亦属姒姓。

以上合计诸姒之族达 15 个之多,但族姓明确见载于目前所知的两周金文中的只有 6 个。此外缯氏姒姓虽不见金文等出土资料,但考虑到它与杞族关系尤为紧密,说是姒姓,恐怕问题不大,故一并附列于后。

1. 费氏

费氏姒姓,周代金文可以印证此说。例如 1972 年山东省邹城市峄山镇纪王城前村邾国故城址出土弗奴父鼎一件,①铸器年代大概在两周之际,有铭文曰:

弗(费)奴父作孟姒府媵贞(鼎),其眉寿万年永宝用。(《殷周金文集成》②2589)

其中寿字作"𣂶",具有显著的东周齐鲁文字特征,此与该器出土地点异常契合。此前不少学者认为"弗"字可读"费",无疑是对的,而器物又属媵器,故东土费氏姒姓殆毋庸置疑。《尚书》有《费誓》之篇,《书序》云:"鲁侯伯禽宅曲阜,徐夷并兴,东郊不开,作《费誓》。"据《书序》,费地在曲阜以东,在地望上与今临沂费县比较契近。即是说,西周之初东土便有费地。《国语·楚语》记"鲁有弁、费",《左传》隐公元年有"费伯帅师城郎"之说,《左传》隐公二年鲁大夫又有"费庈父",据高士奇《春秋地名考略》,费地即指今之费县。这个问题前辈学者多已论及。另《史记·殷本纪》商纣有异姓嬖臣飞廉与费仲,飞廉出自东土嬴姓之族,费仲恐怕亦出自东土姒姓费氏。

可以进一步补充的是,卜辞𧗈氏也应该与文献所载之费氏有关。按《史记·鲁世家》"费誓"作"肸誓",司马贞《索隐》又曰"《尚书》作'柴誓'"。这为探索卜辞是否有相应记录提供了重要线索。殷墟卜辞有一"𧗈"字,过去误释为"依"。该字从衣、从匕,自当隶定作"𧗈",窃疑匕为其声符,故读音与柴、费同。"𧗈"于卜辞多作族名,例如:

(1)▨呼𧗈、崔(趮)。王占曰:其呼▨

---

① 参见王言京:《山东邹县春秋邾国故城附近发现一件铜鼎》,《文物》1974 年第 1 期。

② 中国社会科学院考古研究所编:《殷周金文集成》(修订本),中华书局 2007 年版。以下文中引用简称"《集成》"并括注著录号。

　　勿呼哀、嶉（趡）。（《合集》4730，宾组）

（2）己亥卜，争贞：呼哀▨

　　己亥卜，争贞：屮彗土（社）▨（《合集》13420，宾组）

（3）贞：哀敦郭。

　　［屮］彗土（社）于［之］。（《合集》7047，宾组。残辞据同文卜辞《合集》13421 补）

（4）癸巳卜，争贞：令多奠（定）哀、束、郭。（《合集》6943，宾组）

例（1）商王所呼令的对象有哀、嶉二族，其中嶉即《春秋经》桓公十七年"公会邾仪父，盟于趡"之趡，杜预注曰："趡，鲁地。"其地在今曲阜东南近郊，[1] 故与之并辞的哀族，似与之邻近。据例（3）、例（4），说明哀又与束、郭二族密迩，尤其是例（4）所言，商王命令多抚定哀、束、郭三族，[2]说明相互间有一定的地缘上的联系。按《春秋》襄公十九年云："诸侯盟于祝柯，晋人执邾子，公至自伐齐，取邾田自漷水。"《左传》则曰："诸侯还自沂上，盟于督扬，曰'大毋侵小'。执邾悼公，以其伐我故。遂次于泗上，疆我田。取邾田，自漷水，归之于我。"《春秋》哀公二年又有"季孙斯、叔孙州仇、仲孙何忌帅师伐邾，取漷东田与沂西田"之记载，漷水为滕州境内的主要河流，系泗水重要支流之一，位于鲁都曲阜东南，上引卜辞中的"郭"，殆指漷水附近的邑落，这也符合卜辞金文中邑聚名、族名与附近水体名往往一致的惯例。而卜辞束族，主要活动在东土，周初则有分支厚氏盘踞汶水下游，故束族或为鲁中或鲁南一带的东土故族。[3] 另据《合集》14161 记载，商王曾"入于凫、束循"，也就是在凫、束二地巡游，其中凫地即《诗经·鲁颂·閟宫》"保有凫绎"之凫。[4] 束地自然与之邻近。又《屯南》984 言及商王在羌、束诸地田

---

① 参见郑杰祥：《商代地理概论》，中州古籍出版社 1994 年版，第 164 页。彭邦炯：《甲骨文农业资料考辨与研究》，吉林文史出版社 1997 年版，第 636—637 页。

② "奠"可径训为"定"，抚定、平定之谓，即如曾侯膜编钟"覉敷天下"当读作"抚定天下"者是。参见李学勤：《曾侯膜（與）编钟铭文前半释读》，《江汉考古》2014 年第 4 期。

③ 据西周早期厚趠方鼎铭文（《集成》2730），厚为束族分支，而厚即汶水下游东平一带之邥邑，故束族为东土故族的可能性极大。

④ 参见于省吾：《甲骨文字释林·释勹、凫、甸》，商务印书馆 2010 年版，第 374—378 页。

猎,说明束地又毗邻于莱芜羌地。由此可见晚商束地应在新泰、泗水间寻找。① 今商王命令多抚定哀及东方束、郭二族,哀在东土想必亦是比较确凿的,将之与周代费邑相联系,无论读音还是地理位置,都甚是契合。

2. 杞氏

周代杞氏姒姓,已无任何争议,传世文献记载非常明确,如:

(1)昔挚、畴之国也由大任,杞、缯由大姒,齐、许、申、吕由大姜,陈由大姬,是皆能内利亲亲者也。(《国语·周语中》记富辰之语)

(2)有夏虽衰,杞、缯尤在。(《国语·周语下》)

(3)鬼神非其族类,不歆其祀。杞、鄫何事?相之不享于此久矣,非卫之罪也。(《左传》僖公三十一年)

此外,金文中同样有例证,如山东平邑周代墓葬所出叔豸父簋有铭文曰:

郮叔豸父作杞孟姒馈簋,其万年眉寿子孙永宝用。(《集成》4592,春秋)

此器为郮国贵族叔豸父为其配偶杞孟姒所铸祭祀用器,铭文“杞孟姒”之称,足以说明杞氏姒姓。但周代杞族究竟何在,过去学界有所分歧,一说河南杞县,一说山东新泰。主张山东杞族自河南杞县迁徙而至,持此论者代不乏人。② 窃以为这样的认识似有本末倒置之嫌。东土杞族有大量的传世与出土材料上的证据。例如《春秋》庄公二十七年“公会杞伯姬于洮”、《左传》昭公七年“晋人来治杞田,季孙将以成与之”,此可说明春秋时期鲁之东北自有一杞国。山东新泰曾出土成批的杞伯每亡器,在地望上与文献所记契合。又西周史密簋(《殷周金文暨青铜器资料库》③NA0636)记载“南夷卢虎会杞夷、舟夷、藋(灌)不坠,广伐东域”,说明早在西周时期东土已有杞地,且当与汶水下游的舟(山东平阴、东平间)、藋(即斟灌氏,在山东肥城南界)诸地邻近,这同样与文献所记契合。再如商末周初有亚醜杞妇卣(《集

---

① 参见陈絜、聂靖芳:《甲骨金文中的束族与商周东土族群流动》,《史学月刊》2022 年第 1 期。

② 参见(清)高士奇:《春秋地名考略》卷一二“杞”条。

③ 台湾“中央研究院”历史语言研究所金文工作室:《殷周金文暨青铜器资料库》,http://www.ihp.sinica.edu.tw/~bronze/。

成》5097)，说明杞与山东青州苏埠屯一带的亚醜之族关系密切，杞族于东土的存在或能上溯之晚商。而最为关键的当然是殷墟卜辞中各种有关杞族、杞地的占卜记录。例如：

(1)丁酉卜，㱿贞：杞侯炽弗其骨同㞢疾。

贞：子婋不延㞢疾。(《合集》13890，宾组)

(2)乙未卜，行贞：王其田，亡灾。在杞卜。(《合集》24473，出组)

(3)壬戌卜，贞：王其田阬，亡灾。

甲子卜，贞：王其遂㝬(叀)，亡灾。

乙丑卜，贞：王其遂𩫖，亡灾。

戊辰卜，贞：王杞田【田杞】，亡灾。

辛未卜，贞：王田敦，亡灾。

乙亥卜，贞：王其田丧，亡灾。

戊寅☒王其☒

辛卯卜，贞：王田𩫖，亡灾。

☒贞：王田敦，亡灾。(《屯南》660，无名组)

(4)丙戌卜，在卜(外)亘贞：王步于婚，亡灾。

庚寅卜，在婚贞：王步于杞，亡灾。

壬辰卜，在杞贞：王步于瓒，亡灾。

癸巳卜，在瓒贞：王遂㖊，往来亡灾。于次北。

甲午卜，在瓒贞：王步于𠜱(索)，亡災。(《合集》36751，黄组)

由上述卜辞可知，杞属晚商泰山田猎区内的田猎点之一，同时又为商末征人方的经由地，距离山东东平接山镇附近的瓒地(属卜辞"商鄙三邑")仅一日行程。故可断言，卜辞杞地与商周金文及《春秋》经传中的"杞"所指相同，大致在今山东新泰西境。① 而且在武丁时期，由于东讨夷族的需要，曾在杞地设置斥候。再据子卜辞《合集》22214"令廾赍(积)杞"之辞可知，杞不仅受王朝政府控制，甚至还得听命王朝权贵，贡献仓储粮草之物。

① 参见陈絜、赵庆淼：《"泰山田猎区"与商末东土地理——以田猎卜辞"盂"、"𡙕"诸地地望考察为中心》，《历史研究》2015年第5期。

总而言之，东土自有一姒姓杞族，从武丁时期至春秋晚期，一直是在山东新泰一带活动，文献杞、鄫联称，道理就在于此。

3. 辛氏

辛氏又作莘、先、侁、姺，如《诗经·大雅·大明》曰：文王"缵女维莘，长子维行，笃生武王"。毛传曰："缵，续也。莘，大姒国也。"即是说文王从有莘氏续娶大姒而生武王，反映的是先周时期姬周与姒莘已有联姻。又《楚辞·天问》曰："成汤东巡，有莘爰极。何乞彼小臣，而吉妃是得。"此中一则说明子、姒二族通婚；二则反映有莘氏的相对方位是在汤都以东。《左传》昭公元年追记"商有姺、邳之乱"，姺也即莘，与之联属的邳应在滕州附近。此外，《左传》中多处提及莘地，如：

（1）初，卫宣公烝于夷姜，生急子，属诸右公子，为之取于齐而美。公取之，生寿及朔，属寿于左公子。夷姜缢，宣姜与公子朔构急子，公使诸齐，使盗待诸莘，将杀之。（《左传》桓公十六年。杜预注："莘，卫地，阳平县西北有莘亭。"）

（2）晋侯登有莘之虚以观师。（《左传》僖公二十八年）

（3）师从齐师于莘。（《左传》成公二年。杜预注："莘，齐地。"）

就文字内容判断，这一莘地似当在卫、鲁、齐之间寻找，在大方位上与"成汤东巡，有莘爰极"颇相吻合，杜预注强分为二，未知所据为何。

按山东滕州庄里西村 M3 出土西周早期铜器新姒鼎一对，铭文相同，曰："新姒作饙簋。"其中"新"可读"辛"，"辛姒"这一自名形式，可理解为由父氏、父姓两部分构成。又西周晚期有叔向父簋组器，有铭曰："叔向父作新（辛）姒尊簋，其子子孙孙永宝用。"（《集成》3849）其中"辛姒"殆即叔向父之配，其称名亦由父氏、父姓构成。由此可知，文献辛氏姒姓之说当可据信。而殷墟卜辞有先地、先侯，亦能印证辛氏为东土故族。例如：

（1）丁卯卜，贞：毕往先。（《合集》4068，宾组）

（2）壬戌卜，争贞：乞令擊田于先侯▨（《合集》10923，宾组）

（3）己卯卜，王：咸截先。余曰▨（《合集》7020，宾组）

（4）乎子画以先新射。

允其敦。

贞：师般以瘕左。

▨舌▨(《合集》5785,宾组)

（5）乙丑卜,殸贞：子商弗其获先。(《合集》6834,宾组)

毕与子商均属东土诸妊之族①;据晚商仲子冥弜觥铭(《集成》9298)可知,擘与东土诸姜之一的冥族相牵涉,②即公羊《经》定十四年“公会齐侯、卫侯于坚”之坚,陆德明《音义》曰“坚本又作擘”,左氏《经》作“牵”,其地大致在今济南附近;咸或即《春秋》桓七年之“咸丘”,当然读作“鹹”的可能性亦极大,即《春秋》文公十一年“叔孙得臣败狄于鹹”之鹹,③总之咸在今曲阜周边为近似;画族在临淄西南;师般之师,或与谷梁《经》文公十六年“公子遂及齐侯盟于师丘”相关,范宁注：“师丘,齐邑”,左氏《经》作“郖丘”;瘕族则为东土诸姒之一,后文会有详述。此外,宾组卜辞《合集》14370与先同版的人与地除了擘、毕,还有竝、唐、嫛等,亦均与东土故族相关。也就是说,武丁时期但凡与先地、先族相牵连者,不是东土之人,便是东土之地,故说先在东方应是近理。即便至二百余年后的商末,先族依旧盘踞东土,如黄组卜辞《合集》36536有征伐先氏、东土夷伯与任姓漱(挚)氏之占卜。这就与两周时期东土辛族有了很好的衔接。总之,大概在古济水下游地带,从商至春秋,始终有一诸姒莘族存在。

4.鲍氏

齐国鲍氏姒姓之说,最早见于《左传》昭公二十五年记载及《国语·齐语》韦昭解,当然也得到了铜器资料的印证。例如发现于西安的春秋晚期鲍子鼎铭(《资料库》NB1646),有铭文曰：

> 鲍子作朕仲匋姒,其隻(获)皇男子,勿或(有)柬(闌)巳(已),它它熙熙,男女无期,仲匋姒及子思,其寿君毋死,保而(尔)兄弟,子孙孙永保用。

按铭文“寿”字同样作“臺”,具有明显的齐鲁风格。同时,鲍子鼎的形制与临

---

① 参见陈絜：《郳国墓地所出毕仲簠与殷墟卜辞中的毕族》,《文史》2020年第2期。
② 参见陈絜：《试论殷墟聚落居民的族系问题》,《南开学报》(哲学社会科学版)2002年第6期。
③ 参见陈絜：《晚商兹地与洹水》,《中原文物》2022年第5期。

朐齐趩父墓所出上曾太子鼎基本相同，尤其是附耳、蹄足之风格，如出一辙。故此鲍子当为齐桓公时代的鲍叔牙之后，吴镇烽以为即鲍叔牙五世孙鲍牧，①可备一说。"仲匋姒"则为鲍子之女，所以齐鲍姒姓殆无可疑。这一问题李学勤已有很好的讨论，②可参考。春秋鲍地一般以为在今济南历城一带，卜辞记有东土"⚪(旬＝包)"族、"⚪(旬＝包)"地，商金文亦有包族礼器（爵，《集成》7456、7652）。据《花东》114 有"己卯卜，在咠京，子其入包"之辞，说明包地去汶水中游的咠地不远，此包族或即春秋之鲍氏之前身。③

5. 繁氏

安徽宿县褚兰区谢芦村曾出土两周之际的繁伯鬲 1 对，④有铭文（《资料库》NA1314）曰："繁伯我君媵朱（邾）姒宝鬲，子子孙孙永用享。"也即是姒姓繁伯为嫁女或妹所铸媵器。就形制判断，繁伯鬲是典型的东土夷式鬲，也就是说，先秦时期的东土区域内，必有一繁地。

又淄博市淄川区罗村镇南韩村战国墓地 M10 曾出"戍缘戈" 1 件，同出者还有一剑，说明墓主人可能属于地方军事首领性质的人物。⑤ 就戈铭"戍缘"二字判断，战国时期繁地已属齐所有。

晋侯墓地 M114 出土软甗一器⑥，曰"王在宗周，命软（违）使于缘（繁）"，即昭王命令违出使繁地。传世穆王时器有班簋，其铭文曰：

> 唯八月初吉，在宗周，甲戌，王命毛伯更（赓）虢城公服，屏王位，作四方极，秉缘、蜀、巢命，锡铃、勒。咸，王命毛公以邦冢君土（徒）驭、戜（铁）人伐东或（域）痏戎。咸，王命吴（虞）伯曰："以乃师左比毛父。"王命吕伯曰："以乃师右比毛父。"遣令曰："以乃族从父征，诞城卫父

---

①　参见吴镇烽：《鲍子鼎铭文考释》，《中国历史文物》2009 年第 2 期。

②　参见李学勤：《试论山东新出青铜器的意义》，《文物》1983 年第 12 期。

③　⚪于甲骨多作量词使用，应该视作该字本义（包裹）的引申。春秋齐金文中鲍氏写作⚪，从革、陶声，即《说文》革部鞄字异构，《周礼》借鲍为之，疑即表包裹义的⚪字的后造形声形构。

④　参见李国梁：《安徽宿县谢芦村出土周代青铜器》，《文物》1991 年第 11 期。

⑤　参见于嘉芳：《淄博市南韩村发现战国墓》，《考古》1988 年第 5 期。

⑥　参见孙庆伟：《从新出软甗看昭王南征与晋侯燮父》，《文物》2007 年第 1 期。

身。"三年静东或(域)。(《集成》4341)

班簋铭文所记为毛公"更虢城公服"、"三年静东域"事,故其所秉命的繁、蜀、巢三地,恐怕是位于今山东汶、淄流域:其中蜀地即《春秋》成公二年"公会楚公子婴齐于蜀"之"蜀",春秋时期属鲁,位于今山东泰安、莱芜、新泰间的汶水沿岸。巢地即《左传》成公二年"齐侯伐我北鄙,围龙。……三日取龙。遂南侵,及巢丘"之巢丘,殆在泰安县界。故与二地并辞的繁地恐怕亦在汶水中上游一带。①

以上四器所记载的繁地是一非二,均在东土。违甗"使于繁"在鲁中,班所秉命的"繁蜀巢"亦在鲁中。繁应该属于周人东拓的一个战略要地,而据有其地者则为姒姓繁族。②

6. 瘢氏

故宫博物院所藏西周早期迷父鼎,有铭文6字,曰:"欥(迷)父作𤖗(瘢)姒贞(鼎)。"(《集成》2141)其中𤖗字其左部从爿(牀),右部有人形及手形"左",唯人形下方笔画交代不清,故影响了该字的准确释读。窃以为𤖗字或即卜辞习见之𤖗字,今姑且隶定作"瘢"。依照器物铭文的一般规律,迷父与瘢姒殆属夫妇,故当时存在一个姒姓瘢族。这一瘢族,据卜辞推断,乃东土故族。如:

　　癸丑贞:毕叀瘢以舀。

　　毕叀束人以舀。

　　◻多射以舀。(《合集》34240,历组)

此外,宾组卜辞《合集》4415有曰:

　　贞:勿曰视乩(鄙)。

　　辛巳卜,贞:令夆未(周)旃、圈、韦(?)、瘢族。五月。

上引卜辞一说是否侦察乩地(即鄙邑,似在山东莱芜一带)③,再说命令夆围

---

① 孙慰祖《古封泥集成》收录临淄所出西汉"繁丞之印"封泥(编号1633),或与先秦繁地有关。

② 参见陈絜:《戌甫鼎铭中的地理问题及其意义》,《中国国家博物馆刊》2019年第9期。

③ 参见陈絜、田秋棉:《卜辞"龟"地与武丁时期的王室田猎区》,《故宫博物院刊》2018年第1期。

攻旂、圃、韦(?)、瘕等四族①。后者大致说明被攻击的四个族是一个与有商势力有所摩擦的地方联合体,照常理推断,它们在地理方位上应该是一致的,甚至可以互为比邻。其中圃族为东土故族无疑。如宾组卜辞《合集》6通版涉及沚、系、京、奠、旂、戈、豆、柴、延、戲、惄、絑方等地名、族名与方国名,无一不在殷墟以东。② 该版卜辞中同时还有圃地,当然也应坐落在殷墟以东区域为近似。又《合集》5857 有"圃允蓐(执)沚"之占,也即占卜圃是否能够抓获沚人,而沚恰恰在东土,③它既是商末征人方经由地,同时还有地理指向性十分明确的"人方沚伯"(《东京大学东洋文化研究所藏甲骨文字》④B0945)之称。再如《合集》7897 一说在亘遇雨,再记在圃捕鱼,说明圃地近亘,而亘适在齐鲁之间。⑤ 类似的例子还有《合集》5900、6623、7242、10022、19505、32932 等等。《左传》襄公二十三年"遇莒子于蒲侯氏",杜预注以为蒲侯氏为近莒之邑,或可当之。总之,圃地应该在汶水流域一带为近理。所以与圃同受王朝势力征讨的其他三族,恐怕在东土的可能性最大。

此外,就卜辞记载看,"旂"亦经常在东土出没,如《合集》6816 记载商王令旂比同东土藏侯扑周,其中藏侯设在莱芜一带,周也一定得在殷东找寻。《英国所藏甲骨集》⑥593 尤须关注,此中提及"旂其先遭戎",即首先遭遇戎敌,相关选卜条目则涉及娗、孃(襄)等东土地名,也就是说,旂参与了商王在鲁中南一带的军事行动。再如:

　　　贞:令旂田于 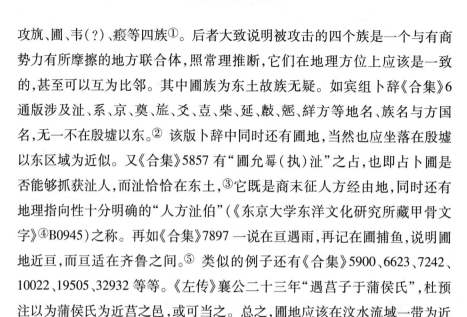(皿?)。

————————

①　赤字上古书组、觉部,周字为章纽、幽部,二字声为一系,韵部则阳入对转,古音相近,故可通假。卜辞赤字其词义殆与黄组卜辞"湝(周)伐"(《合集》35345)及西周金文"周伐""左湝(周)""右湝(周)"相近,属围攻之类的军事手段。

②　参见陈絜、田秋棉:《卜辞"龟"地与武丁时期的王室田猎区》,《故宫博物院院刊》2018 年第 1 期。

③　参见陈絜:《"伯或征卻"与晚商沚族——兼论卜辞地名地理研究在古文字考释中的辅助作用》,《故宫博物院院刊》2021 年第 4 期。

④　[日]松丸道雄:《东京大学东洋文化研究所藏甲骨文字(图版篇)》,东京大学出版会 1983 年版。以下文中引用简称《东大》并括注著录号。

⑤　参见陈絜:《晚商兹地与洹水》,《中原文物》2022 年第 5 期。

⑥　参见李学勤、齐文心、艾兰编:《英国所藏甲骨集》,中华书局 1985 年版。以下文中引用简称《英藏》并括注著录号。

勿令旒田于✦（皿？）。(《合集》10964,宾组)

武丁时期的田猎区与商末基本一致,故皿地大概亦在泰山周边,东土之人受商王之命在泰山田猎区田猎,就非常顺畅。对于旒、圃、韦(?)与瘕四族何以并辞联称、且一并遭受武力惩戒,也可以得到合理的解释。

设若金文✦字隶释为"瘕"无误,则说明殷墟以东地区有一妫姓的瘕族存在,大体应在泰山以南的汶水下游地带找线索。

7. 缯氏

缯氏妫姓,前"杞氏"条所引《国语》、《左传》等有明确记载。周代以曾为国名者有二,其一是与湖北随州叶家山曾侯墓地相对应的曾国,但属姬姓南宫氏之封国,与诸妫无关。[1]　其二就是见诸《春秋》经传的东土鄫国,例如:

> 夏六月,季姬及鄫子遇于防,使鄫子来朝。(《春秋》僖公十四年)

> 夏六月,宋公、曹人、邾人盟于曹南。鄫子盟会于邾,己酉,邾人执鄫子,用之。(《春秋》僖公十九年)

> 夏,宋公使邾文公用鄫子于次睢之社,欲以属东夷。(《左传》僖公十九年)

> 邾人、莒人伐鄫,臧纥救鄫侵邾,败于狐骀。(《左传》襄公四年)

> 冬,公如晋听政。晋侯享公,公请属鄫。(《左传》襄公四年)

以上文字充分说明春秋鄫子主要活动区域在东方,尤其与东夷相牵连,所以才会发生宋公通过杀鄫子于次睢之社以立威东夷的企图。《经》僖公十四年杜预注:"鄫,国,今琅琊鄫县。"当时鄫国的具体地望大致在今山东临沂兰陵(旧名苍山)一带。

又山东临朐齐趫仲墓曾出土上曾太子鼎,殆属齐国掠夺所得,其铭文有"上曾太子般殷□择吉金自作鼒彝"云云之辞,李学勤认为,上曾太子鼎可视为山东妫姓缯器之标准。[2]　考虑到周代杞国在今新泰一带,缯国则在去杞不算太远的临沂,结合文献杞、缯往往并辞之现象,上曾应该就是诸妫之

---

[1]　参见李学勤:《试论山东新出青铜器的意义》,《文物》1983 年第 12 期。

[2]　参见李学勤:《试论山东新出青铜器的意义》,《文物》1983 年第 12 期。

一的缯国。

其实武丁时期的卜辞中亦记有曾地,如:

(1) ☒卜,㱿贞:王次于曾,廼呼𢾾𦎫[方]。(《合集》6536,宾组)

(2) 癸巳卜,㱿贞:王勿次于曾。七月。(《合集》7354,宾组)

(3) 乙未卜,贞:立(莅)事于南,右比我,中比𦎫(奥),左比曾。

(《合集》5504、5512残辞互足,宾组)

卜辞曾地学者多与湖北曾国相联系,私以为更应在东土寻找,《左传》所记载的临沂一带的鄫国殆可当之。按辞(1)"𢾾"字为征讨动词,商王在曾地驻跸,紧接着命令相关人员征讨𦎫方,据常理推测,曾地近𦎫。又卜辞𦎫方与山东蒙阴一带的蒙方关系密切,①即如《合集》6542、6543诸辞所示,故𦎫地亦当在蒙山附近。由此推测说晚商曾地即春秋时期临沂之鄫国,想必也是合理的。辞(3)所及之"我"族,亦是习见的东土族群,大致应该在鲁中或鲁南地区。奥或即《左传》哀公十四年司马牛"葬于丘奥"之鲁邑丘奥,在今费县西。② 曾族与此二族一起参与相关活动,亦可佐证曾在今山东临沂兰陵的推测基本属实。

综上可知,目前所知比较确定的诸姒七族,其族居地均在今山东境内,且从晚商一直延续至两周,其间并无任何中断的迹象。

此外,因材料不足征的"诸姒之族",如斟灌、斟寻与有扈诸氏,晚商时期的地望也基本可以考得:

1. 有扈氏

《史记·夏本纪》谓诸姒含有扈,亦见于《尚书·甘誓》序。其他传世文献中与之相牵连的资料主要有《春秋》庄公二十三年"公会齐侯,盟于扈"云云之辞,杜预注云:"扈,郑地,在荥阳卷县西北。"③鲁、齐二国国君在今郑州

① 《合集》6545有伐蒙方之残辞,同时又出现了商末征人方经由地"雘",即邹鲁一带的升陉,故蒙方当与东土蒙山有关。

② 参见(清)江永:《春秋地理考实》卷三,《清经解》卷二五四,上海书店1988年版,第2册第257页。此丘奥属鲁,与淄水上游的齐邑丘奥有别。

③ (西晋)杜预注,(唐)孔颖达正义:《春秋左传正义》卷一〇,(清)阮元校刻:《十三经注疏》第6册,台湾艺文印书馆2007年版,第171页。

荥阳一带会盟,似过迂远,故王夫之《春秋稗疏》以为扈当为齐邑,推测在山东观城废县境内,①也即今山东聊城莘县观城镇一带,以符合文献"夏有观扈"之辞。是说似较杜预注更有理据,但距离上依然迥远不合。就目前所复原的先秦齐鲁交通路线而言,齐、鲁会盟多在西路(沿古济水而行至济南而东折)或中路(沿汶水、淄水而行)交通线上,若绕道莘县观城镇,显然不尽合理。

依照晚商卜辞记载,今山东泗水、新泰间有一雇地,私以为与《春秋》齐鲁国君会盟的扈地十分契合。例如:

(1)癸亥王卜,贞:[旬亡]祸。在九月,王征人方,在雇。(《合集》36485)

(2)癸亥卜,黄贞:王旬亡祸。在九月,正人方,在雇。

[癸酉]▢黄▢祸▢征人▢彝。(《合集》36487,黄组)

(3)丁酉卜,宾贞:妇好㞢受生。

贞:呼取雇伯。

贞:郒(郜)侯㞢▢(《合集》13925 正,宾组)

(4)辛丑卜,行贞:王步,自𠂤于雇,亡灾。

癸卯卜,行贞:王步,自雇于嘉,亡灾。在八月,在次雇。

己酉卜,行贞:王步,自嘉于麦,亡灾。(《合集》24347,出组)

就例(1)、例(2)判断,雇地为征人方途中的占卜地,故坐落于殷东无疑。例(3)郜侯与汶水上游的召地邻近,雇伯既与郜侯同版②,大致也能佐证雇地在东土之推测。例(4)王步卜辞涉及地名有四:其中𠂤为卜辞习见田猎地名,③似在泰山南麓的汶水沿岸;嘉地则是商末征人方经由地,当于今新泰、莱芜间寻找;就相关刻辞资料可知,麦地近淄水上游地带的召④,当坐落于

---

① 参见杨伯峻:《春秋左传注》,中华书局 1981 年版,第 225 页。

② 参见陈絜:《〈四祀𠫑其卣〉与晚商东土交通》,载北京大学出土文献研究所编:《青铜器与金文》第 1 辑,上海古籍出版社 2017 年版,第 78—89 页。

③ 参见《花东》480,同版还涉及觔、索等地。

④ 参见国家文物局主编:《安阳殷墟殷代大墓及车马坑》,文物出版社 2006 年版,第 59—61 页;刘钊:《安阳殷墟大墓出土骨片文字考释》,载李宗焜主编:《古文字与古代史》第 2 辑,台湾"中央研究院"历史语言研究所 2009 年版,第 123—142 页。

莱芜谷地,也即今莱芜境内;①而雇介于 𣁐、嘉二地,依照王步卜辞的一般规律推测,离嘉大致就在一日行程内,所以最大的可能是在今泗水、新泰间,与学界通常认为的古济水以西、今范县东南方向的文献"韦顾"之顾恐非一地。按《毛诗》郑笺谓济西之顾乃改姓之国,②所以,卜辞所记载的坐落于今泗水、新泰间的雇,似能与姒姓有扈氏相联系。③ 若与卜辞"甘"地近雇这一事实一并考虑,上述推论无疑是比较合适的。④

2. 斟灌氏

《左传》襄公四年有"使浇用师灭斟灌及斟寻氏"之辞,杜预注云:"二国,夏同姓诸侯,仲康之子后相所依。乐安寿光县东南有灌亭,北海平寿县东南有斟亭。"即认为斟灌在今青州寿光,斟寻则在今潍坊市境。而《夏本纪》斟戈氏殆即斟灌氏之误,这一点是可以确定的。

就更早的卜辞资料判断,东土灌地似在汶水下游沿岸的肥城一带。例如:

(1)□雚凋,亡□(《屯南》2212,无名组)

(2)丙戌[卜,在]雍[贞:今日王步]于[焂,亡灾]。

　　庚寅卜,在焂次贞:王焂林方,亡灾。

　　壬辰卜,在焂贞:王其迺于洁(矢)雚[凋(遇)],往来亡灾。

　　甲午卜,在焂次贞:今日王步于尊(邝),亡灾。(《合》36968,黄)

(3)丙[戌王卜,在]雍[贞:今日步于焂],亡灾。

　　庚寅王卜,在焂次贞:龠林方,亡灾。

---

① 参见朱凤瀚:《有关𣁐其卣的几个问题》,《故宫博物院院刊》1998 年第 4 期;陈絜:《〈四祀𣁐其卣〉与晚商东土交通》,载北京大学出土文献研究所编:《青铜器与金文》第 1 辑,上海古籍出版社 2017 年版。

② (汉)毛亨传,郑玄笺,(唐)孔颖达疏:《毛诗正义》卷二〇,(清)阮元校刻:《十三经注疏》第 2 册,台湾艺文印书馆 2007 年版,第 803 页。

③ 《铭图续》1064 所著录的 𢆶户戈,其内部正背各铸"戈"与"𢆶",依照复合氏名的一般规律推测,则户氏应该是嬴姓𢆶氏之分支。当然,同氏名而族姓不同之现象,应从族居地主人的历时性变化这一角度加以观察。

④ 有学者将宝鸡石鼓山墓葬所出户器与有扈氏及陕西鄠县相联系,前说无疑可信,后者则断不可从。关中出土户器,实际上西土之族参与东征进而"分器"之结果。这一问题我们将作专门讨论,此暂不赘。

壬辰王卜,在熇贞:其遂于洛(矢)雚[渪(遇)]次,往来亡灾。

甲午王卜,在熇次贞:今日步于𩫖(郈),亡灾。在十月二,十祀肜。

……

丁[酉王卜,在䋛(封)]次[贞]:今日[遂],从[次……],往来亡灾。在正月。

己亥王卜,在䋛(封)次贞:今日步于淩(麦),亡灾。(《英藏》2563①,黄)

上引资料以例(2)、例(3)两版最为重要,从中可知"洛、雚、渪"实乃商末征人方经由地,这里的雚可与《春秋》桓公三年"公会齐侯于讙"之讙相联系,渪地则可用《春秋》襄公十五年"齐侯伐我北鄙,围成。公救成,至遇"为参照。矢地与雚、渪并辞联称,亦当在汶水下游沿岸寻找。② 总之,在今肥城南端的汶水沿岸有一讙地是确凿无疑的。

此外,西周时期的史密簋铭亦有相应的线索可寻,其铭文曰:

唯十又一月,王令师俗、史密曰:"东征,敆(会)。南夷卢虎会杞夷、舟夷、雚(讙)不坠,广伐东或(域)齐师、族土(徒)、遂人,乃执鄙宽、亚。"师俗率齐师、遂人右,[周]伐长必。史密左,率族人、厘(莱)伯、僰殿,周伐长必,获百人。对扬天子休,用作朕文考乙伯尊簋,子子孙孙其永宝用。(《资料库》NA0636)

此中可注意的是"雚不坠",他是南夷侵扰东土时的联合对象,与之一同叛乱的东土之族还有新泰的杞夷及东平古济水沿岸的舟夷,所以"雚不坠"最似肥城讙地首领之名。

综上所论,商周时期的汶水下游沿岸,一直有一个以雚或讙为名的族群,于商于周,均时服时叛,应该属于历史悠久的东土故族。讙、灌悉以雚为声符,所以笔者认为或即姒姓斟灌氏。

---

① 本版阙文主要据成套卜辞《合》36630+36938、董缀"骨六"(董作宾:《殷历谱》下编卷九《闰谱》五,台湾"中央研究院"历史语言研究所 1992 年版,第 21 页)补。

② 参见陈絜、田秋棉:《卜辞"龟"地与武丁时期的王室田猎区》,《故宫博物院院刊》2018 年第 1 期。

3. 斟寻氏

据前引《左传》杜预注,斟寻在今山东潍坊市境。从《合集》33552、《甲骨缀合集》①308等卜辞资料以及两周金文资料如鄩氏诸器②、㝬镈(《集成》271)等铭文看,介于今章丘与青州之间自有一寻氏。过去学者多以为此鄩氏与有夏之斟鄩直接相关。③ 但鲁北鄩氏实为子姓,④故新近有研究者撰文指出,此鄩氏实乃周代子姓谭国⑤。是说似有一定的道理。所以,鲁北寻氏与文献中的斟鄩氏究竟是怎样的关系,可以再讨论。⑥

在此需要注意的是,殷墟晚期卜辞中还有一鄩(𣂪)地,早期卜辞往往写作𦥯(𦥯),即《盘庚》"若颠木之有𦥯櫱"之𦥯,文献亦作"由櫱",即是说,鄩字所从之寻,实起注音的作用,所以鄩亦可读作寻。⑦ 据前引《屯南》660,鄩地与阢、臺、杞、敦、丧成组,⑧据《合集》33532,则与盂、向、鈝(邓)集群,⑨故知其坐落范围大致在淄汶流域。而据《甲骨文合集补编》⑩11142,鄩地又与

---

① 蔡哲茂:《甲骨缀合集》,台湾乐学书局1999年版。以下文中引用简称"《缀合》"并括注著录号。

② 临朐县文化馆、潍坊地区文物管理委员会:《山东临朐发现齐、鄩、曾诸国铜器》,《文物》1983年第12期。

③ 参见李学勤:《试论山东新出青铜器的意义》,《文物》1983年第12期;孙敬明、何琳仪、黄锡全:《山东临朐新出铜器铭文考释及有关问题》,《文物》1983年第12期。

④ 参见陈絜:《鄩氏诸器铭文及其相关历史问题》,《故宫博物院院刊》2009年第2期。

⑤ 参见马立志:《论周代的寻氏铜器及其相关问题》,《中国国家博物馆馆刊》2019年第7期。

⑥ 宾组《合集》6057反有"王步自叠(宜)于𧮫"之辞,其中"𧮫"字从言、从算,当隶定作𧮫,即《春秋》庄十"齐师灭谭"之谭,其地似在齐、莒之间的今山东沂水县北部。

⑦ 按𦥯之本义为"木生条",上古为幽部字,而寻为侵部字,清代以来便有幽、侵对转之说,现代学界亦多有认可。参见陈复华、何九盈:《古韵通晓》,中国社会科学出版社1987年版,第26—29页;李学勤:《续释"寻"字》,《故宫博物院院刊》2000年第6期;沈培:《上博简〈缁衣〉"㐱"字解》,载《新出土文献与古代文明研究》,上海大学出版社2004年版,第136页;黄德宽、徐在国:《〈上海博物馆藏战国楚竹书〉(一)释文补正》,载《新出楚简文字考》,安徽大学出版社2007年版,第94—95页。

⑧ 此六地除阢地外,均系商纣十祀征人方经由地。

⑨ 盂、向为泰山田猎区内的核心地名,鈝字当读为邓,即《左传》隐公十一年"公会齐侯、郑伯于中丘。癸丑,盟于邓"之邓,春秋属鲁,大致在济宁兖州一带。详参陈絜:《卜辞登族、登地与商周东土登器》,《中原文化研究》2023年第1期。

⑩ 彭邦炯、谢济、马季凡编:《甲骨文合集补编》,语文出版社1999年版。以下引用简称"《合补》"并括注著录号。

桑、蓶(升陉,鲁邹之间)、弁成组,且邻近于曲阜以东的弁地,故在泗水、曲阜、宁阳、新泰与平邑间的可能性较大。既然鲁北之郚在族姓上与斟郚不合,那么这一不知族姓的鲁中斟氏,①便尤需关注了。

4. 冥氏

据《夏本纪》,诸妫有冥氏之族,因受资料所限,过去罕有讨论。而据卜辞可知,晚商时期汶水流域下游地带有一冥族存在。例如:

(1)贞:冥受年。

贞:妀(嫇)受年。(《英藏》808,宾组)

(2)戎弗戬,在冥。(《合集》7842,宾组)

(3)丁酉卜,㱿贞:来乙巳王入于冥。(《合集》7843,宾组)

(4)乙丑卜,宾贞:隹冥人。

贞:不隹冥人。(《合集》7851,宾组)

(5)贞:呼去伯于冥。(《合集》635 正,宾组)

(6)贞:冥亡祸。

龙◻出◻(《合集》7850,宾组)

(7)辛未卜,争贞:我戬毃(穀),在宁。

甲寅卜,㱿:乎子汱酚缶于冥。

甲寅卜,㱿:勿乎子汱酚缶于冥。

于商(鄣)酚缶。(《合集》3061,宾组)

就上引资料可知,武丁时期有一冥地,商王曾涉足于冥,也为冥之休咎、年成及战事而占卜,而冥地之人称"冥人"。其中具有地理判别价值的材料主要是后三例。例(5)"去伯"即去族首领之称,按黄组卜辞《合集》37392 有"丁卯卜,在去贞:㱿告曰:兕来羞"之辞,此卜与田猎有关,且㱿乃与举族关系密切的东土之人,故去地似应在泰山周边寻找。例(6)同版所涉及的"龙"为东土族邦,其族居地在柴汶一带。②　例(7)后三条为一组,主要占卜是否令子汱酚祭缶,在何地酚祭更合适,卜选地点有冥、商二地。其中商即春秋时

---

① 西周早期由伯尊(《集成》5998)、由伯卣(《集成》5356)其铭文均标注族氏铭文"豸",可见由氏或为鲁中豸族之分支,这一由氏恐怕与卜辞所见的斟族有关。

② 参见陈絜:《卜辞中的柴祭与柴地》,《中原文化研究》2018 年第 2 期。

期的郚邑，在今东平接山镇，所以冥地恐怕亦应在汶水下游寻找。而同版中尚有在宁地截杀东土穀族占卜记录，其中宁即春秋鲁都附近之尼丘，在今曲阜东南的尼山镇一带，卜辞穀族其出没地带主要在东土，如据宾组《合集》6942"穀伐棘（曹）其截"之记载，穀曾侵伐今鲁西南之曹地，所以极有可能与春秋时期平阴西南的齐邑穀地有牵涉。此亦能佐证冥地在汶水下游的推测。《左传》文公十五年"门于句鼆"之辞，杜预注曰鲁邑。按鼆即螟字，句鼆或即卜辞冥地是也。

据《左传》成公二年记载，在鞍之战结束之后，"齐人归我汶阳之田，公会晋师于上鄍"，以犒劳晋师。据江永考证，上鄍之地"当在阳谷县境，盖齐、卫境上之邑也"①，也即古济水沿岸一带，其西即汶水入济处。又《左传》哀公六年记吴伐陈，楚昭王救陈，"攻大冥，卒于城父"。杜预注："大冥，陈地，吴师所在。"这一大冥殆在豫东鲁西南之间。依照上古地名衍生的一般规律推测，上鄍、大冥二地，显然是从冥地分化而来，且相互间相去不应太远，故说卜辞冥地在汶水下游地带应该是比较合理的，春秋鲁邑句鼆或可当之。

卜辞冥地与文献姒姓冥族究竟有无必然的联系目前还无法证明，但至少说明商周时期鲁中与鲁西南间有一冥地存在，或可作为姒姓冥族族居地的一个备选地点。

通过勾稽卜辞金文所见姒姓族氏之史迹，可获知晚商诸姒之族的地域分布，概言之大方向上均位于有商之东土，析言之则各个族氏在空间上并未连成一片，以有文献佐证、定位相对精确的若干族氏为例：费（临沂费县）、缯（临沂兰陵）在鲁东南，杞、扈、斟灌、斟寻大致定位在汶水流域，辛（莘）、冥的地望则圈定在鲁西南区域，彼此相距皆在百里以上，地理分布便限制了诸姒族群不可能有后世礼家所擘画的同居共财的"宗族"生活。不惟地理空间悬隔，诸姒族群在政治上也各自独立，像杞族担任"侯"职，可谓融入商王朝统治集团内部，扈族首领称"伯"，凸显独立性较强，辛（先）族对商王朝

---

① （清）江永：《春秋地理考实》卷二，《清经解》卷二五三，上海书店1988年版，第247页。是说殆出自高士奇《春秋地名考略》。

则叛服不定,甚至敌对攻伐亦不在少数,可以想见,诸妣相互之间也难免各种争端。透过妣姓族群的例子,可得出一个初步印象:姓族在商代晚期恐怕并未发挥实质性作用,哪怕"姓"这一血缘标记也未必存在,更与战国秦汉文献所宣传的同居、共财、族葬的"宗族"本质上相去甚远。

二、诸妊之族

据《世本·氏姓》篇记载,妊姓之族有"谢、章、薛、舒、吕、祝、终、泉、毕、过"诸氏①。这一由东周时人总结追记的诸妊,多数能够得到商周出土资料与传世文献的印证,且相关族体基本聚集在今山东省境内。今就其可考者逐一叙述如下:

1. 谢氏

谢氏卜辞作"射",如"射伐羌"(《合集》6618 正,宾组)、"戍射"(《合集》24220,出组)者即是。晚商射地近微,如《合集》36775 有云:

　　□巳卜,在岂(微)贞:王逐于射,往来亡灾。作□十终。(黄组)

按卜辞微地即《公羊》庄公二十八年"冬,筑微"之微,左氏《春秋经》作"郿",杜预注曰:"鲁下邑。"春秋时期大致坐落在今山东梁山、阳谷之间。商王在微地占卜前往射地游猎事宜,依照当时田猎卜辞的一般规律推断,射、微二地殆可当日往返。又《合集》6618 占卜商王派员讨伐莱芜一带的羌(羌)方,备选的征战人员有郭、射二族。其中郭氏居住于曲阜东南的潖水沿岸,同样据惯例可知,射氏去郭似应不远。再则山东邹县七家峪墓葬曾出土西周晚期射南簋两件,②说明当时曲阜周边有一射族,与卜辞射地颇为契合。又春秋鲁国孟孙氏有家臣曰谢息,见载于《左传》昭公七年,曰:

　　晋人来治杞田,季孙将以成与之。谢息为孟孙守,不可,曰:"人有言曰:'虽有挈缾之知,守不假器,礼也。'夫子从君而守臣丧邑,虽吾子亦有猜焉。"

这一谢息,殆即晚商东土射氏之后裔。

---

① 《左传》隐公十一年孔疏引。(西晋)杜预注,(唐)孔颖达正义:《春秋左传正义》卷四,(清)阮元校刻:《十三经注疏》第 6 册,台湾艺文印书馆 2007 年版,第 78 页。

② 参见王轩:《山东邹县七家峪村出土的西周铜器》,《考古》1965 年第 11 期。

此外,河南信阳县吴家店杨河大队坟扒村一带曾出土春秋早期的属甫国(也即吕国)所有的铜鼎二、铜盘一、铜匜一,其中铜盘内平放陶钵一、铜削一、砺石一,有意思的是其中铜削有铭文6字(《集成》11816),曰:"唯僮仲翔(射)子用。"①李学勤以为:"僮仲名翔子,也是僮氏,所以这件削当为黄人之物"②。这个解释非常好,亦广为学界所接受。但我们也知道,春秋时期的青铜器铭文中,多见故国旧族"追溯历史"以示辉煌之辞,最为著名的如宋公栾簠,其铭文(《集成》4589)曰:"有殷天乙唐孙宋公栾作其妹句敔夫人季子滕簠。"这里的"孙"是指远孙,宋公栾的血统直接追溯至远祖成汤,此举很有意思。所以我们推测,"僮仲翔子"也有可能就是"僮仲孙翔子"之省辞,翔即古射字,射子同样是将自身直接系于远祖奚仲之后,以表示自身血统的高贵与渊源有自。而且这一件谢子削恐怕是出自东土,或赠送,或掠夺,不得而知。其可确定者,唯谢为妊姓之族,而晚商谢氏族居地则在今山东曲阜一带。③

2. 章氏

诸妊章氏,殆与卜辞商方有关:

　　□虘(郦)□浃(矢)□

　　叀商方步,立(位)于浃(矢),戋(截)羌方。(《合集》27982,无名组)

按卜辞虘地即《春秋经》僖公元年"冬十月壬午,公子友帅师败莒师于郦"之郦,杜预注:"郦,鲁地。"殆介于鲁、莒之间。商周之际有矢伯获鼎(《集成》5292),据传出土于山东临朐柳山镇一带。依照商末征人方占卜资料之记载,帝辛曾在羌地田猎(《合集》37743,纪事刻辞),羌方即羌地之邦,大致坐落于今山东莱芜境内。所以,上引卜辞所讲的商方,实为东土商地之邦国。

商之地望,可据商末征人方卜辞推得,如:

　　[癸丑王卜,在]商贞:[今日步]于京,亡灾。

---

① 信阳地区文管会:《河南信阳发现两批春秋铜器》,《文物》1980年第1期。
② 李学勤:《论汉淮间的春秋青铜器》,《文物》1980年第1期。
③ 参见陈絜:《射子削、射子簠与谢氏族姓及地望》,载《古文字研究》第31辑,中华书局2016年版,第127—131页。

甲寅王卜,在京贞:今日步[于]鸿,亡灾。

乙卯王卜,在鸿贞:今日步于馭(彻),亡灾。

▢王卜,在▢今日▢彝。(《合集》36567 孙亚冰重缀,黄组)

卜辞所记为商王征人方过程中从商至彻的行进路线。其中的京地即《左传》襄公十八年中所提到的晋"荀偃、士匄以中军克京兹"的齐地京兹,在今山东平阴、肥城间。鸿即《春秋经》昭公八年"秋,蒐于红"之红,其地在今泰安市境内。① 所以,这一行程中的起始点商地,肯定在去京兹不远的今山东省境内。

又卜辞还有商王从商到敖、环绕泰山而行的一段行程,如:

乙巳卜,在[商贞]:王田勞(祊),亡[灾]。获[兕廿又▢,[唯]来征人[方]。

丙午卜,在商贞:今日步于乐,亡灾。

己酉卜,在乐贞:今日步于丧,亡灾。

庚戌卜,在丧贞:今日王步于香,亡灾。

辛亥卜,在香贞:今日王步于敢,亡灾。

甲寅卜,在敢贞:今日王步于奠,亡灾。

乙[卯卜],在奠贞:王田𠂤(次)东,[往]来亡灾。兹孚,获鹿六、狐十。

丙辰卜,在奠贞:今日王步敖,亡灾。

……

癸▢肜▢步▢亡灾。(《合集》36501+36752+37410+36772,黄组,门艺缀合)

此中所涉及的地名有商、祊、乐、丧、香、敢、奠、敖等。其中乐即《左传》桓公十八年"公会齐侯于泺"之泺,在今济南历城附近。② 丧在章丘东南,敖即《国语·晋语》"范献子聘于鲁,问具山、敖山"之敖山,在今泰安东南。其余

① 参见陈絜:《卜辞京、鸿地望与先秦齐鲁交通》,《史学集刊》2016 年第 6 期。
② 参见王恩田:《甲骨文中的济南和趵突泉》,《济南大学学报》2002 年第 1 期;陈絜:《鄩氏诸器铭文及其相关历史问题》,《故宫博物院院刊》2009 年第 2 期;刘桓:《补释甲骨文寻、瞑二字并释"降永"》,载《古文字研究》第 29 辑,中华书局 2012 年版,第 134—141 页。

香、敢、奠诸地悉在鲁中汶水上游沿岸的莱芜、新泰与泰安一带。而据"小子畯簋"(《集成》4138)"人方畯、劈(祊)、□"之辞可知,离商仅半日行程的祊,地处东土人方,这同样证明商地应在今山东省境内。

此外,据《英藏》2525,商鄙属邑有瓒、雷、季(?)三邑,其中瓒地介于新泰西北的杞与曲阜兖州一带的索地之间,线索非常清晰,即:

> 丙戌卜,在外亘贞:今日王步于香,亡灾。

> 庚寅卜,在香贞:王步于杞,亡灾。

> 壬辰卜,在杞贞:今日王步于瓒,亡灾。

> 癸巳卜,在瓒贞:王逆🜲(喝),往来亡灾。于臽(次)北。

> 甲午卜,在瓒贞:王步于剌(索),亡灾。(《合集》36751,黄组)

由此可见,卜辞商地应位于汶水下游地带,与之最为契合者即《春秋经》"齐人降鄣"之鄣,也即今山东东平接山镇鄣城村一带。按商、鄣古音相通,文献亦有具体例证,如"蒿蒮"又作"章蒮"或"葦柳"①,故读商为鄣或读鄣为商均无问题。

晚商商方与商王朝之间关系时而亲密,时而疏离,卜辞所见商王下令讨伐商的记录,例如:

> (1)□卜,宾□王□伐□商。(《合集》7835,宾组)

> (2)丁巳卜,贞:王令竝伐商。(《合集》33065,历组)

> (3)□卯[卜],贞:今夕令伐商。(《合集》33066,历组)

> (4)庚寅贞:王令竝伐商。

> 　庚寅贞:叀鷹(庆)令伐商。(《屯南》2907,历组)

由此可见,此"商方"为东土族邦,对王朝叛服不定,自然不会是我们熟悉的子姓商族。又商晚期子商甗(《集成》866)有铭文曰:"子商。亚羌。乙。"说明商族与汶水上游地带的羌族关系紧密,依照惯例理解,羌族或有可能为商之亚族,也就是别族后的新分支。

总之,就目前资料推测,晚商时期东平接山镇一带的商(鄣),极有可能便是诸妊之一的章氏。

---

① 参见(清)王念孙:《广雅疏证·释草》,中华书局1983年版,第314页。

3. 薛

薛氏为周代东土诸妊之核心,自其始祖奚仲伊始,主要盘踞于今山东滕州及其邻近区域。《左传》定公元年记薛宰追忆本国发迹史,谓:"薛之皇祖奚仲,居薛以为夏车正。奚仲迁于邳。仲虺居薛以为汤左相。"其中的邳地,即古之下邳、今之徐州邳州市(旧邳县)南。也即说,奚仲曾率族南迁。但到了商初,仲虺再次率众回归故里。自此以降,薛族居地基本固定于今滕州薛河附近。殷墟甲骨中薛字作"",相关记载主要有:

(1) ◨自薛。(《合集》8269 反,宾组)

(2) 叀壬射薛兕,罤。(《合集》28409,无名组)

由例(2)可知,商王曾在薛地游猎,故该地似应位于泰山田猎区范围内。此外,陕西岐山县凤鸣镇北寨子村曾出土一件商周之际的亚薛鼎(《集成》2014),其铭文曰:"父己。亚薛史。"又传世器有薛侯戚鼎(《集成》2377,西周早期),曰:"薛侯戚作父乙鼎彝。史。"由此可知,薛氏实乃商周史族之分支。而滕州前掌大墓地的考古发现足以证明,史族为滕州一带的东土故族,①其亚族薛氏盘踞于附近,亦属情理之中。

薛氏妊姓,见载于《左传》隐公十一年"滕侯、薛侯来朝,争长"节,而金文依据则有薛侯盘(《集成》10133)、薛侯匜(《集成》10263)等器,其铭文有"薛侯作叔妊襄媵盘\匜"云云之辞。就目前材料判断,东土薛氏无疑是诸妊之主干。

4. 祝

祝,传世文献与周金文中亦作铸,个别作寿、畴或塾,音近假借故也。据《吕氏春秋·慎大览》等文献记载,周初"武王胜殷,入殷,未下舆,命封黄帝之后于铸"。这个黄帝之后所封的铸国,其立国之封土就在汶水流域的商代铸族故地。② 而目前所见出自山东地区的众多两周之际铸器,实乃妊姓

---

① 参见中国社会科学院考古研究所:《滕州前掌大墓地》,文物出版社 2005 年版。

② 卜辞与周初以前的金文,铸字多作"亝"或"亙",当时铸与后来所封的妊姓之铸族系或有不同。参见陈絜:《甲金文中的"亝"字及其相关问题之检讨》,载北京大学出土文献研究所编:《青铜器与金文》第 3 辑,上海古籍出版社 2019 年版,第 136—149 页。

铸国之遗存。当然,东土封建是周公东征后的产物,妊姓铸国之封,恐怕与齐、鲁立国同时,甚至稍晚。铸国妊姓还见于《国语·周语中》①及《潜夫论·志氏姓》,更为确凿的证据则见诸周代金文,如山东齐东县出土的铸公簋盖,其铭文(《集成》4574)有曰:"铸公作孟妊东母媵簋,其万年眉寿,子子孙孙永宝用。"其中"寿"字作"𩰪",具有明显的东土文字风格,与器物出土地所含的地理信息密合。这一点,与过甘敦鼎(《资料库》NA1091)是一致的。据考证,商周时期的铸地在今泰安南境的汶水沿岸地带,与宁阳堽城镇一带的𥅴地隔河相望。②

5. 毕

殷墟卜辞有一"𥅴"字,从𠦝、匕声。其中"𥅴"字殆即"罗罩"之罩的表义初文,乃捕猎所用的长柄网状器具,过去我们径读作"禽(擒)",或有不妥,故"𥅴"字实际属双声字之列。"𥅴"与周金文习见的从田、𠦝声的"𥅴"字,在形构上略有区别,但释作与田猎相关的"毕"字,是没有任何问题的。③ 卜辞中的毕,有人名、地名与族名之用,例如:

(1)甲午卜,㱿贞:呼毕先御燎于河。(《合集》177,宾组)

(2)癸酉卜,宾贞:毕亡疾。(《合集》13735,宾组)

(3)丙子卜,今日步毕。

于翌日丁丑步毕。(《合集》33055,历组)

(4)使人于毕。(《合集》5533,宾组)

(5)癸酉卜,贞:其自毕有来艰。

贞:不自毕有来艰。十一月。

癸酉卜,贞:商(赏)再册。

勿商(赏),𢀛(待)毕。(《合集》557,宾组)

其中例(1)、例(2)中的"毕"是人名,指单一的个体,也即毕族首领之代称;例(3)属族名或人名,"步毕"即令比出行的倒置句;例(4)可视作地名或族

---

① 《国语·周语中》:"昔挚、畴之国也由大任。"

② 参见陈絜:《甲金文中的"𦥑"字及其相关问题之检讨》,载北京大学出土文献研究所编:《青铜器与金文》第3辑,上海古籍出版社2019年版。

③ 亦有学者将从隹从罩的𥅴字与、匕二字相混同,窃以为恐怕需要再讨论。

名;例(5)前一组的"毕"是指地名或族名,后一组则指称毕族首领个体,是典型的人、族、地三者合一的例证。以上卜辞大致悉属武丁时期,也即是说,当时有一个以毕为首领、居住于毕地的毕族。该族延续时间很长,商末黄组卜辞中依然能见到相关记载,如《合集》35345 曰:"壬申卜,在攸贞:右牧毕告启王,其呼戌比,淯(周)伐,弗每(悔),利。"大意是讲,在某次针对东土某族的战役中,任右牧之职的毕担当了商王的前导任务,商王进而命令周边相关戌官率众会同,以便合围敌方。另故宫博物院藏有一罩(¥)爵(《集成》7649,商周之际),也说明晚商二百余年间,一直有一毕族存在。

就目前所见卜辞资料判断,晚商毕族的主要活动区域是在东土,例子极多,今举其典型者如下:

(1)甲戌卜,贞:翌乙亥业于祖乙三牛,毕见(献)尸(夷)牛。十三月。(《合集》1520,宾组)

(2)乙卯卜,贞:叀𡘸令比毃(邞),受业。

乙卯卜,贞:叀毕令比毃(邞)。(《合集》4025,宾组)

(3)丁卯卜,贞:毕往先(莘)。(《合集》4067,宾组)

(4)[丙]午卜,宾贞:翌丁未登、毕来祭于曾,用。(《合集》4064,宾组)

(5)癸巳卜,䚕贞:令毕盖(禚)射。

癸巳卜,䚕贞:叀举令盖(禚)射。(《合集》5770,宾组)

(6)贞:令壴、雍、吕、毕。①

癸巳卜,宾贞:令伐[遗(会)]毕自⊠十二月。(《合集》6051,宾组)

(7)贞:令毕伐东土,告于祖乙于祊②。八月。(《合集》7084,宾组)

(8)癸卯[卜],宾贞:[令]毕衰田于敦(或京)。(《合集》9473,宾组)

---

① 从行款看,本条亦有可能是"令壴⊠雍⊠弓[遗(会)]毕"之残,涉及的族群数量更多。

② 原篆作⊂,旧有堂、祊、丁等各种释读,以"丁"释最为盛行。从相关卜辞材料判断,某些材料如《合集》7084 中⊂,更像是宗庙的附属建筑,故暂取"祊"释,即宗庙之门。

(9)贞:勿令毕田于京。(《合集》10919,宾组)

(10)甲辰贞:王令毕以众臼伐召方,受又。(《合集》31976,历组)

(11)丁卯贞:王令毕莫玫、舟。(《合集》32850,历组)

(12)☒贞:王令毕今秋☒舟𪊽,乃莫。(《合集》32854,历组)

(13)丁巳卜,贞:王令竝伐商。

　　　☒令毕比(?)竝☒(《合集》33065,历组)

(14)辛[酉]贞:王其逆[毕以羌]。

　　　王于宗(?)门逆羌。

　　　壬戌贞:王逆毕以羌。

　　　于滴王逆以羌。(《合集》32035,历组)

(15)……卜,宾贞:毕其往溝。(《合集》8353,宾组)

以上15条(组)卜辞,共涉及地名(或族名)16个,即夷、邾、先、曾、禚、壴、雍、冒、东土、敦(或京)、京、召方、玫、舟、商(滴)与溝,另有人名如登、𤖠、举与竝等4个,这些人名实际上亦代表相应的族与地,二者累加,合计20个。此等地名与族名,其可考者无不坐落在东土。例如夷即《春秋》隐公元年"纪人伐夷"之夷,地处今山东莱芜、青州之间。邾地在今山东邹城境内。先可读莘,即《左传》成公二年"师从齐师于莘"之莘,已见上节。曾在临沂,前文已述。禚即《春秋经》庄公二年"夫人姜氏会齐侯于禚"、庄公四年"公及齐人狩于禚"之"禚",据杜预注,春秋时期禚地属齐,具体地望大致应在今山东济南长清附近。据《合集》24340,壴地近商(郼),大致在今山东宁阳或曲阜一带。雍地或即《左传》昭公九年所载齐之"雍廪",《史记·齐太公世家》作"雍林",当位于淄水源头地带。另上博所藏临淄齐玺有"雍丘关玺"①,亦可左证卜辞雍地似在鲁北的推论。东土则属区域名,商周时期其核心地带在今山东。② 敦为商末征人方的经由地,也是晚商王室田猎区中的核心地点,大致在汶水上游一带。京亦属征人方经由地,即《左传》襄公十八年"荀偃、士匄以中军克京兹"之京兹,据杜预注在今山东济南平阴。

①　肖毅:《古玺文分域研究》,崇文书局2018年版,第520页。
②　参见陈絜、刘洋:《宜侯吴簋与宜地地望》,《中原文物》2018年第3期。

召地近汶水上游之麦地，大致坐落于今青州与莱芜之间，"殷民六族"中的长勺、尾勺或与之相关。宾组卜辞《合集》143 有"刂玫刍奠"之占，也即在让刂玫之族在莱芜奠地征集刍草，可见玫为东土嬴姓刂氏之分支，故大致应在汶水流域寻找。舟即《左传》哀公二十一年"请除馆于舟道"之舟，其地当在汶水以北的平阴与东平之间。商同属诸妊，即《春秋》庄公三十"齐人降鄣"之鄣，其附近之水则曰滴，在今山东东平县接山镇鄣城村一带。潢（或作万）地为晚商泰山田猎区内的田猎点，亦应在泰山周边。《左传》哀公六年"使胡姬以安孺子如赖"，杜预注："赖，齐邑。"按赖、万古音同，如《春秋》昭公四年"执齐庆封杀之，遂灭赖"，而《公羊》作"厉"。周金文中亦有读万为赖的证据，如鲁大司徒子仲伯匜（《集成》10277）"厉孟姬"者即是。故卜辞潢地殆即齐邑之赖。举地在今山东济南长清。① 登可读邓，即《春秋》隐公十年之鲁邓，其地在今兖州一带。② 竝地即《春秋》庄公元年"齐迁纪邢、鄑、郚"之邢，在今山东青州境内。以上卜辞地名，我们此前在其他文字中多有涉猎，于此不再一一展开讨论。至于彐地与𤈷，虽无传世文献可依凭，但据相关卜辞判断，在今山东境内的可能性极大。

总而言之，晚商卜辞所记之毕族，其活动区域主要集中在东土。实际上，卜辞所记载与毕共事者，如犬延（《合集》4636）、爯（《合集》6049）、阹（矢）（《合集》6050）、戈（《合集》32835）、束（《合集》33203）与画（《屯南》866）等，亦多属东土故族之人。所以笔者认为，毕为东土族氏的可能性最大，将之与周代东土妊姓毕族相联系，似最为稳妥。

最后需作补充的是，新近发掘的河南驻马店正阳县闰楼商代墓地 M71 出土🜨（亚罍）觚（M71∶1）与主🜨（亚罍）爵（M71∶2）各一件，③故有学者主

① 参见何景成：《商末周初的举族研究》，《考古》2008 年第 11 期；严志斌：《商代青铜器铭文研究》，上海古籍出版社 2017 年版，第 320 页；陈絜：《小臣缶鼎与晚商蒉族族居地》，载北京大学出土文献研究所编：《青铜器与金文》第 2 辑，上海古籍出版社 2018 年版。
② 参见陈絜：《卜辞登族、登地与商周东土邓器》，《中原文化研究》2023 年第 1 期。又"登毕来祭于曾"之登亦可理解为征召义，即征召毕在曾地参与祭祀或进献祭品之谓。
③ 参见驻马店市文物管理所：《河南驻马店闰楼商代墓地发掘报告》，《考古学报》2018 年第 4 期。

张闻楼一带是卜辞畢族的族居地。[①] 这种可能性当然存在，但其前提是得证明"亚罍"之亚一定是武官，而不是分支或其他，而且也要考辨清楚 ♀、♀ 二字的异同。再则，该墓地盗掘破坏严重，目前所发掘的 255 座商墓仅出土（或仅公布）2 件亚罍器，此于墓地主人与族系的判定，恐怕为时尚早。

6. 过

据殷墟卜辞记载，武丁及祖庚、祖甲时期，东土有一冎族，例如：

（1）▨刚令冎遘（会）叀子画。（《缀合》57＝《合集》32901＋《屯南》134＋《合集》32770，历组）

（2）癸丑贞：王令冎、刚。（《屯南》912，历组）

（3）庚▨贞▨冎、刚▨辰其▨于子▨亡▨（《合集》3236，宾组）

上引诸辞中的"冎"皆写作♭，造字之初的本义是指胫骨等直骨类骨骼，也就是大家比较熟悉的骨字通行写法，在这里悉作人名。商周族、地与族体首领之私名三位一体，私名往往亦涵盖相应的族与地，这一点目前应该算是共识。以上三条卜辞其最为突出的相通点，就是刚与冎的关系非常紧密，由此似表明两个族体之间应该有某方面的内在联系，譬如地缘上的密迩。晚商犅地，据商末"敦阴美"战争卜辞及周初犅劫组器（《集成》5383、5977）可知，殆可与《史记·秦本纪》秦昭襄王"三十六年，客卿灶攻齐，取刚、寿"之刚相联系，具体坐落在今山东宁阳县堽城镇一带。[②] 又，例（1）所记之"子画"，同样是东土之人，其族居地在今临淄以西，这是大家比较熟悉的。所以笔者推测，与犅经常一起出现的冎族，大概亦属汶水流域的东土故族。考虑到过字以冎为谐声偏旁，故卜辞冎族应该就是周代活跃于东土的妊过之族。

此外，历组卜辞《合集》32912[③] 同样应予关注，其辞曰：

令♭眔（逮）皀（郒）示（视）卜。

---

① 参见丘山代、刘文阁：《河南正阳出土"禽"铭铜器初探》，《南方文物》2016 年第 2 期。

② 参见郑杰祥：《商代地理概论》，中州古籍出版社 1994 年版，第 185 页。裘锡圭：《犅伯卣的形制和铭文》，载《保利藏金（续）》，岭南美术出版社 2001 年版，第 245—249 页。此说更早可以追溯至林泰辅所作"龟甲兽骨文地名图"，详见钟柏生：《殷商卜辞地理论丛》，台湾艺文印书馆 1989 年版，第 10 页。

③ 按《合集》34057 与此同，为重复著录，当删去。

按"骨"字殆为表示肩胛骨之骨的专字,①从读音看,自然与冎、过通。"郜"为东土郜族之首领,结合晚商四祀邲其卣(《集成》5413)推测,其族居地大致是在今山东莱芜、泰安之间。此处"示"字读作"视",侦视、检视之谓也。"卜"殆指侦视之地或族。② 该卜辞主要是讲商王命令过、郜一起侦视卜地或卜族。这里的过,同样又与东土人物共事,似能进一步佐证过族为东土旧族的推论。

晚商卜辞尚有"取过任"之记录,恰恰可以比较清晰地指明过族族居地的范围所在。例如:

贞:叀龟令。

……

贞:呼彔取骨(过)、任。(《合集》7859,宾组)

此中"过任"二字过去联读处理,训"任"为爵位之"男",解释作过氏首领在武丁时期曾出任商王朝的"任"职,也就是所谓的男爵。③ 但笔者以为,我们完全可以把过与任视作两个不同族名的并辞联称,故应该用顿号断开。按卜辞有妇妊(《合集》21556—21558),有子卬(任,《合集》14938,宾组),依照我们对商代称名形式与性质的理解,当时有一以"任"为名的族氏组织。④所以,将"取骨任"断读作"取骨、任",完全能够成立,实际上亦更为顺畅合理。又上引骨版其首辞为"隹龟令"之占卜,当时龟族在今山东泰安、莱芜与新泰之间,⑤故同版所记的这一"任"族,或即《左传》僖公二十一年"任、宿、须句、颛臾,风姓也,实司太皞与有济之祀"之风姓任氏。杜预注曰:

---

① 《合集》17628 有"姨视四屯虫(又)一骨"之纪事刻辞,其中的骨字作"骨",骨面上的笔画方向与骨略异,但已足以证明骨字释骨之旧说不误,无须改释。新近黄锡全先生有《甲骨文"祸"字新证》(《汉字汉语研究》2018 年第 1 期)一文,论证甚为详备,可资参考。

② 历组卜辞《合集》32968 有"丁丑贞:王于卜伐"之辞,其卜字或属地名或族名,故"视卜"之卜殆可解释为地名或族名。

③ 裘锡圭:《甲骨卜辞中所见的"田""牧""卫"等职官的研究——兼论"侯""甸""男""卫"等几种诸侯的起源》,载《裘锡圭学术文集》第 5 卷,复旦大学出版社 2012 年版,第 165—167 页。

④ 陈絜:《商周姓氏制度研究》,商务印书馆 2007 年版,第 70 页。

⑤ 陈絜、田秋棉:《卜辞"龟"地与武丁时期的王室田猎区》,《故宫博物院刊》2018 年第 1 期。

"任,今任城县也。"也即任氏族居地就在今济宁市任城区一带。① 商王命令
同时征取财物于过、任二族,准诸常理,过氏与任氏在地理位置上应该邻
近,将之归入东土故族问题似乎不大。即便破读为"男",一样不存在解释
上的困难,完全可以把它与《史记·夏本纪》所讲的诸姒之一的"有男氏"联
系在一起。依照商周夏遗主要分布在河济之间判断,②同属夏遗的有男氏,
恐怕也应该在东土范围内。

结合上文所述过曾与犅(宁阳)、郚(莱芜、泰安间)等东土人物一起共
事、亦曾在鲁北画地出没等情况作综合判断,似可认定,晚商过族的族居地
极有可能是在鲁中南或鲁西南一带。

7. 挚

晚商东土诸妊还有《世本》失载的挚氏。挚氏姒姓见诸《诗经》与《国
语》,其中《诗经·大明》追述王季之妻、文王之母大妊之来历,有"挚仲氏
任,自彼殷商,来嫁于周"之语,说明先周时期东方有一妊姓的挚氏。《周语
中》则曰:"昔挚、畴之国也由太任。"无名组卜辞《屯南》2651 有"戍执犯殁
方"的占卜记录,殁方即《左传》庄公八年"齐侯使连称、管至父戍葵丘"之葵
丘,在今临淄西南。考虑到戍的性质,作为戍守之地的执恐怕去葵丘不能过
远。而商末黄组卜辞《合集》36536 又有伐夷伯、伐先(莘)、伐殳的对贞记
录,其中夷族在淄汶二水源头一带,先即文献经常提及的诸姒之一有莘氏,
按照传统的说法是在聊城莘县一带,实际可能更接近于济南,对此前文已有
考辨。所以,与夷、莘处于对贞关系的殳族,亦当坐落于东方。殳、挚二字皆
以执为谐声偏旁,自可通用,故卜辞执地、殳族,应该与《大明》、《周语中》之
挚氏有关,具体地望大致坐落于鲁中或鲁中南一带。

---

① 东土诸风宿、句须二族目前材料较多:其中涉及宿族的甲骨资料有《合集》8904、8905,金
文资料则有曹伯狄簋盖(《集成》4019,宿妊)、晋侯苏编钟(《资料库》NA0871—0880,宿
夷)等;与句须相关的铜器有句须簋(《集成》3034),此外如句它叔盘(《集成》10141)、句
监鼎(《资料库》NA1149)也可能与句须有关。据《左传》僖公二十一年杜预注,诸风之封
国悉在古济水流域。

② 参见王国维:《殷周制度论》,载《观堂集林》(附别集),中华书局 1959 年版;杨向奎:《夏
民族起于东方考》,《禹贡》第 7 卷第 6、7 合期;沈长云:《夏后氏居于古河济之间考》,《中
国史研究》1994 年第 3 期。

8.吕

吕氏或即《左传》成公八年"晋侯使申公巫臣如吴,假道于莒"之莒,与临朐齐趫仲墓所出之鄀仲匜(《集成》10266)"中女吕子"之吕,亦相牵扯,其地可能在洙泗之间。①

综上可知,目前所知的先秦诸妊之族,其可考定者大多盘踞于今山东境内,在空间上相对集中于古汶水下游沿岸及南面的鲁西南地区,这似乎暗示,"姓族"的共同祖先未必全是空穴来风或出于臆测,"诸妊"有可能起源自鲁西南某一支部族,及至晚商,各支族犹徙未远;然而反过来考虑,也不能排除地缘格局在先、血缘构拟于后的情况,即盘踞在鲁西南的诸多族氏被冠以"妊姓"之名。无论如何,诸妊各族之间彼此独立,薛、毕、过等属商王朝阵营,挚为商之敌国,甚至毕可能参与过征伐同属妊姓的商(《合集》33065),显然诸妊没有公共权力、政治经济生活上的纠葛,也不能构成一个生活共同体。这与前文对诸姒的讨论结果一致。

三、诸嬴之族

就目前所见资料判断,两周时期于今山东境内,一定有嬴姓族群存在,而且支系繁多,周代铜器铭文中便有不少线索可寻。例如,传世春秋器中有铸叔鼎、铸叔簠各一器,其铭文曰:

> 铸叔作嬴氏宝贞(鼎),其万年眉寿永宝用。(鼎,《集成》2568)
> 铸叔作嬴氏宝簠,其万年眉寿永宝用。(簠,《集成》4560)

铸叔与嬴氏,或为夫妇(即为妻子"嬴氏"作祭祀礼器),或属母子(即视"嬴氏"为祭祀对象)。需要注意的是,其中"寿"字的写法具有明显的齐鲁地方风格,故铭文所言之"铸",一定是指周初"封黄帝后于铸"之铸,为东土妊姓之族,②其都邑大致位于今山东肥城汶阳镇一带。春秋时期的铸国已是弱小异常,从政治联姻的角度判断,不太可能与远在西土的嬴秦谈婚论嫁。所以,铭文所涉及的作为铸国姻亲的嬴姓之族,恐怕应该在铸地附近寻找,属

---

① 参见陈絜:《鄀氏诸器铭文及其相关历史问题》,《故宫博物院院刊》2009年第2期。
② 参见陈絜:《商周时期的东土诸嬴与"飞廉东逃于商盍"》,载黄德宽主编:《清华简研究》第4辑,中西书局2019年版,第225—231页。

东土故族的可能性较大。此外,1981年山东省滕州西郊姜屯镇庄里西村出土西周早期同铭铜爵一对(《集成》9027、9028,现藏山东滕州博物馆),有铭文曰:"妊作殻嬴彝。"器铭中的"殻"字,当读为"邾",亦与曹姓邾国有关。而"邾嬴"之名恰恰体现曹姓邾国曾与嬴姓之族通婚,这一嬴姓之族恐怕也应该在东土寻找。此外,《左传》昭公元年言及"周有徐奄"之乱,杜预注据《世本》而谓徐、奄二国"皆属嬴姓"。

又如《清华简·系年》第三章有曰:

> 周武王既克殷,乃设三监于殷。武王陟,商邑兴反,杀三监而立录子耿。成王屎伐商邑,杀录子耿。飞历(廉)东逃于商盍氏,成王伐商盍,杀飞历(廉),西迁商盍之民于邾虐,以御奴戯之戎。是秦先人,世作周𤔲。

《系年》所记与传世文献如《史记》多有出入,但飞廉在成王平乱后东逃于商盖之说,也是有一定的史地族源依据的,因为今淄、汶上游地带实乃商周嬴姓诸族的主要盘踞地。

就目前所知资料判断,晚商东土诸嬴主要有柴、京、川、龟、桑、秦、犅、矢、剆、黄、江与户等,而且其各自的族居地大致可考。

1. 柴

中国国家博物馆所收藏的春秋时期的邾义(?)伯鼎一对(《集成》2640、2641),乃1933年于山东省滕州市东郭镇安上村出土,其铭文曰:

邾义(?)伯作此(柴)嬴尊鼎,其万年眉寿无疆,子子孙孙永宝用。

这里的"此",似可读作"柴"。按《史记·建元已来王子侯者年表第九》载汉武封齐孝王子刘代于柴邑为侯,司马贞《索隐》谓柴地"《志》属泰山"[①]。而《水经注·汶水》则曰:"汶水又南,左会淄水,水出泰山梁父县东,西南流径菟裘城北……淄水又西南流径柴县故城北,世谓之柴汶矣。淄水又径郕县北……"[②]山东新泰翟镇崖头河岸曾出战国时期的"柴内右"戈1器。[③]

---

① [日]泷川资言:《史记会注考证》,台湾宏业书局1994年版,第394页。
② (北魏)郦道元注,(清)王先谦校:《合校水经注》,中华书局2009年版,第372页。
③ 参见魏国:《山东新泰出土一件战国"柴内右"铜戈》,《文物》1994年第3期。

综合上述线索可知,两周时期的柴地,应该就坐落于今柴汶、嬴汶交汇处附近。① 邾国曹姓,见诸传世文献与出土金文等资料的记载②,"柴嬴"应该是邾国公族义(?)伯的妻子或母亲。也就是说,周代东土柴氏为嬴姓之族。而这一嬴姓柴氏在晚商时期便已存在。例如:

　　(1)丁酉卜,宾贞:叀戌柴(柴)令比𪊨王。

　　　　贞:叀戌延令比𪊨王。(《合集》6,宾组)

　　(2)癸丑卜,贞:畬往追龙,从柴(柴)西,及。(《合集》6593、6594,宾组)

　　(3)呼田于柴(柴)。(《合集》10983,宾组)

　　(4)贞:𢦏(征)牛于柴(柴)。(《合集》8934、8935,宾组)

其中例(2)最为重要,卜辞龙地即《左传》成公二年"齐侯伐我北鄙,围龙"之龙,文献又作隆,杜预注:"龙,鲁邑,在泰山博县西南。"③大致在今山东泰安西南部的汶水沿岸一带。④ 从柴西追击龙方,也符合文献所载的龙、柴二地的方位关系。

　　2. 京

　　同为国家博物馆所庋藏的西周晚期京叔盘(《集成》10095),有铭文曰:"京叔作孟嬴媵[盘],子孙永宝用。"该器与前面所举邾义(?)伯鼎均为1933年滕州安上村出土铜器,著录于《山东金文集存》《山东金文集成》等书,后调拨给北京历史博物馆。作器者"京叔"所属"京"氏,应该也是东土族氏,他既为"孟嬴"作媵器,证明"京"氏为嬴姓族群。

　　商周时期东土有京地,这一判断有大量的卜辞与金文佐证,最为典型者如历组卜辞《合集》33209"叀田于京"、"于嬴叀田"对贞、黄组征人方卜辞《合集》36567记载商王次第经由商(鄣)、京、鸿、彻诸地、《集成》2117"京犬犬鱼父乙鼎"、山东省济阳县刘台子2号墓出土京觯(《集成》6090)、东周齐

---

① 参见陈絜:《卜辞中的禜祭与柴地》,《中原文化研究》2018年第2期。
② 参见邾友父鬲(《集成》717)、杞伯每亡鼎(《集成》2495)诸器铭文及《汉书·地理志》。
③ (西晋)杜预注,(唐)孔颖达正义:《春秋左传正义》卷二五,(清)阮元校刻:《十三经注疏》第6册,台湾艺文印书馆2007年版,第421页。
④ 参见陈絜:《卜辞中的禜祭与柴地》,《中原文化研究》2018年第3期。

兵有京厦〢族戈(《集成》11085,春秋晚期)等,故相关推论当毋庸置疑。根据地理信息较明确的资料推测,当时京族大体盘踞在今山东肥城、平阴间,或即《左传》襄公十八年所记载的“京兹”之地。① 这就是说,商代晚期于今肥城、平阴一带,有嬴姓京氏族群活跃于其间。

3. 〢

东土有〢地,见诸商末“敦阴美”卜辞,经考证,其地大致应坐落在今泰安东部的汶水上游(即嬴汶)沿岸,②该地之首领曰“子〢”。卜辞还有“妇〢”(《合集》935 臼)之女名,依照目前学界对商代“妇某”身份的通行认识,妇〢殆即〢族女子嫁入商王室者,也即王室之妇。这说明〢族曾与商王室通婚。晚商〢族非常重要,有诸多族名与之复合,说明其支系繁多,以下龟、桑、秦、㒼、矢、户与玫者即属此列。依据支族“秦”属嬴姓,可推测母族“〢”亦为嬴姓。

4. 龟

甲骨中的“龟”字,很多时候被用作人名,例如:

丙申卜,品贞:龟以⧅。(《合集》8995 正,宾组)

壬申,龟示(视)四屯。岳。(《合集》17891,宾组,纪事刻辞)

同时还有用作地名的相关辞例,如:

(1)王勿狩⧅

⧅狩从龟。(《合集》10941,宾组)

(2)乙亥贞:令𢦏(滥)于龟。

乙亥贞:令辰以新射于蕲。(《合集》32996,历组)

(3)[叀]彗令以𢦏于龟。(《合集》32920,历组)

(1)(2)两例“龟”字接缀于介词“从”、“于”之后,当属地名。例(3)首字据卜辞文例可补作“叀”,最后一字残存大部,姚孝遂等《摹释总集》摹作“[illegible]”,窃以为完全正确,这一“龟”字亦属地名无疑。此外,与例(2)、例(3)相关

① 参见陈絜:《卜辞京、鸿地望与先秦齐鲁交通》,《史学集刊》2016 年第 6 期。

② 参见陈絜:《甲骨金文中的“亞”字及其相关问题之检讨》,载北京大学出土文献研究所编:《青铜器与金文》第 3 辑,上海古籍出版社 2019 年版,第 136—149 页。

联的占卜资料还有《合集》32997、《屯南》1047 等,其辞分别为:

　　(4)庚[午]贞:[壴]以[沚]。

　　　　辛未贞:王令以𢀛于歔(龟)。

　　　　辛未贞:菁以新射于蕲。

　　　　辛未贞:壴以沚。(《合集》32997,历组)

　　(5)辛未贞:王令竝以𢀛于歔(龟)。

　　　　辛[未]贞:[王令菁]以新[射于]蕲。(《屯南》1047,历组)

就上引诸辞可知,晚商与龟地、龟族相关者均属东土地名与族名:其中壴地近滴,在东平接山镇附近;沚地为征人方经由地,卜辞中又有"人方沚伯"(《东大》B0945)之辞,殆应在泰山以南区域寻其地望;𢀛即《春秋》昭公三十一年"黑肱以滥来奔"之滥,是从邾国分立出来的一个小国,其地在山东滕县东南①;菁即《水经注·汶水》"汶水又西,沟水注之,水出东北马山,西南流径棘亭南"②之沟,在今泰山南麓的山东肥城境内;竝为姜姓己(纪)族之分支,即《春秋》庄公元年"齐师迁纪郱、鄑、郚"之郱,其地似在今山东临朐一带;蕲似可读作阐,即《春秋经》哀公"齐人取讙及阐"之阐。据杜预注,"阐在东平堽县北"③,其地在汶水下游南岸。所以,卜辞习见之龟族恐怕应该在东土范围内寻找,与之最为近似者即《诗经》"奄有龟蒙"之龟,其地在泰安东南一带。

　　卜辞中还提到"⺀龟",如宾组《合集》10940 曰:"贞:王勿兽,从⺀龟。""⺀龟"可看作复合式的地名,其来源有可能是复合式族名。可见龟乃自⺀而别出,视为嬴姓之族或能成立。

　　5. 桑

　　桑地在卜辞中较为习见,例如:

　　(1)辛巳卜,㱿贞:乎雀敦桑。

　　　　辛巳卜,㱿贞:乎雀敦壴。

---

① 参见赵平安:《宋公𦉜作🦗叔子鼎与滥国》,《中华文史论丛》2013 年第 3 期。

② (北魏)郦道元撰,(清)王先谦校:《合校水经注》卷二四,中华书局 2009 年版,第 373 页。

③ (西晋)杜预注,(唐)孔颖达疏:《春秋左传正义》,(清)阮元校刻:《十三经注疏》第 6 册,台湾艺文印书馆 2007 年版,第 1011 页。

辛巳卜,殷贞:雀得亘、我。

乙未卜,殷贞:敢戈。(《合集》6959,宾组)

(2)癸卯王[卜,在□贞],旬亡咎。

癸丑王卜,在盂:旬亡咎。王占曰:吉。

癸亥王卜,在乐:旬亡咎。王占曰:吉。

癸酉王卜,在噂(鄢)贞:旬亡咎。王占曰:吉。

癸未王卜,在逢贞:旬亡咎。

癸巳王卜,在桑贞:旬亡咎。(《缀合》308 =《合集》36914 +

36556,黄组)

据考证,第一版所涉及诸族基本在殷东,如戈似在河济之间、壹在汶水下游沿岸、亘在鲁中、我或在鲁西南,第二版所记地名基本在泰山周边,如盂在泰山南麓、乐在济南历城、鄢或在章丘一带、逢似在青州或济阳,故桑地在泰山周边为近似。据《史记·赵世家》记载:赵肃侯"二十三年,韩举与齐、魏战,死于桑丘"。裴骃《史记集解》引《汉书·地理志》云"泰山有桑丘县",所指殆即卜辞之桑地。

又卜辞有"ΙΙ桑"之地,如黄组《合集》36916、36738 均谓"癸巳卜,在ΙΙ桑贞:王旬亡咎",根据依地名推族名的方法,桑亦可能为ΙΙ族之支系。

6.秦

卜辞有ΙΙ秦之族,如:

戊戌卜,宾贞:乎取◇ΙΙ秦。(《合集》299,宾组)

显示该族乃商王征取贡物的对象。"ΙΙ秦"表明"秦"为"ΙΙ"之枝属,正是比照此例,可推知前揭"ΙΙ龟""ΙΙ桑"诸例不仅为地名,而是由族名演变。

此外,周代金文资料中亦习见秦地,例如:

(1)佳(唯)周公于征伐东尸(夷):葟伯、尃(薄)古(姑),咸戋(截),公归,禀于周庙。戊辰,酓(饮)秦酓(饮)。公赏塑贝百朋,用作尊鼎。(塑方鼎,《集成》2739)

(2)六月初吉癸卯,伊祝(?)延于辛吏,伊狈赏辛吏秦金,用作父□尊彝。山。(辛史器,《集成》10582,西周早期晚段至中期早段)

(3)……司乃且(祖)啻官邑人、虎臣:西门尸(夷)、纛(鄧)尸

（夷）、秦尸（夷）、京尸（夷）、弁瓜（狐）尸（夷）……（师酉簋，《集成》4288）

（4）郳庆作秦妊也（匜）鼎，其永宝用。（郳庆鼎，《中国历史文物》2003 年第 5 期）

（5）唯廿又再祀，𩵗羌作戎，厥辟韩宗，彻率征秦，逐齐入长城，先会于平阴。武侹寺力，袭敓（夺）楚、京。赏于韩宗，令于晋公，昭于天子，用明则之于名（铭）。武文咸力，永世母（毋）亡（忘）。（𩵗羌钟，《集成》157—161）

尤其参看塦方鼎铭、师酉簋与𩵗羌钟铭，足以说明在东土范围内自有一秦地。据传世文献，春秋时期鲁国辖境之内有秦地，如《春秋》记载，鲁庄三十一年，鲁筑三台，其中便有"秋，筑台于秦"之辞，其地在今范县一带，或与卜辞秦地相关涉。至于郳庆鼎"秦妊"之女名则说明东周秦氏为任姓，大致可以看作嬴秦西迁后其族居地为任姓支系所占据。①

7. 牁

黄组卜辞《合集》36971 有"牁方"，与"阴美"并辞联称，殆同属商王征讨对象，故两者在地理位置上应邻近。同时于征阴美卜辞如《合集》36819，有在牁地贞问讨伐阴美方是否顺利之记录，由此可见牁地离阴美亦不远。目前看来，牁应属东土地名，与之相关者似均在东土，例如：

（1）甲戌贞：王令刚衰田于嬴。（《俄罗斯国立爱米塔什博物馆藏殷墟甲骨》②189，历组）

（2）丙申贞：王步，丁酉自昳。

戊戌▨王步▨

戊戌贞：王于己亥步昳。

庚子贞：王步自亘于牁。

辛［丑］▨今夕不延雨。

①　郳庆（曹姓）与秦妊似夫妇关系，周代秦氏任姓，与嬴秦族源有别。
②　宋镇豪、玛丽亚主编：《俄罗斯国立爱米塔什博物馆藏殷墟甲骨》，上海古籍出版社 2013 年版。以下文中引用简称"《俄藏》"并括注著录号。

壬寅贞：王步，自㭪于嫛。（《屯南》2100，历组）

上引第一辞说命令㭪于嬴地整治土地，其中嬴即《春秋》桓公三年"公会齐侯于嬴"之嬴，杜预注："嬴，齐邑。今泰山嬴县。"所以，㭪族族居地恐怕去汶水上游的嬴地不远。例（2）为王步卜辞，即商王从昳地出发，中经壹、㭪，最终抵达嫛地。据卜辞记载，昳族的活动区域主要在汶水流域（《合集》33209、28012），其族居地或邻近曲阜一带的趚地（《合集》6839、6840）。壹地近滴（东平接山镇一带），所以去壹一日行程的㭪，似应坐落在山东曲阜以北的汶水沿岸一带。

又周初有㭪劫尊、卣组器，其铭文曰："王征盍（盖），锡罔（㭪）劫贝朋，用作朕蒿（高）祖缶（宝）尊彝。"（《集成》5383、5977）盍读盖，文献或记作"奄"，一般认为在今曲阜一带，㭪劫受到周成王的赏赐，殆参与了灭盖的军事行动。㭪族协助周人平定东土，大概是地理上的密迩所致。

最早如林泰辅就曾认为，卜辞㭪地即坐落于汶水流域，所以他所描绘的"龟甲兽骨文地名图"，㭪被标注在山东曲阜正北面的汶水河畔。[1] 郑杰祥则将该地与《史记·秦本纪》秦昭襄王"三十六年，客卿灶攻齐，取刚、寿"之刚相联系，明确指出其地望大致就在今山东宁阳县东北18公里处的堽城镇一带。[2] 继而裘锡圭又将㭪族青铜器与殷墟卜辞资料相结合，认为"卜辞之㭪与㭪伯之㭪，似也应为一地，㭪伯应是商王的臣属"，郑杰祥㭪地"在今山东宁阳县东北"之说，"可能是正确的"，㭪劫尊铭中的"奄"，"在今山东曲阜一带，宁阳与曲阜相邻。如㭪劫确居于宁阳之㭪，周王征奄时对他有所赏赐，是很自然的事"。[3] 这一㭪在东土的观点，应该非常合理。[4]

"㭪"的族姓需联系族氏铭文加以探索。商周之际的㭪伯卣铭有云：

亚。庚寅，鞘（㭪）白（伯）詨（諆）乍（作）又丰宝彝，才（在）二月。

---

[1] 林泰辅之观点参见钟柏生先生《殷商卜辞地理论丛》所转引的"龟甲兽骨文地名图"，台湾艺文印书馆1989年版，第10页。

[2] 参见郑杰祥：《商代地理概论》，中州古籍出版社1994年版，第185页。

[3] 裘锡圭：《㭪伯卣的形制和铭文》，载《保利藏金（续）》，岭南美术出版社2001年版，第245—249页。

[4] 参见陈絜：《卜辞京、鸿地望与先秦齐鲁交通》，《史学集刊》2016年第6期；陈絜：《商周东土开发与象之南迁不复》，《历史研究》2016年第5期。

ㄨ。ıı。(《资料库》NA1588)

铭文为"亚"字框所包围,李学勤敏锐地指出"亚"字框内、铭文两侧分书的"ㄨ",实际是族氏铭文的一部分,也就是殷墟卜辞中的"ıı"地。[①] 从"ıı"族的实际分衍情况看,"ıı"应是犅氏的上级血缘组织,说明犅氏与前面讨论的桑、秦等族有血缘上的联系,暂定属嬴姓,不失为合理的推测。

8. 矢

西周早期矢伯获卣(《集成》5291)有"矢伯"之称,"矢"又作"泆",见泆伯寺簋(《集成》4007,西周晚期)。矢为史籍失载的古国族名。

据《山左金石志》记载,矢伯获卣于清乾隆五十六年(1791)夏出土于山东临朐县柳山寨,今天我们已无法了解器物出土时的具体环境,自然不能据之断定西周矢族一定位于临朐。假若相关信息可靠,那么在东土范围寻找这个矢国的踪迹,或大致不误。而殷墟卜辞中,恰有几个地点可能与"矢"相关,略述于下:

黄组田猎卜辞《合集》37452 中有田猎地"泆",甲骨文地名常叠加山旁、阜旁或水旁,表示的仍属同一地点,故"泆"、"矢"在地理空间上所指为一。《合集》37452 的记录显示,商王己巳日去往原山附近的召地田猎,两日后壬申即抵达泆麓并有所猎获,泆(矢)距召最远不过百余公里,必然在泰山周边。

而据前文所引殷末征人方卜辞《合集》36968、《英藏》2563 可知,洦(即泆字添口繁化)地与焂、林方、蘜、渨、郇临近,尤其是"洦、蘜、渨"三地联称,说明相互比邻。其中蘜殆即春秋时鲁国之蘜地,在今山东肥城安驾庄附近,渨即《春秋》襄公十五年"公救成,至遇"之"遇",在鲁之成邑周边,与蘜地密迩。所以洦也应位于汶水下游肥城、宁阳一带。西周时期的"矢伯",殆即晚商汶水下游"泆"(或作"洦")地之族的族长。至于其铜器为何出现在更东面的临朐,目前尚无头绪,还要期待新的出土文献资料提供相应线索。

卜辞矢地又与ıı复合,如历组《合集》33145 云:"癸卯贞:旬亡咎。在ıı

---

① 参见李学勤:《犅伯卣考释》,载《保利藏金(续)》,岭南美术出版社 2001 年版,第 250—251 页。

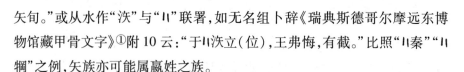

矢旬。"或从水作"沃"与"Ⅱ"联署,如无名组卜辞《瑞典斯德哥尔摩远东博物馆藏甲骨文字》①附10云:"于Ⅱ沃立(位),王弗悔,有截。"比照"Ⅱ秦""Ⅱ犐"之例,矢族亦可能属嬴姓之族。

9. 玟

甲骨文中所见与"Ⅱ"复合的还有"Ⅱ玟"。宾组卜辞《合集》143有"庚午卜,宾贞:Ⅱ玟刍奠"之占卜记录,即Ⅱ玟之人在奠地收割刍草。据商末征人方卜辞记载,奠地为商纣征人方经由地,依照行程推断,奠地似应在今莱芜一带,所以于奠地收割草料的Ⅱ玟之族极有可能属东土族群。而卜辞中往往有"玟舟"之辞,如:

(1)丁卯贞:王令毕奠玟、舟。(《合集》32850,历组)

(2)▨王令玟、舟,𠃊▨(《屯南》4052,历组)

按例(1)讲商王命令毕抚定玟、舟二族,例(2)则是商王发令玟、舟二族从事某活动,可见玟与舟关系相当密切,在地望上或彼此邻近,故而常常协同行动。晚商舟地在今山东东平境内,毕族如前述则属东土诸妊之一,所以玟族似应盘踞在今汶水中下游地带,故商王令"Ⅱ玟"之人在莱芜奠地收割草料也就非常合理了。

倘若按照复合氏名体现母族与子族的分衍关系加以理解,则龟、桑、秦、犐、矢、玟及其所自出的Ⅱ族,族姓应该是一致的。这里面最重要的线索便是秦,嬴姓西秦,起源于东土,这可以说是古史学界的最为重要的意见之一,也最为合理。商周东土之秦地与嬴地,显然与后来西迁的嬴秦有关,②所以,殷商时期东土龟、桑、秦、犐、矢、玟与Ⅱ诸族,当然归入嬴姓之族更为谐适。

此外,晚商时期活跃于东土的黄、鸿(江)二族,也应该是嬴姓之族。按《史记·秦本纪》记载的嬴姓国族有徐氏、郯氏、莒氏、终黎氏、运奄氏、菟裘氏、将梁氏、黄氏、江氏、修鱼氏、白冥氏、蜚廉氏、秦氏,其中徐、郯、莒皆为周

①　李学勤、齐文心、艾兰:《瑞典斯德哥尔摩远东博物馆藏甲骨文字》,中华书局1999年版。以下文中引用简称《瑞典》并括注著录号。
②　参见陈絜:《𡔿方鼎铭与周公东征路线初探》,载李宗焜主编:《古文字与古代史》第4辑,台湾"中央研究院"历史语言研究所2015年版,第261—290页。

代东夷族群代表,可惜对于他们在商代的活动情况,目前尚缺乏确凿资料予以说明;嬴姓黄、江在春秋时代皆立国于今河南信阳境内,扼守淮水上游,结合西周时期"东夷"南下演变为"淮夷"的大背景考虑,黄、江两国很有可能自西周中期以后才从山东迁徙至淮河流域,他们的前身或许是殷墟卜辞及商金文中的黄、鸿(江)二族。①

通过以上的简要分析大体可知,晚商时期东土嬴姓族氏至少有川、龟、桑、秦、牺、矢、京、柴、黄、江等,而且其各自的族居地大致可考,如黄在鲁北淄水流域,川、龟、桑在汶水上游(嬴汶)沿岸,柴坐落于汶水上游支流柴汶流域沿岸,牺与矢则位于汶水下游中段沿岸,京在平阴一带,江在今泰安市境,秦则在范县一带。概言之,晚商东土诸嬴的主要分布区域为淄、汶二水上游沿岸地带,多处在控制鲁中、鲁北中路交通的咽喉要道之上。诸嬴之中如京、秦、川、玟皆与商王朝关系密切,及至殷末,飞廉等人被帝辛倚为心腹,然而牺、桑等族则有与商人交战的记录,这再次印证,若干同姓族氏哪怕居住相隔不远,也未必在政治立场、文化属性上保持一致,至于共同的生产生活就更难想象了。

经由以上对东土诸妊、诸姒与诸嬴史迹的简单归纳,及其地域分布的初步讨论,可以得出对晚商时期"姓族"的初步印象:"姓族"在商代并不是一个内部联系紧密的有机亲缘组织,甚至"姓"这一观念是否存在于晚商,都尚有很大的讨论余地;即便存在,"姓"也未尝承担"别婚姻"的禁婚功能,"姓族"没有发展成为"家族"之上的婚禁组织。② 过去学者认为晚商存在大规模的同姓血族成员聚居、聚葬,显然是放大了所谓"共同血缘"的约束力度,严重低估了晚商时期人群的活跃、社会的复杂与文明的成熟程度。所以,"姓族"就是宗族的提法,至少与晚商时期的真实状况不相符。对某些被证明业已过时的僵化理论模式,着实不宜再简单套用。"姓族"的非实体性质也提示我们,就社会结构层面而言,各个具体"族氏"之上可能不再存在更高一级的单侧父系亲缘组织,甲骨金文中数以百计的"族氏"便是商代

① 参见刘佳琳:《"东不过江黄":晚商周初王朝东界及其政治地理格局》,《烟台大学学报》(哲学社会科学版)2019 年第 4 期。

② 参见陈絜:《商周姓氏制度研究》,商务印书馆 2007 年版,第 193—215 页。

晚期人群集团的基层单位,反映宗亲组织的早期形态,后代形式繁多、结构多变的"宗族""家族"等,盖皆脱胎于此。

第二节　晚商族氏组织结构

一般认为,广义的商人以血缘为纽带,以地缘为网络,构成亲疏有别、远近有序的商民族体系。其核心是由时王及其亲属构成的"王族",其骨干则是由先王诸子从"王族"分化而建立的"子族"。而其他子姓贵族以及同商人存在姻亲关系,或深受商文化影响而表现出商文化特征的异姓家族成员,则是商人的主体。诸多家族占据相应的领地,往往形成与各自领地地名相关的族名。朱凤瀚曾阐述,商人族群在地域空间分布与亲属结构层次上的关联:"时王之王族居于王都,时王近亲子族居地多近王都,血亲关系较远的、较强大的同姓亲族多居边陲。"①然而即便"亲近疏远"的基本原则大体可信,这样一个"圈层化"模型也不会在现实政治地理中完美复现,广义的"商人"固然聚居安阳,同时也散布于四土,无法聚合成为拥有"共同地域"、"共同社会生活"的实体性人群组织。所以,相关探索还要从最基层的"族氏组织"入手。

由于年代久远,研究有商一代族氏组织的类型及其结构的文献资料十分有限。《左传》定公四年载卫祝佗言及周初分封情况,道:

> 分鲁公以大路、大旂、夏后氏之璜、封父之繁弱,殷民六族:条氏、徐氏、萧氏、索氏、长勺氏、尾勺氏,使帅其宗氏,辑其分族,将其类醜,以法则周公,用即命于周。

此段文字所记为东周时人追忆周初分封之事,因《左传》颇有所本,故广为学界接受。而其中对"宗氏"、"分族"的解读似有助于解决晚商族氏组织结构之疑,但相应的认知多有分歧。孔颖达《左传正义》将"宗氏"释作"氏";

---

① 朱凤瀚:《商周家族形态研究》(增订本),天津古籍出版社2004年版,第81页。

童书业释"宗氏"为"宗族",言宗族由大宗率领,分族即小宗,是宗族的分支①;陈梦家分亲属组织为姓族、氏族、宗族、家族四个层次②;杨伯峻以宗氏和分族为同一宗族之下的大宗之族和小宗之族的关系③。纷争虽存,但诸家皆已认识到了商代亲属组织内部的层次化特征,再进一步解析各个层次,则难免有"文献不足征"之感喟。

所以,要真正理解晚商族氏组织结构,还得将视线转向同时代的出土资料——殷墟甲骨与晚商金文,以实证性的个案解析为基础,复原晚商族氏的层级结构。以下先从金文"复合氏名"诸问题谈起。

一、复合氏名与晚商族氏组织结构

我们知道,晚商周初的青铜器上常铭刻一个或几个象形程度较高的文字,20 世纪 30 年代初,郭沫若率先界定为"族徽",认为是晚商家族组织的徽号,④今学界则普遍称之为"族氏铭文"。而以两个及两个以上族氏铭文组合形式出现的族氏铭文,至 1981 年林沄始称其为"复合氏名"。⑤ 相比于单一族氏铭文只能记录"族名"信息,复合氏名能够反映若干族氏的分化与演变,实际蕴含着商人家族组织结构特征的更多静态与动态特征。

目前所见的族氏铭文宏观上可分单一、复合两种,单一族铭中"单字类"最普遍,同时存在两类相对独特的形式,即"亚某"类与带职徽类的族铭,具体如下所示:

《集成》776　　《集成》784　　《集成》807　　《集成》808　　《集成》822

单字类单一族铭示例图

---

① 参见童书业:《春秋左传研究》,上海人民出版社 1980 年版,第 150 页。
② 参见陈梦家:《殷虚卜辞综述》,中华书局 1988 年版,第 615 页。
③ 参见杨伯峻:《春秋左传注》,中华书局 1981 年版,第 1536 页。
④ 参见郭沫若:《殷彝中图形文字之一解》,载《殷周青铜器铭文研究》(修订本),科学出版社 1961 年版,第 11—20 页。
⑤ 参见林沄:《对早期铜器铭文的几点看法》,载《古文字研究》第 5 辑,中华书局 1981 年版,第 35—48 页。

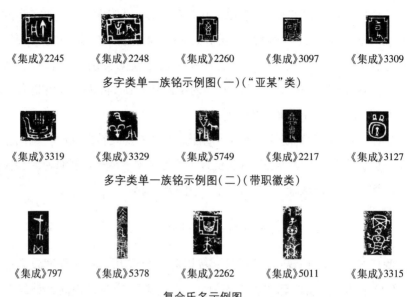

《集成》2245　　《集成》2248　　《集成》2260　　《集成》3097　　《集成》3309

多字类单一族铭示例图（一）（"亚某"类）

《集成》3319　　《集成》3329　　《集成》5749　　《集成》2217　　《集成》3127

多字类单一族铭示例图（二）（带职徽类）

《集成》797　　《集成》5378　　《集成》2262　　《集成》5011　　《集成》3315

复合氏名示例图

其中单一族铭所代表的是一个独立的族氏组织，这一点没有任何争议。需要注意的是，单一族铭并非以字数多寡来定夺，某些族氏组织，其首领担当了某类官职，负责某种职事，往往会在家族名号上添加职事徽号，如史官作册加"册"，负责田猎者添"犬"，负责牛畜饲养曰"牧"，牧马者曰"马"①，任斥候者谓"侯"。至于族铭为"亚某"者，其含义则与复合氏名相牵扯，实际上是一种族氏组织层阶化的体现，这一问题我们将在下一节中举例讨论。

有关复合氏名的含义，学界目前主要有联合说和层级说两种观点。联合说认为复合氏名是指两个或两个以上族的结合；层级说则主张为某个大族的分支，即以氏名附于所从自出的母族族名之下，表示自身的分族地位。复合氏名归根结底仍是氏名，是用来记录作器者所属的独立的族组织的，且往往铭于祭器，反映浓厚的血亲关系，更应有明确的归属，而联合说无法解释这一点。持后一种观点的学者主要有林巳奈夫②、张政烺③、林

---

①　亦有学者视"马"为武职，可备一说。

②　参见［日］林巳奈夫：《殷周时代的图像记号》，《东方学报（京都）》第 39 册（1968 年 3 月）。

③　参见张政烺：《试释周初青铜器铭文中的易卦》，《考古学报》1980 年第 4 期。

沄①、李学勤②、朱凤瀚③等，这种意见在当前学界中认同度较高。其中，朱凤瀚以"戈"氏为例所做考证，影响尤大，成为解析商代社会结构及族群关系研究的一把钥匙。

按照朱凤瀚的意见，复合氏名表示某一族的分支，此分支铭其自身名号和所从出的族氏名号，这种标识有两层意义：一是与其母族相区别；二是标明自己的出身。但在具体分析以所谓"复合"面目出现的氏名组时，还要考虑地名性附赘、职官与职事性附赘、通婚联姻与作器者私名误读等各种复杂情况。当前"联合说"对"层级说"的质疑诘难，大多源自上述附赘情形被混入"族氏复合"当中。今略事说明如下：

1. 地名性附赘举例

尽管地名与族名往往相同，但"母族—子族"的分衍，与"族名—地名"的标记，不可混为一谈。举例而言，晚商东土有登地，卜辞写作登、鐙、弄等形，如：

（1）庚戌卜，[在]登贞：[王]今夕亡祸。

　　□卜，在鷹（庆）[贞：王]今夕亡祸。

　　□[卜]，在鷹（献）[贞：王今夕亡]祸。（《合集》36929，黄组）

（2）戊戌卜，贞：王其田盂，亡灾。

　　辛丑卜，贞：王其田盂，亡灾。

　　壬寅卜，贞：王其田向，亡灾。

　　乙巳卜，贞：王其田鐙，亡灾。

　　戊申卜，贞：王其田盂，亡灾。

　　辛亥卜，贞：王其田盂，亡灾。

　　壬子卜，贞：王其田向，亡灾。

---

① 参见林沄：《对早期铜器铭文的几点看法》，载《古文字研究》第5辑，中华书局1981年版，第35—48页。

② 参见李学勤：《〈中日欧美澳纽所见所拓所摹金文汇编〉选释》，载《新出青铜器研究》（增订版），人民美术出版社2014年版，第254页。

③ 参见朱凤瀚：《商周青铜器铭文中的复合氏名》，《南开学报》（哲学社会科学版）1983年第3期。

乙卯卜,贞:王其田鼳(烎),亡灾。(《合集》33532,无名组)

(3)叀龔田,亡灾。罤。

叀笄田,亡灾。罤。

叀成田,亡灾。(《合集》29334,无名组)

其中登与庆(平阴、东平间)、献(济南一带)相关,斠与向(鲁、莒间)、盂(泰山南麓)、曳(新泰附近)相关,笄地近成(宁阳、新泰附近),所以笄、斠二字应看作登地的异写,且极有可能与《左传》隐公十年"公会齐侯、郑伯于中丘。癸丑,盟于邓"之鲁邓(兖州一带)相关联。邓地的土著"邓"族,其首领大概即《合集》7384正等辞中所见商人臣属"登"。

然而并非所有商金文中出现的地名要素"登(邓)"都可认为与"登"族有关。晚商铜器中与东土邓地相关的具有"复合氏名"性质的材料主要有举登鼎(《新版》1491)、串寫登鼎(《新收》1565)、串寫登觯(《集成》6443)与登芦罍(《集成》9771)四件,也就是说殷东旧族举(济南一带)、串寫(临淄或平阴)、芦(或在鲁西南)均曾有分支盘踞邓地,但举、寫、芦三族之间是否具有单侧血缘关系,也就是所谓的同姓,我们无从证明。①

类似例证还可举出一些:如《集成》5722著录父乙尊铭曰:"先癥。父乙。"依照复合氏名的惯例,癥族乃出自有莘氏。而《资料库》NA0812著录一卣,其中盖铭亦有复合族名"先癥",器铭却作"𤔲癥。父丁"。按"𤔲"即封字之初文,"癥"不能既是"先(莘)"的枝属,又是"封"的分族,所以"封"于此殆属地名附赘要素,即有"癥"族人居住于封地。同样嬴姓川族的分支很多,但川户(戈,《商周青铜器铭文暨图像集成续编》②1064)很可能是姒姓。这就是说,由于人口的流动,在规模稍大的聚落内,其居民往往是由不同血缘团体共同构成,同时也存在聚落首领前后更替的可能性,我们不能简单地因其复合氏名中所具有的相同地名成分而推测为血亲集团,也不可将地名附赘类型混入复合氏名当中,进而对"层级说"产生质疑。

---

① 参见陈絜:《卜辞登地、登族与商周邓器》,《中原文化研究》2023年第1期。
② 吴镇烽编著:《商周青铜器铭文暨图像集成续编》,上海古籍出版社2016年版。以下文中引用简称"《铭图续》"并括注著录号。

2. 职官与职事性附赘举例

与后世比较,晚商的职官体系当然相对原始,但"设官分职"的倾向还是约略可见。譬如边陲地区设有侯、戍、卫,多属武职。农耕田猎区则设田、犬,负责开垦与田猎。近臣之中则有宰与寝等,以服侍商王饮食起居。还有一些特殊职业的从业人员,譬如以管理或养马见长的"马"职、制造箭矢盛放器具的"箙"职等。这些专业人员往往会将官职名与职事名添置在族氏名号之上,这并不表示具有相同职官或职事的相关族氏来自同一血缘团体,比较典型者可举"箙"为例。

箙是用以盛放箭矢的器具,是上古"戎兵"也即武器装备的一种,西周金文偶有专门记载,如"俘戎兵:盾、矛、戈、弓、箙、矢、裨、胄"(瘐簋,《集成》4322)、赐"鱼箙"(毛公鼎,《集成》2841;番匊生簋,《集成》4326)者即是,传世文献则有"象弭鱼箙"、"棨弧箕服(箙)"之辞。商代应存在一种制作箭袋的职事,命名曰箙,故有箙冀、箙亚噱之类的人名,其含义与当时习见的"寝某"、"宰某"、"小臣某"同。此外,晚商族氏铭文中亦多见"箙某"、"某箙",如"◇夆箙"(《集成》3302)、"戉箙"(《集成》846)、"箙贝"(《集成》4882)、"眀子弓箙"(《集成》5142)、"韦箙"(《集成》5748)、"箙悤"(《集成》8140)、"×(爻)箙"(《集成》8240)、"箙皇(?)"(《集成》8241)、"甲箙"(《集成》8929)、"箙先"、"絴箙"(《资料库》NA0161)、"箙荣"(《资料库》1288)等,甚至还有单独署"箙"的例子(鼎,《集成》1215—1217;罍,《集成》9412;盘,《集成》10012)。此类"某箙"与"箙某"之族的社会关系,显然不能用同一姓族下的不同分支作解释,因为箙冀姜姓、箙先姒姓、◇禹箙妃(改)姓是比较确凿的。因此,"箙"只是承担相应职事的族氏都可以签署的职官性质附赘。

3. 通婚联姻与作器者私名误读例

商金文中还有一类含女名成分的特殊短铭,如"亚醜杞妇"(《集成》5097)、"齐妇举"(《集成》486)、"冉妇娅"(《集成》1709)、"黿妇桑(?)"(《集成》1711)、"妇孋咸"(《集成》3229)、"妇好止"(《集成》9509)、"玄妇亚疑"(《集成》9794)、"姝戈"(《集成》6348)、"彭母冉"(《集成》6352)、"冉串媜"(《集成》7196)等,部分学者将此类铭文亦归入"复合氏名",并据此提出"复合氏名"体现商人通过婚姻而联族的观点。这恐怕对铭文内涵存在较大误解。

首先此类短铭包含两部分内容,即族名与女性名号,举几条文辞稍完整的例子便可知晓。例如:

> 商妇作彝。举。(甗,《集成》867,晚商)
>
> 黿。作妇姑鬲彝。(鼎,《集成》2137,晚商)
>
> 顯作母辛尊彝,顯锡妇婴曰:"用鬲于乃姑弁。"(卣,《集成》5389,商周之际)

第一器的"商妇"属铸器者自称,依照学界通行的"某妇"、"妇某"多无别的通例,"商"为"商妇"所自出的父族族氏名号。铭末所署"举"字,则属商妇所适的夫族族氏名。第二器"妇姑"为他称,"姑"为该女性所从出的父族族名"古"的女性字,铭首所署"黿"字为妇姑所适夫家族氏名号,也就是说当时黿、古二族通婚。唯本铭"妇姑"究竟是生称(用器者)、死称(受祭对象),似不宜判断。第三器顯为铸器者,妇婴为用器者,母辛为受祭对象,她是顯的先母、妇婴的婆婆(古称"姑",是交表婚的体现)。该器"妇婴"之婴也是指用器者所自出的父家族名。由此反观上举晚商殷系短铭,其含义就比较清楚了。例如"亚醜杞妇"是有夫家族名"亚醜"与女名"杞妇"构成,体现杞族与亚醜通婚。"妇好止"由女名"妇好"与该女性所适夫家族名"止"两部分构成,体现"子"、止二族通婚。[①] 所以,此类短铭与复合氏名的内涵无关,不能作为晚商存在联族现象的依据。

除女名的特殊情形外,私名被误认为族氏名等成分,也会给理解复合氏名带来困扰。

总之,排除地名性附赘、职事性附赘以及既嫁女子作器等情况,"层级说"仍可适用于大部分复合氏名资料的解释,亦符合晚商国家政权、社会生产、宗教信仰各方面的整体背景。就目前材料与研究现状判断,晚商及周初商遗铜器铭文所见的复合氏名,更多体现的是当时宗亲组织的别族分衍,是

---

① 该壶为日本东京程琦氏旧藏,非殷墟妇好墓所出器,所以此"妇好"与武丁之配的"妇好"并非同一女性。另山东博物馆藏有明义士旧藏"妇好簋"(《资料库》NA1503),也不是妇好墓所出之器,可惜目前缺少该簋所出地点的线索。

母族与别出子族间天然具有的社会层级关系之表征。从中还可窥见，"分化"实为晚商人群集团的演变主题，这对下文解析族氏组织内部结构亦有启发。

二、子、小子与亚族的内涵分析——以东土举、束二族为例的考察

今人讨论晚商族氏组织结构，往往会援引下面两则文字材料作开场白，一为《尚书·多士》篇末尾几句：

　　（1）王曰："告尔殷多士……今尔惟时宅尔邑，继尔居，尔厥有干有年于兹洛，尔小子乃兴从尔迁。"

二为《左传》定公四年记载祝佗追忆之言：

　　（2）昔武王克商，成王定之，选建明德，以蕃屏周。故周公相王室，以尹天下，于周为睦。分鲁公以大路、大旂、夏后氏之璜、封父之繁弱，殷民六族：条氏、徐氏、萧氏、索氏、长勺氏、尾勺氏，使帅其宗氏，辑其分族，将其类丑，以法则周公，用即命于周。是使之职事于鲁，以昭周公之明德。分之土田、陪（仆）敦（庸），祝、宗、卜、史，备物、典册，官司、彝器，因商奄之民，命以《伯禽》，而封之于少暤之虚。

由此而总结出，商人的宗族结构由宗氏—分族或宗氏—小子构成，此外还有"类丑"，也即家族依附民。通常认为，小子就是分族，如曾运乾《尚书正读》谓"小子，盖同姓小宗也"。① 又云："小子，同姓小宗也。此篇诰多士，盖诰殷士大夫为大宗者。大宗既往，小宗乃兴，所谓宗以族得民也。周迁殷民，皆以族相从。若《左传》分鲁卫以殷民六族七族是也。若训为民之子孙，则祖父既往，子孙焉有不从之理，于文无取。"② 此说得到了商周史学界的很多学者的认可，笔者也一度接受这个主张。③ 但现在看来，把"小子"等同于"分族"，也即周人眼中的小宗，恐怕是不够稳妥的，其实"分族"应该就是亚族，不可与"小子"混为一谈。

① 参见曾运乾：《尚书正读·酒诰篇》，华东师范大学出版社2011年版，第183页。

② 曾运乾：《尚书正读·多士篇》，华东师范大学出版社2011年版，第231页。

③ 参见陈絜：《商周姓氏制度研究》，商务印书馆2007年版，第174—175页。

在商金文中,"子"与"小子"可视为相对成辞的一组概念,经常一起出现,例如:

> 甲寅,子赏小子省贝五朋,省扬君赏,用作父己宝彝。举。(小子省卣,《集成》5394)

子对小子行赏,而小子则答扬子的恩赐,并称子为"君",二者间身份等级的差异昭然若揭。学界通常将"子"、"小子"之称与晚商宗族结构、家族形态相联系,无疑是正确的。但现行的说法是,"子"为大宗宗族首领之称,"小子"则为小宗之长,反映的宗族组织中的大小宗关系,以上引铭文为例,其中的"子"为举族族长,而"小子省"则为举氏之小宗。

鄙意以为,这一通行认识恐怕是大可商议的,此中所涉及的是"小子"所代表的亲属组织与亚族究竟是一种怎样的关系,更清晰地讲,小子与亚族在宗族组织内是否地位相当。今以大家熟知的晚商举族、束族为例,试对相关疑问作出答复。

晚商举族乃盘踞在今山东济南长清一带的雄族,①留下了数量颇多的青铜礼器,其器物铭文通常以长铭居多,乃晚商铜器铭刻材料的典范,在商代宗族史研究中具有异乎寻常的史料价值。依照铜器铭文所签署的族名作分类标准,无非就是单一族名"举"与复合族名"举某"两类。从中不难发现,但凡签署复合族名者,有时也会带上"亚"字而形成"举亚某"、"亚某举"之类的族名形式,即是说,"亚某"乃举氏之分族,"亚"成为别族者的重要标识。同时,称"举亚某"者,也会径以"亚某"自名而省去"举"字,这一点亦须重点关注。

与举族"亚某"相关的金文资料目前有以下 10 条:

(1)祖辛。禹稅举。(罍,《集成》9806)

(2)举。祖辛。禹🔲(亚稅)。(鼎,《集成》2111)

(3)举。祖辛。禹🔲(亚稅)。(卣,《集成》5201)

(4)举棘。㮙作祖辛彝。(觯,《集成》6481)

---

① 参见严志斌:《商代青铜器铭文研究》,上海古籍出版社 2017 年版,第 317—322 页;陈絜:《小臣缶鼎与晚商薁族族居地》,载北京大学出土文献研究所编:《青铜器与金文》第 2 辑,上海古籍出版社 2018 年版。

（5）亚燊（棘）。无罋作父丁彝。（卣，《集成》5309）

（6）亚棘。俢（祝）孳（？）①作父癸宝尊彝。举。（卣，《集成》5360）

（7）亚棘。父丁。（瓤，《集成》842）

（8）妇婭作母癸尊彝。棘举。亚。（《近出殷周金文集录二编》②889，铭文框于"亚"形中）

（9）丁亥，王锡□秬（？）鬯卣，锡□，锡贝五朋，用作父乙尊彝。棘举。（鼎，叶家山 M126∶17③）

（10）举亚次（盗）。（瓤，《集成》7180）

上举器物可为分作三组，前三器为举氏亚税族铜器，今收藏于山东济南博物馆，可能是济南长清一带出土。④ 例（4）至例（9），则为举氏另一个亚族"棘"氏之祭祀礼器，除属于分器性质的第九器外，余者悉为传世器，具体出土地等有效信息均缺载。⑤ 例（10）亦属传世器，自成一组，仅有族名而无其他信息。需要注意的是，前两个举氏亚族，其祭祀对象不仅有父辈，而且可以上溯至祖妣一代，形成了至少两代的祖神体系。⑥ 这一点，便与下文将要讨论的举氏"小子室家"的祭祀对象仅及父辈存在明显的区别。此外，山东费县曾出土一批晚商时期的举戠之器，⑦有关单位选拣所得共计 28 件，其铭文的共同特点就是仅铸"举戠"二字。学界通常认为，此亦属复合族名之列，即戠是从举族中离析产生的新的族群组织之名号。另如罗振玉旧藏商

---

① 俢字从宀、从言、从兄（祝），本义殆指于宗庙祝祷，乃"祝"字异构。器主"祝孳（？）"之名，则由官职或职称、私名两部分构成。

② 刘雨、严志斌：《近出殷周金文集录二编》，中华书局 2010 年版。以下文中引用简称"《近出二编》"并括注著录号。

③ 参见湖北省文物考古研究所、随州市博物馆：《湖北随州叶家山西周墓地 126 号墓的发掘》，《考古学报》2021 年第 4 期。

④ 参见山东博物馆：《山东长清出土的青铜器》，《文物》1964 年第 4 期。

⑤ 两组青铜礼器相互间的关系我们已在《小臣缶鼎与晚商冀族族居地》一文中作出讨论，此不赘言。

⑥ 商与西周时期的"祖"，是包括祖父及以上先祖的通名性的称谓。

⑦ 参见程长新、曲得龙、姜东方：《北京拣选一组二十八件商代带铭铜器》，《文物》1982 年第 9 期。

末举登鼎（《集成》1491），其"举登（邓）"二字内涵当与"举戲"同。这就是说，晚商举族中目前所知者至少已有 5 个亚族，分别为举稣、举棘、举次（盗）、举登（邓）与举戲。①

此前已有学者比较明确地指出，晚商举氏族居地应该就在今山东济南长清一带，②这无疑是正确的。我们还可以为此主张补充一些卜辞及商金文中的相应佐证。如宾组卜辞《合集》5624 中出现"举"、"卢"两地名（或族名）并举的占卜记录，说明两地或相邻。其中卢地即《左传》隐公三年"冬，齐郑盟于石门，寻卢之盟也"之卢，据杜预注，《左传》卢地其具体地望即在汉魏时期的"济北卢县故城"，③也即今山东济南一带。又如《合集》5770 有"举令盖（禚）射"之占，其中的盖字可读为"禚"，殆即《春秋经》庄公二年"夫人姜氏会齐侯于禚"、庄公四年"公及齐人狩于禚"之禚，其地大概亦在今济南长清一带，④由举统领禚地射手，殆因居地邻近所致。再如《甲骨缀合汇编》⑤200 有"令举田于立"之辞，也即是说商王令举在立地耕植或田猎。据殷墟卜辞及出土铜器线索，立地在今寿光一带，此亦能折射举族族居地的大致范围。类似的线索还有很多，如后文所引小子畚卣、小子□簋（即旧称"小子䵼簋"者）等铭文所示，举族的小子之家多领命参与征讨人方的战事，而其家族成员小臣缶则领商王所赐"渪（遇）积五年"之赏，也即获得汶水下游沿岸遇地五年的收成，另举族曾与东土邰族通婚，见诸母邰父癸卣（《集成》5172），此均可作为举族活动在今济南附近之辅证。我们已在其他文字中多有讨论，于此不再展开。⑥ 从青铜礼器出土地作判断依据，作为举

---

① 传世器父辛卣（《集成》5167）有"举扶父辛彝"五字，其中"扶"字究竟属族名或私名，目前尚不易断定。另如故宫藏举族瓠（《集成》7302），铭文作"或其訊（铸）父己彝。举"，其首字亦无法判断是否为族名。对于以上二器，不妨留待证据充分后再作讨论。

② 参见严志斌：《商代青铜器铭文研究》，上海古籍出版社 2017 年版，第 317—322 页。

③ （西晋）杜预注，（唐）孔颖达疏：《春秋左传正义》，（清）阮元校刻：《十三经注疏》第 6 册，台湾艺文印书馆 2007 年版，第 53 页。

④ 参见陈絜、田秋棉：《卜辞"龟"地与武丁时期的王室田猎区》，《故宫博物院院刊》2018 年第 1 期。

⑤ 蔡哲茂：《甲骨缀合汇编》，台湾花木兰文化事业有限公司 2011 年版。以下文中引用简称《缀汇》并括注著录号。

⑥ 参见陈絜：《小臣缶鼎与晚商蓑族族居地》，载北京大学出土文献研究所编：《青铜器与金文》第 2 辑，上海古籍出版社 2018 年版。

氏亚族之一的秡，其活动地点也应该在济南长清附近，在居地上虽说未必与其母族同在一个居邑，但至少可以说大致比邻。举氏另一个分支即亚棘之族的族居地，则是《春秋经》成公三年“叔孙侨如帅师围棘”之棘，据《水经注》记载，汶水下游支流沟水，流经此地，①大体坐落在今山东肥城与泰安交界地带。至于第三支族举𢿌，或居住于300余里之外的山东费县朱田镇，②去其母族居邑济南长清相对远了一些。③ 第四个分支举登，其族居地似在今山东曲阜、兖州周边，即《左传》隐公十年鲁齐郑“盟于邓”之邓地。④ 至于举次的居地，初步推测，极有可能与见诸文献记载的今泗水境内的盗泉相关，日后或能找到更为确凿的线索。⑤ 此外安阳殷墟墓葬亦出举族铜器，⑥也有可能是东土举氏在晚商王都内的又一支亚族之遗存，殆与晚商东土举族的京畿住所有关，其性质颇像两汉文献常见的“朝宿邑”或“郡国邸”。⑦ 总的来看，晚商举族与其各分支并不是聚居的。

除了举族器，商周时期的朿族及其分支也比较典型。据卜辞“皃、朿”

① 《水经注·汶水》：“汶水又西，沟水注之，水出东北马山，西南流迳棘亭南。《春秋》成公三年经书：‘秋，叔孙侨如帅师围棘。’《左传》曰：‘取汶阳之田，棘不服，围之。’南去汶水八十里。又西南流迳遂城东。《地理志》曰：‘蛇丘遂乡，故遂国也。’”。（北魏）郦道元注，（清）王先谦校：《合校水经注》，中华书局2009年版，第373页。

② 参见程长新、曲得龙、姜东方：《北京拣选一组二十八件商代带铭铜器》，《文物》1982年第9期。

③ 参见陈絜：《小臣缶鼎与晚商冀族族居地》，载北京大学出土文献研究所编：《青铜器与金文》第2辑，上海古籍出版社2018年版。

④ 参见陈絜：《卜辞登族、登地与商周东土邓器》，《中原文化研究》2023年第1期。

⑤ 《集成》9234著录有亚次马豢斝一器，“马豢”一般理解为族氏铭文，相应的器物也很多（如《集成》3311、3458、3459、5737、9796、9797等），该族与举氏间的关系究竟如何，便须认真考虑。一种合理的推测就是“次”为地名，马豢、举二族各有分支据有次地，或同时，或先后，均有可能。至于次地地望，卜辞中有少量线索，如《合集》28053有“王叀次令五族戍羌”、“王弗令次，其悔”之占卜记录，其中羌地又见于商末征人方卜辞，大致在今莱芜一带。依照常理推断，奉命戍守羌地的次族，自然以东土族群的可能性为大。《淮南子·说林训》：“曾子立廉，不饮盗泉。”《尸子》卷下：孔子“过于盗泉，渴矣而不饮，恶其名也。”盗泉一般以为在今泗水，而次、盗古音通。参见于省吾：《释次盗》，载《甲骨文字释林》，中华书局1979年版，第382—387页。卜辞次地是否与文献盗泉相关联，可以讨论。

⑥ 参见安阳市文物工作队：《1983—1986年安阳刘家庄殷代墓葬发掘报告》，《华夏考古》1997年第2期。

⑦ 陈絜、聂靖芳：《甲骨金文中的朿族与商周东土族群流动》，《史学月刊》2022年第1期。

(《合集》14161 正)、"羌、束"(《屯南》984)等"多地名联称"例判断,①晚商束地殆位于今洙泗流域上游地带,也即邹城凫地与莱芜羌地之间。盘踞其间的束族,先后又分衍出束舟、束正、保束、束厚与束蛇 5 个亚族,它们各自铸器祭祖,相应的礼器铭文内容如下:

(1)束舟。父丁。(爵,《集成》8471,晚商)

(2)束正。祖辛、父甲。(鬲,《集成》538,晚商)

(3)保束。(爵,《集成》8170,晚商)

(4)隹王来格于成周年,厚赻有馈于濂公,趙用作厥文考父辛宝尊齋,其子子孙孙永宝。束。(鼎,《集成》2730,西周早期)

(5)隹正二月既死霸壬戌,黽(蛇)平作宝簋,用圣夙夜用享孝皇祖文考,用匄眉寿永令,平其万人(年)永用。束。(簋,《集成》4157、4158,西周晚期)

这些束氏亚族,各自以新居地为称,可与周代"以地为氏"相比拟。其中舟地在东平、平阴间,正地在泰安、新泰间,保地在邹县一带,厚地在东平境内,黽可读"蛇",殆即《春秋》鲁国蛇渊囿,在今宁阳北部。以上地名基本记载于殷墟卜辞,也多能得到商周东土青铜器铭文的印证。对此,我们在其他文字中已有论证,②故不再展开讨论。可见东土束族与其各分支也是异地分居。另上引五器最须注意的是束正鬲,其祭祀对象已至少包括了父祖两代。这种祭祀对象上的特点,在西周晚期的蛇平簋铭中依然得以完整呈现。

由举、束二氏诸亚族所铸礼器铭文所提供的线索,大体可以归纳并推衍出晚商时期(也包括入周后的殷遗)亚族组织的几个特征:其一,亚族基本具有独立于母族的新的族居地。其二,依照一般认可的商周同居者共葬的通则,亚族亦当有其相应独立的墓地。其三,亚族拥有自己的族产,故可出资铸造祭器。其四,亚族拥有独立的宗庙祭祀权,祭祀对象包括父辈、祖辈

---

① 卜辞"多地名联称"的地理研究价值便在于相关地名往往毗邻。

② 参见陈絜、聂靖芳:《甲骨金文中的束族与商周东土族群流动》,《史学月刊》2022 年第 1 期。

或更久远的先祖(即祭所自出者),从而形成独立的宗亲祭祀系统。其五,拥有代表亚族独立的族群标识名号的使用权,尽管实际使用中往往与母族名号相联缀。此外如举䇂之族在居邑上或离母族甚近,但因其始祖小臣缶得到商王"渪(遇)积五年"之赏赐,故地名"禺(遇)"亦成为别族后新得氏名的附赘成分,[①]成为新立宗氏组织炫耀的资本,这在"小子"诸器铭文中是绝无可能出现的。

总之,晚商社会中的亚族,尽管从血统上还会时时追溯至所自出的母族,但具有非常大的独立性,具体表现为拥有自己的居邑、墓地、家族财产、独立的祭祀体系和族名。所以,它与母族间的关系恐怕很难始终水乳交融、休戚与共,有时标注所自出的族氏组织之名号,大概就是一种通过血统上的追忆以示本族群的历史悠远或出身高贵的手段而已。

商器中还存在不少以"小子"名义铸造的祭祀礼器,也就是说"小子"是相应祭器的使用人,这也成为"小子即小宗首领"、大宗对小宗控制严格等论说的一项重要证据。殊不知小子铸器多事出有因,且小子祭祀对象亦止于父辈,与亚族的区别非常明显。按晚商举氏器小子铸器多见,是讨论"小子"在宗族内部的身份及其家庭形态问题的极佳史料。

按举族小子器除前引小子省卣外,相关资料尚有下述数例:

(1)乙巳,子令小子䚘先以人于堇,子光赏䚘贝二朋,曰:"贝唯薎汝历。"䚘用作母辛彝。在十月,月唯子日令望人方蜀。举。母辛。(小子䚘卣,《集成》5417)

(2)子光商(赏)小子启贝,用乍(作)文父辛尊彝。举。(小子启尊,《集成》5965)

(3)癸巳,㱿赏小子□贝十朋,在菁次,唯㱿令伐人方蜀、劈、□,□用作文父丁尊彝,在十月四。举。(小子□簋,《集成》4138,旧称"小子

① "渪"、"禺"即黄组卜辞《英藏》2563、《合集》36968 等材料所记载的商末征人方经由地"矢、蓳(蓳)、禺"之"禺",也就是《春秋》襄公十五年"夏,齐侯伐我北鄙,围成。公救成,至遇"之遇,杜预注谓遇系鲁邑[(西晋)杜预注,(唐)孔颖达疏:《春秋左传正义》,(清)阮元校刻:《十三经注疏》第 6 册,台湾艺文印书馆 2007 年版,第 565 页],其地殆在汶水下游中段沿岸一带。

羃簋"）

　　（4）乙未,卿㫚（事）易（锡）小子𦩎贝二百,用作父丁尊簋。举。
（小子𦩎簋,①《集成》3904）

例（1）、例（2）"子"与"小子"相对成辞,其含义在学界有比较一致的认识,
即子为大家族组织首领,而"小子"则为大家族内次一级的家族组织之长。
例（3）"㲚"通常认为是大家族组织首领的尊称或讳称,②例（4）"卿事"当为
官称,过去一般理解为举族首领,似有不妥。鄙意以为,以上材料中所提及
的"小子",均为举族族氏组织内部的各小家庭组织之家长。他们铸器之
时,仅签署"子"族族氏铭文"举",说明这些小型家族并未脱离举族宗氏,不
具有与外族社会交际的独立身份地位。还有更为重要的一点,举族小子所
祭对象仅及父辈,从不出现祖某、妣某之类年辈更高的祖先神,或说明小子
与宗氏首领"子"之间的血缘关系非常之近,有些甚至可能属父子关系或亲
兄弟之列。

　　举族器中还有一件比较重要的器物就是台北故宫所藏的商末小臣缶
鼎,其铭文曰:

　　　王锡小臣缶渪（遇）积五年,缶用作享大子乙家祀尊。举。父乙。
（小臣缶鼎,《集成》2653）

这一铭文是说,由于商王近臣"小臣缶"受到来自商王赏赐,得到渪（遇）地
所产五年的粮刍,故为"大子乙家"铸器,以备祭祀父乙。这里提到了"大
子",所以小臣缶在举族内部的身份恐怕亦属"小子"之列,可以推想的是,
小臣缶或为当时举族首领的叔父或兄弟,祭祀所及亦仅有自己的生父而已。
尤须关注者为"王锡小臣缶渪积五年"一句,此中一则说明举族小子缶出任
商王之小臣,二则说明小子可拥有自己的财产,而且数量高到遇地所产的五
年粮刍。小子拥有私产,实有助于我们对商代宗亲组织的本质理解。

　　通过以上举族诸小子铸器大体可知,小子与子之间血缘关系极近,并无
自己独立的祭祀体系。不过,拥有自己的家庭财产这一点是无可置疑的。

①　此器物铭文严志斌以为属伪铭。
②　参见张政烺:《哀成叔鼎释文》,载《张政烺文史论集》,中华书局 2004 年版,第 581—586
　　页;朱凤瀚:《也论商与西周青铜器铭文中的"㲚"》,《出土文献》2020 年第 2 期。

由于小子缺乏独立的祭祀体系,所以小子之家对宗氏还有较强的依赖性。还有重要的一点就是,小子领命于子从事各种活动,而子对亚族鲜有发号施令的记录。由此可知,亚族的独立性远远超出我们此前的估计。

此外,小子铸器祭祀自己的父辈,似仅限于小子的生身父母,且其祭祀权应该是在宗族长的准许下方得实施。我们可以用东土"豸"族由伯器为例子以作说明。

按由伯器有尊、卣各一,其年代一般定在西周早期,但就使用族徽、日名的特征判断,应属殷遗之器,对讨论殷商时期的宗族结构问题依然具有重要参考价值。其铭文曰:

(1)豸。由伯曰:"矩御,作尊彝。"曰:"母(毋)入于公。"曰由伯子曰:"矩為厥父彝,丙日唯母(毋)入于公。"(尊,《集成》5998)

(2)豸。由伯曰:"胛,作父丙宝尊彝。"(卣,《集成》5356)

这两件器物均为氏宗族器,其一是族长由伯命令矩所铸造,其二则为由伯令胛所造,祭祀对象均为父丙,此外还有一个人物就是由伯之子。个中人物关系即如下图所示:

也就是说,由伯与矩及胛为兄弟关系,均为父丙之子,由伯与由伯子为父子关系。过去研究者一般认为,父丙、由伯、由伯子一支为大宗,而矩与胛则为由氏的两支小宗,所以由伯命令他们作祭祀父丙之器,且准许矩所作之器在"丙日"可以"毋入于公"。现在看来,大宗小宗的说法显然是可以再讨论的,理解为嫡长子及宗氏组织内部的庶子关系或许更为合适。即是说,矩与胛在由氏宗族内实际上属周金文中所见的"小子室家",并未别族立氏,所以祭祀父丙得受族长由伯的控制,不可私自祭祀。此中所体现的与周代礼书,如《礼记·曲礼》所见"支子不祭,祭必告于宗子"基本精神一致。

需要再次强调的是,晚商宗氏组织的祭祀权当然是族氏首领"子"所独

享的,但这种排他性的权力只体现在宗氏内部。某宗氏组织内一旦有庶子另立宗氏,其祭祀行为就不再受所谓大宗首领控制,因为大小宗之间(或者说母族与亚族之间)完全是各自独立的两个祭祀系统,小宗的祭祀行为无损大宗的权益,祭祀与否当然无须由母族决定。一言以蔽之,"庶子不祭"只在宗氏内部实施。

通过以上讨论,我们大致可窥得晚商贵族宗亲组织的一般面貌:

"小子"与宗氏首领"子"相对成辞,是宗氏内部的众庶子,含义与"支子"、"庶子"、"宗小子"及西周文献"宗子"诸词同。他们是各自所处家户的家长,相当于后世编户制下的"户主"与"户人"。以小子为家长的家户组织(周人称之为"小子室家"),代际基本在两代以内,人口规模也应该很小,他们有私财,有土地,饮居独立。① 但最为关键的特征是,此类以小子为户主的家户,没有家户名号,更不具有独立的祭祖权,只有在宗氏首领特许的特殊情况下方可铸器祭祀自己的父母。此外,宗氏首领对小子殆有相当程度的人身支配权。林沄早先提出的"小子"不宜一概视为小宗之长的说法甚是合理,但目前看来其说还是保守了一些。

至于别出于母族的亚族组织,是小子家户从母族宗氏中分家别族后的产物,它是独立的、具有实体性的亲族社会团体,他们有自己的居邑、墓地、赀财及独立的祭祀体系,还有族体标识符号,也就是氏名。所以亚族本身就是典型意义上的宗氏组织,与小子类家户基层组织存在本质上的区别。因有血统关系清晰可辨的母族之存在,故系有次等、次级含义的"亚"字为称,以示在社会地位上低于所自出的母族一等,其本质等同于传世文献所讲的"小宗"。随着婚配繁衍,组织内代际增多,亚族本身也会产生自己的小子家户组织,一样能形成"宗氏—小子"的宗亲结构,而且也会有相应规模的依附民供其役使。

所以,晚商时期实体性的宗亲组织由子(宗氏首领)、小子(小家庭户主)及各自的家庭成员组成,合起来即宗氏组织。其内部结构非常简单,也

---

① 从《尚书·多士》对殷遗所宣扬的"今尔惟时宅尔邑,继尔居,尔厥有干有年于兹洛,尔小子乃兴从尔迁"等言辞看,晚商宗亲组织内的小子显然也具有较大的独立性,所以当时核心家庭的社会作用其实是被严重低估了。

比较稳固。而广义的宗亲组织还包括从宗氏中别族而生的众亚族。至于
"姓族"团体,在商代似乎并不存在,至少目前尚无点滴线索可寻。"姓族"
组织的出现与受到高度重视,应该从周初封建中找根源。简言之,商代的宗
族组织结构相对简单,宗亲范围相对窄小,这与当时血统意识不浓颇为
谐适。

三、"王族"、多子族及其相互关系与内部形态

以复合氏名"层级说"为基础,以上节着重介绍的举、束两族为代表,
"母族—亚族"的分衍模式,以及"子—小子—普通成员也即族众"的层级结
构,应普遍适用于晚商大多数族氏组织。不过在殷墟卜辞及商金文中,还存
在一些有别于普通族氏的人群集团,他们与最高统治者"商王"及商王朝核
心统治阶层关系密切,被冠以"王族"、"多子族"诸名号,其相互关系及内部
形态,曾引起学界较高关注,在此有必要稍事考辨,以获取对商代族氏组织
的完整认识。

（一）卜辞"王族"与晚商王室亲族组织

我们熟悉的春秋时期《诗经》《左传》许多篇章,对以国君为核心的"公
室"、"公族"不吝赞美、推崇之辞,其中固然有西周宗族、宗法制度的影响,
但也反映出统治集团的亲族组织往往会引起人们更多关注。而在统治集团
中处于最高地位的商王、周王,其亲族组织的规模、形态、结构更加引人瞩
目,围绕商王周王之族氏而产生的族权与王权、宗统与君统等争议问题,一
向是先秦史的重点难点。毋庸置疑,商王必然有其亲属,考虑到他后妃较
多,家庭内子嗣成员的数量自然会相对多一些。同时,由于商代王位继承制
度本身具有兄终弟及的特点,①实际的王室亲族组织可能比一般的贵族宗
氏要稍显复杂,或者说相对另类。既往研究中,学者常将晚商王室亲族组织
与卜辞中的"王族"联系在一起,围绕"王族"提出了很多具有启发性的看
法,也产生了不少分歧与争论,但对"王室亲族组织"本身的认识推进却十

---

① 集中出现在宾组、何组卜辞中的"多父"、"二父"、"三父"、"四父"等集合称谓,基本与武
　丁的父辈、子辈均行兄弟相及的王位传承情况相符合。

分有限。若能扩大视野,着眼于殷墟考古成果等资料,或可收获更有价值的认知。

1. 卜辞"王族"及其内涵的争论

甲骨文中的"王族"一词,在早晚时段的卜辞中均有出现,略举数例如下:

(1) 勿呼王族兴于癏。(《合集》6343,宾组)

(2) 庚申卜㲼贞:呼王族延从遴。

庚申卜㲼贞:勿呼王族从遴。

甲子卜争:雀弗其呼王族来。

雀其呼王族来。(《合集》6946 正,宾组)

(3) ……令𢫾以王族比𤉚鹰由王事,六月。(《合集》14912,宾组)

(4) 己亥贞:令王族追召方,及于……(《合集》33017,历组)

(5) 王族其敦夷方邑旧,右左其𢦔。(《屯南》2064,无名组)

例(1)"兴"字可训"起",即占卜不要呼令"王族"于殷东癏地起兵;例(2)第一组对贞辞考虑延缓还是取消从东土遴(原)地调离"王族",第二组对贞辞贞问雀会不会"呼王族来",结合同版呼令雀征鲁北目地等内容看,商王之所以暂缓调动"王族"的计划,殆因预测雀在征伐"目"的过程中可能需要"王族"来助战;例(3)辞大意是命令"𢫾"率领"王族"配合"𤉚鹰"执行某些任务;例(4)辞乃商王命令"王族"追击鲁中召方,卜问能否在某地赶上;例(5)辞年代最晚,或迟至乙辛之世,乃命"王族"攻打"夷方邑旧",贞问具体采用哪种战法。① 总体上看,"王族"是一支既能独立行动也可与其他将领配合的武装力量,在卜辞中,他们的出现多与军事征伐行动相牵连。但关于"王族"的来源、构成、组织形态,以及"王族"除征伐以外还从事哪些活动,甲骨资料未能透露更多信息。

目前学界对"王族"的内涵与具体指称对象的认识尚未统一,主要有亲属组织与军队组织两大方向。

---

① 𢦔字过去通常以为是用临衝攻城,或可备为一说。但确切含义似可再斟酌,释"朿"读"周"训作围攻或不失为一种更合理的解释。

部分学者主张"王族"是亲族组织，是时王之族、商王之族或称王之族。如朱凤瀚认为，王族是由在位的商王以其诸亲子为骨干、结合其他近亲组合而成的族氏，包括成年亲子各自家族，[①]是为"时王之族"；沈长云主张，王族是一个集合的族称，包含多个氏族，凡已故商王所生活过的族氏，大约都可以称作"王族"，每一代商人都会产生出新的王族、子族，[②]是为"商王之族"；葛英会则认为，各部族中世袭部落王的氏族称王族，子族则是由王族繁衍派生的子辈氏族，子、王两字为氏族类别标志，[③]是为"称王之族"。按葛英"称王之族"说建立在他对卜辞"多王"的理解之上——即所谓部落首领普遍称"王"，然事实上甲骨文"某王"或"王某"之辞的断读、理解尚有舛误，即便有个别例子确实属僭称"王"号，恐怕亦不具普遍意义，不能说明商王朝政权还停留在部落联盟阶段。沈长云"商王之族"说将"王族"扩大为历代商王繁衍出的所有亲族，是一种规模非常庞大、但血亲纽带已非常淡薄的人群组织，概念相当宽泛，而卜辞中提到"王族"或呼或命，或独立作战，或配合联军，指向相当具体。如果"商王之族"确实存在，维系一个共同的头衔已十分艰难，遑论在甲骨文中作为单独的作战单位出现。在"亲族组织"层面上，"时王之族"可能是"王族"最恰当的理解。

另有部分学者主张"王族"是军队组织，是王的亲属所组成的部队。[④]李学勤、王震中都提出过类似意见，[⑤]王震中认为商代的"族"原本是一种军

---

① 参见朱凤瀚：《卜辞所见子姓商族的结构——关于"子族""王族"的组成关系及其他》，《殷墟博物苑苑刊》1989年创刊号；《商周家族形态研究》（增订本），天津古籍出版社2004年版，第69—75页。

② 参见沈长云：《说殷墟卜辞中的"王族"》，《殷都学刊》1998年第1期。

③ 参见葛英会：《殷墟卜辞所见王族及相关问题》，原刊《纪念北京大学考古专业三十周年论文集》（1990年），收入宋镇豪、段志洪主编：《甲骨文献集成》第21册，四川大学出版社2001年版，第75—80页。

④ 商末田猎卜辞有"王"地（《合集》37364），结合犬延族、癞族、五族（戍禼、戍蔷、戍骨、戍逐、戍荷）等卜辞材料推测，所谓"王族"也有可能是特指"王"地之族。也就是说，卜辞"族"字在用法上可能更接近于军队编制。

⑤ 参见李学勤：《释多君、多子》，载胡厚宣主编：《甲骨文与殷商史》第1辑，上海古籍出版社1983年版，第18页；王震中：《商代都鄙邑落结构与商王的统治方式》，《中国社会科学》2007年第4期。

队编制,有可能表示亲属部队,所以基本含义是军事组织而非亲属组织,商代以后其主要含义才转移到亲属组织上面,并在"族军"这一层面将两种含义统一起来。

如果力求精准、审慎,"军队组织"的解读确实紧密贴合"王族"一词出现的卜辞语境,但如综合考虑商周之际"族"的用法,"军队"之说又难免拘泥之嫌。卜辞中的"犬延族"(《合集》9479,宾组)、"瘿族"(《合集》4415正,宾组)出现在"袤田"等语境中,理解为一般意义的亲属集团"亲族"更合适,西周初年周公摄政时代的卣簋铭文云"乱(司)三族,为卣室",①这里"三族"的含义也应与血亲组织或族氏组织有关。准此,卜辞中的"王族"、"多子族"未必要局限在"军队"的义项之上。朱凤瀚很早就提到,卜辞所见"族"多是军事组织,只是当时往往以族人兼为战士,②这与王震中所持"由亲属部队扩展为亲属组织"的观点在内涵上并无冲突,只是早晚次序相颠倒。而想要清楚辨别"王族"两重含义孰早孰晚,孰为源,孰为流,依靠现存文字史料恐怕还很难做到。另一方面,即便我们讲清楚了"王族"一词的本与末、源与流,也只是确认了"王族"究竟是时王亲属、可充当军队作战,抑或是商王直属部队、由王室亲属组成,难以为深入了解王室亲族组织本身的规模、结构、形态提供更多助益。

2. 殷墟西北冈王陵、王权的独尊与王权对族权的压制

既然可信的文字史料中缺乏对"王族"形态的直接描述,我们只能依赖若干侧面证据加以推演,而作为维系"王族"存在的核心,商王无疑是推演的最佳切入点。众所周知,商王拥有多重身份,他既是人神沟通的桥梁、至高宗教主,又是世俗政权的执掌者,还是"子姓商族"或者说可追溯共同血缘的商人的族长,旧谓之神权、王权、族权"三位一体"。③ 我们不妨设想:如果商王室亲族组织规模庞大,力量雄厚,是维系王朝统治的根基力量,那么

---

① 张光裕:《卣簋铭文与西周史事新证》,《文物》2009年第2期。
② 参见朱凤瀚:《商周家族形态研究》(增订本),天津古籍出版社2004年版,第28页。
③ 参见晁福林:《试论殷代的王权与神权》,《社会科学战线》1984年第4期;张荣明:《商周时期的族权、政权与教权》,原载《中国社会历史评论》第1卷,收入宋镇豪、段志洪主编:《甲骨文献集成》第25册,四川大学出版社2001年版,第309—313页。

应在商王身上呈现出"族权"压制"王权"的现象;反之,如果王室亲族组织在现实世界的影响较小,最高政治权威"王权"就应该压制一家之长的"族权"。目前看来,"王族"或许没有过去想象的那般庞大,究其原因为王权独尊的需要,殷墟西北冈王陵区就是王权独尊的最好写照。

西北冈"王陵区"位于小屯村北约 2.5 千米,旧或称"侯家庄西北冈"、"武官北地",其发掘工作从 1934 年一直延续至今。陵区分东、西二区,各自有围沟环绕,[①]西区以大墓为主,有四墓道大墓 7 座,分别是 M1500、M1217、M1003、M1002、M1004、M1001、M1550;单墓道 1 座,为 78AHBM1;未完成 1 座,为 M1567。东区以祭祀坑为主,但也有几座大墓,四墓道 1 座,为 M1400;两墓道 3 座,为 M1443、M1129、50WGM1(武官大墓);单墓道 1 座,为 84M260。墓葬的年代序列及对应的商王向有争议[②],这里举出朱凤瀚的最新研究成果为代表[③]:

78AHBM1	M1443	M1001	M1550	M1400	M1004	M1002	M1003	M1500	M1217
一期早		二期早	二期晚		三期				四期
盘庚、小乙、小辛		武丁	祖庚、祖甲		廪辛、康丁、武乙、文丁				帝乙

(M1129 无法断代,从墓制上看有排入一期的可能)

除 50WGM1(武官大墓)、传出司母戊鼎的 84M260 外,"王陵区"的大墓墓主均为商王,大体可与晚商世系对应。朱先生推测,王陵可能始于东区,武丁起移至西区(M1001),之后只有 M1400 为例外,或许与"祖甲改制"有关。50WGM1(武官大墓)修建于 M1400 之前,此时东区并非商王葬区,84M260 年代约属殷墟二期偏晚至三期,不排除修筑于 M1400 之后,王墓已移归西区,84M260 亦非有意混入王墓区。故西北冈墓地可谓是名副其实的

① 参见中国社会科学院考古研究所安阳工作队:《河南安阳市殷墟商王陵区及周边遗存》,《考古》2023 年第 7 期。

② 参见邹衡:《试论殷墟文化分期》,《北京大学学报》(人文科学版)1964 年第 4、5 期;杨锡璋:《安阳殷墟西北岗大墓的分期及有关问题》,《中原文物》1981 年第 3 期;《关于殷墟初期王陵问题》,《华夏考古》1988 年第 1 期。

③ 参见朱凤瀚:《殷墟西北冈大墓年代序列再探讨》,《考古学报》2018 年第 4 期。

"王陵区",大部分的王后(以进入周祭系统的法定配偶为标准)、王子都不能入葬其中。我们熟悉的妇好墓(M5)位于小屯村西,武丁之亲子子渔墓(M18)地处小屯村北,均在宫殿区附近,一定程度上遵循了"居葬合一"的习俗(详后)。可以看出在墓葬制度上,商王所在的亲族组织对"王"的独尊地位几乎无法施加任何影响。

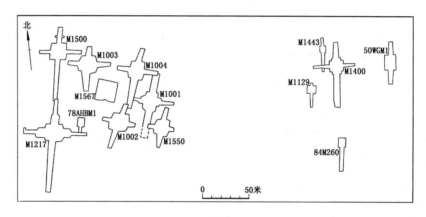

西北冈王陵区墓葬示意图①

相比于亲族组织中的亲属无法进入王陵区的限制,商王在朝堂上的臣属们反而更容易陪葬于王陵区,"事死如事生",继续守卫、服侍商王。在王陵区东区密集分布着1300多座小墓,绝大部分是杀殉的祭祀坑。数量庞大的祭祀坑表明西北冈不仅仅是墓区,同时也是举行高等级、大规模祀典的公共祭祀场所,是凝聚王权意识的象征符号。不过在小墓中,也发现了个别大墓的陪葬墓,比如 HPKM1889、HPKM1885 为 M1001 陪葬墓,HPKM2020、HP-KM1795、HPKM2006、HPKM1022 是 M1400 的陪葬墓,②这些陪葬墓中随葬着铸有"鱼"(《集成》1126)、"莀"(《集成》5477)、"中"(《集成》7716)、"葬"(《集成》6940)等族氏铭文的铜器,说明陪葬的臣属来自王室以外若干族氏组织。王陵区对王室亲属随入的"拒绝"与对外来臣仆殉葬的"接

①　参见中国社会科学院考古研究所:《殷墟的发现与研究》,方志出版社 2007 年版,第 95 页。

②　参见李济:《殷墟青铜器研究》,上海古籍出版社 2008 年版,第 350 页。

纳"形成鲜明对比,昭示着独尊王权对基于血缘的族权的强烈压制,反衬出王室亲族组织的势单力薄。

此外,还需要注意的是与陵墓制度相关联的宗庙制度,商王室虽然有其宗庙系统,但不像普通贵族那样能与亲族结构相对照。商王室的先祖神具有国家神特性,[①]既包括直系祖先,又含有曾继嗣王位的旁系先王,还要吸纳类似"伊尹"的前代功臣,也就是《尚书·盘庚》所云"兹予大享于先王,尔祖其从与享之",甚至新征服或新融入统治集团的土著神灵也能容纳进去,[②]远非一般贵族家族的祖先神系统可相比拟。商王室的祖先祭祀权力原则上也由商王独揽,无论是时王近亲"小子"还是从王室分立的"亚族",恐怕只能参预其事,不能独立主持。故研究商王室的宗庙系统对理解商王亲族组织意义不大。

3. 从宫殿宗庙区的墓葬推测王室亲族组织规模

过去学者受所谓的史前时代"公共墓地"、"公社墓地"之说的影响,倾向认为商人也有规划成片的墓地或墓区,甚至在殷墟西区等地划出"族墓地",但近年来一线考古工作者逐渐修正了这一认知。考古所安阳工作队在殷墟大司空村东南、孝民屯西、刘家庄、王裕口等地,都发现有大致同时期的居住遗迹(房址、灰坑、水井等)与墓葬错杂分布的现象。[③] 在安阳以外,如河北藁城台西遗址、周原以殷遗民为主体的手工业作坊遗址中,也常见到墓葬夹杂在居址之间。[④] 这种与周人迥异的"居葬合一"葬俗,可能是商文

① 参见陈絜:《商周姓氏制度研究》,商务印书馆 2007 年版,第 115—120 页;林沄:《商史三题》,台湾"中央研究院"历史语言研究所 2018 年版,第 112—114 页。

② 参见[日]伊藤道治:《中国古代王朝的形成——以出土资料为主的殷周史研究》,中华书局 2002 年版,第 45—49 页。

③ 参见中国社会科学院考古研究所:《安阳大司空——2004 年发掘报告》,文物出版社 2014 年版,第 499 页;中国社会科学院考古研究所安阳工作队:《安阳殷墟大司空村东南地 2015—2016 年发掘报告》,《考古学报》2019 年第 4 期;中国社会科学院考古研究所安阳工作队:《河南安阳市王裕口南地殷代遗址的发掘》,《考古》2004 年第 5 期;中国社会科学院考古研究所安阳工作队:《河南安阳市殷墟刘家庄北地 2010—2011 年发掘简报》,《考古》2012 年第 12 期。

④ 参见雷兴山:《论周原遗址西周时期手工业者的居与葬——兼谈特殊器物在聚落结构研究中的作用》,《华夏考古》2009 年第 4 期;李宏飞:《藁城台西商代遗址再分析——兼论商文化"居葬合一"的特质因素》,《中国国家博物馆馆刊》2019 年第 7 期。

化因素特质。照此推测，王室亲族中除了商王本人因独尊地位葬入王陵，其他成员大概率埋葬在生前的居所即小屯宫殿区附近。目前发掘的王室成员墓葬如妇好墓（M5）、子渔墓（M18）确实都处在"宫殿宗庙区"范围之内，可资参考。

自 20 世纪 30 年代起，考古工作者在"大灰沟"与洹河围成的"宫殿宗庙区"内，发掘墓葬 300 余座。① 其中甲、乙、丙建筑基址下叠压的所谓"墓葬"，大部分应为奠基祭祀坑，少部分如 M31、M197 等几座墓时代早至殷墟一期，大概是基址建造前已经埋入的。但在小屯西北地发掘墓葬 25 座（包括 M5、M17、M18），在小屯南地发掘小型墓葬 20 余座，在花园庄西南发掘墓葬 11 座，在花园庄东地发掘墓葬 38 座，再加上小屯西地发掘的 50 余座墓葬（包括一座两墓道大墓②），累计接近 200 座。考虑到保存条件、发掘区域等各种因素的限制，"宫殿宗庙区"实际埋葬的死者数目应该更多一些。

"宫殿宗庙区"内墓葬的墓主人，生前既然居住在宫殿区内，他们最有可能是王室亲族组织成员。这些墓葬并非都像妇好墓（M5）、子渔墓（M18）那样是高等级的、富丽堂皇的大墓，更多数是面积小、葬具薄的小墓，小墓墓主除了宫廷内的侍奉臣仆，应也包括王室亲族组织中与商王疏远、地位较低的普通族众。最重要的是，参照已发掘墓葬数推测商代晚期的实际墓葬数，即便翻两番也不超过 800 座，平均每代不过百余人，可见王室亲族组织的实际规模不会太大，与旧社会的大家族相差无几。如果考虑到宫殿区内还埋葬有众多内侍、禁卫及部分宗教神职人员，王室亲族的人数还要再减少。

王室亲族组织这种规模小、人数少的特征，既反映了殷周亲族组织的一般特点，也包含了"王"作为最高统治者的特殊影响。观察普通贵族"小子"、"亚族"的分衍模式，商周实体性的宗亲组织由若干核心家庭结合而

① 参见岳洪彬、岳占伟：《殷墟宫殿宗庙区内的墓葬群综合研究》，载《三代考古》（六），科学出版社 2015 年版，第 260—276 页。

② 参见中国社会科学院考古研究所安阳工作队：《河南安阳市殷墟小屯西地商代大墓发掘简报》，《考古》2009 年第 9 期。

成,结构简单而稳固,①商王室之"王族"亦不例外;而商王在亲族组织中又要处处彰显他作为政治首脑的威权,使王权凌驾于族权之上,更压制了"王族"的发展。《尚书·牧誓》记载,武王数商纣之罪时说他"昏弃厥遗王父母弟不迪",这未尝不是殷商王朝政治的真实写照。

(二)"多子族"与商人贵族亲族组织结构及形态

1. 甲骨文中的"多子族"与"多子"

甲骨文中与"王族"一起出现的,还有构词格式接近的"多子族",地位同样非常重要,如历组卜辞《合集》34133 云:"丁酉卜:王族爰(援)多子族立(位)于舌。"其大意可能是贞问王族是否要援助多子族在舌地布阵,由语气看,"多子族"是有别于"王族"而又能发挥相近功能的一个群体。再如下版卜辞中,"王族"与"多子族"处在选卜对贞的位置上:

丁巳卜允贞:令王族比宙鹰,由王事。

贞:叀多子族令比宙鹰,由王事。

贞:叀□尹令比宙[鹰],由王事。(《缀合》219 =《合集》5450 +
5453,宾组)

商王考虑派遣"王族"或"多子族"抑或某"尹"配合宙鹰执行任务,说明"王族"与"多子族"在一些事项(最大可能为作战)上是能够相互替代的。

"多子族"还见于武丁晚期一组围绕"璞周"的占卜:

(1)己卯卜允贞:令多子族比犬侯璞周,由王事。五月。(《合集》
6812,宾组)

(2)贞:令多子族眔犬侯璞周,由王事。(《合集》6813,宾组)

(3)癸未卜争贞:令旅以多子族璞周,由王事。(《合集》
6814,宾组)

上揭诸辞中的"璞",旧多读为"扑伐"之"扑","扑周"即攻击"周"这个方国(当然未必是后来夺取天下的周人),若然"多子族"仍充当战士。不过最近也有学者提出,"璞"在这里可能表示开矿采玉的本义,"周"读"琱"为值得

———————

① 参见陈絜、田秋棉:《商周宗亲组织的结构与形态》,《中国社会科学》2022 年第 4 期。

雕刻的玉石,如可信,说明"多子族"还会承担开矿一类事务。① 这组卜辞究竟应如何理解,还有待更深入的研讨。总之,"多子族"也是一支接受商王支配的、实力强劲的集团。

按照字面含义,"多子族"最简单的解释就是多个以"子"为代表的家族。相比于军队,这里的"族"解释为亲族组织更显妥帖,因为如前所述,在甲骨刻辞与晚商金文中"子"本来就有"家族族长"的义项,"多子族"理解为"多子"的家族也顺理成章。"多子"是甲骨文中非常活跃的群体:

(1)壬戌卜争贞:叀王自往陷。

　　贞:叀多子呼往。　　　(《合集》787,宾组)

(2)……贞:王梦[惟]多子咎。(《合集》17383,宾组)

(3)贞:叀多子乡于庭。(《合集》27647,何组)

例(1)占卜商王亲自去布置陷阱打猎,还是呼令"多子"代劳,类似的"多子"参与田猎之辞还见于《合集》810 正、3242、3243、10275 正、10386 正等处;例(2)辞贞问商王梦到的内容是否预示"多子"有灾祸,显示商王对"多子"休咎颇为关心;例(3)辞卜问是否在庭院内宴享"多子"。总体看"多子"与商王的关系比较密切,身份也比较高贵,应是商人统治集团内部与王室联系紧密且稳定的若干家族之首领。

还有卜辞显示部分"多子"可能具有特殊的身份:

　　……辰卜,王贞:毛于多子。(《合集》20055,自组)

毛,读作"砒",典籍中又通作"磔",在文献中意指"裂其支体而杀之",甲骨文中用作祭祀动词,当是一种割裂祭牲肢体的祭祀行为。② 卜辞所见毛祭之对象,均为商王之父或祖或先王先公,如"毛于父丁"(《合集》32699,历组)、"毛于上甲"(《屯南》900,历组),"多子"成为毛祭的对象,暗示了他们的身份或与商王祖先接近,或具备类似"祖先神"性质。除了集合称谓"多子",单独的子某也可作商王的祭祀对象出现:

　　乙巳卜:王侑子宋。(《合集》20034,自组)

① 参见林沄:《商史三题》,台湾"中央研究院"历史语言研究所 2018 年版,第 18 页。

② 参见于省吾:《甲骨文字释林》,商务印书馆 2010 年版,第 167 页。

己未卜:其侑于子就。(《合集》32776,无名组)

对此现象我们可以假设两种解释:其一,"多子"中部分族氏与商王室有血缘关系,所以商王才会祭祀他们;其二,"多子"中部分有功之臣被吸纳入商王室神灵体系之内,进入王室祀典,如《尚书·盘庚》所谓"世选尔劳,予不掩尔善,兹予大享于先王,尔祖其从与享之"。两种情况在晚商时期并不排斥,可能同时存在。另外,前辈学者研究发现,商王为子某举行御祭以攘除其灾咎的卜辞数量很多,而且祈求的对象集中在上二代以内的直系先王之中。① 由此观之,这部分"多子"不排除是与商王室具有血亲联系的贵族,也许是上两代或三代商王之子,与时王有着或远或近的亲属关系。总之,"多子"、"多子族"中应该包含有诸多商王之子分衍出的族众,只是如何分辨、剥离相应的"王子之族",还须结合具体的甲骨金文资料详细考订。

2. 非王卜辞反映出的"多子族"形态与结构

我们知道殷墟卜辞绝大多数都是商王室的占卜遗存,故甲骨文的大部分内容也是围绕商王展开的。其中虽然也涉及"多子"及"多子族"的信息,但主要传递了他们与商王的关系、他们在王朝政治中承担哪些事务,对于了解"多子族"内部结构所能提供的帮助有限。想要探究"多子族"的详细情况,不妨从其本身的占卜遗存——非王卜辞入手。最早在1938年,日本学者贝塚茂树发表《论殷代金文中所见图象文字冀》一文,就提出殷墟所出部分卜辞的主人不是商王,之后陈梦家、李学勤、林沄等学者陆续撰文申论这一观点,通过字体、亲称、贞人等将若干种卜辞剥离出来,称之为"非王卜辞"或"子卜辞",并指出这些卜辞属于自王室分离的晚商贵族家族。② 时至今日,学界对非王卜辞的认识已经大大深入,根据甲骨学者的研究,晚商时期非王卜辞主要有如下几种:

妇女卜辞。因内容多与诸妇相关得名,或称之为甲种子卜辞、非王无名

---

① 参见[日]岛邦男:《殷墟卜辞研究》,上海古籍出版社2006年版,第879页;朱凤瀚:《商周家族形态研究》(增订本),天津古籍出版社2004年版,第49页。

② 参见陈梦家:《殷虚卜辞综述》,中华书局1988年版,第166页;李学勤:《帝乙时代的非王卜辞》,《考古学报》1958年第1期;林沄:《从武丁时代的几种"子卜辞"试论商代的家族形态》,载《古文字研究》第1辑,中华书局1979年版,第314—336页。

组卜辞。多出于殷墟 YH251、330 坑,《合集》著录于第七册丙二类。不记贞人名。由坑位、同版关系看时代在武丁中期。亲称中妣庚出现的数量最多,其次有妣己、妣丁、父丁、子丁等,祖先系统与下文即将介绍的子组卜辞有相近之处。

午组卜辞。因旧所谓贞人"午"得名,或称之为乙种子卜辞。多出于殷墟 YH127 坑,新近公布的《殷墟小屯村中村南甲骨》中也有不少午组卜辞。《合集》著录于第七册丙一类。时代一般推定在武丁早期。过去认为贞人有午、卅等,但学者研究指出"午"实乃"御"之省,"卅"有合祭之意,本组实际亦不记贞人名。① 字体笔画尖折,主要的祭祀对象有妣乙、妣辛、父丁、父戊、子庚、下乙、内乙等,下乙、内乙指殷先王祖乙,②出现的先王还有外丙、盘庚、南庚等,学者推测该家族或出自祖乙之后。

子组卜辞。或称丙种子卜辞,多出于殷墟 YH127 坑,《合集》著录于第七册乙一类。由出土坑位看时代在武丁早中期。贞人有子、余、我、巡等,字体纤细,笔画圆转。祭祀对象中出现了盘庚与小辛,均为武丁的父辈先王。

花东卜辞。因出土于殷墟花园庄东地 H3 坑而得名,时代也大体在武丁时期。著录于《殷墟花园庄东地甲骨》,贞人有子、亚奠、友、夫等数人,最主要的祭祀对象是祖甲、祖乙、妣庚、妣己,出现了先王上甲、大乙、大甲等,是近年来有关非王卜辞最重要的发现。关于花东"子"的身份,留待下文详细讨论。

其余还有子组附属圆体类、劣体类卜辞及侯家庄南地、小屯西地等处零散出土的非王卜辞数种,但数量较少,这里就不一一介绍了。妇女、午组、子组三种卜辞祭祀的祖先系统,特别是父、母、祖、妣与同时代王室卜辞中的祖先系统有明显差别,但又与王室的𠂤组卜辞、宾组卜辞在相同坑层共存,其中最重要的 YH127 坑位于宫殿宗庙区乙十二基址旁,出土集中堆积的刻辞

---

① 参见蒋玉斌:《殷墟子卜辞的整理与研究》,吉林大学博士学位论文(2006 年),第 87—93 页。

② 参见胡厚宣:《卜辞下乙说》,载胡厚宣:《甲骨学商史论丛初集》,齐鲁大学国学研究所1944 年版,第 391—416 页。

甲骨 17096 片,显然是王室占卜机关特意储藏甲骨的"档案室",①由此推测,殷墟非王卜辞的使用者或占卜主体应是与王室关系亲密、又独立于王室亲族组织之外的贵族。花东甲骨的出土地花园庄东地 H3 坑位于宫殿区"凹"形建筑基址以南、旧所谓"大灰沟"南线以北,也处在宗庙宫殿区范围内。因此,殷墟出土的非王卜辞展现的是与商王关系最亲密(可能是前代商王子弟)的"王子之族"的政治、经济生活场景。

各类非王卜辞中,唯花东子卜辞出土情况最为良好,资料保存相当完整,整理也最为完善。其占卜主体"子"能够祭祀大乙、大甲等先王,与王妇、王子关系亲密,其家族有可能为王室分出的"多子族"中之一支。这里我们不妨以花东子卜辞为示例,同时结合其他非王卜辞的记载,对晚商时期王室近亲"多子族"贵族家族的形态与结构试作基本的勾勒。

贵族家族内的最高统治者,也即族长,称"子"。花东卜辞中,出现最频繁、最主要的贞人就是"子",而其余几种非王卜辞中,只有子组卜辞记贞人名,最常见的也是"子"。类似于王卜辞中的"王占曰",花东卜辞也有"子占曰"(《花东》14),表明子是占卜行为的发起者,以及吉凶祸福的判定者,掌握着占卜决疑的权力。因此,"子"也是家族中的宗教领袖。从占卜事项上看,花东卜辞绝大部分内容都围绕"子"展开,子的休咎是最常见的关注点,这也体现出族长"子"在整个族氏组织中至关重要的地位。

具体到族内的政治、经济生活各方面,"子"也拥有最高权威。在非王卜辞中"子"发号施令的例子数不胜数:

(1)壬卜:子令。(《花东》3)

(2)甲卜:呼多臣献翌于辟,用。(《花东》453)

(3)戊子卜:叀子画呼句马,用。(《花东》493)

第(1)条卜辞省略了子命令的具体内容;辞(2)占卜是否呼令多臣向"辟"奉献翌祭所需物品,事关王室祀典;辞(3)则贞问命子画征缴马匹之事,也许与族内财产有关系。可见家族的各方面事务、各色人等都要遵从

①　参见董作宾:《殷虚文字乙编序》,载《董作宾先生全集甲编》,台湾艺文印书馆 1977 年版,第 1153 页。

"子"的吩咐。花东卜辞中唯一地位明显高于"子"的人物,是"辟"。如下数辞所示:

(1)五十牛纳于辟。

三十牛纳。

三十豕纳。　　　(《花东》113)

(2)甲申卜:子其献妇好……

甲申卜:子叀豕殹罘鱼献辟,用。(《花东》26)

(3)辛亥卜:子曰:余丙速。辟令子曰:往罘(速)妇好于叟、麦。子速。(《花东》475)

(4)癸酉夕卜:乙辟出。子占曰:丙其。(《花东》303)

(5)甲寅卜:乙卯子其学商,辟侃,用。子臀。

甲寅卜:辟侃于子学商,用。　　　　　(《花东》150)

例(1)、例(2)表明"子"要向"辟"贡纳牛羊牲畜乃至捕获的鱼,此外有时还进献玉器(《花东》490),可谓恭敬之至;例(3)、例(4)显示"子"要接受"辟"的命令,还时常关注"辟"的踪迹去向;例(5)中的"侃"为喜乐之意,①"学商"可能是演练某种乐舞仪式,则"子"还要细心体察"辟"的喜怒哀乐,为博得"辟"的嘉奖而学习。"辟"在"子"面前的权威显露无遗。为了更深入了解花东"子"家族的内部形态与外部关系,我们要探寻:一是族长"子"的身份;二是"辟"的身份;三是"子"与"辟"的关系。

这三个问题相互关联。花东卜辞有祭祀先王上甲、大甲的记录,《花东》37、63、195 等版均记录了"子"招待妇好的事项,这样看"子"与商王室的关系很密切,符合"王子之族"的特征。但关于"子"的行辈学界尚存不同意见:整理者认为花东卜辞中最常出现的祖乙即商王祖乙,祖甲即沃甲,"子"出自沃甲之后②;但刘源先生指出,祖乙在王室世系中排在沃甲前面,

---

① 参见裘锡圭:《释"衍""侃"》,载《裘锡圭学术文集》第 1 卷,复旦大学出版社 2012 年版,第 378—386 页。

② 参见中国社会科学院考古研究所编:《殷墟花园庄东地甲骨》(第 1 册),云南人民出版社 2003 年版,"前言"第 28 页。

而花东卜辞祭祀这两位先祖,往往祖甲在前,祖乙在后,与周祭世系排序不符。① 所以祖甲、祖乙这两位先祖并非沃甲、祖乙。有学者主张此二人不在王室世系之内,是"子"家族自王室分出以后的祖先;也有学者认为祖乙可能是时王武丁之父小乙,祖甲乃小乙之兄阳甲,而花东卜辞中出现最频繁的女性祖先妣庚就是周祭卜辞中小乙之配。如此,子必然是武丁的子辈,若确实出自小乙,就是武丁的亲侄子甚至是亲子了。②

既然牵涉"子"与武丁的关系,第二个问题不容回避:花东卜辞中这个地位甚高的"辟"是谁? 事实上"辟"不仅能够呼令"子",还能指挥伯或与妇好:

（1）辛未卜:辟唯好令比[伯或]伐卲。(《花东》237)

（2）辛未卜:辟唯子令比伯或伐卲。

辛未卜:辟唯多介臣令比伯或伐卲。(《花东》275+517)

（3）辛未卜:伯或再册,唯辟自征卲。

辛未卜:辟弗其比伯或伐卲。(《花东》449)

与"伯或伐卲"相关联的内容也见于王卜辞记载:

（1）丁卯贞:王比沚[或]伐召方,受[又。在]祖乙宗卜,五月。

辛未贞:王比沚或伐召方。

丁丑贞:王比沚或伐召[方]。(《屯南》81,历)

（2）庚戌贞:叀王自征刀方。(《合集》33036,历)

两相比较,历组卜辞中的"沚或"盖即花东卜辞中的"伯或","好"即妇好。二者所卜均为商王朝对召方作战之事,只是角度不同:历组卜辞乃商王所卜,贞问的是商王要不要联合沚或攻打召方,抑或亲自出征;花东卜辞乃"子"所卜,关注的是"辟"会不会命令伯或(沚或)出征,又会派谁配合伯或行动。两组卜辞作一对照,"辟"与王明显处在相同的位置。故目前学界最

---

① 参见刘源:《花园庄卜辞中有关祭祀的两个问题》,载《揖芬集——张政烺先生九十华诞纪念文集》,社会科学文献出版社2002年版,第175—180页。

② 参见姚萱:《殷墟花园庄东地甲骨卜辞的初步研究》,线装书局2006年版。

流行的看法，就是"辟"即当时的商王武丁。① 至于武丁被称为"辟"的原因，各有不同的说解，李学勤先生主张类似"丁"的字形是玉璧之"璧"的象形初文，读为"辟"，义即君主②；裘锡圭先生则提出"丁"可读为"帝"，通作嫡庶之"嫡"，是以族长的身份指代商王③。从前述王权高于族权、"亲亲"让位于"尊尊"的角度看，我们倾向于读"辟"。但"辟"的问题仍存讨论空间，因为花东卜辞中还有"辟"与"王"同辞出现的例子：

　　（1）癸酉，子炅：在▨，子呼大子御辟宜。丁丑，王入，用。来狩自𩡧。（《花东》480）

　　寻绎该辞上下文意，癸酉日占卜时"辟"与"子"是在一起的，故"子"能呼令其"大子"向"辟"进献宜祭之肴，但验辞说四日后丁丑"王"才进入"子"的领地，这是否说明"辟"与"王"并非一人？④ 此问题的解释还有待深入，不能排除刻手有意替换，或无意误刻的可能，"王"或许也可用作动词，断读为"丁丑，王，入"，训为朝见之意，如《诗经·商颂·殷武》谓"莫敢不来王"、《左传》隐公九年记载"宋公不王"之类。另外，"辟"这一人物也见于子组卜辞，地位较高，与花东卜辞中的"辟"像是同一人。

　　花东卜辞除了展现出"辟"位高权重之外，对于"辟"与"子"之间可能的亲属关系也有些许暗示：

　　癸酉卜：在▨，辟弗宾祖乙肜。子占曰：弗其宾。用。（《花东》480）

"子"贞问"辟"会不会亲临肜祭祖乙的仪式，尽管占卜的结果是"弗其宾"，但至少"辟"有参与祭祀祖乙的可能，排除某些特殊情况或特定场景，"祖乙"可能也是"辟"的父辈祖辈或先祖。如果祖乙是小乙，"辟"即武丁，

① 参见陈剑：《说花园庄东地甲骨卜辞的"丁"——附：释"速"》，《故宫博物院院刊》2004年第4期。

② 参见李学勤：《关于花园庄东地卜辞所谓"丁"的一点看法》，《故宫博物院院刊》2004年第5期。

③ 参见裘锡圭：《"花东子卜辞"和"子组卜辞"中指称武丁的"丁"可能应该读为"帝"》，载陕西师范大学、宝鸡青铜器博物馆主编：《黄盛璋先生八秩华诞纪念文集》，中国教育文化出版社2005年版，第1—6页。

④ 参见朱凤瀚：《殷墟花园庄东地甲骨卜辞中的人物关系再探讨》，载李宗焜主编：《古文字与古代史》第3辑，台湾"中央研究院"历史语言研究所2012年版，第55—77页。

"子"是武丁兄弟之后代,合于情理。但我们认为"子"不会是武丁的亲子,主要基于下条卜辞:

> 壬子卜:子其告犾:"既黜辟"。子曾告曰:"辟族鼄孔京宅,子其作辟雍(宫)于犾。"(《花东》294)

该辞涉及"子"指令"犾"在其领地为"辟"建造宫室之事,其中出现"辟族",可理解为"辟"所在之族氏,也就是王室亲族组织。但"子"却不在"辟族"的范围内,否则这里会使用第一人称。如"子"是"辟"的亲子,他必然早已从王室亲族组织中分离,从花东甲骨的时代看这种可能性并不大,相比之下将"子"假想为武丁兄弟之子或更稳妥,他的父辈开始脱离王室。至于"辟族"是不是"王族",还要回到"辟"的身份之问题。

关于非王卜辞体现的商代家族内部形态,学者已有不少成果,加深了我们对商代家族各方面的认识。[①] 自族长"子"以下,与其家族联系紧密的还包括几类人:

亲属成员。花东卜辞中也出现过一些记载了具体名称的"子某",如子馘、子兴、子臀等,"子"对他们关怀有加,尤其是还为他们的疾患举行祭仪,向祖先祈祷:

> (1)辛卜:其御子馘于妣庚。
>
> 辛卜:其御子馘于妣己眔妣丁。(《花东》181)
>
> (2)丙卜:叀子兴往(襄)于妣丁。(《花东》409)
>
> (3)己丑:岁妣庚一牝,子往溝御兴。(《花东》255)
>
> (4)丙辰卜:于妣己御子臀。用。
>
> 丙辰:岁妣己豕一告子臀。
>
> 丙辰:岁妣己豕一告臀。(《花东》336)

子馘、子兴、子臀等人能够得到"子"经常祭祀的妣庚、妣丁、妣己等先祖的保佑,他们与"子"很可能供奉相同的先祖。从子兴等人与"子"的亲密关系看,他们或许是"子"家族内的亲属,甚至是"子"的子侄辈。

---

① 参见林沄:《从武丁时代的几种"子卜辞"试论商代的家族形态》,载《古文字研究》第1辑,中华书局1979年版,第314—336页;《花东子卜辞所见人物研究》,载陈昭容主编:《古文字与古代史》第1辑,台湾"中央研究院"历史语言研究所2017年版,第13—34页。

另一类人如子画、子刉常为"子"所呼令,刉还曾充当贞人。"子"虽然也关注他们的休咎,更多时候还是吩咐他们办事:

(1)癸酉卜贞:子刉觞①祖乙,辛亡艰。

　　贞:子画觞祖乙,庚亡艰。　　　　(《花东》449)

(2)戊子卜:叀子画呼勾马。用。(《花东》493)

(3)刉贞。(《花东》22)

(4)庚子卜:子刉其[有]至艰。(《花东》416)

(1)辞中子刉、子画之"觞祖乙",大概是主持某种祭祀祖乙的仪式,由"辛亡艰"、"庚亡艰"的占辞看,他们似乎还按干支轮班。子画、子刉是否也是"子"家族内的成员?他们虽然替"子"办事,但未见"子"为二人祈禳于祖先;而且二人都还见于武丁时期的王卜辞,尤其是子画,乃相当重要的将领,屡屡为商王东征西讨,且拥有自己的领邑(详后),他即便要听从"子"的吩咐,地位不过也稍低于"子"而已,又统领着规模不小的政治实体,原本就是一支强力集团的首脑,这个集团恐怕无法容纳进"子"的亲族组织之内。如能确认子画、子刉也是出自商王室的贵族族氏,不排除他们与花东卜辞中的"子"有或远或近的血缘关系,地位又较"子"稍低,故常为"子"奔波效劳。当然还有一种可能,子画、子刉只是在执行王命时才听命于"子","子"与他们之间只有纯粹的政务上的"上下级"关系。

花东卜辞中"子某"出现较多,均为男性贵族,在其他子卜辞中,还有女性家族成员存在,如:

(1)癸亥卜:妇妙亡咎。(《合集》22246,妇女卜辞)

(2)戊午卜:至妻御束父戊,良有瘥。(《合集》22049,午组)

她们的身份大概与王卜辞中的"多妇"类似,但彼此间的关系,就现有资料尚难以讲清。同王室一样,商代"多子族"家族内也未必有明确的女性家族长。

臣属。花东卜辞中受"子"派遣之人,除了上引子某外,还有射发、大、

―――――――――

① 参见李春桃:《从斗形爵的称谓谈到三足爵的命名》,《"中央研究院"历史语言研究所集刊》2018年第89本第1分。

峀、勠、敦等人。他们受命"取车"(《花东》416)、取马(《花东》467)等等,还曾担任贞人(《花东》174),又对"子"多有贡纳,如:

(1)辛卜:其宜,叀大入豕。(《花东》139)

(2)辛酉:宜勠牝罙峀彘。(《花东》226)

这两条卜辞的主要内容都是"子"占卜要不要使用大、勠、峀贡献的牺牲。"子"对他们的吉凶也很关心,甚至为他们向先祖祈祷:

(1)戌卜,贞:峀亡至艰。(《花东》208)

(2)庚申:御峀目癸子,聑伐一人,卯宰。(《花东》226)

(3)乙卯卜:其御大于癸子,聑彘一、又鬯,用。有疾,子毁。(《花东》478)

"癸子"是"子癸"的倒书,(2)(3)辞即为峀的眼疾和大的疾病向子癸举行御祭。峀、大并未冠以"子某"的称谓,他们应该不是"子"家族内的成员。正如林沄先生所说:"我们可以设想'子'的子辈子癸在生前和叀(引按:即峀)、大关系特别密切,因而死后仍能保佑他们祛除疾病。"①"子"还会安排臣属们觐见地位更高的"辟",下面一组卜辞可根据干支、事项系联在一起:

(1)己酉卜:翌日庚,子乎多臣奻(燕?),献辟。用,不率。(《花东》34)

(2)庚戌卜:子乎多臣奻(燕?)献。用,不率。

庚戌卜:弜乎多臣奻(燕?)。(《花东》454)

(3)庚戌卜:子叀发乎献辟,罙大亦奻(燕?)。用,戾。(《花东》475)

将上述卜辞排列在一起,不难发现发和大就是"子"要呼令进献的"多臣"之一。这些人时常为"子"服务,又不是"子"的家族亲属,身份约略相当于"子"的臣属。花东卜辞中还有"多御正"(《花东》63)等集合称谓,可能也是若干具体职事的承担者。

---

① 参见林沄:《花东子卜辞所见人物研究》,载陈昭容主编:《古文字与古代史》第1辑,台湾"中央研究院"历史语言研究所2007年版,第22页。

　　但需注意的是，"子"的臣属并不只在"子"家族内服务。其中发、大、𡥀诸人，都是见于同期王卜辞较活跃的人物，如《合集》6057正"𡥀友角"等辞显示，"𡥀"拥有独立的领地与下属，能够直接向商王报告军情。又如下辞所示：

　　　　甲戌卜：子乎𩰬嘉妇好，用，在𡥃。

　　　　丙子：岁祖甲一牢，岁祖乙一牢，岁妣庚一牢，在𡥃，来自𦥑。（《花东》480）

甲戌日"子"呼令𩰬礼敬妇好，两日后丙子"子"又在𡥃地祭祀祖先，从前后两辞的联系看，𩰬就是𡥃地族长，𡥃乃𩰬之领邑。据此不难推测，与𩰬身份相近的数人均有其领邑与族众。因此，他们并未包含进"子"的家族之内，而是各自统御着独立的政治、经济力量，只不过有时听从"子"的支配，进而参与"子"家族的事务。"子"与发、大、𡥀、𩰬诸人的交互关联再次证明，在商代晚期社会中，王朝政治"上下级"关系占据主导位置，宗亲组织的力量仍需服从、服务于政治权力。

　　族众。"子"家族内的普通成员或者说平民，较少有机会出现在占卜中。从一般的"金字塔"形社会等级结构推测，在族长"子"、亲属"子某"以下，当然还有若干从事底层劳作的平民成员，他们在两三代前或许因与族长较近的亲缘关系而保有类似"小子"的贵族身份，此时零落为基层的族众。不过"子"的族众规模未必很大，因为在花东卜辞中常见到"子"差使其他邑落人众的现象：

　　（1）癸卜：我人其𤔼菑。

　　　　翌甲其乎多臣𤔼。　　（《花东》183）

　　（2）戊午卜：我人擒。子占曰：其擒。用。在𦥑。（《花东》312）

　　（3）叀𡥃人乎先奏，入人𧷏往，用。（《花东》252）

（1）辞"𤔼"字不识，从句法结构上判断，可能表示一种动作，该版在"我人"和"多臣"之间选卜，（2）辞贞问"我人"田猎能否有所擒获。其中"我人"之"我"大概是地名、族名，"我人"即我地、我族之人。（3）辞中的"𡥃人"、"入人"自然是𡥃、入二地的居民，𡥃地族长"𩰬"由"子"统辖，故其族众也可接受"子"的调遣。"我人"、"𡥃人"、"入人"的主体应该是当地的平民，从

"子"屡屡调动外地人众为自己服役的情况看,"子"的族氏组织人口规模可能局限在较小的数字上。

在平民之下,家族内也有被奴役的对象,由于强调他们的依附身份,甲骨文中也称之为"臣",如下两条卜辞中出现的"臣"恐怕就是此类人:

　　(1)辛卜:辟曰:其肇子臣。允。(《花东》257)

　　(2)壬卜,在麓:辟畀子围臣。

　　　壬卜,在麓:辟曰:余其肇子臣。允。(《花东》410)

贞卜的主要内容围绕"辟"是否赐予"子"臣展开。从"臣"被随意赏赐看,其身份地位并不太高;而又称为"围臣","围"训牢狱之意,可推测"辟"赏赐的"臣"实际是一些获罪服刑的奴仆,估计他们在"子"的家族中,承担最底层的劳动任务以及一应杂役。

商代贵族家族的内部人员结构大体如此。为了维持人口的生计,各个贵族家族盘踞在大小、数量不等的领邑之中,反映在卜辞里,就是重要的人地同名现象。如子雍之雍(《合集》150)、子狄之狄(《合集》728)、子不之不(《合集》6834)、子龙之龙(《合集》9076)、子奠之奠(《合集》9769)、子画之画(《合集》9811)、子安之安(《合集》33561)、子兒之兒(《合集》20592)等等,均为卜辞所见地名。有理由推测,这些与子某名号重合的地点,就是"多子族"各自占有的领邑,是支撑"多子族"各支发展壮大的政治、经济基础。这种领邑与下面要讲到的周代封建、致邑立氏有相似之处,但因为没有宗族组织的约束,发展很不稳定。

透过复合氏名、祭祀系统等晚商金文资料,可总结出:商代族氏组织一般代际数量较少,层级结构不超出"子—小子"两层,人口规模十分有限;当族内"小子"地位提升、财富增长、势力壮大以后,"小子"会在条件成熟时从本族分出,转化为"亚族",与母族虽然保持"复合氏名"等形式的联系,并不影响"亚族"本身的独立性。以上结构及分衍模式同样适用于与商王朝核心统治集团关系密切的"王族"与"多子族",时王之亲族组织也维持在较小规模,不能干预朝政;"多子"家族是王室实施统治的重要辅助力量,但"多子"之间的政治隶属关系压制血缘上的联系。综言之,以"子"的主干家庭与"小子"核心家庭结合而成的、约相当于扩展家庭规模的亲族团体,可看作是商代晚期的基层人群单位,也即前文屡屡提到的"族氏组织",其层级结构简单的特点也反映出商代社会结构的基本特征。

第三节　贵族家族居住形态的反思: 以殷墟聚落为中心

如上节所述,商代实体性的亲族组织一般包含族长"子"及亲缘较近的小家庭户主"小子",并不涵盖析出独立的"亚族"。这样的层级结构也就决定了一般族氏的聚居规模不会太大。考古资料显示晚商低等级聚落的人群规模,大体亦与"子—小子—族众附庸"的亲族组织结构相称,但对于高等级的都邑性质聚落,问题稍显复杂:大小贵族究竟是借助王朝力量进一步扩展自己的家族规模,还是受到政治权力的压制,以更小规模的家族甚至家庭形式居住? 在贵族家族居住形态方面,单凭文字史料所能获取的细节十分有限,幸赖居址、墓葬等考古发掘资料中蕴含诸多历史信息,可补充文献之不足。安阳小屯殷墟在历史典籍中声名不显,但自甲骨卜辞在此出土,踵继以科学考古发掘工作的开展,其商晚期"王都"的地位已不可撼动;自20世纪20年代至今,殷墟考古发掘积累起丰厚的资料与研究成果,堪称为商史研究的一座"宝库"。本节即围绕殷墟聚落为中心,对商代高等级都邑内贵族家族居住形态试作探讨,一方面验证前文对族氏组织层级结构的分析,另一方面深化对商代亲族集团与国家政权、"血缘"与"地缘"之间复杂关联的理解。

一、殷墟聚落内的外来青铜器

在过往的研究中,相当多学者认同晚商时期人群的居住形态是大规模的同族聚居,譬如子姓商族集中居住在王都安阳,殷墟"西区墓地"则是子姓商族尤其是王室及其各个分支的族墓地,即所谓"生则聚居、死则族葬"。这种认识的得出,其内在核心依据就是文明的形成是从血缘到地缘的单向发展,血缘越来越弱,地缘性越来越强,既然周人鼓吹"神不歆非类,民不祀非族",强调重视姓族与宗法,故此前的有商其血统意识必然更为浓烈,政治权力的构建与政治体系一定更为原始落后。但实际情况恐怕并非如此，依照笔者过去的认识，殷墟聚落居民的族群构成复杂，借用周代"姓族"的概念，"至少有子姓、姜姓、改姓、妘姓等各个族氏"①。虽说粗鄙，但与后来学者所提出的"大杂居、小族居"模式已有部分吻合。② 近年来，殷墟考古又有了飞速的推进，一线考古工作者已清晰地认识到所谓的"西区墓地"并非纯粹的墓葬区，在墓区之间，存在着大量同时期的居址遗存。这就是说，过去认定的西区墓地，实际上是由若干个殷商时期的基层邑落组成，是殷墟王都聚落群的一个有机组成部分：每个邑落有其独立的居址与墓地，邑落与邑落之间又互为比邻，即近年考古学者经常提及的"居葬合一"③。但"居葬合一"只是一种表象性的形态描述，无法清楚揭示每个邑落内部及邑落与邑落之间的社会关系，同样也解决不了晚商是否有聚族而葬习俗或礼规的争议。因此，先秦史学界普遍使用的、基于聚族而居而提出的"族邑"④的概念，其合理性一样不乏疑问。对此，我们要进一步考察的是，殷墟王都地区大聚落群内的居民究竟是土著、外来民，还是多族群的混杂体。想要回答这个问题，似不妨以殷墟遗址内所出铜器的族属族源为切入点加以分析。当然，族属地的考订要凭借近年来新的卜辞地理研究成果。

殷墟历年所出青铜礼器数以千计，其中有族氏铭文的礼器占比还是相当可观的。结合卜辞地名地理信息分析这些族铭所对应的族群，不难发现相当大一部分其族居地恰恰都在王都殷墟以外的边鄙地区，其中与东土相关者至少在30种以上，包括举、亚醜、史、亚異疑与亚疑、弁、己竝、犾、中、箙与戉箙（包括絑箙）、奚、厚（郈）、束、矢、饮、龟、蕲（阐）、万（赖）、越、正、襄、甗伐、夒（叟）、鱼、旒、爻、庚熊、京、卷⑤、大、羌、交、贮、舟、亚、保等。

---

① 陈絜：《试论殷墟聚落居民的族系问题》，《南开学报》（哲学社会科学版）2002 年第 6 期。

② 参见王震中：《商代都鄙邑落结构与商王的统治方式》，《中国社会科学》2007 年第 4 期。

③ 岳洪彬、何毓灵、岳占伟：《殷墟都邑布局研究中的几个问题》，载《三代考古》（四），科学出版社 2011 年版，第 248—278 页。

④ 郑若葵：《殷墟"大邑商"族邑布局初探》，《中原文物》1995 年第 3 期。

⑤ "卷"字暂从何景成释，参见何景成：《试释甲骨文的北方风名》，《殷都学刊》2009 年第 2 期。

安阳所出东土器铭文资料表

（著录号为《资料库》编号）

3314，簋，西北岗，M1601	1443，鼎，传出安阳	4721，卣，西区 M2575	尊，刘家庄北地 H2498①	鼎，大司空村 M303②	8898，爵，传出安阳

1533，鼎，西区 M284	367，铙，西区 M699	NA0161，鼎，梯家口 M3 出土	卣，戚家庄 M235③	3601，簋，西区 M764	3093，簋，传出安阳

10752，戈，安阳	7633，爵，西北岗 M1001 翻葬坑	NA0135，鼎，苗圃北地 M123	7535，爵，安阳	10770，戈，安阳	8564，爵，安阳

6679，觚，传出安阳	3127，簋，殷墟小屯 M18	9110，斝，西北岗 M1400 南墓道	11878，胄，西北岗 M1004	NA0179，鼎，郭家庄 M26	爵，西区 M1713

7423，爵，安阳市郊	NB1842，簋，郭家庄赛格金地 M13	6744，觚，西区 M1116	7764，爵，西区 M352	1855，鼎，小屯西地 M1	5498，尊，西北岗 M1400

① 参见中国社科院考古研究所安阳工作队：《河南安阳市殷墟刘家庄北地 2010—2011 年发掘简报》，《考古》2012 年第 12 期。

② 参见中国社会科学院考古研究所：《安阳大司空——2004 年发掘报告》，文物出版社 2014 年版，第 395—447 页。

③ 参见安阳市文物考古研究所：《安阳殷墟戚家庄东商代墓地发掘报告》，中州古籍出版社 2015 年版，第 204 页。

续表

7221，瓶，西区 M1572	7240，瓶，西区 M856	7306，瓶，西区 M216	11423，矛，西区 M374	11885，青，西北岗 M1004	11890，青，西北岗 M1004
9143，掔，大司空村东南 M539					

上述诸族,其族居地的具体地望基本可考。其中举族在山东济南长清一带,当地曾集中出土举族宗氏及其亚族"举稅"器,上节已有详述;亚醜之族在今山东青州苏埠屯一带;史族在今山东滕州前掌大一带;弁族在今山东曲阜以东的泗水境内;己竝之族在山东寿光;犾族在山东蒙阴附近;中族或与卜辞"中麓"(《合集》13375 正)有关,也即《春秋》隐公七年"城中丘"之中丘,其地殆在今山东沂水一带;成读为"越",地即《春秋》桓公元年"公及郑伯盟于越"之越,位于鲁西;①绊(羌)则在莱芜新泰一带,"绊簸"之复合族名或说明绊族人曾任"簸"职;奚族则与卜辞"鸡麓"有关,其地殆在齐鲁之间,大致应于原山周边寻其地望;②厚族可与十祀征人方卜辞《合集》36968 中的"鄆"地相联系,应该就是春秋鲁国叔孙氏(或说郕氏)采邑地,位于今山东东平;据周初厚趞鼎铭(《集成》2730),当时的厚氏为束氏分支,故束似属东土故地,卜辞亦有相关线索可寻,大致坐落于柴汶与洙泗上游之间;③矢族同样见载于《合集》36968,与汶水下游地名蘆、涠合称为"矢蘆涠",殆坐落在"汶阳之田"的范围内;饮即卜辞"阴美方"之阴,同时也写作"云",为商末征人方经由地,大致在宁阳境内;④

---

① 参见陈絜:《"梁山七器"与周代巡狩之制》,台湾《汉学研究》2016 年第 34 卷第 1 期。
② 参见陈絜:《"鸡麓"地望与卜辞东土地理新坐标》,《古代文明》2017 年第 1 期。
③ 参见陈絜、聂靖芳:《甲骨金文中的束族与商周东土族群流动》,《史学月刊》2022 年第 1 期。
④ 参见陈絜:《甲骨金文中的"⊞"字及其相关问题之检讨》,载北京大学出土文献研究所编:《青铜与金文》第 3 辑,上海古籍出版社 2019 年版,第 136—149 页。

龟族即《合集》10198"我狩龟"之龟,也就是《诗经·鲁颂·閟宫》所讲的
"奄有龟蒙"之龟,地处新泰、泰安间;①蕲或即《春秋》哀公八年"齐人取讙
及阐"之阐,亦在山东东平;②万同样见诸卜辞记载,属武丁时期的田猎点,
也在泰山周边,故可与《左传》哀公六年"使胡姬以安孺子如赖"之赖相对
应,③其地殆在今济南附近;越地亦见卜辞记载,即《春秋》桓公十七年"公
会邾仪父,盟于趡",其地在春秋鲁、邾之间,也即今曲阜以东;④正族族居地
在今新泰莱芜间,亦见于十祀征人方卜辞;襄地甲骨金文屡见,殆即《清华
简·系年》第 20 章所言之"襄平",当位于东周齐长城之南侧,⑤据《合集》
28188 等卜辞记载,大地近襄,所以"大"亦不出鲁中范围;"甗伐"为复合氏
名,其中甗地即《春秋》僖公十八年"宋师及齐师战于甗"之甗,地处济南历
城,故与之具有复合关系的伐族自然也以地处东土的可能性为较大;⑥叟殆
即叝,即《公羊经》定十四年"公会齐侯、卫侯于坚"之坚,⑦其地在济南境
内;商金文有"犬鱼"、"京犬鱼"之族名,说明鱼地近京,而京即《左传》襄公
十八年之"京兹",在平阴、肥城间;旃地亦屡见卜辞,据《合集》4415 记载,
其族与东土囲、瘕之族比邻;爻则坐落在山东滕州井亭、柴胡店一带,可据当
地出土的相关铜器而定;卷族铜器在济南刘家庄成组出土,其居地或在今济
南一带;⑧庚或即《左传》昭公四年所记鲁邑庚宗,在今泗水一带;亚近东平

---

① 参见陈絜、田秋棉:《卜辞"龟"地与武丁时期的王室田猎区》,《故宫博物院刊》2018 年
　第 1 期。

② 参见陈絜、田秋棉:《卜辞"龟"地与武丁时期的王室田猎区》,《故宫博物院刊》2018 年
　第 1 期。

③ 《公羊》"赖"作"厉",说明万、赖可通。

④ 参见郑杰祥:《商代地理概论》,中州古籍出版社 1994 年版,第 164 页;彭邦炯:《甲骨文农
　业资料考辨与研究》,吉林文史出版社 1997 年版,第 636—637 页。

⑤ 参见陈絜:《清华简〈系年〉第二十章地名补正》,载李守奎主编:《清华简〈系年〉与古史研
　究》,中西书局 2016 年版,第 107—115 页。

⑥ 参见陈絜:《小屯 M18 所出朱书玉戈与商人东进交通线》,《故宫博物院刊》2019 年
　第 3 期。

⑦ 《公羊疏》引《释文》曰:"坚本又作䃺,音牵。《左氏》作牵。"《谷梁》亦作牵,牵、坚、䃺音
　义同。

⑧ 参见济南市考古研究所:《济南市刘家庄遗址商代墓葬 M121、M122 发掘简报》,《中国国
　家博物馆馆刊》2016 年第 7 期;李晓峰、杨冬梅:《济南刘家庄商代青铜器》,《东南文化》
　2001 年第 3 期。

"商"地（今接山镇鄟城村一带），殆属汶水下游周边地；舟即《左传》哀公二十一年之齐地舟道，在平阴、东平间；交、保、贮大致都在鲁西南。这是我们首先要注意的一个现象。

殷墟所出的与东土诸族相关的青铜器，有一些相对显著的特征：

其一，每种族氏铭文对应的器物数量较少。如钦、蕲、矢、交、舟、己并、亚奚、越诸族之器均只有 1 件，且以小件礼器或兵器为主。

其二，成组器只出现在个别墓葬中，如刘家庄 M9 集中出土举族器 6件，戚家庄 M63 出戈簇器 7 件，大司空村东南 M303 出土马弁器 23 件，西区 M1713 出鱼氏器 5 件。但与之相邻的同时代墓葬中一般不出土铸有相同族氏铭文的铜礼器，比如西区 M1713 位于 M93 陪葬车马坑 M150 以西约 25米处，距离可谓极近，且时代均属殷墟四期，但 M93 盗余铜尊所铸铭文为"亚覃日乙，受日甲，共日辛"（《集成》5911、5949），与"鱼"氏并无关联；刘家庄 M9 附近发掘的殷墟四期墓还有 83M1、83M2、09M20 数座，另出土"子工""贮"等族铭，[①]皆与举氏无涉。

其三，同族氏铭文的铜器，在殷墟聚落内的地域分布呈散乱状，比较典型的有正族与鱼族。其中正族器于小屯 M18 子渔墓出土 2 件，计甗 1、簋 1；侯家庄西北冈 M1004 出正胄 1 件，M1133 出正鼎 1 件，M1768 出正族觯、壶、爵各 1 件，M1769 出正爵 1 件。而鱼族器出土地更是分散，如西北岗 M1889 出鱼鼎 1 器，后冈圆祭祀坑出著名的"成嗣子鼎"，而比较集中的则出土在西区 M1713，有鼎 1、簋 1、爵 3。其他狀、眣二氏器出土情况亦同。

其四，不少器物出土在陪葬坑与祭祀坑。

其五，除了刘家庄 M9、戚家庄 M63、大司空村 M303 与西区 M1713 外，同出土地所出同族氏器往往无法组合成完整的礼器。也就是说，墓主人与

---

① 参见安阳市文物工作队：《1983—1986 年安阳刘家庄殷代墓葬发掘报告》，《华夏考古》1997 年第 2 期。83M1 资料又详细见于安阳市博物馆：《安阳郭家庄的一座殷墓》，《考古》1986 年第 8 期；安阳市文物考古研究所：《河南安阳刘家庄北地商代遗址墓葬 2009—2010 年发掘简报》，《文物》2017 年第 6 期；又见《安阳殷墟徐家桥郭家庄商代墓葬——2004—2008 年殷墟考古报告》，科学出版社 2011 年版，第 133 页。

所出器物所标注的族氏组织,不构成必然的血缘上的直接联系,所以相应的器物究竟是何种原因进入殷墟,需要仔细梳理。

结合其他线索,大致可以推测出殷墟出土东土器的几种可能性:

其一,东土人任职商王之近臣或王官而入住王都。东土诸部成员出任王职的例子较多,如:

(1)王易(锡)小臣缶涓责(积)五年,用作享大子乙家祀尊。举。父乙。(鼎,《集成》2653)

(2)王易(锡)小臣系,易(锡)在寝,用作祖乙尊。父敢。(卣,《集成》5378)

(3)辛丑,小臣系入(纳)擒宜,在曹,以簋。(石簋,西北冈 M1003 墓道出①)

(4)癸巳,王易(锡)小臣邑贝十朋,用作母癸尊彝。佳(唯)王六祀肜日,在四月。亚疑。(斝,《集成》9249)

以上三件铜器及一件石器年代均在商末。此外还有榆族的小臣榆(《集成》5990)、毕族的小臣毕(《合集》5571 反)、中族的小臣中(《合集》5574)、稷族的小臣稷(《合集》5577)及高族小臣高(《合集》5576 正)等。这些商王近臣,当然须时时追随商王之左右,死后或下葬于殷墟,甚至殉葬于商王王陵之内,以表忠诚,此悉属常事。类似的例子还有弁族的"马弁",也即司职王朝马匹豢养与管理的弁族成员。因任职王官之故,去世后下葬于安阳亦极自然。据殷墟大司空村东南 M303 墓口之上直接叠压殷代大型夯土建筑层这一情况判断,②弁族成员徙居安阳历时并不长。也就是说,在 M303、M225 为代表的"马弁"夫妇谢世后,其子嗣可能搬离殷墟而另迁他地,甚至回归东方故里。其他的例子还有鱼族的"寝鱼"、印族"寝印"与长族的"亚长"等,于此不再赘述。此外,就是特殊职业从业人员及其管理者的徙居京畿,

---

① 参见梁思永、高去寻:《侯家庄·第四本·1003 号大墓》,台湾"中央研究院"历史语言研究所 1967 年版,第 45—46 页。

② 参见中国社会科学院考古研究所安阳工作队:《殷墟大司空 M303 发掘报告》,《考古学报》2008 年第 3 期;中国社会科学院考古研究所编:《安阳大司空——2004 年发掘报告》,文物出版社 2004 年版,第 395—450 页。

其典型者为"箙"。前文第二节对职事性附赘"箙"有专门介绍,如梯家口墓地所出"絆(羌)箙"器、①戚家庄东 M235、M63 所出"戈箙"器②等,体现的就是莱芜的羌族与鲁西南的越族成员入事王廷,负责箭箙的制作与管理。对此问题,新近严志斌对于殷墟聚落内"工坊区模式"的讨论,③应有启示作用。

其二,殷墟聚落内或存在体现类似中央与地方关联的"朝宿邑"。依照后世文献的记载,周代外封诸侯要定时进京朝觐天子,故在京城之内必有朝觐所需的"朝宿邑"。商代当然也有所谓的"诸侯",以武丁时期所见为多,但其性质更像是斥候,属军职,故多分布在敌我对峙的前哨地带。时任"侯"职者,其原本的身份或为"伯",也即当地土著。④ 结合卜辞判断,当时侯的设置与武丁时期中原与东夷的局势有关,故侯多分布在以鲁中为核心的东土地带,如卜辞攸侯所守之地在莱芜新泰间的"攸"地,赢侯在汶水上游的新泰、莱芜间,铸侯则在汶水下游肥城、泰安一带,杞侯则坐落于新泰西,瓜侯在弁地附近,冀侯或在沂水流域,郮侯在东平、肥城间,薪侯在肥城泰安间,越侯在曲阜东。前引殷墟所出的郮戈、薪侯戈、越瓡、亚冀疑尊等,或与东土"诸侯"在京城领有"朝宿邑"有关。此中尤可关注的是刘家庄北地 H2498 所出亚冀疑尊,或说明这一对应的家族实为东土冀之分支,故于"疑"上冠"亚",甚至进一步标注"冀",表示自身之所出。另外殷墟铜器中"亚某"器居多,如亚疑、亚弜、亚夫、亚舟、亚貘、亚奚、亚鱼、亚止(沚)、亚长、亚門等,均为显例。结合西周金文所记载的成周城内"诸侯大亚"之辞判断,"亚某"器更像是东土诸部子弟驻守京师"朝宿邑"的产物。也就是说,殷墟聚落内有大量的东土诸部的亚族(也即分支)存在。

---

① 参见安阳市文物工作队、安阳市博物馆:《安阳市梯家口村殷墓的发掘》,《华夏考古》1992年第 1 期。

② 参见安阳市文物工作队、安阳市博物馆编:《安阳殷墟青铜器》,中州古籍出版社 1993 年版,第 17 页。

③ 参见严志斌:《关于殷墟的"族邑"问题与"工坊区模式"》,《中国国家博物馆馆刊》2022年第 10 期。

④ 参见朱凤瀚:《殷墟卜辞中"侯"的身份补证——兼论"侯"、"伯"之异同》,载李宗焜主编:《古文字与古史》第 4 辑,台湾"中央研究院"历史语言研究所 2015 年版,第 1—36 页。

　　其三,赗赙与婚嫁所致。其中赗赙所得最为典型者如安阳小屯 M18 所出的鸟共、伐、正诸器,我们推测属东土诸族为子渔下葬所赠送的助葬之器,尤其如正甗与正侯簋,其器主本为东土正族首领,该族地望见载于商末征人方卜辞,在今山东新泰莱芜间。① 又据卜辞记载,商王室的姻族很多出自东土,如出组卜辞《合集》24610 有"自今十年业五王嬗"之祭祀占卜文字,"王嬗"即出自鲁北薥族的王室女子。又自组卜辞《合集》19790 有"王用二妇兀(元)"之辞,妇元即东土元地(攸地周边,殆在新泰附近)女子嫁入王室者。有这种婚姻关系的存在,东土诸族媵赠之器流入王都也就不足为怪了。

　　其四,晚商 200 余年间东土的军事活动频仍,从武丁至帝辛,大小战事不绝,将那些冥顽不化的族氏迁至殷墟以便集中管理,或者以"质子"方式胁迫相关国族听命王廷,②也并非不可能发生的事情。至于哪些族氏组织可归入此列,目前材料尚不够明晰,③留待条件成熟后再作梳理。当然,由于战争的存在,自然还有掠夺的可能性。

　　总而言之,殷墟所出东土铜器,大多数属于人员流动导致的结果。所以,晚商时期的王都殷墟更像是一个"大杂院",其居民来源多途,族源族系复杂,这好比现今的北京城,是各方人士汇集之所,而扎堆京都的原因绝非某一单纯现象所能概括。在这样一个"大杂院"中,想要聚族而居、聚族而葬,殊非易事。这是我们通过梳理殷墟所出东土铜器,得出对晚商都邑贵族家族居住形态的一个初步印象。下面我们不妨挑选典型个例,对所谓的晚商时期存在大范围的"族葬族居"现象作一更具象的讨论。

　　二、殷墟"族墓地"辨析——以狀族为例

　　前文提及,举族为殷东旧族,其宗氏家庭至少从武丁始便居住在今山东

---

① 参见陈絜:《小屯 M18 所出朱书玉戈与商人东进交通线》,《故宫博物院院刊》2019 年第 3 期。

② 参见严志斌:《殷墟西区墓地所见铜器铭文探讨》,载《三代考古》(二),科学出版社 2006 年版,第 450—458 页。

③ 就目前所知材料看,"弁马"似乎有此可能,因为黄组小臣墙刻辞伐弁美即攻击弁方,时代又在无名、黄组之间。

长清一带。到了商末,举族开枝散叶,分衍出若干亚族,分布于长清、肥城、费县、泗水诸地,独立发展,无论居、葬、祭祀,均独立于母族。更有意思的是,商末的殷墟聚落内竟然也出现了举族宗氏成员的墓葬,即刘家庄9号墓。该墓集中随葬了带有举字族氏铭文的青铜器鼎、簋、尊、卣、觯、爵各1器,[①]这说明连举族的宗氏成员都无法聚葬于一地,更不必说包括各个别居的分支亚族了。所以,尽管举族在晚商历史上举足轻重,为显赫之雄族,但整个族氏的族众,既非聚居,亦非聚葬,涵摄的具有亲缘关系的生活共同体不仅数量多,且规模甚小。以此体察殷墟墓葬的性质,当有重要参考价值。

在既往研究中,殷墟西区墓地被看作是商代"族居族葬"的典型代表。1969年起,社科院考古所安阳工作队在殷墟白家坟、梅园庄、郝家店、北辛庄之间的区域陆续进行大规模的钻探与发掘,累计揭露2000多座墓葬,是为学界惯称的"殷墟西区墓地"。[②] 发掘者将这批墓葬赋予"族墓地"的概念,整个墓地被划为八个墓区(后扩展为十个),每个墓区对应不同的"族"。墓区下可划分墓组,对应殷人"宗氏—分族"的亲族层级结构。[③] 照此理解,殷墟居民以"族"为单位埋葬在一处专门的、单纯的墓地当中,即《周礼·大司徒》之"族坟墓"。嗣后研究者尽管对分区方式有所修正,但"族墓地"的看法一直被坚持下来,[④]并被应用于殷墟其他区域如大司空东地、刘家庄北、戚家庄东、郭家庄等处墓葬布局的分析,[⑤]一度成为学界主流

① 参见安阳市文物工作队:《1983—1986年安阳刘家庄殷代墓葬发掘报告》,《华夏考古》1997年第2期。

② 参见中国社会科学院考古研究所安阳工作队:《1969—1977年殷墟西区墓葬发掘报告》,《考古学报》1979年第1期;中国社会科学院考古研究所:《殷墟的发现与研究》,方志出版社2007年版,第113页。

③ 参见中国社会科学院考古研究所安阳工作队:《1969—1977年殷墟西区墓葬发掘报告》,《考古学报》1979年第1期。

④ 参见杨锡璋:《商代的墓地制度》,《考古》1983年第10期;韩建业:《殷墟西区墓地分析》,《考古》1997年第1期。

⑤ 参见葛英会:《殷墟墓地的区与组》,载《考古学文化论集》(二),文物出版社1989年版,第156—183页;孟宪武:《殷墟南区墓葬发掘综述——兼谈几个相关的问题》,《中原文物》1986年第3期;中国社会科学院考古研究所:《安阳殷墟郭家庄商代墓葬》,中国大百科全书出版社1998年版,第151页。

观点的代表。然而这种"聚族而葬"的景象，与商代亲族组织代际简单、规模有限的特征并不协调，也与上节所示东土器在殷墟零散出土的情形不相吻合。因此下面我们以殷墟犾氏墓葬为例，具体考察旧所谓"族墓地"的界定是否可靠。

殷墟范围内经考古发掘出土的"犾"族铜器，据已发表的资料共计 6 件，其中 5 件皆来自殷墟西区墓地第八墓区，分别出自 M271、M284、M1125 与 M1573，①具体情况如下图所列：

觚,M271　　　父乙鼎,M284　　　父辛爵,M1125　　　父乙鼎,M1573　　　母己簋,M1573

殷墟西区墓地第八墓区出土的"犾"族铜器铭文

就目前所知情形言，犾族器的出土地相对集中，且数量也算比较多的一类，所以，研究者通常将第八墓区或由第八墓区的二、三墓组所组成的第 XXIV 区直接与犾族相对应，视之为犾族族墓地，树立为聚族而葬的典型。② 甚至有学者直接将第八墓区附近的北辛庄遗址指为"犾"族族邑。③ 但须注意的是，离此 5000 多米之外的郭家庄亦出土犾族器，如 1982 年至 1992 年间，安阳工作队在殷墟郭家庄西南发掘了一批商代墓葬，其中 M220 出土铜觚一件(《资料库》NA226)，器身高 31.5 厘米，口径 16.7 厘米，腹部四面饰扉棱，纹饰繁缛，圈足内亦铸"犾"字族氏铭文，其尺寸规格均超过上举第八墓区诸器。④ 该墓曾遭盗掘，器物组合已不完整，假设这件犾觚为墓主人自作而非赠赗媵送之物，则表明有地位更高的"犾"族成员并未葬入第八墓区，这就使得同族成员"聚族而葬"的成说有了隙漏。

---

① 参见中国社会科学院考古研究所安阳工作队：《1969—1977 年殷墟西区墓葬发掘报告》图版十三·四，《考古学报》1979 年第 1 期。

② 参见中国社会科学院考古研究所安阳工作队：《1969—1977 年殷墟西区墓葬发掘报告》，《考古学报》1979 年第 1 期；韩建业：《殷墟西区墓地分析》，《考古》1997 年第 1 期。

③ 参见郑若葵：《殷墟"大邑商"族邑布局初探》，《中原文物》1995 年第 3 期。

④ 参见中国社会科学院考古研究所：《安阳殷墟郭家庄商代墓葬》，中国大百科全书出版社 1998 年版，第 172 页。

　　而更为关键的是,在殷墟以外区域,同样有成组的狀氏铜器从墓葬出土,例如 1963 年山东临沂市苍山县(今兰陵县)东高尧村村民发现一组铜器,计有一簋、一甗、二觚、二爵、一尊、一觯、一铃、二戈,其中簋、甗、觚、爵均铸有"狀"铭(如下图),整体呈现殷墟三、四期的时代特征。①

爵铭　　　觚(甲)铭　　　觚(乙)铭　　　簋铭　　　甗铭

苍山高尧出土狀族器铭文

　　原报告推测铜器属商代窖藏遗物,值得注意的是,"在地面上还搜集到绳纹灰陶片和白陶片、鬲足等",方辉认为从器物组合看,出自墓葬的可能性更大。② 李学勤、李伯谦与严志斌均据此认为"狀"属东方族氏,活动在苍山附近。③ 这一推断应该可信,且能在卜辞中找到证据。例如花园庄东地甲骨有记载曰:

　　　　戊子卜:叀子画呼勾马,用。

　　　　戊子:宜羌一妣庚,在入。

　　　　庚寅:刿妣庚牝一,在狀。(《花东》493,子卜辞)

这是花东卜辞主人"子"在入、狀二地占卜祭祀女性先祖神妣庚的相关记录,狀地去入二日行程。其中入地与兖州一带的索地邻近,如:

　　　　戊寅夕:宜羌一,在入。

　　　　叀入人呼,用。

　　　　叀剌(索)人呼先奏,入人乃往,用。(《花东》252,子卜辞)

结合《花东》195 等材料推测,狀地大致坐落在今新泰以西、泗水以东、南至平邑与费县的区域内,适与苍山东高尧狀族器相联系。

①　参见临沂文物收集组:《山东苍山县出土青铜器》,《文物》1965 年第 7 期。

②　参见方辉:《山东商代考古的历史回顾》,载《海岱地区青铜时代考古》,山东大学出版社 2007 年版,第 263 页。

③　参见李学勤:《释花园庄两版卜雨腹甲》,载《夏商周年代学札记》,辽宁大学出版社 1999 年版,第 242 页;李伯谦:《从殷墟青铜器族徽所代表的族氏的地理分布看商王朝的统辖范围与统辖措施》,载《考古学研究》(六),科学出版社 2006 年版,第 122 页;严志斌:《商代青铜器铭文研究》,上海古籍出版社 2017 年版,第 327—328 页。

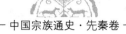

　　比较殷墟及东高尧所出狀族器,其年代相同,悉属殷墟三四期,而据花东甲骨可知,东土狀地自武丁时期便已存在,说明狀族原本为东土旧族,安阳一支显然从东土迁徙而来。两地时代接近的铜器同时存在,又可说明殷墟狀族只是东土狀族的一部分,殷墟不会是"狀"族聚居聚葬的地点。这就促使我们要对第八墓区究竟应与哪一层级的亲族组织相对应的问题作出思考。

　　照原报告给出的墓葬分布图,第八墓区在空间上可分为三个墓组,东侧M261—M265共5座墓为第一组;中间西起M266、东至M285共23座墓(3座未发掘)为第二组;西侧西起M1146、东抵M1148的30座墓为第三组。三个墓组东西向排列,界限分明。

　　第一墓组5座墓中,最东端的M265年代早至殷墟二期,余者均属殷墟四期墓葬,彼此相隔较远;且该组墓亦未出"狀"族铜器。故韩建业在划分墓区时即将第一墓组排除,以第二、三墓组划入同一分区,是比较审慎的做法。这几座墓能否构成一个墓组,甚至也令人怀疑。

　　至于第二、三墓组,并不会是"狀"族的族墓地。首先,墓地启用的年代与"狀"族建立的时间不符。众多学者均已指出,"狀"族殆即殷墟卜辞所见"子狀"的后代族众。子狀是宾组卜辞中出现的一位显贵人物,商王对其休咎颇为关切,曾为他求佑于父乙(小乙)、兄丁等祖神(《合集》728、3186、3187)。依常理推测,子狀既与武丁同时,其身死下葬的时间不应晚于祖甲之世。如果"狀"族确有族墓地的话,殷墟二期晚段殆已开始使用。但据原报告,第二、三墓组大部分墓葬属殷墟四期,仅少数几座可早至殷墟三期,时间上存在缺环是显而易见的。

　　再者,第二、三墓组的墓葬等级低,数量少,也不符合"族墓地"的特征。两个墓组墓葬总数虽达到50余座,但前后跨越60余年,三、四代人埋葬于此,平均每代亦不过十余人。原报告未对四期墓再作区分,按其所列陶觚、爵型式,Ⅴ、Ⅵ式陶觚、爵器身稍高大,当属四期早段遗物;Ⅶ、Ⅷ、Ⅸ式形制矮小,为四期晚段遗物。[①] 据此我们可将这些墓葬再细分为三个阶段:第二

_____

①　参见中国社会科学院考古研究所:《殷墟的发现与研究》,方志出版社2007年版,第34—35页。

墓组除去 M266 被盗,最西边的 M268、M271 属殷墟三期,二墓皆有铜礼器陪葬;其东面 M270、M273、M274、M275、M279、M282、M283 七座墓属四期早段,其中 M275、M279 出铜器;再东侧的 M272、M276、M277、M278、M284、M285、M281、M280 八座墓属四期晚段,其中 M284 随葬"犾"族铜器。① 可见墓地自西往东逐渐扩展,由最初的两人,发展到每代六七人的规模。

第三墓组情况稍显复杂。南面的 M1134、M1133、M1135 三座墓(M1132 被盗一空)墓向一致,均随葬陶盘、簋、小壶,而北面的 M1147 随葬陶盘、罐、簋,葬俗均与其余出陶觚、爵者不同,疑属别族;由于这几座墓葬的阻隔,最南端的 M1146、M1136、M94、M95,及最北端的 M1144,埋葬的死者可能也不属于"犾"族。居中的 20 座墓葬,除去被盗扰无法分期的 M1129、M1138,同样可划为三段:中间的 M1124、M1127、M1139 属殷墟三期,M1127随葬有铜礼器;三期墓东西两侧的 M1121、M1141、M1142、M1125、M1131 属四期早段,M1125 出土"犾"族铜器;再外围的 M1140、M1143、M1122、M1126、M1145、M1123、M1119、M1120、M1130、M1148 属四期晚段,其中M1148 墓室面积在 4 平方米以上,很可能随葬有铜器,可惜已被盗。第三墓组大概是由中间向两侧扩展,埋葬的人口更多,但财富似不及第二墓组丰厚。

两个墓组的所有墓葬中,最高规格不过随葬一套铜觚、爵,"犾"族族长"子犾"的身份较此更显尊贵;每个墓组每代六七座墓葬,合计不过十余口,与我们想象的大型家族所应具有的规模不相称。事实上,这个数字与殷代主干家庭的人口数大致接近,故唐际根在分析西区墓地第三墓区资料后提出,同一墓组中的墓主人生前是同一家庭中的成员。③ 上述各阶段墓室面积稍大或随葬铜器的一两座墓葬,应属于这一代的家长。第八墓区埋葬的

---

① M267、M269 两座殷墟四期晚段墓葬夹在三期墓和四期早段墓之间,墓主人很可能不属于"犾"族成员。

② 王旭东据《1969—1977 年殷墟西区墓葬发掘报告》图一〇改绘。

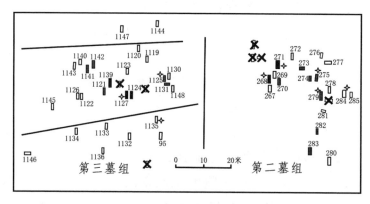

图例：■殷墟三期 ■殷墟四期早段 □殷墟四期晚段 ✗未发掘或被盗、扰无法分期 ✦出铜礼器

殷墟西区墓地第八墓区墓葬分布图（第二、三墓组）①

两户主干家庭或可构成一个小型伸展家族，又或许仅是毗邻而居，总之无法代表整个"犾"族。再结合郭家庄墓地发现的犾瓯看，居住在安阳的"犾"族成员可能并未"聚族而葬"，而是以家庭为单位埋葬的。

在这两户"犾"族家庭旁边，还有其他族氏成员错杂而居。1978年安阳工作队在第八墓区又发掘了一座东西向墓 M1572，②随葬铜瓯、爵各一件，铜瓯中腹不外鼓，颈部竖直，铜爵双柱位于流折与鋬之间，皆属殷墟四期形制。铜瓯铸有铭文"叹（卷）父甲丁"（《集成》7221），③铜爵铸有铭文"叹（卷）𫵂"（《集成》8802），显然墓主人是"叹（卷）"族人。过去我们对"叹（卷）"的族源地并不清楚，2010—2011 年期间，济南市考古研究所在济南刘家庄发掘殷代墓葬 77 座，时代以殷墟四期为主，其中 M121、M122 面积最大，随葬铜器丰富，且多铸有"叹（卷）"之族氏铭文。④ 综合全部墓葬资料考虑，这里大概是晚商时"叹（卷）"族聚居之处，M122 随葬陶器有商式瓯、爵

① 参见唐际根：《殷墟家族墓地初探》，载《中国商文化国际学术讨论会论文集》，中国大百科全书出版社 1998 年版，第 201—207 页。

② 墓葬概况参见《殷墟青铜器》图版说明七八，文物出版社 1985 年版，第 453 页。

③ 叹字何景成释为"卷"，可从。参见何景成：《试释甲骨文的北方风名》，《殷都学刊》2009 年第 2 期。

④ 参见济南市考古研究所：《济南市刘家庄遗址商代墓葬 M121、M122 发掘简报》，《中国国家博物馆馆刊》2016 年第 7 期；济南市考古研究所：《济南市刘家庄遗址商代墓葬发掘报告》，《海岱考古》（第 11 辑），科学出版社 2018 年版，第 243—334 页。

各一及高圈足"夷式簋"一件,一般认为"夷式簋"是东夷土著的族群标识之一,①可见"殷(卷)"是一支逐渐商化的东方本土族氏。若然,第八墓区M1572埋葬的死者与邻近的"犾"族成员身份接近,都是自东土徙居殷墟的"外来居民",他们脱离原生的亲族组织,以家庭为单位混杂居住在殷墟西区第八墓区一带,组成了一处以地缘而非血缘为基础的基层居民组织。

　　铜觚(GM1572:1)　　觚铭(《集成》7221)　　铜爵(GM1572:2)　　爵铭(《集成》8802)

殷墟西区第八墓区 M1572 出土铜觚、爵及其铭文

　　以"犾""殷(卷)"族氏在第八墓区地域的实际居、葬情况为典型例证,再结合上节所述殷墟外来铜器的总体情况一并考虑,我们完全有理由相信,殷墟地区的各组墓葬并非是所谓的聚族而葬的大型"族墓地"。近年来,孝民屯村附近揭露大片晚商铸铜、居址遗存及墓葬,与西区墓地连成一片,发掘者已指出:"过去所作的'墓区'的划分,未必反映了当时商墓的实际分布状况,所谓'殷墟西区墓地',实际上可能是居址与墓地相夹杂的关系。"②以居葬结合的"族邑"代替了单一"族墓地"的提法。然而对于殷墟"族"与"邑"的关系,学界意见并未达成一致,杨升南由同区内葬俗不一的现象出发,主张西区墓地应为中下层平民的"公共墓地"③;林沄认为墓区在分区之上,本身就代表了类似于"里"的地缘组织④;严志斌从族氏铭文入手,提出

---

①　参见方辉:《商周"夷式簋"的传播与族群变动》,《华夏考古》2015 年第 4 期。

②　中国社会科学院考古研究所安阳工作队:《河南安阳市殷墟孝民屯东南地商代墓葬1989—1990 年的发掘》,《考古》2009 年第 9 期。

③　参见杨升南:《关于殷墟西区墓地的性质》,《殷都学刊》1999 年第 1 期。

④　参见林沄:《"百姓"古义新解——兼论中国早期国家的社会基础》,《吉林大学社会科学学报》2005 年第 4 期。

西区墓地是各个族氏供职或受质于商王朝的族氏成员及其家庭成员的墓地①；郜向平专门以墓向为标准考察墓葬的分布，也认为晚商亲缘性的墓地只能与扩展家庭的规模对应②。这些看法都非常具有启发性，要在殷墟聚落内找寻商代施行大规模的族居族葬的例子，恐怕有很大难度。结合殷墟西区墓地中夫妇并穴墓大量存在的情况，核心家庭更有可能是安阳古都的社会的基础。将殷墟想象成以"子姓商人"族群为主体、血缘纽带占主导的大型单一血缘聚落，过分夸大殷商社会的血缘性，其实是对中国上古文明的一种曲解。

尽管《尚书·酒诰》、《逸周书·商誓》等传世文献提到了商代的"里君"，然而在出土文献如卜辞金文中，我们尚未发现商代"里"或类似居民组织的相关记载。《酒诰》毕竟出自周人之手，故一些持谨慎态度的学者认为，商代"里"之类地域性组织存在的证据似嫌未足。但从上揭考古资料特别是墓葬的分布、铜器的埋藏等证据看，殷墟内同族之人并未聚族而居，来自各个族氏的贵族、平民反而杂居杂处。既然血缘不是划分民众居住区域的唯一或主要标准，那么地缘性的居民组织存在的可能性就大大增加了，之所以未见明文记载，也许是书缺有间，也有可能是因商人不称呼为"里"，另有其他命名，唯今人尚未获知罢了。商人贵族在王都内不能肆意发展家族势力，不能聚居聚葬，反而是受制于国家政治权力及其基层代表——地域性居民组织。这与上一节对商代族氏组织层级结构的认识是完全协调的。

本节讨论围绕殷墟聚落为中心，一方面因为资料丰富，另一方面也考虑到殷墟是商代晚期最高等级聚落，对于揭示贵族家族居住形态颇具典型性。最后要补充的是，在一些等级稍低的区域性中心聚落，贵族家族的居住形式恐怕也没有多大区别，即同样有不同族氏以核心或主干家庭的规模，错杂居住在地域性基层居民组织当中。例如，济南大辛庄是山东境

① 参见严志斌：《殷墟西区墓地所见铜器铭文探讨》，载《三代考古》（二），科学出版社2006年版，第450—458页。

② 参见郜向平：《晚商"族墓地"再检视》，载北京大学中国考古学研究中心等编：《古代文明》第12卷，上海古籍出版社2018年版，第123—131页。

内发现最早、面积最大、价值最高的商代遗址之一,可确认为商王朝在东方的统治中心以及持续向东扩张的重要基地。历年来遗址内出土的族氏铭文有:

(1)叔。2003 年发掘的 M72 位于蝎子沟东南端,随葬铜鼎、瓤、爵各一件、戈两件,陶鬲、豆、簋各一件,时代属殷墟三期晚段,铜爵(M72∶8)鋬内有族氏铭文"叔"(《资料库》NA1150)。① 按简报所述,与 M72 同组的 M86 所出铜爵(M86∶1)鋬内亦有铭文,字迹漫漶不清,据残存上部看可能也是"叔"字。

(2)▽。2010 年发掘的 M131 位于遗址南区东部,随葬铜瓤、爵各一件、戈两件,陶鬲、豆、簋各一件,时代约属殷墟三期早段,铜爵(M131∶5)鋬内有铭文"▽"字,可能是族氏标记。② 另据介绍,M240、M275 出土的铜爵铸有"▼"形铭文③,一为填实,一为勾廓,应该是相同的族氏名号。

(3)口。2010 年发掘的 M275 位于遗址北区西部,随葬铜鼎、瓤、爵各一件,兵器、工具若干,陶鬲、豆、簋各一件,时代亦属殷墟三期。铜鼎(M275∶14)内底铸有族氏铭文"口"字,铜爵(M275∶2)鋬内有上揭"▼"字铭文。④ 笔者倾向铜鼎上的"口"标识墓主人族氏,铜爵可能通过媵送、赗赙等途径,从邻近的"▼"氏得到的。

(4)剌(索)。2010 年发掘的 M225 位于遗址北区东南部,随葬铜鼎、瓤、爵、觯、戈、矛、刀、锛、铃等,陶器有鬲、豆、簋,年代可判定为殷墟三期晚段。铜鼎(M225∶7)、铜爵(M225∶6)皆铸有族氏铭文"剌(索)"字。⑤ 根据十祀征人方卜辞及兖州李宫村出土"索"氏铜器,可推知"索"地位于今兖州

① 参见山东大学东方考古研究中心、山东省文物考古研究所、济南市考古研究所:《济南市大辛庄商代居址与墓葬》,《考古》2004 年第 7 期。

② 参见山东大学考古学与博物馆学系、山东省文物考古研究院、济南市考古研究所:《济南市大辛庄遗址商代墓葬 2010 年发掘简报》,《考古》2020 年第 3 期。

③ 参见济南市考古研究所、山东大学考古学与博物馆学系、山东省文物考古研究院:《济南市大辛庄遗址商代墓葬 M225、M256 发掘简报》,《考古》2022 年第 2 期。

④ 参见济南市考古研究所、山东大学考古学与博物馆学系、山东省文物考古研究院:《济南市大辛庄遗址商代墓葬 M235、M275 发掘简报》,《考古》2021 年第 9 期。

⑤ 参见济南市考古研究所、山东大学考古学与博物馆学系、山东省文物考古研究院:《济南市大辛庄遗址商代墓葬 M225、M256 发掘简报》,《考古》2022 年第 2 期。

附近,大辛庄内的"索"氏成员系由兖州迁入的。

(5)Ω。据介绍 M232 所出铜爵有铭文"Ω",图像及墓葬详情尚未公布。

即便不算未公布详情的 M232 资料,大辛庄遗址至少出土了四种能分别代表墓主人族氏的铜器铭文,这几座墓葬年代皆属殷墟三期,从随葬品看身份等级相仿,且参照 2010 年的发掘示意图,各墓在地域上也集中在蝎子沟东南端百余米见方的范围内。由此推论,从禀辛、康丁到武乙、文丁之世,曾有来自索、伏、▽、口甚至更多族氏的大小贵族聚居于此,发掘者也注意到此现象,"初步推测这一时期可能有数个族氏生活在大辛庄遗址"。方辉早曾提出,"与其说大辛庄是商代晚期的一个方国,倒不如说它是商王朝属下的一处封邑更为合适"①,2010 年的发掘成果愈发印证了这一看法,至少在晚商晚期,大辛庄遗址应是一处有多个族氏居住的高等级都邑,他们多数是高度商化的东土夷人,被聚拢到此处而服事于东土经略的大局,而整个都邑甚或处在王朝政权的直接管辖之下。两相比较不难发现,大辛庄遗址"多族聚居"的模式与殷墟并无本质差别,只是规模稍小而已。

在比大辛庄等级再低一些的次级区域中心内,同样可透过考古资料探寻到"多族聚居"现象的痕迹。山东桓台史家遗址就是一个典型例证。遗址总面积达 25 万平方米,中心区域约 5—6 万平方米,壕沟总长超过 800米,沟内发现有商代房址、水井、窖穴、灰坑等遗迹,出土大量陶器、卜甲、卜骨等,沟北为商代墓地。② 1996—1997 年间,考古工作者还在此发掘出属岳石文化的木构架祭祀器物坑,显示此地在商人进驻前已是一处中心聚落。③自 20 世纪 60 年代以来,史家遗址曾多次出土商代晚期有铭青铜器,目前已公布的有如下数件:

① 方辉:《商王朝对东方的经略》,载《海岱地区青铜时代考古》,山东大学出版社 2007 年版,第 316 页。

② 参见燕生东、魏成敏、党浩等:《桓台西南部龙山、晚商时期的聚落》,载《东方考古》第 2辑,科学出版社 2006 年版,第 190 页。

③ 参见淄博市文物局、淄博市博物馆、桓台县文物管理所:《山东桓台县史家遗址岳石文化木构架祭祀器物坑的发掘》,《考古》1997 年第 11 期。

山东桓台史家遗址出土铜器铭文

器名及出处	铭文	时代	所属族氏
戍铸无寿瓿(《资料库》NA1065)	戍铸无寿作祖戊彝	殷墟三到四期	铸
祖戊爵(《资料库》NA1064)①	祖戊	殷墟三到四期	铸(？)
举父戊鼎(《资料库》NB253)	举,父戊	殷墟四期	举
鱼父辛觯(《资料库》NB254)	父辛,鱼	殷代晚期	鱼
亚父辛爵(《资料库》NB256)	亚父辛	殷代晚期	鱼(？)
入爵(《资料库》NB257)	入	殷墟四期	入

　　另外,据燕生东先生文章,桓台史家遗址还曾出土"羍"铭铜器。② 统而观之,史家遗址至少出有五种不同的族徽,且年代集中在殷代晚期的数十年间,没有哪一种族氏铭文在数量上占突出优势,或器物特别精美,或等级明显更高。如上表胪列的铜器铭文出土信息均准确无误,那么我们不妨推论,殷商晚期在桓台史家附近,可能生活着铸、举、鱼、入、羍各族的部分族氏成员,既没有哪一族居于统治地位,也没有共同依附于某族。最合理的解释应是,史家遗址是一处地缘关系主导的区域中心聚落,接受商王室直接或间接的控制与管理。

　　以上不同等级聚落的考古资料均可印证前文对商代族氏组织层级结构的描述,在中心聚落、特别是商王朝能够以政治权力施加控制的区域中心都邑内,贵族普遍以较小家族甚至家庭规模居住,"血缘"纽带不能替代"地缘"秩序。

第四节　继统、祭祀与婚姻

　　陈梦家谈到殷代宗法问题时提出:"宗法乃家族制度下所产生的,其原

---

① 祖戊爵与戍铸瓿同出,参见韩明祥:《山东长清、桓台发现商代青铜器》,《文物》1982 年第 1 期。

② 参见燕生东:《商文化后期在东方地区的发展》,载《海岱考古》第 10 辑,科学出版社 2017 年版,第 431 页。

因不外乎祭祀范围的限制、丧服的久暂、土地的继承、婚姻的禁忌和收族等等。"①所以这些继承、祭祀、婚姻的种种规则,便构成了周代宗法制度的重要内容——嫡长子继承制、宗庙制度、姓氏制度等等。如前所述,商人并不重视血亲的联络,未建构起大小宗等级分明的"宗族",宗亲组织层级简单,也没有形成大规模的聚族居、葬,自然谈不上创建各项宗法制度;但商人家族内的继承、祭祀与家族外的婚姻各方面,也形成了一定的习俗、规则或体制。凡此内容均属晚商亲族组织"形而上"的上层建筑,由"形而下"的现实形态所决定,反过来又会对亲族组织的政治、经济、社会生活产生重要影响。

一、权力继承制度

继统制度是中国古代宗法制度中的重要内容,受传宗与继嗣的影响,与祭祀制度、婚姻形态皆有密切关系。学界一般认为商王出自一个父系继嗣世系,根据《史记·殷本纪》记载,有商一代共传17世29王,而殷商祭祀卜辞与之略有出入。② 学界围绕商代继统方法展开过热烈讨论,主要体现在对传弟现象的解释以及继统原则的探讨。

王国维在其《殷周制度论》中明确提出,商之继统法以弟及为主而以子继辅之,无弟然后传子,其以子继父者,亦非兄之子而多为弟之子,③影响不可谓不大,争议也很突出。商王世系表面上体现为子继与弟及并用,持类似观点的学者不在少数,唯各家解释有差:陈梦家指出,子继与弟及并用,无主辅之分;传兄之子与传弟之子并用,亦无主辅之分;兄弟同礼而有长幼之别,兄弟及位以长幼为序;虽无嫡庶之分,凡子及王位者其父得为直系。传弟确为其继统法的特色。武乙至帝辛皆传子,则与周制相同。④ 王玉哲认为由于社会性质不同,商前期以兄终弟及为主,后期变为嫡长子继承制。⑤ 李学

---

① 陈梦家:《殷虚卜辞综述》,中华书局1988年版,第497页。
② 如卜辞中不见仲壬,外丙在太甲之后受祭,无沃丁,太戊在雍己后继位,祖乙为中丁之子,武丁之子继位者有祖己。
③ 参见王国维:《殷周制度论》,载《观堂集林》(附别集),中华书局1959年版,第454页。
④ 参见陈梦家:《殷虚卜辞综述》,中华书局1988年版,第370页。
⑤ 参见王玉哲:《试论商代"兄终弟及"的继统法与殷商前期的社会性质》,《南开大学学报》1956年第1期。

勤等主张子继为常，弟及为变，受诸多因素影响。[1] 还有郑宏卫强调年龄因素，提出先子后弟，择壮而立。[2] 各家对兄终弟及现象的解释，亦截然不同。[3]

也有学者坚持父死子继观点。赵锡元主张幼子继承，[4]杨升南则认为殷人尊兄不尊弟，以传长为常法。[5] 常玉芝明确提出有商一代的王位继统法从一开始就是实行嫡长子继承制，就单祭、合祭、特祭、周祭的情况说明诸兄弟的地位和权力是不平等的，旁系先王是特殊历史条件下的产物。[6]

另有学者主张选举说。徐中舒较早对这一观点进行阐述。[7] 詹鄞鑫指出，在氏族社会中继承人的确立原则只能有两种可能性，要么论血缘的亲疏远近，要么论能力德行的大小贤不肖，以能力和贤不肖或者族人的支持率作为选定接班人的标准。商代的继统法是原始氏族家长选举制发展到周代嫡庶制的过渡阶段。商代的继统事实跟原始社会的民主选举制相似，表现在新任君主与前任君主的氏族血缘关系、对现任首领的罢免等方面。至迟到帝乙时殷商王室的嫡庶制已经萌芽或确立了。[8] 兄终弟及现象通常发生于氏族酋长职位必须在本氏族内传袭与其财产必定存留于本氏族中的原则之母系氏族社会时期。[9]

张光直在 20 世纪六七十年代创殷商王室十世系新说，亦有较大影响，

---

[1] 参见李学勤：《论殷代亲族制度》，《文史哲》1957 年第 11 期；李则鸣：《殷商宗法制简议》，《江汉论坛》1984 年第 11 期；吴浩坤：《商朝王位继承制度论略》，《学术月刊》1989 年第 12 期；葛启扬：《卜辞所见之殷代家族制度》，《燕京大学史学年报》1938 年第 2 卷第 5 期。

[2] 参见郑宏卫：《商代王位继承之实质——立壮》，《殷都学刊》1991 年第 4 期。

[3] 参见刘启益：《略谈卜辞中"武丁诸父之称谓"及"殷代王位继承法"》，《历史研究》1956 年第 4 期；葛志毅：《商周王位继承制度新探》，载吴荣曾主编：《尽心集——张政烺先生八十庆寿论文集》，中国社会科学出版社 1996 年版，第 169—186 页。

[4] 参见赵锡元：《论商代的继承制度》，《中国史研究》1980 年第 4 期。

[5] 参见杨升南：《是幼子继承制，还是长子继承制》，《中国史研究》1982 年第 1 期。

[6] 参见常玉芝：《太甲、外丙的即位纠纷与商代王位继承制》，《殷墟博物苑苑刊》1989 年创刊号；常玉芝：《论商代王位继承制》，《中国史研究》1992 年第 4 期。

[7] 参见徐中舒：《殷代兄终弟及为贵族选举制说》，《文史杂志》1954 年第 5 卷第 5、6 期合刊，收入《徐中舒历史论文选辑》，中华书局 1998 年版，第 761—770 页。

[8] 参见詹鄞鑫：《商代继统法新探》，《文史哲》2004 年第 5 期。

[9] 参见谢励斌：《继统与承嗣：中国商代和埃及第十八王朝王位继承制比较探究》，《文化学刊》2017 年第 3 期。

主要见于《商王庙号新考》、《谈王亥与伊尹的忌日并再论殷商王制》、《殷礼中的二分现象》等文,认为王位在以十天干为代表的世系中传承,前后相继的两代商王为舅甥关系。① 赵林则从商王家庭或家族组织形态及其祭祀的法则出发考察王位的传承,指出商王位的传承以渐进的方式从王室"子姓二合偶族"经"多父多母家庭"之结构转移到一个王室直系的"核心家庭"之中。并认为商代为父系、母系双方继嗣,商人的母系原则只规范婚姻,父系原则规范商人的继承制及婚姻之居住。②

研究商代的继统制度,不能离开当时的社会经济形态、婚姻方式与祭祀制度。这里需要指出的是,祭祀卜辞首先体现的是商人的承嗣观念。在祖甲之前,商王室的继统与承嗣在表面上并不一致。在继嗣系统中,商人只强调亲生父子之间的传嗣关系,直系皆为父子,如太康在外丙之后继位,传承的依然是生身父亲太甲的统绪,祖乙在其叔父河亶甲之后继统,但所继则是父亲仲丁之嗣,体现在祭祀与宗庙之制上,即弟弟从不为曾是先王的兄长立宗庙,亦不将其列入周祭,由此直接产生直系旁系之分。商代的继嗣制度应为父子相继,强调父子关系。王国维所讲的"商无为人后者为之子之制"③,说的就是这个道理。朱凤瀚亦指出每一位在世的商王皆仅将王位看成是其父王给予的权力。④ 如此,所谓"弟及",未尝不可看作"子继",所有继位为王者的,其共同的、基本的身份是王子。在对父嗣的强调之下,不是作为"弟"及兄位,而是作为"子"继父位,由于王位在不同行辈的王子之间传递,故而继统呈现比较复杂的局面,表现为父传子、兄传弟、叔传侄,甚至叔祖传侄孙,但其实质应当为父子相继。至祖甲之后,继统与继嗣方若合符节、合

① 参见张光直:《商王庙号新考》,原载《"中央研究院"民族学研究所集刊》1963 年第 15 辑;《谈王亥与伊尹的忌日并再论殷商王制》,原载《"中央研究院"民族学研究所集刊》1973 年第 35 辑;《殷礼中的二分现象》,原载《庆祝李济先生七十岁论文集》,台湾清华学报社 1967 年版。均收录张光直:《中国青铜时代》。后来黄铭崇继承发展了相关论点,参见黄铭崇:《甲骨文、金文所见以十日命名者的继统"区别字"》,台湾《"中央研究院"历史语言研究所集刊》2005 年第 76 本第 4 分。

② 参见赵林:《殷契释亲——论商代的亲属称谓及亲属组织制度》,上海古籍出版社 2011 年版,第 462 页。

③ 王国维:《殷周制度论》,载《观堂集林》(附别集),中华书局 1959 年版,第 465 页。

④ 参见朱凤瀚:《殷墟卜辞所见商王室宗庙制度》,《历史研究》1990 年第 6 期。

二为一。

　　继统的标准是这一制度的核心问题。祀典中存在直系旁系的区分,应无疑问,但是否意味着商代存在嫡庶之制? 裘锡圭认为卜辞中"帝介"之制与嫡庶近似。[1]　直系旁系与嫡庶的形成方式恐怕不同,嫡庶是古代婚姻制度的产物,在父权家庭中,配偶地位不同,正妻及其子女为嫡,余则为庶。而商人的直系旁系却是基于传位事实形成的。至于商代是否有嫡庶之分,应该由当时的婚姻制度直接推求。通过文献记载与殷墟卜辞可知,商王拥有多个配偶,由于其出身或自身能力高低而地位不等,像妇好在武丁众多配偶中格外引人注目。但是她们的身份是否具有根本性差异,我们难以知晓,唯知仅有一二位可以与先王共同享受祭祀。周祭中的先妣就是先王的法定配偶吗? 恰恰相反,既然受祭的先王都是由有子继身而确定,先妣的情况更当如此。由于先妣数量与下代商王数量一致,[2]学界一般认为先妣是以商王生母的身份受祭,也即所谓母以子贵。既然不是子以母贵,那么也就不存在嫡庶之分,王子是否继统,与各自生母身份无关。

　　至于商代是否预立储君,李学勤认为商代已有立储之制。[3]　据文献记载,大乙有太子太丁,太丁及其配偶妣戊在周祭之中。武丁有太子祖己,卜辞中祖己有"小王"之称,未继位而身后受祭,其生母亦受祭。此外《孟子》、《吕氏春秋》、《史记·殷本纪》对商纣继位前被立储的事迹有诸多描摹。以上似可作为商代立储之制的佐证。但对商纣的记载三家颇有抵牾,未可遽信,太丁、祖己之事迹在卜辞中难以印证,果真预立为嗣,亦是少数,恐尚未形成定制,有待于进一步研究。

　　综之,商人观念以父子相继为正统,所以商代继统制度主要为传子,特征是两代王子皆有资格。至于影响继位的具体因素,生母身份似可首先排除。至于年龄、能力等因素,皆存在可能,但缺少直接证据,故各执一词尚未统一,目前也不宜强行作解。

---

① 参见裘锡圭:《关于商代的宗族组织与贵族和平民两个阶级的初步研究》,载《裘锡圭学术文集》第5卷,复旦大学出版社2012年版,第121—152页。

② 中丁有二配,妣己、妣癸,但只有一子祖乙继统。

③ 参见李学勤:《论殷代亲族制度》,《文史哲》1957年第11期。

商代的王位继承法对王室亲族组织的塑造应有深刻的影响。从现实政治利益及可操作性等角度考虑，商王在规划其宗亲组织的范围时，大概就圈定在时王、时王的昆弟及其各自的子嗣之内，那些没有潜在王位继承权的王子王孙，自然被强制别族。这与上节对"王族"规模相当于主干家庭的推测适可相互照应。

二、宗庙祭祀制度

殷人重鬼神，祭祀典礼成为生活日常。殷墟卜辞及考古发现可证，商人举行相当丰富的祭祀活动。除了对上帝及帝廷诸神以及风云雨日等自然神进行祭祀，商人尤为重视对祖先神的祭祀。

祭祀卜辞中出现了 13 位上甲以前的高祖神名;[①]上甲以后受祭的先公、先王总共 29 位，其中地位最崇高的先公是上甲，最受推崇的先王是大乙、祖乙，其次是大甲、祖辛、祖丁与小乙。至于女性祖先，参看《合集》685、686 诸辞，商人对先公河、王亥、上甲的配偶给予祭祀，用各自对应先公的妻、母、妾等称谓来表示，对主壬之配妣庚的祭祀比较重视，对旁系先王的配偶一般不予祭祀，但外丙、羌甲、阳甲的配偶除外。

关于祭祀场所，陈梦家较早进行总结，常玉芝整理极为全面，这里略引述以示其大旨。祭祀的场所大致可分先王先妣宗庙、合祭宗庙、附属建筑及其他三类，约有 14 种，其中最为重要的是"宗"。拥有单独宗庙者包括河、岳、夒、王亥等先公和大乙之后的直系先王以及近世直系先王的配偶。[②] 还有众多用于合祭的"宗"，如大宗(《合集》34047)、小宗(《合集》34046)、中

---

① 河(《合集》32028)、岳(《合集》33298)、夒(《合集》30399)、王亥(《合集》30447、33273)、土(《合集》34185、14733)、〔？〕(《合集》33240)、企(《合集》24960)、罒(《合集》14749)、炘(《合集》30413、《英藏》1160 正)等，具体论述可参见常玉芝:《商代宗教祭祀》，中国社会科学出版社 2010 年版，第 173—209 页。

② 如河宗(《合集》13532)、岳宗(《合集》30298)、夒宗(《合集》30298)、大乙(《合集》33058)、大丁(《怀特》1559)、大甲(《屯南》2707)、大庚(《屯南》3763)、大戊(《屯南》3763)、中丁(《合集》38223)、祖乙(《屯南》723)、祖辛(《合集》38224)、祖丁(《怀特》1559)、小乙(《合集》30334)、武丁(《合集》30300)、祖甲(《合集》30365)、康丁(《合集》38229)、武乙(《合集》36090)、文丁(《合集》36157)、妣庚宗(《合集》23372)、母辛宗(《合集》23520)等。

宗(《合集》17445)、亚宗(《合集》30295)、新宗(《合集》13547)、旧宗(《合集》30328)、又(右)宗(《合集》30318)、西宗(《合集》36482)、北宗(《合集》38231),其命名或以大小、或依方位。

另有亲庙名称为"𦥑",旧释成"升",最近古文字学者考释为"祼"或"庙",①供奉对象主要是近世祖先及其配偶。②"寝"除指寝宫外,也可作祭祀场所,如"刚于祖乙寝"(《屯南》1050),"室"为寝庙主体,有大室(《合集》23340)、中室(《合集》27884)、南室(《合集》24939)、盟室(《合集》13562)。卜辞又有上甲家(《合集》13580)、父乙家(《合集》13579 正)、父庚、父甲家(《合集》30345),陈梦家谓"家"当指"先王庙中正室以内"。宫室群内部的一些附属建筑有时也充当独立祭祀场所,如"旦",陈梦家疑假作"坛",即祭坛,有祖丁旦(《合集》27309)、毓祖丁旦(《合集》27308)、父甲旦(《合集》27446)、南门旦(《合集》34071)等;又如"门"有祖乙门、父丁门(《屯南》1059)、父甲宗门、父甲𦥑门(《屯南》2334);③"庭"为庭堂,也是可用于祭祀的场所,如"王其又祖乙,王飨于庭"(《屯南》2470)、"在召庭,佳执,其令飨史"(《合集》37468)、"王尊文武帝乙宜,在召大庭"(四祀卯其卣,《集成》5413)、"于盂庭奏"(《合集》31014)、"于庭伐"(《屯南》675)。有些名称含义复杂,如甲骨文中"亚"有多重含义,"父甲亚"(《合集》30297)可能是指宗庙之庙室;还有些尚存争论,如"宫",见于"天邑商公宫"(《合集》36541)、"天邑商皿宫"(《合集》36542)等处。

王室宗庙为商王日常最重要的政治活动场所,是政治礼仪活动中心;也是商王通过占卜的形式与祖先神交往的神圣场所,王权统治凭借虚拟的神权得以巩固。宗庙与祭祀制度相适宜,与王室有亲缘关系的子姓贵族到宗庙参加祭礼,有利于维持统治集团的血亲意识,起到收族的功效;与王室没有血亲关系的宫廷官员、王朝臣属,也能够跻身宗庙,参与商王祖先神的祭

①　参见王子杨:《甲骨文字形类组差异现象研究》,中西书局 2013 年版,第 335—339 页;何景成:《试释甲骨文中读为"庙"的"勺"字》,《文史》2015 年第 1 辑。

②　如武丁(《合集》30348、23214)、祖甲(《合集》30359)、祖庚(《合集》30330)、康丁(《合集》32390)、武乙(《合集》36123)、文丁(《合集》36164)、妣庚(《合集》25065)、妣癸(《合集》36315)等。

③　"门"或可称"户",如《合集》27555:"丁巳卜:其启庭西户,祝于妣辛。"

祀礼仪,维持商王在精神层面的最高权威,凝聚商王朝统一的国家意识。多位高祖、先公宗庙的存在反映了原始宗教在集权社会被统治集团改造、利用的事实,其祭祀权被王室垄断,成为神化王权与巩固王朝统治的工具。综言之,宗庙祭所的设置服务于王位继承制,强调与维护商王室的权力继嗣制度。① 有学者指出,商人的宗庙制度有利于将宗亲组织结构系统化、制度化,从《左传》定公四年周人处理殷遗民的过程看,宗亲组织的确是商代社会的基本组织,②但根据卜辞资料,商代的宗庙祭祀制度对于维护商王朝的统治作用更大些,政治功能更为强烈。

宗庙里供奉的祖先神主牌位称作"主"。卜辞中祭祀对象有众多集合庙称,如大主、元主、次主、下主、上主、祭主、小主、它主、施主、二主、自上甲某主、自大乙某主等。其具体含义关乎对商代族亲与礼规的认识,诸多学者皆对此十分关注。一般认为,大主、小主为直系旁系之分,③但有卜辞中大主似乎并不包括所有直系先王。朱凤瀚认为,"自上甲大主"包括上甲,单言"大主",仅指上甲以后,三报二主亦不计入大主,地位低于其他直系先王。④ 常玉芝也认为大主不包括上甲,指自大乙始的直系祖先的集合庙主。⑤

"上主"仅一见于《合集》102,只能通过含义相对的"下主"从侧面考察。而《屯南》1115有大主、下主、小主同版共辞,根据祭品规格,可见下主地位低于大主而高于小主,常玉芝认为上主是较远世的直系祖先,下主是比重要直系先王差一些、又比旁系先王地位高的直系先王,常氏所说虽然无指向具体的证据,但颇合情理。而杨升南认为下主指未曾继位的诸王之兄弟

① 参见朱凤瀚:《殷墟卜辞所见商王室宗庙制度》,《历史研究》1990年第6期。

② 参见赵林:《商代的宗庙与宗族制度》,台湾《"国立政治大学"历史学报》1983年第1期。

③ 参见杨升南:《从殷墟卜辞中的"示""宗"说到商代的宗法制度》,《中国史研究》1985年第3期;曹定云:《论殷墟卜辞中的"上示"与"下示"——兼论相关的集合庙主》,载《中国考古学论丛》,科学出版社1993年版,第289—298页;方述鑫:《论殷墟卜辞中的示》,载《夏商文明研究》,中州古籍出版社1995年版,第206—221页。以下所引,皆见于此文,兹不备引。

④ 参见朱凤瀚:《论殷墟卜辞中的"大示"及其相关问题》,载《古文字研究》第16辑,中华书局1989年版,第36—48页。

⑤ 参见常玉芝:《商代宗教祭祀》,中国社会科学出版社2010年版,第360—371页。

行；曹定云认为上主、下主指"主"存放的方位，将直系先公先王按世次先后分为两大祭祀群，相加后等于祭祀从上甲开始的全部直系先王即全部"大主"，康丁时代改革祭祀，之前分界在祖乙、祖辛之间，康丁以后在祖丁、小乙之间；方述鑫认为下主指三报二主五位直系先王，上主是除下主之外的"自上甲"的大主；朱凤瀚认为下主指中丁至武丁六位直系先王。"下主"所指破费斟酌，诸说似乎与《屯南》1115所反映的情况不符。

它主，张政烺最早进行研究，根据《合集》14353祭祀规格，大主比▲主地位高，▲主又比它主地位高，张政烺认为▲主指三报二主五位先公，它主指旁系先王。① 而曹定云认为它主不是一个确定的集合庙主名称，它是代词，颇具新意。

元主，陈梦家以为当指上甲，但卜辞中有"六元主"（《合集》14830），元主也可能有如一般的大主。二主，陈梦家以为指主壬主癸，杨升南认为二主当作下主，《合集》32349上甲、三报、二主并列，自然指主壬主癸，《合集》22098"侑岁于二主父丙、父戊"，则指父丙、父戊，另有一些不知所指。常玉芝认为"若干主"绝大多数都指大主，即指称直系祖先。杨升南认为二十主包括直系、旁系。常玉芝提出"自上甲"是自上甲六主的省称，指上甲、报乙、丙、丁、主壬、主癸六位直系先公。方述鑫认为"自上甲某主"都指大主，"自大乙某主"即以大乙为首的一系列大主。亦有学者认为，殷代没有直系旁系的严格区分，大主、元主、上主、中主、小主、下主、他主区别不在于地位尊卑，而只在于时代早晚。② 但不可否认的是，诸主合祭的祭祀等级及重要程度是不同的。

通过对商王室宗庙与祭祀制度的分析，可知直系先王（除报乙至主癸）有自己单独受祭的宗庙，而旁系先王则未见相应的记载；直系先王单独宗庙可世代保存，未见有毁庙之制；商人会为近世直系先王增设祭所，而且在祖甲以后产生了对近亲先王格外尊崇的观念；部分近亲的先王配偶也可以有

---

① 参见张政烺：《释它示——论卜辞中没有蚕神》，载《古文字研究》第1辑，中华书局1979年版，第63—70页。杨升南、常玉芝先生基本持相同观点。
② 参见晁福林：《关于殷墟卜辞中的"示"和"宗"的探讨——兼论宗法制的若干问题》，《社会科学战线》1989年第3期。

自己单独的宗庙或其他祭所。① 商王室宗庙体系远较后世帝王宗庙完整、繁复，名目繁多的祭祀场所组成一个建筑群，必然有一定的规范，就像商王合祭亦须凭借一套法度，在殷商晚期更是形成了周祭、祊祭等系统严密的祭祀制度。② 礼数有差，直系旁系区别突出，所以不少学者认为商代已经有了宗法制度。③

当然，亦有学者认为宗法制关键是嫡长子继承制，与父死子继不能等同，因此商代没有所谓的宗法制；又或者将宗法制与分封制联系在一起，认为宗法制是适应了周代分封制普遍展开以后稳固统治的需要而产生的，殷代没有分封之制，也没有实行宗法制的社会需要。④

学界关于商代是否存在宗法制上存在分歧，关键在于"宗法"的概念尚未统一。丁山在《宗法考源》中说道，宗法者，所以辨宗庙之昭穆，起源在有殷之际或其前世。殷之大宗，不在身能继祖，而在子能继身，殷人示法，不以长幼等贵贱，但以子能继父者为最尊，其名为"大示"，实即大宗。⑤ 陈梦家先生认为就祭祀范围而说，保留与淘汰的法则，即所谓宗法。兄弟长幼之分是宗法中最重要的。⑥ 也有学者从探讨宗法制度的性质与阶级实质入手，指出宗法关系实际蜕变为受贵族血统支配的、有着绵密组织体系的政治统治工具。⑦ 从普遍宽泛的用法来说，商人宗庙与祭祀具备复杂规则，我们也可以说殷商王室已形成自己的"宗法"。不过，这套"宗法"与周人以"亲亲"、"尊尊"为核心、依托血缘亲疏构建等差秩序的宗法制度截然不同。西周礼乐大兴，是中国古代众多制度的创制期，重血缘、讲等差的宗法制度尤

---

① 参见朱凤瀚：《殷墟卜辞所见商王室宗庙制度》，《历史研究》1990 年第 6 期。

② 对于周祭、祊祭的研究，可参见常玉芝：《商代周祭制度》，中国社会科学出版社 1987 年版；葛英会：《附论祊祭卜辞》，载《夏商周文明研究》，中国文联出版社 1999 年版，第 326—334 页。

③ 参见朱凤瀚：《殷墟卜辞所见商王室宗庙制度》，《历史研究》1990 年第 6 期；常玉芝：《商代宗教祭祀》，中国社会科学出版社 2010 年版，第 345 页。

④ 参见晁福林：《关于殷墟卜辞中的"示"和"宗"的探讨——兼论宗法制的若干问题》，《社会科学战线》1989 年第 3 期。

⑤ 参见丁山：《宗法考源》，台湾《"中央研究院"历史语言研究所集刊》1934 年第 4 本第 4 分。

⑥ 参见陈梦家：《殷虚卜辞综述》，中华书局 1988 年版，第 497 页。

⑦ 参见李则鸣：《殷商宗法制简议》，《江汉论坛》1984 年第 11 期。

具代表性,凡此为周人的独创而不能归功于商人。

至于商代贵族祭祀的情况,可从非王卜辞的祭祀占卜遗存中探寻。朱凤瀚研究指出,商人诸族氏有自己独立的宗教活动,有一套异于王卜辞中所见的祭祀系统,本着血缘关系选择祭祀对象,确定所奉神主的地位。贵族一般建有自己的宗庙,如旧称妇女卜辞的非王无名组卜辞有"御妇于亚,束彘"(《合集》22226),这里的"亚"一般认为是家族自建的宗庙;[①]在日常祭祀中,族长以主祭者身份强化自己的首脑地位,亲族成员在崇拜家族共同的神主基础上,形成向心式的联合。

商王室的各支同姓宗族自然要参与王室先祖的祭祀典礼,亲缘较近的分支还会参与祭祀时王的祖、父、兄及妣、母,这类对近亲的祀典由商王组织并在其直接主持下进行。虽然后代有"民不祀非族"一类理念,但这是周人重视血缘的产物,不能反映晚商史实。根据卜辞提供的证据,商人统治集团以内的贵族都有机会参与到王室祖先神的祭祀典礼当中,例如由王主持的大规模的飨祭、为各支族长与其他贵族举行的攘灾之御祭等等。至于若干先公神(如夒)与自然神(如滴)、四方神,其祭祀的地点、范围、主持人员的选定则更加宽泛。在王室祀典中,商王不仅主持祭祀,还垄断与神灵沟通的权力,在面向有血亲关系的各分族时,他扮演了类似周代"宗子"的角色;[②]在面向王朝内外的臣仆、下属及盟友时,他树立起"天下共主"的权威;而面对所有诚惶诚恐、祈求保佑的信众,他无疑又是神灵在人间的代言人。

大量卜辞早已证明,商王室存在对异族神祇的祭祀,诸如伊尹及其配偶、黄尹及其配偶、咸戊、学戊等。[③]日本学者伊藤道治指出:

> 殷代的祭祀有以自然神信仰为中心的外祭,和以对先王的五祀为中心的内祭。外祭是以殷王朝对外发展及外向性为基础的,五祀是以王位的继承为基础的,尊重王统,可以说是内向性的,在具有复杂成分

---

① 卜辞"亚"亦多作地名,其地望大致在东平周边。
② 参见朱凤瀚:《商周家族形态研究》,天津古籍出版社2004年版,第169、193页。
③ 参见常玉芝:《商代宗教祭祀》,中国社会科学出版社2010年版,第399页。

的殷王朝里,逐渐确立了王权。①

宗教作为一种意识形态,反映并服务于特定的社会现实,商人的祭祀对象由早到晚的确因政治需要发生了一些变化。在殷商早期,宗教表现出很大的包容性,恐怕不少神祇并非商人信仰中固有,有些原属其他雄族的神明,被融入商王朝祀典,借此发挥臣服或盟结各地国族、委其诚心的功利作用。② 因此,祭祀功臣甚至异族神,可以发挥宗教团结不同氏族的作用,使之成为维系统治的纽带,从而帮助商王朝进一步开疆拓土。到帝乙帝辛时期,对自然神、外族神的祭祀明显减少,"但对祖先神的祭祀,却越来越规范化和制度化"③,一定程度上是王权逐渐加强的体现。

商邑祭祀遗址,在早期城邑郑州商城④、偃师商城⑤,中期城邑郑州小双桥⑥,晚期城邑殷墟⑦的考古发掘中都有发现。遗址所展现的状况与殷墟甲骨文所记录的商人宗教祭祀情况是相符的。

三、婚姻制度

宋镇豪先生在研究夏商社会生活时特别注意到婚姻,他讲道:"婚姻是人类社会发展到一定阶段的产物,作为一种以人类自身生产为前提的男女两性结合的社会形式",有其本身的自然属性和社会属性,"从本质上说,婚姻人际关系所表现出的社会组织系统,属于社会构成的特定形式范畴,故婚姻形式总是与相关的经济方式和社会生活的内约外规相适应"。⑧ 婚姻与

---

① [日]伊藤道治:《中国古代王朝的形成——以出土资料为主的殷周史研究》,中华书局2002年版,第101页。

② 参见宋镇豪:《夏商社会生活史》,中国社会科学出版社1996年版,第388页。

③ 常玉芝:《商代宗教祭祀》,中国社会科学出版社2010年版,第545页。

④ 参见河南省文物考古研究所编:《郑州商城——1953—1985年考古发掘报告》上册,文物出版社2001年版,第483—519页。

⑤ 参见中国社会科学院考古研究所:《河南偃师商城商代早期王室祭祀遗址》,《考古》2002年第7期。

⑥ 参见河南省文物考古研究所、郑州大学文博学院考古系、南开大学历史系博物馆学专业:《1995年郑州小双桥遗址的发掘》,《华夏考古》1996年第3期。

⑦ 参见杨宝成:《殷墟文化研究》之伍"殷墟的祭祀坑",武汉大学出版社2002年版,第97—118页。

⑧ 宋镇豪:《夏商社会生活史》,中国社会科学出版社1996年版,第206页。

家庭形态、亲属关系以及继嗣制度等皆有密切关系。

观察人类婚姻的形态演进,行辈间的血缘婚是最早产生的婚姻制度,目的在于排除直系血亲。氏族外婚是氏族时期主要的婚姻形态,具体形式有走访婚、对偶婚,对偶家庭仍是母系氏族社会发展到晚期的产物。父系氏族社会从低级阶段向高级阶段过渡时期,出现了普那路亚婚制,逐渐发展为一夫一妻制。①

商人的早期发展历史已进入父系氏族时期,至少自上甲开始或更早一段历史时期,主要实行族外婚制。由于卜辞存在"多父"、"多母"等类型性亲属称谓,与商代婚姻家庭形态相矛盾,有学者借此认为商人经历过普那路亚婚制阶段,但具体时间略有分歧。② 一般认为成汤立国以降,社会已实行一夫一妻制,由这种婚制而产生的家庭,一定程度上还须依附于多层次的父权血缘亲族,并未从所在族组织中完全独立。

如本章第一节所述,姓族在当时并不是一个禁止内婚的实体性血缘组织,子姓姓族内部各氏族之间可以互通婚姻。互为对应的妇某与子某出现在不同性质的卜辞中,就是非王室贵族与商王族之间互通婚姻的表现。互为对应的妇某与子某出现在相同性质卜辞中,则是商王室与某些已经别族的子族,以及互相别族的子族与子族之间互通婚姻的结果(这些"子某"应由其他证据可推测出为王室或非王占卜主体的有血亲之"子")。商代的禁婚组织很可能是我们通常所说的族氏组织,其特征与功能跟远古时代的氏族并无二致,应该是古老氏族的一种次生形态,在周代赐姓制度的作用下,演变成学者熟悉的宗族组织。商代的族氏名号我们不妨称之为亚姓或亚氏族名号,是一种广义的姓,其别婚姻的功能与周代所谓姓并无二致。另外,不同族属的青铜礼器出自同一墓区甚至同一墓葬,以及一些民族学资料,都

---

① 参见宋镇豪:《夏商社会生活史》,中国社会科学出版社 1996 年版,第 206—213 页。

② 像郑慧生认为商民族诞生时为普那路亚婚,先商之始为对偶婚望门居制,王亥时代为对偶婚居妇家制,上甲微以下为一夫一妻制,参见郑慧生:《商族的婚姻制度》,《史学月刊》1988 年第 6 期;李学勤等认为示壬以前曾是普那路亚制,以后进入专一婚制,但在亲属称谓上仍保留前者痕迹。参见李学勤:《论殷代亲族制度》,《文史哲》1957 年第 11 期;常玉芝:《论商代王位继承》,《中国史研究》1992 年第 4 期。

可证明亚姓制度的存在。①

有部分学者从人类学角度研究商族内婚,如陈其南主张商王室的婚制是异世代婚制。② 丁骕认为商代实行族内分系的外婚制,殷商的王姒均以十干为名,分为两系,系下有组,属于王系干名的王,配偶在姒系干中,属于姒系干名的王,配偶必在王系之中,同系为内,异系为外。③ 赵林依据商王室周祭纳入商汤开国前六代祖先和王室大、小宗之建制,推论在早商、中商时代,商人行子姓兄弟偶族之双边交表及姊妹交换婚制为主,其亲属呈"行辈型"。商人在开国建国之初,其宗族组织已呈偶族之结构形态,即一个姓族依据直系、旁系之不同,分裂为两个宗族集团。以双向对称,即"乙丁"模式进行姊妹交换婚(双边交表婚),以直系之半族为内,旁系之半族为外(卜)。以子姓内之兄弟偶族为外婚单位的婚制,用以规范其姓族内部结婚双方的身份及对象、子女归属,以避免近亲繁殖及族内男性为择偶发生冲突,从而建立起子姓内部人伦的结构网络。这是商人进行姓族外部婚姻的原始范式,至中晚商时代,姓族外婚逐渐量化,亲制向"二分合并型"演化。④ 以上诸说都产生了一定影响,但基于目前资料都还很难推定落实。

一夫一妻制主要针对女性。众所周知,商王有多个配偶。但是王的配偶是否分嫡庶,学界仍存有不小分歧。母以子贵抑或子以母贵,涉及商代的继嗣制度,有学者认为商代王子无嫡庶之别,王后也没有嫡妾之分,祭与不祭按是否登过王位而定。⑤ 也有学者提出,卜辞中存在"帝"、"介"之制,与嫡庶相近⑥,所以诸商王及其配偶有嫡庶之分⑦。在继统部分我们已经提

① 参见陈絜:《商周姓氏制度研究》,商务印书馆 2007 年版,第 204 页。
② 参见陈其南:《中国古代之亲属制度——再论商王庙号的社会结构意义》,台湾《"中央研究院"民族学研究所集刊》1973 年第 35 期,第 129—144 页。
③ 参见丁骕:《商殷王室的婚姻制度》,《中国文字》1992 年新 16 期。
④ 参见赵林:《殷契释亲——论商代的亲属称谓及亲属组织制度》,上海古籍出版社 2011 年版,第 297 页。
⑤ 参见郑慧生:《从商代无嫡妾制度说到它的生母入祀法》,《社会科学战线》1984 年第 4 期。
⑥ 参见裘锡圭:《关于商代的宗族组织与贵族和平民两个阶级的初步研究》,载《裘锡圭学术文集》第 5 卷,复旦大学出版社 2012 年版。
⑦ 参见常玉芝:《论商代王位继承》,《中国史研究》1992 年第 4 期。

到，直系旁系与嫡庶的产生方式截然不同，祀典中直系先王及配偶的产生是依据有子继位，而嫡庶的产生却相反，是由母亲身份决定。在卜辞中众多配偶生前的政治角色、地位作用确有不同，但是没有直接证据表明其身份有明确的等差。所以说，在商代婚姻制度下，配偶身份并无根本不同。

商代已有婚嫁、迎妇之礼。[1] 宋镇豪考证具体的婚娶礼仪有议婚、订婚、请期、亲迎，与婚姻相关的活动尚有求生和冥婚。求生的对象多为五位先妣，可能与当时流行的四方观念相对应。幼儿出生一月之内卜以名字，在宗法亲属制度上有相应的内在程式差次。待子长成，以其受封的各自土田相命名，由此构成分宗立族的家族标志，形成以"子某"贵族核心家族为主干，包括若干异姓或不同族系在内的非单一血缘群体相组合的政治区域族群集团社会组织。[2] 至于"冥婚"之说学界尚有争议，主要涉及两版"取妇好"的卜辞(《合集》2636、2637，宾组)，表面上看似乎"妇好"死后还可充当唐、大甲、祖乙、小乙等先王的"冥妇"，以进一步维系商王族与异姓家族的政治婚姻。[3] 不过这两版甲骨中的"取妇好"究竟应如何理解，所谓"妇好"是否只有武丁之配一人，"取"是否有假借为某些祭祀用语的可能，凡此皆有继续探讨的空间。另有学者探讨商人的互惠婚姻观与抢婚习俗，认为它们仅以仪式的形式存留在民俗中。[4]

殷商王朝还存在与异族方国间的政治联姻。古史传说中就有成汤与有莘联姻而获得贤臣伊尹的故事，卜辞中妇妌来自井方，妇息来自息伯，妇𢀜来自𢀜方，其例甚夥，若干"取某女"(参《合集》21457、21094 等)"某以女"(参《合集》1086 正、671 正等)之辞乃各地族氏与商王室联姻的实证。政治联姻加强了各方之间有机联络的社会作用，一定程度上是现实政治隶属关系的延续。

总体看，前辈学者的研究比较注重商代婚姻的家族本位色彩。如宋镇

---

① 参见葛启扬：《卜辞所见之殷代家族制度》，《燕京大学史学年报》1938 年第 2 卷第 5 期。
② 参见宋镇豪：《夏商社会生活史》，中国社会科学出版社 2010 年版，第 266 页。
③ 参见宋镇豪：《商代婚姻的运作礼规》，《历史研究》1994 年第 6 期。
④ 参见赵林：《殷契释亲——论商代的亲属称谓及亲属组织制度》，上海古籍出版社 2011 年版，第 295 页。

豪指出:"以家族本位为特色的商代贵族政治婚姻,因社会组织结构形态强调了大邦商国王权和各地方国、族氏或家族男性权贵亦即父权家长制的突出作用,故在有效整合依婚姻关系而产生的宗亲和姻亲两大亲属系统的力量联络中,宗亲统治每每占据支配地位。"①不过,如前三节所述,商代实体性的宗亲组织规模、结构并不如我们过去想象得那样庞大且复杂,"家族"在婚姻关系中的位置也未必如我们原先设定的那般高高在上,在未来的研究中,个体家庭恐怕应引起更多注意,特别是婚姻制度与个体家庭之间的相互影响,以及婚姻、亲族、家庭三者之间的相互协调。

正如绪论所讲,本书无意对商周时期族氏组织的政治、经济、生产、社会生活、宗教文化作"面面俱到"的宽泛描述,而是希望聚焦于先秦人群与社会研究领域内争议较大、关涉古史重建、对理解中华文明起源发展有指引作用的若干核心问题,具体到商代晚期而言,亲族组织的结构形态便是最为基础、关键的研究课题。通过前面几节论述,我们可得出以下初步认识:

商代"姓"是否作为一种血缘标记符号而存在、被使用,尚不能确定,但"姓"一定没有充当婚禁标识,"姓族"也未尝作为一种实体性亲族组织而存在。因此,甲骨金文所见数以百计的"族",即我们通常所称"族氏组织",便是商代基本的血亲集团与人群单位。

商代族氏组织的层级结构可概括为"族长'子'—小家庭户主'小子'—普通成员及依附民",涵盖规模即族长"子"的核心或主干家庭与近亲"小子"核心家庭及族内依附民,他们共同构成实体性的亲族组织"宗氏"。当"小子"口众滋藩、力量壮大后,一般析出为"亚族",演变为新的宗亲组织,政治经济、生产生活完全独立,只是保留对祖先的共同记忆,在制作祭器时以"复合氏名"等形式标记族群分衍的渊源。

除普通族氏外,商代还存在与王朝统治集团关系密切的"王族","多子族"部分成员也可归入此列,他们的结构、形态同样符合上述描述,甚至受到王权的强大影响,以致族氏力量更显薄弱。

---

① 宋镇豪:《夏商社会生活史》,中国社会科学出版社 2010 年版,第 240 页。

与"子—小子"的简单层级相适应,商代贵族家族在高等级都邑的居住形态,也以"异族聚居"为主,甚至以更小规模的主干或核心家庭为单位,错杂居住在地域性基层居民组织当中。继统、宗庙祭祀、婚姻各方面的规则,也体现出族氏组织结构简单、易于分衍等特点。

综言之,认识商代亲族组织,须摆脱从诸如氏族、部落等"前国家时代"遗留的浓厚血缘因素视角,更不可因周人重视宗亲而臆测商人更重血缘,而应基于出土文献资料勾勒亲族组织结构,正确看待族氏组织实际的规模、力量与影响,并据以分析族氏与个人、区域社会、早期国家之间产生的交互联系,以及亲族集团在物质生产、社会生活、政治统治、宗教文化等方面所发挥的作用。相关研究可谓任重道远。

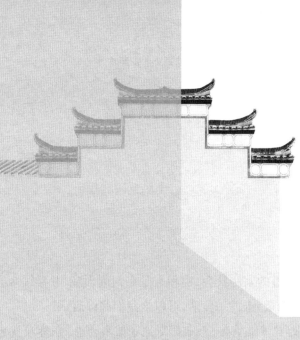

第二章

西周与春秋时期的宗族组织

今人动辄便讲的宗法社会,实际上是在西周形成,并延续至春秋晚期。而顾炎武在《日知录》上的一段话,可以给我们些许启示:

> 春秋时犹尊礼重信,而七国则绝不言礼与信矣;春秋犹宗周王,而七国则绝不言王矣;春秋时犹严祭祀、重聘享,而七国则无其事矣;春秋时犹论宗姓氏族,而七国则无一言及之矣;春秋时犹宴会赋诗,而七国则不闻矣;春秋时犹有赴告、策书,而七国则无有矣。①

这里所提及的"宗姓氏族"大致可看作典型宗法社会的一个表征,贵族血族团体名号有姓、氏之分,可视为周代宗族组织的一大特征,姓族的强调也是周人的一大发明,从此宗族组织其结构变得绵密复杂,并与政治权力机器交相为用,成为周王朝政治与社会的稳定器。而大、小宗的明确区分,以及别族的诸小宗"继所出"与"祭所自出"的礼规,则成了周代君统、宗统合一的黏合剂。自此,宗族社会组织便成了政治运作的有效手段。

第一节　西周封建与宗族组织的形成

牧野之战中,"小邦周"率领西土国族攻克了原本高高在上的"大邑商",取得了天下共主的地位。但在广袤的东方,商人势力盘根错节,地方贵族亦未完全臣服,因此武王去世后,以武庚为代表的殷遗民,联合管叔、蔡叔等周人内部反对势力,以及熊、盈(嬴)17 族等东夷部族,掀起了声势浩大

---

① (清)顾炎武撰,严文儒、戴扬本点校:《日知录》卷一三"周末风俗"条,上海古籍出版社2012 年版,第 522—523 页。

的叛乱,按《尚书·大诰》记载,甚至威胁周人老家,即所谓"有大艰于西土"。端赖周公挥军东征,二次克商,才实现了对东方地区的完全占领,在东方、北方更扩展到商王朝旧有势力范围之外。此时摆在姬周统治集团面前的难题是,如何以较少之人口,统治如此广阔的地域?周人以其独特的政治智慧,提出了"封建亲戚,以藩屏周"的时代新方针,而伴随着西周封建行为的推广,旧的族氏组织及其结构体系被改造、被重组,带有周人特色并影响古代中国两千年的宗族组织与血统意识应运而生。

一、周代封建四要素中的"赐姓"与"命氏"

"封建"一词是我们古已有之的特定名词,指的就是西周时期封邦建国的政治行为。关于封建的目的,古书中的记载相当一致,兹举《左传》中的数条文献为例:

> 昔周公吊二叔之不咸,故封建亲戚,以蕃屏周。(僖公二十四年)
>
> 文武成康之建母弟,以蕃屏周,亦其废坠是为。(昭公九年)
>
> 昔武王克殷,成王靖四方,康王息民,并建母弟,以蕃屏周,亦曰:吾无专享文武之功,且为后人之迷败倾覆而溺入于难,则振救之。(昭公二十六年)

就是说,封建亲戚是为了拱卫周王室的统治。当"武王克商"、"成王靖四方"之时,周人虽然依靠武力征服了广大东方地区,但相比于被征服的殷遗民及东方旧族,单单是人口上的差距就已严重失衡,更遑论仅凭周王室直辖力量牢固控制各地。而封建制度化整为零,众建诸侯,分而治之,封国又兼有军事守卫与扩张之职责,可以比较有效地控制局面。更长远说来,当王朝"迷败倾覆而溺入于难"时,分封的诸侯国"则振救之",使得数百年间王室不坠。

至于封建之内涵,及与氏族组织的关系,诸家往往征引《左传》中的一段记载来作说明:

> 无骇卒,羽父请谥与族。公问族于众仲。众仲对曰:"天子建德,因生以赐姓,胙之土而命之氏。诸侯以字为氏,因以为族。官有世功,则有官族,邑亦如之。"公命以字为展氏。(隐公八年)

"建德",杜预注云:"立有德以为诸侯。"①故这段话的主旨就是关于封建的程序与原则,其中"赐姓"、"胙土"与"命氏"无疑是关键因素,我们不妨结合具体实例一同考察:

> 皇天嘉之,祚以天下,赐姓曰姒,氏曰有夏……祚四岳国,命以侯伯,赐姓曰姜,氏曰有吕。(《国语·周语下》)②

> 昔有飂叔安,有裔子曰董父……帝赐之姓曰董,氏曰豢龙,封诸鬷川。(《左传》昭公二十九年)

这些记载虽未必真实,但都体现了相同的模式,即赐姓、命氏、胙土三方面内容相结合,这反映了当时人们对封建行为的一个普遍性认知。故杨希枚将这三者概括为先秦封建制度的三要素。③其中含义较清楚的是"胙土",即授予一块封地,使之成为政治经济实体。若结合其他一些文献及金文记载考虑,土地与在上面劳作的民众是紧密地结合在一起的,"胙土"其实包含着赐土与赐民两方面的内容,也就是大盂鼎铭(《集成》2837)所谓"授民、授疆土"。故周代的封建行为实际上包含互为关联的四个要素:赐姓、命氏、赐民、赐土。

"赐姓"、"命氏"不同于赐民、赐土这类实物的封赏,它们看不见摸不着,学界对其内涵多有争论;而姓氏制度对于周代宗族组织的形成发展又至为重要,因此廓清"赐姓"、"命氏"的概念内涵,是我们首先要完成的工作。

姓,《说文》云:"人所生也。"甲骨文中虽然出现了从女从生之"姓"字,但系用作女子之专名(《合集》14027,宾组),也就是该女子所自出的父族族名的女化字,它与我们所说"姓氏"之"姓"无涉。"姓"字在文献中的含义非常丰富,可宽泛地指代子嗣,如盧铸铭"保盧(吾)子性(姓)"(《集成》271)等;也可概括地指族属,如《左传》昭公三十年子西所谓"宁吾族姓"等,但这些含义实际都来源于"姓"的本义,即人所生的子女,而"姓"最为常见的内

---

① (晋)杜预注,(唐)孔颖达疏:《春秋左传正义》卷四,(清)阮元校刻:《十三经注疏》,台湾艺文印书馆 2007 年版,第 76 页。

② 徐元诰撰,王树民、沈长云点校:《国语集解》(修订本),中华书局 2002 年版,第 96—97 页。

③ 参见杨希枚:《先秦赐姓制度理论的商榷》,台湾《"中央研究院"历史语言研究所集刊》1955 年第 26 本,但杨氏关于"赐姓"、"命氏"具体内涵的理解与我们不同,下文将详述。

涵,如《世本·氏姓》篇的姬姓某某、姜姓某某,则是由本义所推广而生的新义,指同一父母所生子嗣组成的亲族及其名号。更简单地概括说来,姓就是一种血缘标记。在先秦文献中,姓主要出现在女性称谓中,如哀姜、孟姬、怀嬴等,即所谓"女子称姓"。就其用途来看,周人强调"同姓不婚","姓以别婚姻",如《礼记·大传》所谓"系之以姓而弗别,缀之以食而弗殊,虽百世而昏姻不同者,周道然也"。故"姓"本质上是一种外婚血缘组织的标识符号。至于"赐姓"之"姓",舍此概念亦别无他解,"赐姓"盖即赐予某一外婚血缘团体(或拟血缘团体)一个具体的族群名号。

有关赐姓的文献记载颇多,但真伪参半,有些如上举《周语》"皇天嘉之,祚以天下,赐姓曰姒,氏曰有吕"等,将赐姓的权力归到抽象的天神或帝之上,大概是西周以后,人们结合当时敬天的思想,改造早期史料与传说的产物。但《左传》中有一些例子历史背景比较清晰,不宜轻率否定:

> 自幕至于瞽瞍无违命……及胡公不淫,故周赐之姓,使祀虞帝。
(昭公八年)

所谓"周赐之姓",自然是指周天子,这与众仲说的"天子建德,因生以赐姓"如出一辙,体现了周代统治者在封建过程中有赐姓这一举措。我们当然有理由怀疑,那些"皇天"或"帝"所赐之姓,原本也出自以周天子为代表的统治阶层之手;推许为天命,是为了标榜姬姓天子"以德受天命"的合理性而编造的"历史佐证"。

作为赐姓依据的"生",历来也有多种解释,如指始祖所生之地,指始祖生育之神话,或指死生之生,均不免牵强。寻其辞意,盖指受赐者旧有的血统。通过赐姓,若干相传出自同一始祖的氏族便拥有了共同的姓,姓也成为他们血缘关系的有效标识。接受赐姓以后,同一血缘团体内部的成员,也即同姓之人,不得相互通婚。至于先秦古姓具体的命名依据,如姬、姜、嬴、妘、芈、任、子、妀等等,文献典籍虽略有解说,如姜姓来源于姜水,妘姓源自妘汭,但别无出土材料可以印证,可靠与否,我们今天已是无由得知了。

"氏"在传世文献及出土文字资料中也包含诸多义项:可以指称个人,如伯氏、舅氏、尹氏。也可以宽泛地指代某一部族或古国,如陶唐氏、葛天氏。更多时候是指一种家族组织及其名号,古书中卿大夫之家族往往称某氏,正是此意,典型例子如《左传》昭公三年记载晋叔向云:"肸(羊舌肸,即叔向)之宗十一族,唯羊舌氏在而已。"羊舌氏即十一族之一,故氏也即族。古人所谓"男子称氏",盖氏名是男性贵族称谓中的必备成分,如鲍叔牙之鲍,孔丘之孔,季孙意如之季等等。至于"命氏",上引《左传》隐公八年之文字就是其过程最直观的记载,鲁国公孙无骇去世后,其子嗣不再隶属鲁国公室,应该依规别族,为此羽父向鲁隐公请"族"也即族名,鲁隐公询问众仲相关礼法制度之后,将由无骇子嗣所组成的这一家族,以"王父字为氏"命名为"展氏"。简言之,"命氏"就是一种对宗族组织名称的赐命。

命氏的作用与命氏的对象息息相关,即所谓"氏以别贵贱"。因为只有拥有封土或采邑的贵族才有资格接受命氏,那些不属于贵族宗族组织之内的庶民阶层,是没有拥有与使用氏名的权利的。贵族阶层中,高高在上的周王室有没有氏名,一直颇多争论,但综观典籍与金文,王室成员多系"王"字为称,而并无称"周某某"之著例,[①]且周之名号也非赐命得来,可见王室是一个特殊的族群,其存在的合法性来自上天,也就是所谓的"天命"。当然,这一套东西应该是周王朝顶层的统治者自己或授意他人鼓吹编造而成的。诸侯国君一般以国为氏,如《左传》定公四年记录践土之盟的载书云"晋重、鲁申、卫武、蔡甲午、郑捷、齐潘、宋王臣、莒期",哀公二年记载卫太子蒯聩祷告时称"郑胜乱从,晋午在难"。出土文献材料也支持这一看法,如应国国君又称"应伯"(《资料库》NA0071),柞国国君称为"柞伯"(《资料库》NA0076)等,"伯"是宗族长的称号,应伯、柞伯就是以国为氏的称谓。但除国君外,其他公室成员并不能系国为氏,而是称"公子"、"公孙",直到像鲁公孙无骇的子嗣那样别族立氏,取得独立的氏名。卿大夫氏名的获得途径多种多样,郑樵《通志·氏族略》曾总结出多达32类,烦琐之极。按照我们今天的认知,卿大夫命氏至少有下列几种形式:

第一,以字为氏。其中被目为正统者,即以王父字为氏,如上引《左传》隐公八年杜预注云:"诸侯之子称公子,公子之子称公孙,公孙之子以王父字为氏。无骇,公子展之孙,故为展氏。"其实例如齐公子坚字子栾,其子为

---

① 金文中有"周"氏,但为妘姓之族,字当读作"琱"。

公孙灶,其孙则称栾施,取得"栾"这一氏名;公子旗字子高,其子为公孙虿,其孙则称高彊,取得"高"这一氏名。然而就《左传》的记载看,卿大夫命氏未必一定等到三代以后的公孙之子,有公孙在世即以父字为氏者,如郑国公孙侨(子产)之家族称"国氏",源自其父公子发字子国;鲁三桓之一叔孙氏立于公孙兹时,源自其父桓公之子叔牙。金文也见类似例子,如西周晚期大克鼎铭(《集成》2836)云"朕文祖师华父",是克之祖父以"华"为字,而与克组器同出于任家村窖藏,大概属同一家族甚至就是克本人的仲义父诸器铭末多署有族名"华",正近于"以王父字为氏"。

第二,以官为氏,即氏名源自担任的官职或职事,如上文所谓"官有世功,则为官族"。文献所见的司马氏、司城氏、士氏等,皆属此类。除官职外,亦有以职事为氏者,常举的例子有陶氏、索氏等等。

第三,以地为氏,即以封邑地名为氏名,众仲所说的"邑亦如之"。此例甚夥,如鲁之郈氏、费氏,晋之荀氏、智氏、虒氏、范氏等等,文献记载中俯拾即是。事实上,诸国国君以国为氏,而国名与所居都邑名往往相同,故本质上也是以地为氏。贵族采邑亦非固定不变,其氏名也会因之更改,如士会因食采于范而为范氏,赵午因封邑邯郸而称邯郸午;甚至有因并食二邑而一兼多氏,如晋之瑕吕饴甥(又称吕甥,后食采于阴地称阴饴甥)、吴之延州来季子等。

整体而言,作为封建核心要素的"赐姓"、"命氏",就是赋予不同层级的贵族氏族组织一个具体的标识性名号。由于古姓数量固定,所以"赐姓"的行为于西周中期以降不再得见。至东周时,姓的概念已深入人心,不同古姓所代表的血缘团体,在数量上也十分稳定。而贵族氏族组织则始终处于不断分衍的状态,"命氏"之举至春秋时仍在继续,直至春秋末叶随着封建制的崩溃而退出历史舞台。简言之,"赐姓"、"命氏"是缘于周初大规模封邦建国的政治活动而生,其存续时间与周代封建王朝的兴衰存灭相始终。

二、姓族的形成与宗族族体的强化

既然"赐姓"、"命氏"都是赋予氏族组织一个具体的名号,那么二者区分的意义何在? 这显然是理解周代封建以及宗族组织的关键所在。就其结果而言,赐姓所产生的血缘团体不妨称之为"姓族",而命氏产生的氏族组织,正可与文献所言"宗族"对应。下面请先言姓族的形成及其意义。

前文已经提到,殷商时期所实施的极有可能是别族即可通婚的婚姻制度,当时的女名中亦无"姓"的成分,也就是说,即便晚商有"姓"的观念,也不具有"以姓别婚姻"的社会功能。而且,所谓的"姓族"也绝对称不上是一个有机的血亲团体。简言之,姓族这一松散的社会组织团体,在晚商时期缺乏政治与社会基础,极有可能是不存在的。至周代封建,统治者赐姓命氏,若干同姓之族(也即观念上具有共祖关系的若干亲缘组织实体)便构成了一个姓族,同一姓族之内社会成员禁止通婚,同一姓族下的散居各地的诸宗族,又以"宗盟"的形式增强血缘情义,如此等等,形成一整套体系性的制度礼规。这与殷商时期大相异趣。

周初统治者为何要重视姓这一原始甚至邈远难稽的血缘概念,并通过赐姓等手段不断强化?其根源大概还是在维系周人统治方面。前文一再强调,周人创造了封建制度,通过诸侯国的分封,来应对扩张过快的局面,但分封出去的子弟亲戚,经过"命氏"、"赐土"、"赐民"之后,已经初具独立政治实体的规模,长时间割据一方,难免会脱离王朝管控。为了规避这种风险,让各地的封国诸侯永远团结在周天子这一核心身边,周人选择重视血缘与亲情,即礼书所谓"亲亲"。但族属的自然分化不可避免,三代或五代之后,血缘日渐疏离,亲情也难免淡薄,如何将感情已经疏远的诸侯凝聚在一起?于是周人重提"姓"这一古老的血缘团体观念,并赋予它婚禁标识的功能,无论支系如何分衍,都统属于姓族之下。汉人编纂的《白虎通》中讲道:"人所以有姓者何?所以崇恩爱,厚亲亲,远禽兽,别婚姻也。故纪世别类,使生相爱,死相哀,同姓不得相娶者,皆为重人伦也。"周初封建中的"赐姓",也是为了"亲亲"。当时分封的主体是王室子弟,经过赐姓之后,便与周王室共同组成"姬姓"这个姓族,又通过婚禁将彼此间的密切关系保持下去,即《左传》昭公二十四年所谓"扞御侮者,莫如亲亲,故以亲屏周"。对于王室以外的异姓贵族,如姻亲、功臣等,仍以姓族为单位保持在周族共同体之内。至于东土旧邦,周人以赐姓的方式追溯其血缘,将之整合为若干姓族,规范其联姻交往的秩序,以利于整个社会的稳定。

通过赐姓建立起来的姓族，并非一个政治经济实体，也不是具有共同生活地域与习俗的人群集团，同一姓族之内的成员彼此千差万别，但姓族在当时社会上的影响，是不容忽视的。我们看到，即便春秋时期，"同姓"仍然是人们相当重视的概念，《左传》隐公十一年记薛滕争长，鲁隐公称"周之宗盟，异姓为后"，同姓、异姓在社会与政治上的亲疏远近与权力差序格局中的相应位置显而易见。又据《左传》僖公二十八年，城濮之战，晋文公临阵疑虑，栾枝称："汉阳诸姬，楚实尽之，思小惠而忘大耻，不如战也。"则某国被灭往往会被同姓友邦视为"大耻"，进而成为复仇的最为正当的理由。直到春秋晚期，晋平公为母亲的缘故召集诸侯城杞，还被郑国公族游吉指责为"诸姬是弃，其谁归之"、"弃同即异，是谓离德"，见载于《左传》襄公二十九年。诸如此类的观念，于《左传》《国语》中不可胜数。在礼崩乐坏之际尚有如此强大的震慑力与感召力，不难推想，西周时期"同姓"的观念是何等的重要。这恰好证明周人赐姓制度的行之有效，"同姓相亲"已成为维系周天子天下共主地位的一块基石。

至于异姓旧邦，姓族也成为周人统辖他们的一条纽带，典型例证如风姓诸国之事，《左传》僖公二十一年云：

> 任、宿、须句、颛臾，风姓也，实司大皞与有济之祀，以服事诸夏。

任、宿、须句、颛臾四国均在济水附近，又同属风姓这一姓族，其传说中的始祖可追溯至大皞，因此他们共同负责对大皞与济水的祭祀，这同时也是风姓服侍周王朝之任务。我们猜测其他许多姓族可能也要承担类似的命祀，只是书缺有间，今日不能尽知。可见姓族虽非实体，却也可充当周王朝与被征服部族之间建立统治关系的媒介。

尤须注意的是，同姓、异姓的划分以及"同姓不婚"的提倡与实施，不仅强化了姓族组织本身的"亲亲"功能，而且充分发挥出上古贵族婚姻的政治功效，使得以姬周为核心的周王朝政治联盟力量，能够在极短时间内得到最大程度的扩张。

如果说赐姓建立姓族，强调了受封者对周天子的义务，那么命氏则保障了受封者的权利与自主性。这点我们不妨以大家熟悉的鲁国为例以作说明。鲁之受封，《诗经·鲁颂·閟宫》记载说：

　　王曰叔父,建尔元子。俾侯于鲁,大启尔宇,为周室辅。

　　乃命鲁公,俾侯于东。锡之山川,土田附庸。

"王"谓成王,"叔父"指周公,"元子"即伯禽,"俾侯于鲁",既是封国,也是立氏,伯禽建立的"鲁"既是诸侯国,也是周之分族。之后伯禽又获赐"土田附庸"即土地与依附其上的口众。对此,《左传》定公四年又有详细记载:

　　分鲁公以大路、大旂,夏后氏之璜,封父之繁弱,殷民六族:条氏、徐氏、萧氏、索氏、长勺氏、尾勺氏,使帅其宗氏,辑其分族,将其类醜。以法则周公,用即命于周,是使之职事于鲁,以昭周公之明德。分之土田陪敦,祝宗卜史,备物典策,官司彝器。因商奄之民,命以《伯禽》,而封于少皞之虚。

此亦是《閟宫》所谓"俾侯于鲁"也即命氏的过程。伯禽在命氏时得到的土地是"少皞之虚",得到的人口是"商奄之民",还有依附民"殷民六族"。另外,还有车服礼器等贵族身份的物化标志。《左传》随后又描述了卫、晋受封时的情形:

　　分康叔以大路、少帛、綪茷、旃旌、大吕,殷民七族:陶氏、施氏、繁氏、锜氏、樊氏、饥氏、终葵氏,封畛土略,自武父以南及圃田之北竟,取于有阎之土以共王职,取于相土之东都以会王之东蒐。聃季授土,陶叔授民,命以《康诰》,而封于殷虚。皆启以商政,疆以周索。

　　分唐叔以大路、密须之鼓,阙巩、沽洗,怀姓九宗,职官五正,命以《唐诰》,而封于夏虚,启以夏政,疆以戎索。

康叔受封于卫,得到的依附民是"殷民七族",得到的土地主要是"殷虚",具体说来包括"自武父以南及圃田之北竟"、"有阎之土"、"相土之东都"几块;唐叔虞受封时则得到"怀姓九宗、职官五正"的人口,以及"夏虚"的土地。出土彝铭中也有相应的例子,如西周早期宜侯吴簋铭云:

　　唯四月辰在丁未,王省珷王、成王伐商图,延省东域图,王卜于宜。□(入?)土(社),南乡,王令虞侯吴曰:迁侯于宜。锡鬯卣一卣,商瓒一……彤弓一,彤矢百,旅弓十,旅矢千。锡土,厥川三百……厥宅邑卅又五……锡在宜王人……又七里,锡奠七伯,厥……五十夫,锡宜庶人六百又……六夫。宜侯吴扬王休,作虞公父丁尊彝。(《集成》4320)

文中言及"武王"、"成王",故时王当为康王,铭文所记正合于周初封建背景。虞侯吴虽属"迁侯于宜",非初封而为徙封,但程序上与初封近似,即赐命他建立"宜"这个封国兼族氏,除了赏赐礼器彤弓彤矢外,受封的土地有"厥川三百"、"厥宅邑卅又五",得到的人口有"在宜王人"、"奠七伯"、"宜庶人"等,与文献所记鲁、卫各国受封立氏之事全同。天子封诸侯大概如此,诸侯封卿大夫的情形可想而知,只不过受赏多寡有所区分。纵览史书,各国独立的某氏之族,都有其采邑、族众以及家宰,完全是一个独立运转的政治经济实体。与实体相匹配的,就是周王诸侯所命之"氏",它甚至可以看作周代贵族身份的唯一标识。故命氏是为了礼书所说的"贵贵",以确保受封者统治阶层的地位。对于周人同姓贵族来说,得到的"氏"名是他们相互区别的固定标志,也是各自对外交往的旗号;对于臣服的异姓邦族而言,有的得到了新的领地与氏名,典籍称为"褒封先王之后",有的直接承认其过去的族氏名称并将之固定,这在族氏铭文向氏名的转化中看得比较清楚,如薛,在晚商铜器中仍作为史族分族于复合氏名中出现(《集成》2014),到西周时期则受封为"薛侯"(《集成》2377),依照"以国为氏"的制度,薛也是氏名。总之,只有接受周人的命氏,才能成为周代统治集团中的一员。

更深一步看,姓族一旦建立,则相当稳固以致百世不变;但氏族却是不断发展与分化的,旧的氏族繁衍三两代之后,其支子就会分出另立新族,接受新的"命氏"。这样氏族内部就会建立起层级性的大小宗关系,拥有不同氏名的贵族们,能够清晰地追溯出其始祖,并借此分辨自己在整个族氏组织中所处的社会位置。郑玄《驳五经异义》云:"族者,氏之别名也。姓者,所以统系百世,使不别也。氏者,所以别子孙之所出。"[1]讲明了姓与氏在这方面的不同。在接受命氏之前,氏族组织的分化并无秩序可言,氏族内部也缺乏向心力维系整体的稳定,这一点在晚商复合氏名上表现得尤其明显,仅仅殷商晚期百余年间,与举族联缀形成的复合氏名至少有 5 种,与盾族复合者至少有 13 种,与戈族复合者多达 15 种,余者如冉族等几至不可胜数,[2]其

---

①　(清)陈寿祺、皮锡瑞撰,王丰先点校:《五经异义疏证 驳五经异义疏证》,中华书局 2014 年版,第 606 页。

②　参见严志斌:《商代青铜器铭文研究》,上海古籍出版社 2017 年版,第 260—315 页。

中虽不乏部分属私名、地名或职事性质的附赘,但族属的分衍也绝不在少数。换而言之,晚商时期,分族可以比较随意地自母族中脱离——否则复合氏名的数量不会如此之多——且分族既可沿用母族名号,也可由族长或居地之称而另立新的族名。这与周人建立等级分明、结构稳定的宗法社会的愿望是背道而驰的,也不利于巩固周人在征服区的统治。周代命氏制度以独一无二的"氏"为核心,将宗亲组织内部的力量凝聚在这面旗帜之下,既强化了氏族族体的力量,又建立起族属分化的规范秩序,通过不断的"命氏",既保证单一族氏不至于发展得太过庞大,又使得各个氏族离而不散,在宗法制度、宗庙制度等合力作用下,形成高低贵贱等级分明的体系,也即礼书所谓的"尊尊"。

周人通过独创的"赐姓"制度,建立起若干庞大且相当稳固的姓族组织。在姓族之下,又利用"命氏"的形式,确定各个氏族的贵族身份与统治地位,且依据宗法制度在氏族内部建立起高低分明的等级结构,晚商的氏族组织从此转型为典型意义上的宗族。至此,无论是新建立的周人同姓贵族,还是效顺于周的殷遗及东方旧族,都被纳入"姓族—宗族"的社会组织结构中,传统的族氏组织经过周人封建制度的改造,焕发出全新的面貌,具备了无可替代的政治新功能,在古代社会影响巨深的宗族组织正式登场。晁福林先生提出"宗族的根本特征在于它与政治发生了密不可分的关系"[1],这一论断可谓紧扣宗族的本质。

三、君统与宗统的合一

如前所述,周人将子弟、姻亲、功臣分封到新征服地区,赐姓命氏,建立宗族组织,以此巩固周王朝统治。那么一个不容回避的问题就是,最高统治者周天子有没有自己的宗族组织? 周天子与分封出去的同姓子弟,是以君臣相称,还是以父子兄弟相称? 是以政治上的君主与臣属的关系为主,还是以宗法上的大宗与小宗关系为主? 这涉及君统与宗统是否隔断的经学、史学争论,故不可不辨。

---

[1]　晁福林:《试论宗法制的几个问题》,《学习与探索》1999 年第 4 期。

主张君统与宗统两分的学者，一般援引礼书的相关记载以立己说，例如
《礼记》诸篇：

> 诸侯不敢祖天子，大夫不敢祖诸侯，而公庙之设于私家，非礼也，由
> 三桓始也。(《郊特牲》)

> 别子为祖，继别为宗。继祢者为小宗。有百世不迁之宗，有五世则
> 迁之宗。百世不迁者，别子之后也，宗其继别子之所自出者，百世不迁
> 者也。宗其继高祖者，五世则迁者也。尊祖故敬宗，敬宗，尊祖之义也。
> (《大传》)

所谓"诸侯不敢祖天子"，则分封出去的王室成员与周王室脱离了宗法关
系，也不再属于周王室的宗族成员了，"大夫不敢祖诸侯"，则致邑立氏的卿
大夫与诸侯国君也脱离了宗法关系，不属于诸侯国公室的宗族成员了。他
们就是《大传》中所说的"别子"。程瑶田《宗法小记》云："诸侯之公子自卑
别于尊曰别子。""尊"自然指国君，如金景芳所说："'别子'之所以称'别'，
就是表明他同君统相区别，自立宗统。"①此与郑玄注《大传》"公子不得宗
君"、贾公彦疏《仪礼·丧服》"君是绝宗之人"遥相呼应。从《礼记》的文本
看，这些理解都不错，故古代经师大多持这样的看法。至近代王国维写作
《殷周制度论》，仍认为宗法"为大夫以下设，而不上及天子诸侯"。换而言
之，宗族组织只存在于卿大夫士阶层。

但是历史真相未必如此，所以王国维同时也写道："天子诸侯虽无大宗
之名，而有大宗之实。"可见他面对不同材料亦不免游移。站在现代史学的
立场看，《礼记》乃"七十子之后学"编纂而成，寄托了儒家学者的政治、社会
理想，虽取材于周代，但并非纯粹的实录，当然也不是不可质疑的金科玉律。
吴浩坤、钱宗范、赵伯雄等先生都对这个问题作过很好的分析，②于此不妨
略作概括总结，以期辨明周代宗统与君统的关系。

---

① 金景芳：《中国奴隶社会史》，上海人民出版社 1983 年版，第 147 页。
② 参见吴浩坤：《西周和春秋时代宗法制度的几个问题》，《复旦学报》(社会科学版) 1984 年
　第 1 期；钱宗范：《周代宗法制度研究》第四章，广西师范大学出版社 1989 年版，第 153—
　240 页；赵伯雄：《周代国家形态研究》第二章第五节，湖南教育出版社 1990 年版，第 79—
　90 页。

早在武王克商之前的先周时代,周人共同体或者说"周邦"之内,宗族组织与国家政权就是一体的。《诗经·大雅·公刘》云:

> 笃公刘,于京斯依,跄跄济济,俾筵俾几,既登乃依,乃造其曹,执豕于牢,酌之用匏,食之饮之,君之宗之。

这段诗描述了公刘率领周人刚刚迁居到豳地的情景。公刘使人设下筵席,邀请族人宾客入席宴饮,取豕为食,据《毛传》"新国则杀礼",又用匏作酒器,"俭以质"。"食之饮之",从前文看主语仍是公刘,"食"、"饮"均当读如去声,即饮宾客酒,食宾客食;又能"君之宗之",故《毛传》解释为"为之君,为之大宗也",就是说公刘既是众宾客的君主,又是他们的大宗首领。① 显然公刘兼有国家君长与宗族长的双重身份,君统与宗统乃是合一的。

歌颂文王德行的《诗经·大雅·文王》则说道:

> 亹亹文王,令闻不已。陈锡哉周,侯文王孙子。文王孙子,本支百世。凡周之士,不显亦世。

"陈锡哉周",《左传》宣公十五年引作"陈锡载周",即敷施恩惠以建立周邦,"侯文王孙子",旧注训"侯"为维,但若结合下章"侯于周服"、"侯服于周"以及金文中"侯于匽"、"侯于晋"、"建长父侯于杨"之辞看,"侯"当训为"为侯"、"任侯"与"建侯",即封文王子孙为侯,正符合商周之际建国封邦的背景。敷施恩惠,众建诸侯的同时,文王的子孙要做到"本支百世",《毛传》:"本,本宗也。支,支子也。"本宗自然指周王室,支子乃分封出去的诸侯,他们之间"本"与"支"的宗法关系,维持百世不变。

西周金文中,亦有多条证据表明周天子有自己的宗亲群体,也乐于与已脱离宗氏而独立的分族保持一定程度的宗亲血缘情谊。如下所示:

> 唯王初迁宅于成周,复禀(称)珷王豊(礼),祼自天,在四月丙戌。王诰宗小子于京室,曰:昔在尔考公氏,克逑(弼)玟王,肆玟王受兹□□。唯珷王既克大邑商,则廷告于天,曰:"余其宅兹中域,自之乂民。"呜呼!尔有唯小子亡戠(识),视(视)于公氏,有功于天……(何

---

① 郑玄《笺》释为"宗,尊也"。按赵伯雄分析,如依郑说,"食之饮之,君之宗之"的主语是众宾客族人,以公刘为君、为尊。但前面诗句的主语均为公刘,此处无由替换。郑玄盖囿于"公子不得宗君"的成见,故曲为之说。

尊,《集成》6014,西周早期)

"何"的身份为"宗小子","小子"多指实体性宗亲组织内的个体家庭之长,
前一章已有讨论。从成王对这些小子的训诫之辞看,他们的父辈就曾辅佐
文、武克商建国,现在他们也可凭借父辈的功劳,坐享其成。可见周王室不
仅有其宗亲组织,且于其中容纳若干门户独立、但尚未别族的"小子"个体
家庭。又如近出柞伯簋铭:

> 唯八月,辰在庚申,王大射在周。王令南宫率王多士,师酋父率小
> 臣。王遟(持)赤金十反(版),王曰:"小子,小臣,敬有臤(贤),获则
> 取。"柞伯十再(称)弓,无废矢。王则畀柞伯赤金十反(版),诞锡赧见
> (?)。柞伯用作周公宝陴彝。(柞伯簋,《资料库》NA0076,西周早期)

周王行大射礼于岐周,让小子、小臣展示各自射艺,以赢取赤金之赐,"小
子"算是宗亲成员,"小臣"则是侍奉周王身边的近臣,最终柞伯技压众人,
获得了周王的赏赐。《左传》僖公二十四年记富辰言:"凡、蒋、邢、茅、胙、
祭,周公之胤也。"柞伯簋时代不晚于西周早中期之交的昭王之世,器主柞
伯大概是胙国第一代国君,他本是周公之子、成王之从父兄弟,在分封之前
也属于王室众"小子"之一。所以,我们看到铭文记录周王的号令,对已分
出王室的柞伯仍称"小子",①大概是为了彰显曾经的宗亲情谊。再如陕西
郿县李家村所出盠尊铭云:

> 唯王十又二月,辰在甲申,王初执驹于庑。王呼师淢召盠。王亲旨
> (诣)盠驹,锡两。拜稽首,曰:王弗望(忘)厥旧宗小子,楚(胥)皇盠
> 身……(盠尊,《集成》6011,西周中期)

盠在接受周王赏赐时,特意讲到周王"弗忘厥旧宗小子",也就是说盠的祖
先曾经是王室"宗小子",因已别族故曰"旧宗小子"。按盠所作方彝铭云:
"用作朕皇祖益公宝陴彝。"(《集成》9900)则盠所在的分族由皇祖到盠至少
已历三代;而同在郿县出土的虞佐盘铭提到"皇高祖惠仲盠父",今学者多

---

① 周王在岐周行大射之礼,王室子嗣(即"小子")自然须参与其中。柞伯之所以被归入"小
　子",实际上有两种可能:一是在行大射礼不久,柞伯受封,而器物铸造在受封之后;二是
　受封后参与大射,是及类而称的权宜性的简易之辞。

认为就是盠，①如是说不误，②盠所属单氏，早在殷周之际就自王室中分出了，但到西周中期，周王仍未忘记单氏先祖曾拥有的"小子"身份，感念同宗之情而"胥皇盠身"。这与《诗经》体现君统、宗统结合的情况完全一致。

至于"诸侯不敢祖天子"、"大夫不敢祖诸侯"，恐怕也不符合西周春秋时期的事实。《左传》文公二年云："宋祖帝乙，郑祖厉王，犹上祖也。"哀公二年卫太子蒯聩祷辞云："敢昭告皇祖文王、烈祖康叔、文祖襄公。"此皆诸侯祖天子之例。鲁三桓立公庙，则属大夫祖诸侯之例。金文中如此情形亦不少见，其中诸侯祭祀天子者见于应公鼎铭：

> 应公作旅彝，用珷帝日丁，子子孙孙永宝。（《华夏考古》2007.1，西周晚期）

该鼎出自平顶山应国墓地八号墓，据器形纹饰可知年代在西周晚期。其中的"应公"，乃应国国君，他可以作器祭祀"珷帝日丁"也即周武王。依《左传》富辰所言，应国乃"武之穆"，其详细世系虽不清楚，但至少十数代之后，应国国君仍然有权力祭祀武王。③ 再如：

> 也曰：拜稽首，敢肈昭告朕吾考。令乃鸋沈子作饗于周公宗，陟二公，不敢不饗。休同（凡）公，克成，妥吾考于显显受命……作兹簋，用疀鄉（享）已公，用各多公……（也簋，《集成》4330，西周早期）④

该铭文辞意古奥，大概是说器主"也"作祭器时昭告其父已公，按照他的遗命在周公的宗庙举行饗祭，并陟升"二公"，疑指周公和凡公。至于制作这件铜器，既是为了祭祀父亲已公，也为"各多公"，多公盖包括周公、凡公及之

---

① 参见李零：《读杨家村出土的虞逨诸器》，《中国历史文物》2003 年第 3 期。

② 持反对意见者如韩巍认为盠与单氏"惠仲盠父"不是一人，盠所属益氏为姜姓，铭文中的"厥旧宗小子"不可局限理解为单侧父系亲缘组织，姜姓益氏大概很早与周王室通婚；所谓"旧宗"只是指"与周王室关系密切的旧族"，是一种广义的周人共同体。（参见韩巍：《眉县盠器群的族姓、年代及相关问题》，《考古与文物》2007 年第 4 期）其说法也有一定道理，姑附存待考。

③ 参见陈絜：《应公鼎铭与周代宗法》，《南开学报》（哲学社会科学版）2008 年第 6 期。

④ 也簋旧称"沈子也簋"，器主人被看作沈国国君，经过陈梦家等学者的研究，知"沈子"是一种特定称谓，后清华简《皇门》公布，其中有"沈人"，今本作"冲人"，故学者指出"沈子"盖亦当读作"冲子"，即童子。参见董珊：《释西周金文的"沈子"和〈逸周书·皇门〉的"沈人"》，载《出土文献》第 2 辑，中西书局 2011 年版，第 29—34 页。

后的先祖。依《左传》,凡国属"周公之胤"所封,凡公大概是周公之子、凡国的始封君,"也"和其父己公是凡公的后代,但祭祀时要追溯到始祖周公。此外,邢侯簋铭称:"作周公彝。"(《集成》4241)前引柞伯簋铭云:"用作周公宝障彝。"邢侯、柞伯从身份上讲,或属于另立宗统的"别子",或像"也"一样属于"继别为宗"之人,但他们都能够祭祀其所自出的始祖。至于诸侯小宗的情况,新出豆组器可供参考:

　　豆启(肇)作厥祖甲齐公宝障彝。(豆觥,《考古》2011.2,西周早期)
　　豆启(肇)作文祖齐公障彝。(豆卣,《考古》2010.8,西周早期)

铭文中的"齐公",准诸"鲁公"之例,学者一般认为就是齐国始封君太公,即便不是太公,也应该是周初齐国的君主。而器主人豆属太公孙辈,为齐国公族;他的墓葬又在高青陈庄遗址被发现。从高青陈庄遗址的规模、位置以及夯土台基祭祀遗存各方面判断,当是一处贵族采邑,豆极可能就是它的第一任主人,死后葬于自己的封邑之中。由以上线索出发,豆属于"继祢者为小宗",但他仍可作器祭祀始封君齐太公。从这个角度看,"大夫不敢祖诸侯"也无从说起了,"公庙设于私家"亦非始于鲁三桓。看来西周时期宗统与君统从未隔断。

　　周人之所以通过赐姓、命氏等手段,建立宗法制度,将传统的氏族组织改造为结构严密的宗族组织,很重要的一个原因就是利用血缘亲情来凝聚分封诸国诸氏的力量,利用"亲亲"之道将同姓诸侯团结在周王室身边。诸侯在国内的分封,则完全是对周天子封建行为的模仿,最终建立起层层分级统属的宗族体系。试想,如果天子、诸侯本身不在这套宗族系统之内,那"亲亲"的效果无疑大打折扣,这不会是周人统治者希望看到的景象。所以周人并无理由将上层的君统与下层的宗统分隔,恰恰相反,政权层面的君统,与家族层面的宗统,二者紧密地结合在一起,才有利于维持周人统治。周天子既是天下共主,又是"天下之大宗",建立起至高权威,各级诸侯无论是作为臣下,还是作为小宗,都有义务臣服于周天子;诸侯同样既是封国的国君,又是"以国为氏"的大宗,国内的卿大夫无论作为臣下,还是作为分族,都有义务臣服于国君。依次层层下移,相对稳定的社会等级秩序就依托宗法制度建立起来了。《左传》桓公二年师服云:"天子建国,诸侯立家,卿置侧室,大夫有贰宗,士有隶子弟,庶人、工、商,各有分亲,皆有等衰。"这段话既描述了西周时代的社会等级,也体现了宗法秩序,"国"、"家"看上去是政权,"侧室"、"贰宗"、"隶子弟"似乎带有更浓的家族意味,归根结底他们都是相统一的,既是政权中的一级,也是宗法组织中的一层。君统与宗统的合一,可以说是西周宗族体系建立的关键一步。

到春秋时期,从《左传》、《国语》等史书的记载看,君统与宗统仍未隔断。但东迁后的周天子其权威已经丧失,"尊王"只是各国霸主收拢人心的一面旗帜,并无实际内容,因此宗统与君统连接的纽带也就岌岌可危了。至战国时期,君主权力被提升至前所未有的高度,旧的宗族组织也不再适应兼并战争的需要而开始瓦解。在这样的背景下,君统的尊严自然凌驾于宗统之上,《礼记》所代表的观念也就应运而生。

四、何谓"宗子"——周代宗族研究中的一个核心术语的辨析

研究商周宗族问题,过去往往用"宗子"一词指称宗族首领。严格说来,不够严谨,而且也会影响相关史料解释的准确性。

按先秦两汉文献"宗子"一词,其意涵早晚有别。"三礼"中的"宗子",如在《礼记·内则》"适子、庶子祗事宗子、宗妇,虽富贵,不敢以富贵入宗子之家"、《礼记·曲礼下》"支子不祭,祭必告于宗子"等文中,其与"宗妇"或"支子"对文,含义明确,专指宗族首领无疑,此为大家所熟稔。但在时代更早的文献中,如《诗经·大雅·板》"宗子维城"之"宗子",所指则为宗族内的子嗣。研究者对后者的认识还相对模糊,且与"三礼"宗子常相混淆,故须作别白。族内子嗣这一较早的义项,对同时期的善鼎铭文"宗子"之训释,有参考价值。准确梳理两周"宗子"之内涵,于推动先秦宗族、宗法研究之深入,亦有助益。

《诗经·大雅·板》第七章有曰:

> 价人维藩,大师维垣,大邦维屏,大宗维翰。怀德维宁,宗子维城。无俾城坏,无独斯畏。[1]

---

[1] (汉)毛亨传,郑玄笺,(唐)孔颖达疏:《毛诗正义》卷一七之四,(清)阮元校刻《十三经注疏》第 2 册,台湾艺文印书馆 2007 年版,第 632—636 页。

本诗作大家耳熟能详，东周时已屡被称引，一见于《左传》僖公五年所记晋大夫士蒍语，再见于昭公六年宋大夫合左师语，另如《郭店简·缁衣》等，亦曾引用首章"上帝板板"云云之辞。由此可知，《板》诗在东周颇为盛行，且其写作年代当早于春秋。《毛诗序》以为成于周厉王时期，即所谓"凡伯刺厉王"，大体可从。今人研究先秦宗法制度等问题，亟称"宗子维城"、"大宗维翰"之语，以证成一家之言。但理解是否准确，似有商讨余地。

这里提到的"大宗"，《毛传》谓"王者天下之大宗"，径以周王当之，大谬。马瑞辰《毛诗传笺通释》有曰："翰与藩、垣、屏并言，皆是扞卫国家之义，不得以'维翰'独指王者言也。"①所论极是。价人，古有善人、甲人、大人之异训，似以郑笺"甲人"为胜，所指殆与《诗经·兔罝》"赳赳武夫"同。郑《笺》谓"大师，三公也。大邦，成国诸侯也"，甚是。简言之，大师似可涵盖王朝众臣，大邦就是外封诸侯之尤为强劲者。就诗义论，与价人、大师、大邦同起扞卫王室作用的"大宗"，自然不能指周王本人。朱熹《诗集传》以强国训大邦、以强族训大宗，②最为谐适。故"大宗维翰"是说强宗大族可为王之"翰"。"翰"，可训为《诗经·公刘》"干戈戚扬"、《兔罝》"公侯干城"之干，也即能起护身作用的盾牌，《诗经·崧高》"维申及甫，维周之翰，四国于蕃，四方于宣"云云，主旨相通，亦足资参照。如此处理，前四句的文义晓畅合宜。可以确定，这里的"大宗"并不具有宗法内涵。③

"怀德维宁"以下四句，另成一小节。其中"怀德维宁"与"无俾城坏，无独斯畏"，自然是臣子对周王的劝诫之辞，所要表达的主旨是：为王者若能怀德，便可安定，不可失德而致"城墙"倾圮，让自己陷入孤独承受畏惧之境地。中间"宗子维城"一句，与上一小节的四句句法结构完全相同，④很显然，"宗子"是捍卫王身的另一股重要势力，故以"城"作比况，其用如同《兔罝》"赳赳武夫，公侯干城"，"宗子维城"是说"宗子"乃捍卫周王的城墙。

《板》诗"宗子"一词之内涵，历代注疏多有歧异：

① （清）马瑞辰撰，陈金生点校：《毛诗传笺通释》，中华书局 1989 年版，第 933 页。
② 参见（宋）朱熹：《诗集传》，台湾艺文印书馆 2006 年版，第 819—820 页。
③ 参见赵伯雄：《周代国家形态研究》，湖南教育出版社 1990 年版，第 84 页。
④ 参见赵伯雄："'宗子维城'的城市国家说"献疑》，《历史教学》1986 年第 12 期。

　　郑玄《诗笺》：宗子，谓王之適子。

　　朱熹《诗集传》：宗子，同姓也。

　　陈奂《诗毛氏传疏》：宗子，群宗之子。

今人的新注新疏及相应研究，或择其一说，或杂糅诸家，各自发挥，颇多歧互。窃以为郑、陈二家更须注意，因为他们将训释重点放在了"子"字上，虽非确诂，但富有启发。按，郑玄注经自"三礼"始，其治《诗》难免受"三礼"宗法之左右，尤其《礼记·郊特牲》"诸侯不敢祖天子，大夫不敢祖诸侯"等相对晚出的君统独尊之思想，对郑氏注解《毛诗》影响极深，所以"宗子"一词在他看来一定得具备宗法上的意蕴。但"三礼"体系中，君统与宗统又是隔断的，周王无宗，因此断无"宗子"之责任，于是宗族首领"宗子"之身份便得安在"王之適子"身上。这样的思维定式，于传统旧儒言，甚难转变。到清儒陈奂，干脆就改训作"群宗之子"，以免陷入君统、宗统关系问题的纠葛。但这里的"宗子"与前面的"大宗"是一样的，断不能用宗法那一套说辞去作解释。①

　　就现有材料及研究结果看，西周时期周王有其宗族组织、行宗法之制乃不争之事实，周王既是天下之政治首领，同时也是同姓万宗的大族长，君统、宗统是合一的。例子很多，如《左传》等文献载"宋祖帝乙"、"郑祖厉王"，金文有"王诰宗小子于京室"（何尊，《集成》6014）、"王弗望（忘）厥旧宗小子"（盠驹尊，《集成》6011）之辞，②还有西周晚期应国的先祖祭祀体系中，便有所自出的武王（应公鼎，《资料库》NB0005）。③ 凡此上节皆有详论。所以，"宗子维城"之"宗子"，如果理解为宗族首领，自然非周王莫属。这又与诗义格格不入。设若训释为王室宗族之子嗣，则所有窒碍涣然冰释。故整章的主旨便是：为王者应该怀德，否则失去的不仅仅是价人（武士）、大师（群臣）、大邦（诸侯）与大宗（强宗大族）的支持，还将导致最为亲近的王室

① 参见赵伯雄：《周代国家形态研究》，湖南教育出版社 1990 年版，第 84 页。

② "宗小子"即王室宗族组织内的、无独立祭祀权的个体小家庭的家长，类似于文献"庶子不祭"之庶子。参见田秋棉、陈絜：《*再*簋铭文与西周家族形态及管理》，《安徽史学》2019 年第 1 期。

③ 参见陈絜：《应公鼎铭与周代宗法》，《南开学报》（哲学社会科学版）2008 年第 6 期。

宗族内的子嗣分崩离析,最终周王将成为孤家寡人,无所依靠,独自承受畏惧之痛。诗作由外而内,囊括了能起藩屏作用的各种力量。由此亦彰显天子施政"怀德"的重要性,与周人入主中原后所强调的"德治"相贯穿。

《逸周书》某些西周时期的篇章,亦见"宗子"之辞,如《皇门解》云:

> 我闻在昔有国誓王之不绥于邮,乃维其有大门宗子、势臣,罔不茂扬肃德,讫亦有孚,以助厥辟,勤王国王家。①

此中"大门宗子势臣"如何理解断读,当参照"以助厥辟,勤王国王家"一语而定。其中"王国王家"当然是指天子。"辟"可训为君,②他们是勤王之人,地位自在天子之下。"大门宗子势臣"则是协助"厥辟"(即"其君")勤王国王家之群体,地位最为低下。所以,"大门"实为"宗子"、"势臣"的限定语,其中"大门"指强宗大族,"宗子"就是"大门"宗族内的子嗣亲族成员,"势臣"可读为"褻臣",即内臣、近臣之谓,③泛指宗族内的家臣。族内子嗣与家臣,称其族长为"辟"为"君",乃商周金文习见之事,可参小子省卣(《集成》5394)、公姞鬲(《集成》753)、师獣簋(《集成》4311)、樽伯簋(《集成》4205)、虢叔旅钟(《集成》238)诸铭,此悉为大家所熟知,于此不再赘述。

再如《祭公解》有曰:

> 维我后嗣,旁建宗子,丕维周之始并。④

"旁"当读作"广"。"建"者,设也,置也,立也。"并"可读"屏"。对此学界无异词。"旁建宗子"宛若《皇门解》"下邑小国,克有耆老据屏位,建沈人"⑤,就是鼓励大家尽快让族内子嗣别族立家,以达"封建亲戚,以藩屏

---

① 黄怀信、张懋镕、田旭东:《逸周书汇校集注》,上海古籍出版社2007年版,第546页。

② 西周金文中君、辟二字可同义复合作"辟君",见召圜器(《集成》10360)、孟姬簋(《集成》4071)等铭文。

③ 按毛公鼎铭(《集成》2841)有"褻事"之辞,即指王之内事、近事。

④ 黄怀信、张懋镕、田旭东:《逸周书汇校集注》,上海古籍出版社2007年版,第934页。清华简《祭公》简13—14作"维我后嗣,方建宗子,丕维周之厚芇(屏)",与今本《祭公解》用词略异,疑"始并"之始为隶写传抄之误。清华大学出土文献研究与保护中心编,李学勤主编:《清华大学藏战国竹简》(一),中西书局2011年版,"图版"第105页。

⑤ 黄怀信、张懋镕、田旭东:《逸周书汇校集注》,上海古籍出版社2007年版,第544页。"沈人"即金文"沈子",参见董珊:《释西周金文的"沈子"和〈逸周书·皇门〉的"沈人"》,《出土文献》第2辑,中华书局2011年版,第29—34页。

周"(《左传》定公四年)的功效。陈奂以为《逸周书》"宗子"与《板》诗同,①
诚为灼识。此外如清华简《系年》第四章有曰:

> 周成王、周公既迁殷民于洛邑,乃追念夏商之亡由,方(广)埶(设)
> 出宗子,以作周厚屏,乃先建卫叔封于庚(康)丘,以侯殷之余民。(简
> 17—18)

整理者言:"出宗子,当指支子而言,即《左传》昭公九年、二十六年'建母弟
以蕃屏周'的'母弟'。"②甚是,其"方埶出宗子,以作周厚屏"是对《祭公
解》"旁建宗子,丕维周之始并"语的继承与改造。

由此可见,西周文献所见"宗子",实指贵族宗族组织内的子嗣,是特定
类型的集合性质的亲称,与"三礼"等东周文献所讲的作为宗族首领尊称的
"宗子"大相异趣。这对西周相关金文文义的准确把握有好处。

目前所见西周铜器铭文资料中,言及"宗子"者仅有西周中期的善鼎
(《集成》2820),其辞曰:

> 唯十又一月初吉,辰在丁亥,王在宗周,王各大师宫。王曰:"善,
> 昔先王既令女左(佐)疋(四)𩰫侯,今余唯肇申先王令,令女左(佐)疋
> (四)𩰫侯,监𤔲师戍。锡女乃祖旗,用事。"善敢拜稽首,对扬皇天子丕
> 丕休,用作宗室宝障,唯用妥(绥)福,虩(号)前文人,秉德共(恭)屯
> (纯)。余其用各我宗子雩(与)百生(甥),余用匄屯(纯)鲁,于万年其
> 永宝用之。

"余其用各我宗子雩百生"一句,郭沫若最先解释说:"《大雅·板》'宗子维
城',郑玄云'宗子谓王之适子'。此亦言宗子,而与百姓对列,似言本宗之
子弟。郑解不确。"③马承源训为"族子"④,与郭氏近似。而杨树达的疏解
最为详尽,曰:

> 各,来也。雩,与也。谓用此鼎招来宗子与百生而享宴之也。宗子

① 参见(清)陈奂:《诗毛氏传疏》卷二四,台湾学生书局1967年版,第746页。
② 清华大学出土文献研究与保护中心编:《清华大学藏战国竹简》(贰),中西书局2011年版,"图版"第47—48页、"释文与注释"第144页。
③ 郭沫若:《两周金文辞大系图录考释》下册,上海书店出版社1999年版,第65页。
④ 参见马承源:《商周青铜器铭文选》(三),文物出版社1988年版,第233页。

者,稽之经传,有三义可说。《诗·大雅·板》云:"宗子维城",郑笺云:"宗子谓王之適子。"此一说也。《仪礼·士昏礼》云:"宗子无父,母命之。"郑注:"宗子,適长子也。"此又一说也。《礼记·内则》云:"適子庶子祗事宗子宗妇,虽富贵,不敢以富贵入宗子之家",郑注云:"宗,大宗"。此第三说也。此铭云"作宗室宝尊",当以第二义之適长子及第三义之大宗子释之为安矣。(《善鼎跋》)①

很显然,杨树达这一解释,以郑玄解经之辞为立说依据,原本就不太可信,但对此后的周代宗法及宗族史之研究,影响极大,笔者此前曾深信不疑,②而与笔者有同样认知的学者亦不在少数,如今亟待更正。

按善鼎"百生"可读作"百甥",即如卜辞"多生"可读为"多甥",是针对姻娅之族的亲属集合称谓。③ 故与"百甥"相对应的"宗子",自然以"本宗子弟"作解更为恰当,进一步结合前文西周文献"宗子"内涵之分析,郭沫若、马承源之说无疑更为近理。所以,日后再讨论西周大宗、小宗或宗氏与分支等宗族形态结构与宗法制度问题时,善鼎还是剔除为好,其他金文资料已足够丰富,否则难免画蛇添足,徒增纠葛。

最后补充一点,"宗子"词义由族内子嗣转变为宗族首领,春秋时期已见其端倪。如《左传》昭公六年合左师引"宗子维城",就全文内容判断,似指代华氏前宗族首领合比。④ 很显然,合左师对《板》诗诗义存在曲解,这属于"赋《诗》断章,余取所求"(《左传》襄公二十八年),是春秋士大夫的惯用手法。但至少说明,当时"宗子"已经分化出"宗族长"的新义项。

第二节　姓族、宗氏与类醜

——周代血亲组织结构与宗族依附民

经过周人统治者不遗余力地推行赐姓、命氏等政治举措,再结合宗法

---

① 杨树达:《积微居金文说》,科学出版社1959年版,第215页。
② 参见陈絜:《商周姓氏制度研究》,商务印书馆2007年版,第375页。
③ 参见陈絜:《卜辞"多生"考》,《文史论集》,南开大学出版社1999年版,第24—42页。
④ 杨伯峻:《春秋左传注》,中华书局1981年版,第1278页。

制、分封制等制度的有效运作,宗族已成为周代社会的基本单位。这也是古今学者大都赞同的看法。但就宗族史研究而言,我们并不满足于这一概括性的结论,还须深入了解其中的细节:富有周代特色的宗族组织是在怎样的时代背景、出于怎样的战略意图建立起来的,又是如何变化发展的?尤其是宗族内部的层级结构究竟是什么样的,周代社会的组织形态又是什么样的?

古代学者在回答这一系列问题时,往往首先揆诸礼书的相关记载,如《仪礼·丧服》、《礼记·大传》诸篇。但近代以来的古史研究表明,战国时儒家学者的规划,与西周春秋时期的历史事实尚有不小差距。探寻周代宗族内部结构,还要从可信度更高的史料入手。《尚书·多士》作为周初"八诰"之一,一向被推许为史官实录,篇中记录"王"对殷"多士"的诰命之辞,曰:

> 尔乃尚有尔土,尔乃尚事宁幹止。尔克敬,天惟畀矜尔。尔不克敬,尔不啻不有尔土,予亦致天之罚于尔躬!今尔惟时宅尔宅,继尔居,尔厥有幹有年于兹洛。尔小子乃兴,从尔迁。

《多士》作于周人取得"二次克商"胜利、营建洛邑之时,主要内容是面向殷遗民宣扬周革殷命的合法性,告诫那些前朝贵族要安分守己,服从迁居洛邑的指令。在诰命最后,"王"重申:你们迁居新邑能够占有土地,保障生活,你们如恪敬天命,自然得到上天庇护,如"不敬"作乱,我就要代上天惩罚你们。当下之计,你们唯有老老实实经营好自己的田宅,在洛邑安居乐业,你们的"小子"也可跟随你们迁徙到东都。这段文字将殷遗多士的亲族组织分成"尔"与"尔小子"两部分,即"多士"自身与他们的"小子",二者合起来大概就是其他史料如《左传》定公四年中所见的"宗氏"。在各级宗族之上,还有更高的一层血缘标识"姓族";在宗氏组织之内,还有更低一层的"类醜"依附其间。尽管《多士》诰命是针对殷遗民而发的,但商人、周人基层亲族组织的结构并无二致,所以西周到春秋时期宗族的层级体系,同时也是社会组织的基本结构模式可概括为:

姓族—宗氏(族长家庭与小子家庭)—类醜

其各层级的内涵与形态,正是本节关注的重点所在。当然,一个姓族涵摄若干个宗氏。一个宗氏又会衍生出若干次一级别的新宗氏,就宗亲社会等级而言,前者为大宗,后者为小宗,大小宗又各自拥有若干小子室家。整个姓族就像一棵枝繁叶茂的大树,有干有枝又有叶,生生不息。各个姓族又合而成林,错落有致。至于类醜,通常以大小不等的群体为单位,依附于形形色色的贵族宗氏组织,或归宗氏首领,或属小子室家。就社会地位一级言,类醜的最好出路就是借由某种机缘转化为王朝所有的治民——庶民。

一、姓族组织及其作用

姓族并非一个政治经济实体,而是一种固定的外婚血亲组织,周代姓族大致有 30 个。由于周人的刻意经营,"姓族"的概念至春秋时仍不断被强化,尤其在维系各方势力的团结方面起到了极大的作用,对此前文已举例说明。在姬姓周人的观念中,天下的姓族可分"同姓"、"异姓"两大类。① "同姓"即姬姓周人,他们或是文、武、成王的兄弟子侄,如康叔封、唐叔虞、鲁伯禽等,或是周部族的同宗支子,如召公奭,②他们构成了克商前的周人共同体,承担了克商、东征等主要作战任务,同时也是接受分封命氏的主体。如《左传》昭公二十八年说:"昔武王克商,光有天下,其兄弟之国者十有五人,姬姓之国者四十人。"《荀子·儒效》则说:"(周公)兼制天下,立七十一国,姬姓独居五十三人。"此中具体数字虽未必可靠,但足以说明同姓封国占有绝对优势,用荀子的话讲,即"周之子孙,苟非狂惑者,莫不为天下之显诸侯"。③ 除了在各地开枝散叶的诸侯国外,盘踞在王畿地区的卿族也有不少出自王室,他们同属于姬姓这一姓族,相比于姜、妘、任等异姓成员,与王室保持着更为紧密的关系。

异姓姓族包含的情况比较复杂,有周人的姻亲、功臣,他们原本就涵摄在周人共同体之内,也接受了不同的赐姓,并继续与周人保持婚媾的关系,如姜姓、妘姓;有殷遗民与东方旧族,他们被纳入周人的统治体系,同时获得

---

①　有时又分同姓、异姓与庶姓三类,其中异姓特指姬姓的姻娅之亲,庶姓则指与姬姓无婚姻关系的异姓。

②　《史记·燕召公世家》云:"召公奭与周同姓,姓姬氏。"未言父、祖为谁,故《集解》引谯周云:"周之支族。"也有学者认为召公是东方旧族,其姬姓为赐姓。

③　(清)王先谦:《荀子集解》卷八《君道》篇,《诸子集成》本,中华书局 2002 年版,第 161 页。

了各自相别的姓,如子姓、妘姓、嬴姓、姒姓、任姓、风姓等。尤其要注意的是,戎狄等异族也在周人姓族体系之中拥有明确的姓,如姬姓有大戎(《左传》庄公二十八年"大戎狐姬生重耳")、骊戎(《左传》庄公二十八年"女以骊姬")、白狄(《世本》),怀姓有赤狄(《左传》僖公二十八年"狄后隗氏"),姜姓有姜氏之戎(《左传》襄公十四年"谓我诸戎是四岳之裔胄"),又有"允姓之奸"的陆浑之戎(《左传》昭公九年)。他们的姓显然也是周人赐命的,可能他们确有与姬姓、姜姓族群相同的血缘特征,或者能够追溯到同一位世系遥远的祖先,即便只是部族内的一种模糊传说。而周人政治意味浓厚的赐姓措施,明显带有笼络异族的企图。

　　一般说来,姓族虽然可能借由血缘世系而追溯到某一位明确的始祖,但发展到周代,姓族内的各个宗族早已分布得十分广泛——毕竟"姓族"本身也是周人为了维系统治剥离出来的概念。当然,亦有个别姓族在地域上呈现出比较明显的团簇聚集情形,如本书第一章言及商代诸任族群以鲁西南为大本营,诸嬴之族盘踞在淄汶二水上游的鲁中山区,又前文提到的风姓诸国,基本分布在今山东省西南部的古济水两岸;再如偃姓诸国六、蓼、舒蓼、舒庸、舒鸠,据《左传》文公五年臧文仲"皋陶、庭坚不祀忽诸"之语看,似均为皋陶后代,多盘踞在今安徽省北部的淮水下游地带。究竟是因为得姓较晚,族群未及分化,还是周人又人为地将他们聚拢在一起,抑或是他们的"姓"本就是基于现实地缘格局而虚拟的血缘标记? 个中缘由,目前尚不能清楚说明。

二、宗氏与宗族内部结构

(一)宗族的核心——宗氏与族长

　　《左传》定公四年述及分鲁公"殷民六族"之事时,谓"使帅其宗氏,辑其分族,将其类醜",其所谓"宗氏",应当是商周血亲集团的基本单位——宗亲组织。孔颖达解释"宗氏"为"当宗同氏",未免模糊。日本学者竹添光鸿云:"宗氏者,宗子族长也。"[1] 杨伯峻《春秋左传注》也说:"宗氏,其大宗,嫡

---

[1] 　[日]竹添光鸿:《左传会笺》,台湾天工书局1998年版,第1789页。

长房之族。"①从《左传》上下文意看，不妨将竹添光鸿与杨伯峻二家意见结合在一起或许更为稳妥，即既指宗族首领，也指宗族组织本身。宗氏的关键要素在于《礼记》所谓"继别为宗"、"百世不迁"的大宗。大宗的族长后世礼书称为"宗子"，也是整个宗族的首领，是大宗的权威所在。同时，宗氏还应包括与族长血缘较近、未及分出的兄弟子侄"小子"，进而构成一个以族长为核心的伸展型家族，相对于族长，其余族人都处在被支配地位。

在宗亲组织内部，宗氏具有至高无上的权威。"宗子"是整个宗族的最高首脑，他与其他宗族成员的关系，同君主对臣下的关系别无二致。西周中期的效尊铭云："公锡厥顺子效王休（醽）贝廿朋，效对公休（醽），用作宝障彝。呜呼！效［不敢不］万年夙夜奔走扬公休（醽）。"（《集成》6009）是子对父敬若君上；𠪚簋铭文云："𠪚拜稽首，休朕宝君公伯锡厥臣弟𠪚……𠪚弗敢望（忘）公伯休（醽）。"（《集成》4167）则弟对兄奉如主公。至春秋时，如《左传》成公三年记载，晋人知罃被俘于楚，归国前云："以君之灵，累臣得归骨于晋，寡君之以为戮，死且不朽；若从君之惠而免之，以赐君之外臣首，首其请于寡君，而以戮于宗，亦死且不朽。"首即知罃之父荀首，也即知氏"宗子"，他有权处置族人的生死。类似的例子在《左传》中尚有不少。族长又是族内的宗教领袖，平时主持祭祀祖先的仪式；祭祀礼器的制作由族长统筹，使用由族长调配。宗氏的公共财产尽在族长的掌控之中，宗氏成员的经济生活时常受到族长干预（详见后文）。对外，"宗子"是宗族的唯一代表，继承历代先祖世袭的职位，接受周天子的册命与封赏。如遇战争，除了王朝常备军队外，以宗族为单位形成的武装则是另一股不可忽视的力量，族长就是这支武装的最高领导，如西周晚期的不𡢁簋铭云："唯九月初吉戊申，伯氏曰：不𡢁，驭方、严（玁）允（狁）广伐西俞，王令我羞追于西，余来归献禽（擒）。余命汝御追于�……伯氏曰：不𡢁，汝小子，汝肇敏于戎功。锡汝弓一、矢束，臣五家，田十田，用从乃事……"（《集成》4329）不𡢁的身份属"小子"，是"宗氏"亲族组织内个体家庭之首领，宗族首领"伯氏"受王命"羞追于西"，不𡢁即受伯氏之命追击猃狁。不𡢁作战胜利，则获得"宗氏"的土地

---

①　杨伯峻：《春秋左传注》，中华书局 2009 年版，第 1536 页。

与依附民之类的赏赐。厉宣之世的晋侯苏钟铭亦有："晋侯率厥亚旅、小子、或（铁）人先敔入。"（《资料库》NA0873）"小子"当即晋公室内的子嗣类家族成员，由宗氏首领晋侯统率出征。春秋时邲之战，知罃被擒，"知庄子以其族反之"（《左传》宣公十二年），杜预注："族，家兵。"可见宗族武装全凭宗族长号令。

与此同时，宗族长也要负担起宗族的荣辱兴亡，有"保族宜家"之责。《左传》昭公元年记载，春秋晚期郑国将流放游氏族人公孙楚（子南），处罚前执政子产询问游氏宗族长游吉的意见，游吉曰："吉不能亢身，焉能亢宗。"亢，即保护、庇护之谓。然则保全"宗子"自身乃保全宗族的前提。又《左传》文公十六年记云：

> 荡意诸为司城……初，司城荡卒，公孙寿辞司城，请使意诸为之。既而告人曰："君无道，吾官近，惧及焉。弃官，则族无所庇。子，身之贰也，姑纾死焉。虽亡子，犹不亡族。"

按司城荡即公子荡，宋之荡氏由他分出，公孙寿为公子荡之子，也即荡氏之"宗子"。宋昭公昏庸无道，公孙寿不敢出任司城，怕受其牵连，乃因族长一身关系着全族的安危存亡；又不能辞官，否则荡氏失去了立族的根本。万般无奈，只得命自己的儿子荡意诸接任司城，以其一死换来荡氏宗族的安稳。"宗子"对于宗族的关键意义，在这段记载中体现得淋漓尽致。

宗族的等级不同，宗氏的具体内涵也不同。最高一级的宗氏即周王室，所谓"王者天下之大宗也"。前文讨论宗统与君统合一时已经讲到，作为最高统治者，周王室将自己也纳入到宗法体系当中。所以，以周天子为核心的伸展家族，就是最顶层的宗氏。金文中有"王家"一词：

> 唯王十有三年六月初吉戊戌，王在周康宫新宫，旦，王各大室，即位，宰朋父佑望，入门，立中廷，北向。王呼史（年）[寿]册命望：死司毕王家，锡汝……（望簋，《集成》4272，西周中期）

> 唯六年二月初吉甲戌，王在周师录宫，旦，王各大室，即位，司土荣伯佑宰兽，入门，立中廷，北向。王呼内史尹中册命宰兽，曰：昔先王既命汝，今余唯或申就乃命，更乃祖考事，釐（总）司康宫王家臣妾、莫庸，

外内毋敢无闻知。锡汝……（宰兽簋，《商周青铜器铭文暨图像集成》[1]5376、5377，西周中期）

唯三月初吉甲戌，王在康宫，荣伯内佑康。王命：死司王家……（康鼎，《集成》2786，西周晚期）

唯元年既望丁亥，王在减居。旦，王各庙，即位。宰智入佑蔡，立中廷。王呼史寽册命蔡。王若曰：蔡！昔先王既命汝作宰，司王家。今余唯申就乃命，命汝眔智，龏（总）疋对各，死司王家外内，毋敢有不闻。司百工，出纳姜氏命……（蔡簋，《集成》4340，西周晚期）

"家"的本义是家族的居所，亦可引申指代家族，故"王家"即指王族，就是周王室的宗氏组织。从上引铭文看，王家分布在不同的地域，至少有毕、康宫两处。康宫即周康王之宗庙，西周时期在成周与岐周都有康宫存在，而宰兽簋出土于陕西省扶风县段家乡大同村，靠近周原中心区域，故簋铭中的康宫以定在岐周为宜。"毕"，据《史记·周本纪》《鲁周公世家》《逸周书·作雒》诸篇的记载，乃文王、武王、周公的葬地，《周本纪》谓"毕在镐东南杜中"，《汉书·刘向传》臣瓒注云："《汲郡古文》：毕西于丰三十里。"[2]估计位置靠近宗周丰镐。则王家大致处在王都周边或周人势力核心的周原地区。王家除了天子的近亲外，还包括"奠庸、臣妾、百工"各色服役人等，且须册命专人管理，规模应该是比较庞大的。虽然周天子名义上领有全天下的土田人众，但恐怕"王家"的财产才是他能够直接支配的私属财产。东迁之后，周王室地位急剧下降，以致屡屡向鲁国"求赗"、"求车"，"王家"是否还能保有原来的规模，目前虽无直接的史料记载，但日趋衰败也是可以想见的。

次一级的宗氏即王室以外的高级贵族的大宗，包括各地诸侯及王朝的世官卿族，我们惯常以"公室"指代。《左传》关于春秋时期各国公室的记载比较丰富，藉此我们也可推想西周时期这一层次宗氏的概况。

"室"类似于"家"，本义均为宫室建筑，引申为居住于此的家族。"公

---

① 吴镇烽编著：《商周青铜器铭文暨图像集成》，上海古籍出版社 2012 年版。以下文中引用简称《铭图》并括注著录号。

② （汉）班固撰，（唐）颜师古注：《汉书》卷三六，中华书局 1962 年版，第 1953 页。

室"作为亲属组织,其规模也不会太大。如依照"公孙之子以王父字为氏"的规则,国君的孙辈还包含在公室之中。但从《左传》《国语》诸书的记载看,有时公孙甚至公子即已别族立氏。故公室的亲族规模最大不过国君、公子、公孙三代,甚或只国君与公子两代,其兄弟及从父兄弟,已然从公室分出。又《春秋》宣公十七年:"冬,公弟叔肸卒。"《左传》云:"公母弟也。凡大子之母弟,公在曰公子,不在曰弟。凡称弟,皆母弟也。"即便国君的母弟地位高于妾所生的庶弟,仍不能留在公室之内,如《左传》隐公元年记郑庄公之母弟段分封于京,号京城大叔;昭公元年记秦景公之母弟鍼"有宠于桓,如二君于景",惧怕景公加害而出奔于晋,"其车千乘",可见他拥有独立的财产,有别于公室。西周时王朝卿士与诸侯国君的核心家族也称为"公室",如西周中期的再簋铭云:"王弗望(忘)应公室,㵎宝(醻)再身"(《资料库》NA1606),平顶山应国墓地八十四号墓出土有应侯再盨(《资料库》NA0065),二者显为一人,应侯再就是应国公室的代表。[①] 西周时公室的亲族范围,并无具体史料能够说明,推测大概与春秋诸国相当。

与"王家"相同,公室也是政治经济实体,西周中期的逆钟铭云:"用穪(总)于公室仆庸、臣妾……"(《集成》62)表明公室拥有一定数目的服役人口。《左传》文公十四年记载:"公子商人骤施于国,而多聚士,尽其家,贷于公有司以继之。"公室有司可以借贷给公子,显然其财力也相当雄厚。诸侯国的公室按道理应领有全国的土地,但实际上在历代分封之后,公室也只能掌握部分属地与人口。著名的鲁三桓"三分公室",就是三家瓜分了原属鲁国国君部分属地的征赋权,直接控制了公室的劳力与兵力。到春秋晚期,随着宗法体系的崩坏,各国公室大多为私家侵吞殆尽。

再次级的宗氏即卿大夫贵族的大宗,典籍中有"宗室"之称,见《左传》襄公十七年:"宋华阅卒,华臣弱皋比之室……宋公闻之,曰:'臣也不唯其宗室是暴,大乱宋国之政,必逐之。'"宗室即华阅、皋比之室,是华氏之大宗、宗族长所在的核心家族组织。由华臣与皋比的例子看,卿大夫的宗氏大

---

① 西周金文中尚有"帝家"一词,见于寡子卣(《集成》5392),学者或读为"嫡家",如是说可信,则也指大宗宗氏而言。

概只包括直系父子两代的亲族规模,各国卿族概莫能外。金文中又称"宗家",见于陈逆簋"余寅事齐侯,懂卹宗家"(《集成》4629),作器者"少子陈逆"为陈氏之旁支,时代已晚至春秋战国之际。与王家、公室一样,卿大夫的宗氏也是拥有采邑属众的独立力量。

(二)宗氏的组成部分——"小子"

在宗族长的核心家庭之外,宗氏内还包含若干代宗氏首领的近亲"小子"。关于晚商金文中与"子"相对的"小子"的内涵,第一章第二节已有全面揭示。周代文献中的"小子"除部分自谦之词(如默钟铭文"余小子"之类)外,也同样可理解为宗氏内的小家庭户主,他们大多是前代或当代"宗子"的近亲如母弟、庶兄弟、从父兄弟等,在个体家庭内缺少独立的祭祀体系与宗庙,尚不具备别族立氏的资格与条件。金文中"用享大宗"之类的嘏辞颇能反映"小子"祭祀的情形:

(1)□作厥穆穆文祖考宝尊彝,其用夙夜享于厥大宗,其用匄永福,迈(万)年子孙。(《集成》5993,西周中期)

(2)惟正月初吉丁亥,虘作宝钟,用追孝于己伯,用享大宗,用派(乐)好宾,虘罴蔡姬永宝,用邵(?)大宗。(虘钟,《集成》88、89,西周晚期)

(3)兮熬作尊壶,其万年子子孙孙永用,享孝于大宗。(兮熬壶,《集成》9671,西周晚期)

虽然这些作器者没有直接自称为"小子",但从"享于厥大宗""享孝于大宗"的语气看,他们祭祀祖先要依赖于大宗的首肯,所作祭器亦可为大宗所用。又如流散海外的黽方尊铭文云:

(4)惟九月既生霸□□,公命黽从厥友启炎土。黽既告于公,休亡(无)眊。敢对扬厥休(醻),用作辛公宝尊彝,用夙夕配宗,子子孙孙其迈(万)年永宝。(《集成》6005,西周中期)

祭礼有所谓"配食""配享""配祀"之说,故有研究者认为铭文的"配宗"即"配享于宗"之意,[①]黽作祭器只能"配于宗",他无法独立祭祀显而易见。这

---

① 杨坤:《两周宗法制度的演变》,上海古籍出版社2021年版,第202页。

篇铭文中的祭祀对象"辛公"及生称的"公",又曾在繁卣(《集成》5430)、量簋(《集成》4159)铭文中一起出现,李学勤由此推测,"公"与这几件器物的主人"繁"、"量"、"鼍"可能属同一家族,①殆"公"为宗氏的族长,"繁"、"量"、"鼍"均为庶弟,他们在铭文中虽未标署"小子"称号,但身份与"小子"无异。上揭金文与第一章第二节举出的由伯家族作器之例适可相互参照:前例乃因为由伯特意关照由伯子,矩为父丙所作祭器才能"毋入于公";这些"用享大宗""用夙夕配宗"之辞则反映了"小子"作器"入于公"的常态。

不惟"小子"制作完成的祭器要"入于公",其祭器的制作过程很可能也为宗氏所控制。近年现世的卫簋与伯狱诸器提供了饶有趣味的例证。这两组器物虽然器主人不同,但铭文的遣词造句高度一致:

唯八月既生霸庚寅,王各于康大室。卫曰:朕光尹仲侃父佑,告卫于王。王锡卫佩、戠(缁)巿、毂(朱)亢、金车、金旗,曰:用事。卫拜稽首,对扬王休。卫用肇作朕文考甲公宝蠶彝,其日夙夕用厥馨香敦祀于厥百神。亡不则肆夆(蓬)馨香,则登于上下,用匃百福、万年,裕兹百生,亡不畔鲁。孙孙子子其万年永宝用兹王休,其日引勿替,世毋望。(卫簋,《南开学报》(哲学社会科学版)2008年第6期,西周中期)

狱肇作朕文考甲公宝蠶彝,其日夙夕用厥馨香敦祀于厥百神。亡不鼎肆夆(蓬)馨香,则登于上下,用匃百福、万年,裕兹百生,亡不郁临畔鲁。孙孙子子其万年永宝用兹彝,其世毋望。(伯狱簋盖铭)

伯狱作甲公宝蠶彝,孙孙子子其万年用。(伯狱簋器铭,《南开学报》2008年第6期,西周中期)

伯狱与卫均为"文考甲公"作器,可知二者本为兄弟,伯狱称伯,乃大宗"宗子",卫为庶子,但由其上级"光尹仲侃父"导引他朝见周王可知,他已在王朝为官,初步具备别族立氏的条件。另一件狱盉铭文记有伯狱接受的赏赐,与卫基本相同,可知二人在朝中地位相差无几。但在宗氏之内,宗族长伯狱在祭祀方面仍拥有绝对的权威,故我们看到二器铭末祈福之辞"其日

---

① 参见李学勤:《鼍尊考释》,《新出青铜器研究》(增订版),人民美术出版社2016年版,第250—251页;《再释鼍方尊》,载《古文字研究》第31辑,中华书局2016年版,第91—93页。

夙夕厥馨香"至"亡不雕鲁"云云,几乎完全一样,这也说明卫尚不能脱离伯獄掌控的宗氏而独立作器。从器物形制看,卫所作铜簋的年代要稍晚于大宗伯獄的器物,①卫即便拥有独立财产能为父作祭器,但至少铸造时铭文的书写仍受到大宗族长伯獄的干预。考虑到当时青铜器铸造业未必在所有贵族宗族内普及,伯獄与卫所作铜器,很可能是在独立作坊按自己要求"订制"的,那么这种青铜祭器的"订制"也以宗氏为单位,且由宗族长统一交办。这也可看作"宗子"垄断祭祀权力的一个侧面。

除了祭祀权力,"小子"的日常生活也完全依附于宗氏,金文资料中有典型例证:

　　(1)遣伯、遣姬锡冉宗彝,眔逆小子师翮(倗)以友卅人。其用夙夜享卲文神,用禱(万)祈眉寿。朕文考其至遣姬、遣伯之德音,其竞余一子。朕文考其用乍(祚)厥身,念冉哉,亡(无)匃(害)!(冉簋,《铭图》5214,西周中期)

　　(2)唯王元年三月既生霸庚申,叔氏在大庙。叔氏命史重召逆,叔氏若曰:逆,乃祖考许政于公室,今余锡汝盾五錫、戈彤沙,用鞄(总)于公室仆庸、臣妾、小子室家,毋有不闻知……(逆钟,《集成》60—63,西周晚期)

例(1)之"冉"大概是自遣氏别族的某支分族之首领,他在别族时或别族后得到遣氏大宗赏赐的"宗彝"与逆地的"小子";例(2)之"逆"为叔氏的家宰,他总管着公室的"仆庸、臣妾、小子室家",也即总管依附民与"小子"的家户与财产。可以看出"大宗"宗族长能够支配"小子"的人身自由,部分"小子"与"仆庸""臣妾"在宗族内的社会身份颇相仿,随时有可能像依附民一样被赏赐或转让。"小子室家"既然由大宗控制,则宗族长与众"小子"应聚居一处,否则大宗的管理很难有效进行。前言中引用《多士》"今尔惟时宅尔邑,继尔居,尔厥有干有年于兹洛,尔小子乃兴,从尔迁"之文,特意强调"尔小子"也要随"多士"一同迁徙到洛邑。这一要求虽是出于强化控制的角度,却也反映了当时家族的聚居形态。金文中有"朝夕享厥多朋友"

---

① 参见朱凤瀚:《卫簋与伯獄诸器》,《南开学报》(哲学社会科学版)2008年第6期。

类似的习语,也侧面表明宗氏内的兄弟聚居在相对集中的区域内。

"小子"生存于宗氏之内,自然要为宗氏效劳,其形式多种多样:有些服役于土田,从事农业生产,如鬲簋(《首阳吉金》①26)铭先云"诸子具服",又记述滕公之命曰"凡朕臣兴晦","诸子"殆指公室内的诸位"小子",也就是滕公口中"兴晦"务农之"臣";②有些承担族内低级的管理工作或某些基层事务,如办理土田交割的"颜小子"、"卫小子"(九年卫鼎,《集成》2831;五祀卫鼎,《集成》2832)、"散人小子"(散氏盘,《集成》10176),替大宗提起诉讼的曶之"小子謎"(曶鼎,《集成》2838)等;有些还会受命率领族人向外开拓,比如前揭鼂尊铭文之"公命鼂从厥友启炎土",大概是命小子"鼂"会同族内兄弟去炎地开辟疆土;宗族长统领宗族武装对外征战时,"小子"也要跟着上战场拼杀,如前举不嬰簋的例证。另有部分地位更高、能力较强者,凭借大宗的庇佑或推荐,还可在王朝谋得官职,跻身统治集团上层。即便在王朝做官,"小子"也常常供职于其大宗的衙署,金文中有"大师小子师望"(《集成》2812、3682、4354 等)最为典型,盖"大师"宗氏内的"小子"名"望",亦任"师"职,在朝堂上仍旧听命于宗族首领"大师"。地位最高的莫过于王室"小子",他们的主要任务大概是勤习武艺,以充宫廷宿卫,静簋铭文"小子眔服眔小臣眔尸(夷)仆学射"(《集成》4273)、柞伯簋铭"小子、小臣,敬有毁,获则取"(《资料库》NA0076)皆具代表性,在射礼中"小子"有更多机会获得天子赏赐,博取立族的资本。总之,不同等级的宗氏之"小子"生活境遇自然有差别,但无论身份高低、财富多寡,各级"小子"总是要紧紧环绕在大宗的身边。

(三)宗氏的动态变化——从"小子"到"小宗"的转变

依托上述种种谋生手段,"小子"得以托身于宗氏之内,随着时间推移,诸多"小子室家"自然也会不断滋蕃人口,但"宗氏"的规模并未因此有极大扩张。我们看到不论哪个级别的宗氏,整体规模均不算大,其亲族组织都保持在直系父子两代或三代之内,只容纳若干亲缘关系较近的"小子"。其原

---

① 《首阳吉金:胡盈莹、范季融藏中国古代青铜器》,上海古籍出版社 2008 年版。以下文中引用简称《首阳吉金》并括注著录号。

② 陈絜、田秋棉:《商周宗亲组织的结构与形态》,《中国社会科学》2022 年第 4 期。

因在于不断有"小子"从宗氏分离出去,一部分在数代之后与大宗的血亲关联趋于消弭,彻底沦为基层劳作者,转化为本宗族的依附民,如弪簋中的"逆小子"近似于务农之仆庸,或被赏赐或被分割。另一部分则凭借为宗氏效命、在王朝为官而获得的政治资本与土田货贝等生产资料,正式别族立氏,建立起新的宗氏组织,如第一章所说的"亚族"、《左传》等文献所记载的"分族"。分族者,即"宗子"以下的宗族成员——包括母弟、庶兄弟或从父兄弟等过去的"小子"——分离出去另外建立的宗族,实质上等同于《礼记》所谓"继祢者为小宗"。从"小子"转变为"分族"的过程,在举族小子"小臣缶"的后代分立为亚族"举妫"的事例中有充分展现(参见本书第一章第二节),西周金文中也有资料可供分析,如前面引用过的盠尊铭文:

> 唯王十又二月,辰在甲申,王初执驹于庌。王呼师虢召盠。王亲旨
> (诣)盠驹,锡两。拜稽首,曰:"王弗望(忘)厥旧宗小子,楚(胥)皇盠
> 身。"盠曰:"王俩下,不(丕)其则,迈(万)年保我万宗。"盠曰:"余其敢
> 对扬天子之休(釐),余用作朕文考大仲宝尊彝。"盠曰:"其迈(万)年
> 世,子子孙孙,永保之。"(盠尊,《集成》6011,西周中期)

盠前面讲"王弗忘厥旧宗小子","旧"字表明他的家族曾经是王室的"小子",换言之现在已经分出;后面讲"保我万宗",适可验证盠的家族乃独立的宗氏。盠所作的另两件方彝铭文云"天子不叚不其万年保我万邦"(《集成》9899、9900),更揭示出盠所在家族已壮大为"万邦"中的一邦。从"宗小子"到独立的"宗"、"邦",发展轨迹可谓显豁。

分族的内涵大小亦有不同。广义上,除初立族者以外,凡有宗氏就有分族,周王室是天下的大宗,分封同姓诸侯属于周之分族,在王朝内供职的周、毛、虢、单等卿族也属于王室的分族。《国语·周语上》记载单襄公云:"朝也不才,有分族于周",表明单氏乃周之分族。又《左传》昭公二十二年记载王子朝叛乱时,曾联合"旧官百工之丧职秩者,与灵、景之族以作乱"。"灵、景之族"即周灵王、景王之王子、王孙,他们已自王室中分出,自然也算作周之分族。

"公室"是诸侯国内的大宗,其分族称之为"公族",就是指由历代国君后裔组成的亲属集团。《左传》中常以所自出的国君之谥号冠名,如宋国有

穆、襄之族（文公七年）、桓氏（成公十五年）、戴氏（哀公二十六年），郑国有穆氏（宣公四年），晋国有桓、庄之族（庄公二十三年），鲁国有三桓（宣公十八年），齐国有二惠（昭公三年）等等。当然这只是一个集合称谓，分族各有氏名，或以邑，或以官，或以王父之字。

王朝卿士及诸侯国卿大夫是其采邑内的大宗，其分族即师服所谓"卿置侧室"、"大夫有贰宗"，乃卿大夫的支子所建。如鲁三桓中，孟献子仲孙蔑之子子服它别出子服氏，孟僖子之子南宫敬叔别为南宫氏；叔孙氏始祖叔牙之孙叔仲惠伯分出叔仲氏；季武子之长庶子公弥别出公鉏氏，季悼子之子公父穆伯别立为公父氏；晋六卿中，中行桓子荀林父之弟荀首别出知氏，知果又自知氏别出辅氏；赵夙庶孙赵穿别出邯郸氏；魏犨庶子魏颗别出令狐氏，此皆见于典籍文献者，而默默无闻史册失载者更不可胜数。

总之，由于人口滋蕃，宗氏的规模必然不断扩大，新的亲族组织也就一直从中分离出来，以分族的形式存在。与所自出的大宗母族相对而言，则称"小宗"。绝大多数发展成熟的"分族"都具备成为新的宗氏的条件，还会继续分衍枝属。宗法体系下的特色就是，宗氏与分族均是相对而言的。鲁国相对于周王室是分族，在季氏面前则为宗氏。季氏相对于鲁国公室为分族，在公父氏而言就是宗氏。依托宗氏—分族这一纽带，周王室—鲁国—季氏建立起密切的联系，以实现周王朝对"溥天之下"臣民的统治与管控。

过去许多学者认为，低层次的分族实力较弱小，政治、经济均不能独立，要依附于其宗氏，受大宗统辖，将大小宗共居共财看作宗族组织最基础、最普遍的存在形态。凡此观点大多以金文、文献中宗氏首领与"小子"间的控制—依附关系为证据。如前所述，"小子"是宗氏组织内的个体家庭户主，是分族脱离宗氏之前的形态，与分族内涵判然有别。从第一章介绍过的举、束等雄族的例证看，商周时期分族或者说"亚族"一般都拥有独立的居所和墓地，有完全由自己支配的财产，还拥有标识独立身份的族名及自己的祖神系统与祭祀权力，《国语·鲁语下》记述："公父文伯之母如季氏，康子在其朝，与之言，弗应，从之及寝门，弗应而入。"公父氏乃季氏分出之小宗家族，公父文伯之母（即敬姜）去往季氏，先后经过外朝与寝门，足证公父氏与季氏已非同居，"分族"与"宗氏"分处两地。即便最基层的"分族"，也是独立性较强的亲族组织与社会团体,具备成为新的宗氏组织的条件。

分族在基本独立自主的前提下,依照周代宗法等级制度的要求,在宗法名义上须服从于大宗。这种"服从"并非某种政治、军事、经济或信仰力量的压制,而主要体现宗族排行、政治默契与宗法祭祀等方面"温和"的协调。与商人以复合氏名标记母族分支的做法不同,周人高级贵族有时以宗法排行为分族"命氏",如金文中虢氏分为虢伯、虢仲、虢叔、虢季四家,井氏至少分为井伯、井叔两支,彊氏可区分为彊伯、彊季两支,诸如此类不在少数。在宗族名称上冠以"伯""仲""叔""季"等排行名而形成分族名号,将宗亲之情烙印在新生亲族组织的名称之中,与周人重血缘、讲"亲亲"的宗法精神高度契合,更重要的是彰显了当时宗亲组织内的尊卑等级秩序,使得大小宗、诸分支之间的关系井然有序。

王朝卿士等职既由世族宗族长垄断,则小宗之人政治上的仕进,常由大宗保举,如虢叔氏、虢季氏皆任"师"职;益氏大宗"益公"任高级军事统帅(乖伯簋,《集成》4331),其分族"益仲"一支则袭任西六师的将领(元年师旋簋,《集成》4279—4282)。至春秋时,列国正卿以下官职,仍多由各卿族之小宗分族充任,依照《左传》宣公二年记载,晋国甚至专门设立"馀子"、"公行"之官,拣选支庶之人任职。当然,分族受大宗的庇护而得以仕进,自然要以维护宗氏为己任,不忘"宗子"的恩德。《左传》昭公二十五年记载,叔孙婼聘于宋,桐门右师(乐大心)与之交谈,"卑宋大夫而贱司城氏",叔孙婼于是告人云:"右师其亡乎!君子贵其身,而后能及人,是以有礼。今夫子卑其大夫,而贱其宗,是贱其身也,能有礼乎?无礼必亡。"乐氏自乐喜(子罕)世袭司城之职,故又为司城氏。乐大心本属乐氏分族,而轻贱大宗,在叔孙婼看来"是贱其身也",属于"无礼必亡"的行为,后乐大心又不尊重"宗子"乐溷(子明),乐溷于宋君处进言,乐大心果然获罪出奔。可见终春秋之世,除个别才干出众,或野心极大之人,分族成员的政治生活往往还要依赖、受制于大宗。

学界对分族的祭祀权力旧存误解,礼书中"支子不祭"等记载,乃针对宗氏内"小子"而言,与分族无涉,①亚族自可独立祭祀所自出的祖先(参见

①　参见陈絜、田秋棉:《商周宗亲组织的结构与形态》,《中国社会科学》2022 年第 4 期。

本书第一章第二节),前举西周金文也簋盖、应公鼎都是分族独立祭祀大宗祖先的典型例证。但在一些特殊情况下,也有分族助祭大宗祀典的可能,例如康王时代的作册大方鼎铭文开篇讲道:"公来铸武王、成王異(祀)鼎。"(《集成》2758—2761)据后面作册大"扬皇天尹大保釐"云云可知,"公"为大保召公,他为武王、成王铸造祭器,从君统的一面看是臣子恭敬先王,从宗统的一面看也可算作分族助祭大宗。

可以看出,分族有时按宗法等级服从于宗氏,有时为现实政治利益而依附于大宗,不过其人口、土田、财产皆在自己掌控之下,居、葬、祭祀及族人生活全部独立进行。"宗子"作为宗族之首,在宗法名义上要领导自宗氏分出的全部人群,这种"领导"显然只能限于名义;特殊情况下,某些分族或刚刚摆脱"小子"身份,或者自身势力衰败,或遭逢战乱、巨大的政治变动,需要依附于大宗,也有可能重归"宗氏"的实际统领。如两周之际西虢东迁,在三门峡西虢公室墓地中,仍发现虢季氏贵族的墓葬,证明虢季氏可能随西虢迁往中原,与西虢宗氏居住在一起。至春秋时,大宗在政治、经济上的垄断力量越来越弱,其"领导"权力也完全趋于名义了。总之,分族作为宗氏的独立分支,一般由无独立或半独立地位的"小子"发展演变而来,但即便脱离宗氏,在宗法体系中仍居于大宗之下,大宗与小宗形成富有象征意义的等级关系。这是周代宗族组织结构的基本特点。大宗对分族宗法名义上的统属,终春秋之世仍然存在。

三、类醜——宗族组织内部的依附民

对"类醜"一词的内涵理解,古今或存争议。杜预注云:"醜,众也。"①竹添光鸿云:"类醜者,远派疏属也……分族以服内言,类醜以服外言……僖十年'神不歆非类'、成四年'非我族类其心必异',是类醜之谓也。"②以此为代表,经学家们多将类醜理解为宗族内的普通族众;但如丁山、陈梦家、

---

① (西晋)杜预注,(唐)孔颖达疏:《春秋左传正义》卷五四,(清)阮元校刻:《十三经注疏》,台湾艺文印书馆2007年版,第2134页。

② [日]竹添光鸿:《左氏会笺》,巴蜀书社2008年版,第2151页。

杨伯峻等现代学者则将之认定为族内或异族的奴隶。①《诗经》中《出车》、《采芑》等篇有"执讯获醜"之辞,类比于金文中常见的"执讯若干夫",可见西周时"醜"确有指代"俘虏"的用法。周代对外征服战争中获得的俘虏,一般也会转化为贵族私属的劳力,即依附人口。"类醜"之"类"并非如竹添光鸿所说表达"族类"之意,而同于"醜"表示众多之意,毕竟类醜作为基层劳动者,数量远较贵族为多。故类醜实际是指贵族私属的依附民,相比于宗氏与分族,类醜基本已不再具有贵族身份,是宗族内生产劳动及其他一应杂役的承担者。

如前所述,"小子"虽然依附于宗氏,但如能抓住机会积累财富,亦可转化为独立的"分族",摆脱大宗的控制。类醜对贵族的依附,则是人身上的完全依附。这些依附劳力一部分来源于周人征服的东方土著,在封建过程中,周王以"赐民赐疆土"的形式,将占领的土地及上面劳作的众人,转化为周人贵族的附庸民。如西周早期的大盂鼎铭:

> 赐汝邦司四伯,人鬲自驭至于庶人六百又五十又九夫,赐夷司王臣十又三伯,人鬲千又五十夫。(《集成》2837,西周早期)

"邦司四伯"、"夷司王臣"类似于唐叔虞分封时受赏的"职官五正",原为低等贵族,现转入盂的手中;而来自邦司的各色人等"自驭至于庶人"计659人,来自夷司的有1050人,这1700余人,就属于上文所说"类醜"的身份,听命于盂从事各类基层劳动,他们的人身也完全归盂支配。类似的情形还见于宜侯夨簋:

> 锡土,厥川三百……厥宅邑卅又五……锡在宜王人……又七里,锡奠七伯,厥……五十夫,锡宜庶人六百又……六夫。(《集成》4320,西周早期)

其中具体数字虽模糊不清,但可知宜侯得到的至少有"奠七伯"、"在宜王人"、"宜庶人"三类人口,前者同于"邦司四伯",属贵族;后两者显然也是基

---

① 参见丁山:《甲骨文所见氏族及其制度》,中华书局1988年版,第35—37页;陈梦家:《西周文中的殷人身分》,《历史研究》1954年第6期,后收入《殷虚卜辞综述》,中华书局1988年版,第611—627页;杨伯峻:《春秋左传注》,中华书局1981年版,第1536页。

层劳动者,现亦转为宜侯的依附人口。其他如邢侯簋(《集成》4241)云:"赐臣三品:州人、重人、鄘人"、令簋(《集成》4300)云:"王姜赏令……臣十家、鬲百人",均属此"类醜"的范围内。至西周晚期时,申伯受周宣王命徙封于南阳,尹吉甫为此作《崧高》亦云:

　　　　亹亹申伯,王缵之事,于邑于谢,南国是式。

　　　　王命召伯,定申伯之宅,登是南邦,世执其功。

　　　　王命申伯,式是南邦,因是谢人,以作尔庸。

　　　　王命召伯,彻申伯土田,王命傅御,迁其私人。

周王朝为经略南土,封申伯于谢地,并许诺申伯"因是谢人,以作尔庸"。旧多读"庸"为"墉",理解为谢人为申伯筑城。但定宅之事,召伯前已完成,这里的"庸"当即"土田附庸"之"庸",即把原居谢地的土著居民转化为申伯的私属劳动人口。然而出自周王室手笔的大规模封赏,唯以发生在周初一段时间为多,盖当时新征服的土地、人口数量极夥。自西周中期以来,对外扩张的脚步逐步停止,军事上转为防御姿态,贵族们自王朝获得依附劳力的机会也越来越少,主要依靠继承祖辈的财产为生。此阶段"类醜"的另一部分来源则是"小子"或"分族"势力衰败、丧失官职沦为族内平民,乃至失去人身自由而转为依附民。如肃卣铭所谓"伯氏赐肃仆六家,曰自择于庶人"[1]者,乃直接从庶民中挑选臣仆。一些贵族的分支也会沦为其他宗族的依附民,如大克鼎铭文记录周王赏赐给克的人口有"井人奔于量"(《集成》2836),我们虽不能确知煊赫一时的井氏家族缘何崩溃,但井氏族人四散奔逃,乃至被成批地赏赐给新兴贵族为"附庸",则是不争的事实。

　　类醜依附于贵族,而大小贵族又被纳入宗族体系内的不同位置,故类醜也在宗族组织之内,但不属于正式的宗族成员,而是宗族的依附人口。宗氏内的大宗、"小子"及独立生活的分族一般都拥有各自的类醜。实力强劲的大宗,拥有土田附庸的数量最多,"小子"能否分得部分,既受制于宗氏的旨意,也与自身能力相关。如不嬰以"小子"的身份在战争中立下军功,也能获得"臣五家、田十田"的赏赐,扩充了自己的依附劳力。类醜往往被驱使

---

① 　董珊:《山西绛县横水 M2 出土肃卣铭文初探》,《文物》2014 年第 1 期。

从事各类劳作,如进行农业生产的"佃人"(《集成》133 等)、"外臣仆"(《铭图》11810)、"仆庸"(《集成》4292 等),负责手工业生产的"百工"(《集成》4287),负担家内杂役劳作的"臣妾"(《集成》62 等)、"仆"(《集成》2765),等等。作为贵族的私属,他们不太可能独立参与政治活动,也无权参加贵族对祖神的祭祀;但金文中"臣"、"仆"等动辄以"家"为计量单位,可见他们能够建立家庭,依理也应拥有私人的财产。依附民的组织结构在下面几篇西周铭文中体现得比较清楚:

> 唯八月初吉庚辰,君命宰萠锡卲季姬畎臣于空木,厥师夫曰丁,以厥友廿又五家,新锡厥田以(与)牲:马十又五匹,牛六十又九拏,羊三百又八十又五拏,禾二廪……(卲季姬方尊,《文物》2003 年第 9 期,西周中期)

> 唯王七年正月初吉甲申,王命伐遗鲁侯,伯頯蔑厥老父伐历,赐圭、瓒、彝一赙(堵),豐陣以厥备,赐小子寿一家,师(?)曰引,以友五十夫……(伐簋,《铭图》5321,西周晚期)

> ……伯氏命宗人无(舞),宗人卒无(舞),祭伯乃锡宗人爵,伯氏侃匽,乃锡宗人盾、戈:盾五扬(锡),戈珚戠厚枈彤沙,仆五家,厥师曰学……(宗人簋,《古文字研究》第三十一辑,西周晚期)

上引铭文中的"以"均训为"与",被赏赐的"畎臣"或"仆"的基本结构是:有一名首领"师",统辖着他的"友"也即同族兄弟若干家。我们有理由推测,此若干家臣仆也是以家族为单位聚居生活,由卲季姬尊铭提到的牛羊马匹看,甚至实行族内共财的制度。

　　尽管如此,依附民的人口、财产连同其自身,都属于领主,可以被随意处置,如上引三例,或为母亲疼爱女儿赠送财产,或为诸侯馈赠天子派来的同宗使臣,或为"宗子"因族人有功而加以犒赏。从"师"统领"友"的结构看,被赏赐的依附民大体还能保持原本的同族聚居,至于被交易、转让者,其命运就难以预测了。西周中期的曶鼎铭文涉及贵族之间财产纠纷与狱讼,许多细节尚未弄清,但第三段记述曶与匡季之间的争端,文意相对清晰:

> 昔馑岁,匡众厥臣廿夫寇曶禾十秭,以匡季告东宫。东宫廼曰:"求乃人。乃弗得,汝匡罚大。"[匡]廼稽首于曶,用五田,用众一夫曰

嗌,用臣曰疐、[曰]腓、曰奠,曰:"用兹四夫。"(《集成》2838)

由于匡族内的"臣"二十人因饥馑而抢夺了曶的粮食,曶将匡季告到东宫处。匡季打算赔偿给曶"众一夫曰嗌"、"臣曰疐、曰腓、曰奠",后者无疑就是依附于匡氏的劳动者,现如今被交付给曶,可见在匡季心中他们能够等价于曶损失的"禾十秭"的财产。换而言之,在贵族眼中,依附人口同他们所耕作的土地、生产出的粮食一样,都可以看作宗族内的私属财产。此四人显然脱离了曾经生活的族群。当然,贵族对依附者也并非漠不关心,如曶鼎铭文第二段末尾所载:

> 曶则拜稽首,受兹五[夫]……曶廼每(谋)于晵[曰]:"汝其舍(予)譔矢五秉,曰弋尚俾处厥邑,田[厥]田。"晵则俾复令曰:"若(诺)!"

寻绎文意,曶从晵处获得"五夫"的赔偿,饶有趣味的是,晵可以凭"矢五秉"的代价,要求其附属的"五夫"能够"处厥邑、田厥田",以免受颠沛迁徙之苦。这一点又是新领主曶提出来的。也许曶的领地本就离晵很近,也许曶另有其他考量,也可能这是当时约定俗成的举动,但宗主对依附劳力的关照爱护,却已跃然纸上了。

需要注意的是,并非所有冠以"仆"一类称谓的人都是下层劳动者,典型的反例如令鼎铭(《集成》2803)中的"王驭祭仲仆令眔奋",意指令、奋二人乃为周王驾车的祭仲之仆,而二人可以参加周王举行的射礼,且令还因为表现优异得到周王赏赐,铭末云:"令拜稽首,曰:'小子廼学。'"则令本为祭仲家族内的"小子",却充当祭仲之仆。又如师旂鼎(《集成》2809)云:"唯三月丁卯,师旂众仆不从王征于方,雷使厥友引以告于伯懋父,在芳。伯懋父廼罚得、兹、古三百寽。"我们知道,在西周春秋时期,凡有资格参军出征者,至少为低级贵族;师旂的几名"仆"得、兹、古违背军令,没有跟随周王出征,被伯懋父罚没三百寽的财产。依照商尊(《集成》5997)铭文的记载,30朋贝可折合为20寽金,按此标准300寽等同于450朋货贝,揆诸西周金文的有关赐贝数量记录,这个数目着实不小,可见师旂的"仆"家资颇丰。这类"仆"或许强调的是其职事,虽然也有臣属性质,但与人身完全依附于主家的附庸劳动者当有所区分。

　　至春秋时期,宗族内依附的类醜地位仍然较低。鲁僖公征讨淮夷时所作《费誓》云:"马牛其风,臣妾逋逃,勿敢越逐。"①"臣妾"与"马牛"并列,其身份等级可见一斑。唯这一时期的史料展现依附民等级的划分似乎渐趋细致,如《左传》昭公七年有云:"天有十日,人有十等……故王臣公,公臣大夫,大夫臣士,士臣皂,皂臣舆,舆臣隶,隶臣僚,僚臣仆,仆臣台。马有圉,牛有牧,以待百事。"如此精密的划分,并非当日之实际,但却反映了层级关系的日益细化。贵族之间对私属人口的争夺依旧不少,且越来越多的贵族沦为他人之附庸,比如著名的"五羖大夫"百里奚,据《秦本纪》载,本来是虞国大夫,晋献公假途灭虞后,"既俘百里奚,以为秦缪公夫人媵于秦","媵臣"乃最低级的侍奉臣妾,所以秦人从楚赎买时不过花费"五羖羊皮"之价。到春秋晚期时,依附民与宗主之间的附属关系似乎稍有松动,《左传》哀公二年记铁之战前赵简子发布动员说:"克敌者,上大夫受县,下大夫受郡,士田十万,庶人工商遂,人臣隶圉免。""人臣隶圉"等从事杂役的依附民也可参与作战,且克敌有功者能够凭此脱离属民的身份。这一切都酝酿着新时期变革的因素。

　　依附民虽然依附于宗氏,也不是说全部环绕在宗族长身边。奴仆杂役侍奉扫洒,按说要居于宗族之内,但"宗子"的居所往往不止一处,比如西周中晚期荣氏历代在成周袭任"司徒",但其家宰"卯"自祖父辈"死司荽宫荽人"(卯簋,《集成》4327),负责管理荣氏在荽京的宫室与仆庸。至于从事生产的"佃人"等,更未必接近其领主——从周原、丰镐等地数量众多的出土青铜器看,西周时王朝卿士贵族多聚居于岐周、宗周、成周几处中心都邑之内,并不留在各自的封土采邑,自然也远离其土地上劳动的属民。另外,到西周晚期宗族的土田也并不集中在一处,典型例证见于大克鼎:

　　　　王若曰:"克,昔余既命汝出内(纳)朕命,今余惟申就乃命。锡汝叔市、参同、苸悤,锡汝田于野,锡汝田于渒,锡汝井寓劇田于䘏,以(与)厥臣妾,锡汝田于康,锡汝田于匽,锡汝田于尃原,锡汝田于寒山。(大

① 《书序》、《史记·鲁世家》等文献记载,《费誓》乃鲁公伯禽所作,近人余永梁等撰文考证,认为《费誓》行文近于《秦誓》、兮甲盘铭等,当为春秋时鲁僖公所作,其说可从。参见余永梁:《〈粊誓〉的时代考》,《古史辨》第 2 册,上海古籍出版社 1982 年版,第 71—85 页。

克鼎,《集成》2836,西周晚期)

上述地点多不可考,且位置相当分散,这也意味着,"克"获赏的土地并不环绕在其周原的宫室附近,而是散布在整个关中地区。朱凤瀚通过研究周原青铜器窖藏指出:"周原遗址地区只是这些贵族家族居址所在,是其亲族成员生活区,而其主要封土(土田、私邑)及属民并不在这里。"[①]至春秋时,诸侯国卿大夫亦常居于国都,只有面临风险威胁时才跑回封邑中。所以,族长需要创设家臣管理土田附庸,这一点容在下节详述。

总而言之,姓族—宗氏(包含"子"与"小子"及相应的家庭成员)—类醜的层级结构是西周宗族普遍的组织形态。当"小子"实力强大后,往往脱离原来的"宗氏"而独立为分族;分族规模继续扩张,就会建立新的宗族,发展为新的宗氏并拥有自己的"小子"。大体上,宗氏实际控制族内的"小子",聚居一处;以宗法名义统领分族,彼此分立,应为西周春秋时期之常态。这种描述只是概括性的,历史真相无疑更生动而复杂,但周代宗族结构乃至社会结构的基本特征大略如此。

第三节　宗族组织的日常生活与管理

改革开放以来的史学研究中,社会史视野与方法为越来越多学者所重视。社会史研究的先驱冯尔康指出:"社会史的研究,能够给予历史研究以有血有肉的阐述,真正建立实体的史学,形象化的史学,科学的史学。"[②]如果说宗法、宗庙、姓氏等制度是西周宗族体系的骨架,那么宗族组织中的日常生活则是其血肉,充分了解周代宗族内部生活运行之常态,对于先秦宗族史乃至整个古代中国宗族生活的研究都有极大的意义。幸赖传世典籍与出土彝铭都有相关记载,使我们对周代宗族的认识能够更加立体,更加丰满。

一、婚丧嫁娶与宗族燕享

关于周代宗族组织中的生活情况,《诗经》、《左传》、《国语》等文献都

---

① 朱凤瀚:《商周家族形态研究》(增订本),天津古籍出版社 2004 年版,第 379 页。
② 冯尔康:《开展社会史研究》,《历史研究》1987 年第 1 期。

有较可靠的记载,但文字散落于各处;而相对晚出的"三礼"之学,对于社会生活的论述则颇系统,尤其是《仪礼》一书,只看它的篇目仿佛即可了解周人贵族生活之日常:

> 士冠礼第一,士昏礼第二,士相见礼第三,乡饮酒礼第四,乡射礼第五,燕礼第六,大射礼第七,聘礼第八,公食大夫礼第九,觐礼第十,丧服第十一,士丧礼第十二,既夕礼第十三,士虞礼第十四,特牲馈食礼第十五,少牢馈食礼第十六,有司彻第十七。

其诸多名目,可由《礼记·昏义》之语概括:

> 夫礼,始于冠,本于昏,重于丧、祭,尊于朝、聘,和于射、乡。此礼之大体也。

按《说文》"礼,履也。"《礼记·祭义》"礼者,履此者也。"礼实质上乃是贵族行为之准则规范。所以,这里所谓"礼之大体"的冠、昏(婚)、丧、祭、朝、聘、射、乡,也即当时贵族阶层生活的主要内容,上至周王,下至元士,莫不如此。唯《仪礼》、《礼记》乃春秋以后学者依托古制之规划,虽然有可信的成分,并非周代之实录,故不能完全据此探讨周人宗族的日常生活。但礼书经历代学者研习,纲目整齐,不失为我们了解周代宗族的切入线索,若再结合相关出土文献材料与史书实录,相信可借此追寻周代宗族生活的历史真相,虽不中,亦不远矣。

(一)婚嫁

婚丧嫁娶乃日常生活的重要内容,古今概莫能外。这里我们不妨就从"礼之本"的婚嫁入手,首先介绍周代的婚姻习俗与仪式,特别是婚嫁在宗族组织中呈现的特色。前文屡次提到,周人通过姓族的建立扩大了婚禁范围,实行"同姓不婚"之制,这是宗族体系中婚姻最显著的特点。而在婚禁范围之外,不同姓族之间,婚嫁也往往有固定的搭配,如学者熟悉的姬、姜二姓世代通婚,又如《左传》宣公三年记载石癸所言"吾闻姬、姞耦,其子孙必蕃"等。而在当时宗族与政权紧密结合的背景下,政治联姻也是极正常的现象,典型者如晋文公重耳出亡秦国时,秦穆公欲将曾嫁于晋怀公的怀嬴再嫁给重耳,重耳本欲拒绝,其徒臼季、狐偃、赵衰均劝阻,臼季还要扯一段同德异德的道理,赵衰却一针见血地指出:"今将婚媾以从秦,受好以爱之,听从以德之，惧其未可也，又何疑焉？"①由此推测，西周时期类似的政治联姻当也不在少数，例如夷王、厉王时娶鄂国、申国的女子为后妃，当有经营南土的现实考量。②

前文谈到，商代统治者实行多妻制，所以历代商王均不止一位配偶进入周祭。但为了配合宗法体系下的嫡长子继承制，周代必然要坚持一夫一妻，否则嫡长子无法确立；而出于繁衍子孙的考虑，又要多娶，故最终推行一夫一妻多妾制。正妻地位独尊，按《礼记·曲礼》记载"天子之妃曰后，诸侯曰夫人，大夫曰孺人，士曰妇人，庶人曰妻"，各有等差。传世有苏甫人盘（《集成》10080）、匜（《集成》10205），其"甫人"之称即诸侯之夫人。但"妻"、"妇"一类的名号似可通用，如西周铜器铭文有"王妻"（《资料库》NA0957）、"王妇"（《集成》10240）之称，可见王之妃嫔亦可称"妻"、"妇"。正妻之外，多妾的数量与来源也有讲究，以诸侯为例，《公羊传》庄公十九年称："诸侯娶一国，则二国往媵之，以侄娣从。侄者何？兄之子也。娣者何？弟也。诸侯一聘九女，诸侯不再娶。"《左传》成公八年云："凡诸侯嫁女，同姓媵之，异姓则否。"是言诸侯从一国娶妻，当有同姓二国陪嫁，而三人又以各自的侄、娣陪嫁，最终"一聘九女"。普通的卿族可能也有侄娣陪嫁，故《白虎通》云："卿大夫一妻二妾。"从出土文献看，这种媵妻行为应该是存在的，如曾甫人匜（《铭图》14964）云"曾甫人作仲姬、辛姬盥匜。"但发展至春秋时，已不能严格执行同姓相媵的制度，异姓相媵者大有人在，如"许子妆……用媵孟姜、秦嬴"（《集成》4616）、"上都公择其吉金，铸叔芈、番改媵簠"（《资料库》NA0401）、"曾侯作叔姬、邛芈媵器鸞彝"（《集成》4598）等。

在正常的通婚以外，《左传》诸书中还记载有一些特殊的婚姻关系，后人称之为"蒸"、"报"：

　　　　初，卫宣公蒸于夷姜，生急子。服虔注：上淫曰蒸。（《左传》桓公十六年）

　　　　初，（卫）惠公之即位也少，齐人使昭伯蒸于宣姜。不可，强之，生

① 徐元诰撰，王树民、沈长云点校：《国语集解》（修订本），中华书局2002年版，第338页。
② 参见陈昭容：《从青铜器铭文看两周汉淮地区诸国婚姻关系》，台湾《"中央研究院"历史语言研究所集刊》2004年第75本第4分。

齐子、戴公、文公、宋桓夫人,许穆夫人。(《左传》闵公二年)

（宋)公子鲍美而艳,襄夫人欲通之,而不可,乃助之施。昭公无道,国人奉公子鲍以因夫人。(《左传》文公十六年)

（郑)文公报郑子之妃,曰陈妫,生子华、子臧。杜预注:《汉律》:淫季父之妻曰"报"。(《左传》宣公三年)

根据《左传》书中记载的人物关系,我们可知子或孙娶其父、祖之妻为妻,称为"蒸";旁系亲属之间晚辈娶长辈之妻,称为"报"。顾颉刚作有《由蒸报等婚姻方式看社会制度的变迁》一文,①对这种特殊婚姻方式作了详尽研究,除蒸、报外,父亲娶子侄之妻、平辈之间"叔接嫂"的行为,在春秋时期也不在少数。这类在后世儒家礼教看来,属于淫乱非常的举动,在当时却无甚特异,所以齐人在昭伯不愿意蒸于宣姜时,毫无顾忌地"强之",襄夫人想要与孙辈的公子鲍结合时,宋之国人都主动支持。这种春秋时流行的蒸报婚,在汉以后周边少数部族中仍然存在,其实施的意义,借用汉人的话讲,是"恶种姓之失也"、"必立宗种"。回归到西周、春秋时期宗族势力强盛的背景,这种蒸报婚的行为也不难理解:一方面是对久远的氏族制度的继承,如顾颉刚所说:"从父系氏族社会直到奴隶制社会,妇女都是氏族和宗族里的一笔财产。在生产不发达的社会里,氏族和宗族要守住一笔财产是不容易的,所以从别的族里嫁来的女子不可任她流失。"另一方面,"从当时说,也是团结同族的一个方法"。回顾《左传》中的记载,蒸报婚常发生在国内或族内动荡之时,国君或"宗子"为了维系稳定,凝聚同族的力量,在宗族内采取这种原始的通婚方式;没有动乱发生时,继承父辈的诸多妻子,可能出于广继嗣的考虑,也或许有争取通婚家族支持的目的。总之,宗族的整体利益高于族内个体的个人利益,只要有利于维护宗族,加上去古未远,蒸报婚也完全可为时人所接受。

普通贵族婚嫁的具体仪式,保存在《仪礼·士昏礼》中,有"六礼"之称:

第一,纳采。经媒人说合后,男方派使者以雁为贽礼,向女方求亲。《左传》昭公元年"公孙黑又强委禽焉","委禽"即指此纳采之事。

---

① 发表于《文史》第14、15辑,中华书局1982年版。

第二,问名。男方使者以占卜为名义,询问女子名号。

第三,纳吉。卜得吉兆,男方使者来告。

第四,纳徵。即致送聘礼。

第五,请期。乃谦辞,即告知结婚的日期。

第六,亲迎。男方到女方家迎娶。《大雅·韩奕》所谓"韩侯迎止,于蹶之里,百两彭彭,八鸾锵锵,不显其光",描述的就是迎亲之场景。

到达男方家中后,还要进行盥洗、共牢、合卺诸程序,次日新婚妻子于堂上见舅姑,如舅姑已殁则三月后至庙祭奠,至此妻子正式成为夫家之一员。天子及高级贵族大体亦类似,只是细节上有异,如诸侯不亲迎等。

(二)生育及成人

婚姻既成,则将繁育子嗣。生育礼俗集中见载于《礼记·内则》等篇,撮其大概即:妻将生子,提前居于侧室,夫妻不相见,生子后,"男子射弧于门左,女子设帨于门右",以表示男女不同。三日后"始负子",丈夫使用祭牲以"接子",国君至庶人各有等差,庶子又较嫡子降一等。再过三月,择吉日"妻以子见于父",夫妻始相见,同时举行命名的仪式,命名原则见于《左传》桓公六年申缟之言:"名有五:有信,有义,有象,有假,有类。以(名生)[生名]为信,以德命为义,以类命为象,取于物为假,取于父为类。不以国,不以官,不以山川,不以隐疾,不以畜牲,不以器币。周人以讳事神,名,终将讳之。"新生儿从此进入宗族生活。

周代贵族男女有名有字,称字是对他人的一种尊重,因为字是成年的标志,即所谓幼名冠字。如《礼记·檀弓上》云:"幼名,冠字,五十以伯仲,死谥,周道也。"冠字通常与排行联称,如《仪礼·士冠礼》记男子冠礼取字"曰伯某父,仲、叔、季唯其所当"。冠礼具有成人礼的重要意义,《礼记·冠义》谓"已冠而字之,成人之道也",故取字又是成年礼的一个关键环节,多由族中长老所命。通常冠字据性别而曰"某父"、"某母",即表示可以婚嫁,可以生育,可以为人父母,成为宗族组织中享受完整权利、承担完整责任的正式一员。

(三)丧葬

相比于婚礼体现两姓相合之美,丧葬活动更多表现宗族内部的等级秩序。其中最引人注目的莫如丧服制度。丧服者,郑玄《三礼目录》谓为"天子以下,死而相丧,衣服、年月亲疏隆杀之礼"①。有学者指出,丧服礼俗是"起源于祖先崇拜的一种宗教行为",其原始意义"是基于对鬼魂的恐惧心理",②但在儒家学者的规划中,丧服与宗法制度紧密结合在一起,生者所服丧服轻重不同,依次为斩衰、齐衰、大功、小功、缌麻。斩衰用布最少,制作最粗糙,以示心情最为哀伤,实则代表了与死者在宗族组织中的关系最近,依次到缌麻,制作最精,而与死者关系最远。各种服制内又因时间长短不同,有三年与杖期之分。《仪礼·丧服》记载士阶层的亲属丧服等差最为完整,略如下图:

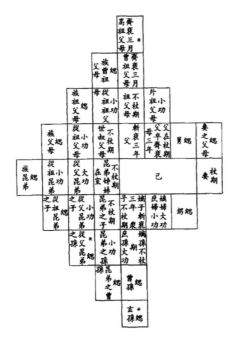

士阶层的亲属丧服等差③

---

① （汉）郑玄注,（唐）贾公彦疏:《仪礼注疏》,（清）阮元校刻:《十三经注疏》,上海古籍出版社1997年版,第1096页。
② 章景明:《先秦丧服制度考》,台湾中华书局1971年版,第4页。
③ 选自钱玄:《三礼通论》南京师范大学出版社1996年版,第453页。带＊者《仪礼·丧服》未载,为钱玄拟补。

按《礼记·大传》云:"服术有六:一曰亲亲,二曰尊尊……",宗法制度的核心"亲亲"、"尊尊",正是丧服制度的首要原则。只看最重的斩衰三年之服,子为父服,是为亲亲;父只为嫡长子服,因为嫡长子本将继为宗主,所谓"正体于上,又乃将所传重也",是为尊尊,强化宗族长在宗法体系内至高无上的地位。又如为母亲所服丧服,父卒服齐衰三年,是体现亲亲之情,父在则降为齐衰杖期,原因在于"至尊在,不敢伸其私尊也"。这也是为了维护大宗"宗子"的至尊地位。其余降杀,大率类此。

但是,这套复杂的服制在当时的实行情况,是很值得怀疑的。从有限的史料看,西周时有无丧服之制难以确知。[①] 春秋时当有斩衰一类的丧服,如《左传》襄公十七年记:"齐晏桓子卒,晏婴粗斩衰,苴绖带、杖,菅履,居倚庐,寝苫枕草。"但像《丧服》记载的那样整齐划一的制度,恐怕春秋时尚未推行。《丧服》本身大概也是战国儒者汇集各方习俗与资料设计出来的,但相关制度完美体现了周人理想的宗族组织的亲属构成以及宗法的核心精神,仍然是研究周代宗族的宝贵史料。

丧葬礼俗一方面务求体现宗法等差,另一方面也以睦亲收族为务,可由丧礼促进宗族群体的团结。如《礼记·檀弓》云:"有殡,闻远兄弟之丧,虽缌必往;非兄弟,虽邻不往。所识,其兄弟不同居者皆吊。"《檀弓》还记载了一个感人至深的故事:鲁国贵族子柳之母死,其庶弟子硕主动请粜置办丧具,子柳问:"何以哉?"子硕曰:"请粥庶弟之母。"(郑注:粥,谓嫁之也。妾贱,取之曰买。)子柳回绝道:"如之何其粥人之母以葬其母也?不可。"葬礼完成后,子硕打算用剩余的助葬之物置办祭器,子柳曰:"不可。吾闻之也,君子不家于丧,请班诸兄弟之贫者。"由子硕的行为推测,葬礼中庶子可能确实要承担一部分义务,当然子柳所做也充分显示了大宗对同族之庇护。葬礼中同宗同族之内"赗赙"的助葬行为,也为出土材料所证明,例如三门峡虢国墓地 M2001 时代在两周之际,据出土器物看,当为虢季之墓,其中有

[①] 平顶山应国墓地 M242 新出🅰(癭)鼎铭文有"择衣"之语(《资料库》NB0009),有学者认为反映了丧服之制(参见袁俊杰、王龙正:《论🅰鼎与丧服礼》,《考古》2015 年第 6 期),但"择衣"之辞指向模糊,也可能指祭服等,未可引为确证。

小子吉父方甗一件,铭文被刮削,但"小子"之称谓尚存,疑是宗氏内"小子"赗赙宗族首领之器物。① 平顶山应国墓地 M242 出土有西周早期柞伯簋,应国乃武之穆,柞国系周公之胤,从宗法上讲关系较近,故这件柞伯簋有可能是柞国送往应国的助葬铜器。② 另外,西周早期的竹园沟虢国墓地 BZM4 墓主人为虢季,出有夌伯觯一件,由茹家庄虢伯墓地有夌姬鬲等器物看,夌氏乃与虢国通婚之异姓宗族,却也可赗赙铜器为小宗虢季助葬,侧面反映出西周初年宗法制度尚未完全建立。

士阶层丧礼的具体仪式,较为完整地保留在《士丧》、《既夕》、《士虞》数篇之中,可谓繁文缛节;天子、诸侯丧礼的记载散见于《礼记》诸篇,亦极琐碎。其中多处细节均能体现宗法制度,兹简举二例:其一,死者新死在室时,主人及众亲须依次入哭位:主人坐于床东,众主人(郑注:庶昆弟也)在其后,西面,妇人(郑注:谓妻妾子姓也)位于西,东面,亲者(郑注:谓大功以上父兄姑姊妹子姓在此者)在堂,众妇人、众兄弟(郑注:小功以下)在堂下或户外。③ 此远近次序与宗法等级完全相配。其二,大功以上的亲者"襚"即赠送衣被,"不将命,以即陈",关系稍远的庶兄弟襚,则"使人以将命于室,主人拜于位"。据郑玄注,这是因为"大功以上有同财之义",反映了宗族组织内部的团结。④ 诸如此类记载礼书中不胜枚举。然这套丧礼有多大的可信度,也缺乏足够的证据判断。新近公布的清华简《郑武夫人规孺子》,记述了春秋初年郑武公刚去世时,郑庄公(孺子)与武夫人(武姜)的政治斗争,文字晦涩,疑是史官实录:

> 郑武公卒,既肂,武夫人规孺子曰……孺子拜,乃皆临:"自是期至葬日,孺子毋敢有知焉,属之大夫及百执事。"人皆惧,各恭其事。边父

---

① 参见河南省文物考古研究所、三门峡市文物工作队:《三门峡虢国墓地》,文物出版社 1999 年版,第 38 页。

② 参见河南省文物考古研究所、平顶山市文物管理局:《平顶山应国墓地》,大象出版社 2012 年版,第 188 页。

③ 参见(汉)郑玄注,(唐)贾公彦疏:《仪礼注疏》卷三五,(清)阮元校刻:《十三经注疏》,上海古籍出版社 1997 年版,第 1129 页。

④ 参见(汉)郑玄注,(唐)贾公彦疏:《仪礼注疏》卷三五,(清)阮元校刻:《十三经注疏》,上海古籍出版社 1997 年版,第 1130 页。

规大夫曰:"君拱而不言,加甋于大夫,汝慎甋。"君葬而旧(久)之于上三月。小祥,大夫聚谋……(《清华大学藏战国竹简(陆)·郑武夫人规孺子》)①

其中多处提到丧礼术语,②如"既殡","殡"即指陈尸于西阶坎中之棺待葬的过程。"乃皆临","临"当读如《左传》宣公八年"国人大临,守陴者皆哭"之临,杜预注"临,哭也。"盖指大敛成服后朝夕哭之仪式。甋,疑读为"重",《檀弓》云:"重,主道也。"甋从童从主,"主"并非叠加的音符,实乃增添的义符,即代替木主之重。《士丧》云:"重,木刊凿之。甸人置重于中庭。参分庭,一在南,夏祝鬻馀饭,用二鬲于西墙下,幂用疏布,久之,系用靲,县于重。幂用苇席,北面左衽,带用靲,贺之。结于后。"郑注:"久读为灸,谓以盖塞鬲口也……贺,加也。"则"加重",可理解为捆绑好重木,"久之于上",即盖塞鬲口置于重上。《檀弓》又云:"重,主道也。殷主缀重焉,周主重彻焉。"《杂记》:"重,既虞而埋之。"简文的"加重"、"慎重"、"久之于上"怀疑与入葬的某些细节有关。"小祥",为丧后周年之祭祀。由简文观之,《仪礼》所载丧礼程序大多有所本源,取材于现实生活,但部分细节或有出入,可能春秋时宗法礼制已趋于崩坏,也可能后世儒者有更多拟补修订。

(四)燕享

婚丧乃人生之大事,着实重要,却非日常。在周人贵族的生活中,除衣食住行以外,燕享与聘问尚占有不小的比重。从礼书的记载看,周代饮食、衣服、宫室、车马方面的制度仪式亦相当烦琐,但主要关乎身份等级方面;聘问乃贵族之间交往的礼仪,至于燕享,则与宗族组织关系密切。

燕享者,本字或作"宴享"、"宴飨",礼书有飨、食、燕之分,《仪礼》有《燕礼》一篇,郑玄《三礼目录》云:"诸侯无事,若卿大夫有勤劳之功,与群臣燕饮以乐之。"③乃诸侯之礼;又有《公食大夫礼》一篇,郑玄以为是"国君以

---

① 清华大学出土文献研究与保护中心编:《清华大学藏战国竹简》(陆),中西书局 2016 年版,第 27—35 页。

② 参见李守奎:《〈郑武夫人规孺子〉中的丧礼用语与相关礼制问题》,《中国史研究》2016 年第 1 期。

③ (汉)郑玄注,(唐)贾公彦疏:《仪礼注疏》卷一四,(清)阮元校刻:《十三经注疏》,上海古籍出版社 1997 年版,第 1014 页。

礼食小聘大夫之礼"①;至于诸侯之间实行的飨礼,也是招待宾客宴饮之事,杨宽认为即《仪礼》中士阶层《乡饮酒礼》的高级形式。② 总之,燕享就是指贵族延请宾客饮酒作乐的行为。从卜辞材料与晚商金文看,殷商时燕享已较常见:

> 庚午卜,争贞:叀王鄉壴。(《合集》5237,宾组)

> 叀多生鄉。

> 叀多子[鄉]。(《合集》27650,无名组)

> 王先狩,廼鄉,擒有鹿,亡灾。(《合集》28333,无名组)

> 王来狩自豆麓,在禰𠂤(次),王鄉酉(酒),王光(贶)宰甫贝五朋,用作宝𣪘。(《集成》5395,宰甫卣)

> 乙亥,王囗,在鄝(郹)𠂤(次),王鄉酉(酒),尹光遒唯各(恪)③,赏贝,用作父丁彝。唯王征井方。 🏹 。(《集成》2709,尹光鼎)

可见商王燕享之范围很广,既有子弟、姻亲,也有王朝官员或部族首领。商王以下,各级贵族也常常宴饮,只是限于材料不足,其形式、程序与核心精神难以讲明。《酒诰》指责殷商晚期统治者"诞惟厥纵淫泆于非彝,用燕丧威仪"、"惟荒腆于酒,不惟自息"、"庶群自酒,腥闻在上",大盂鼎铭(《集成》2837)也讲到"我闻殷述(坠)命,唯殷边侯田,𩁹殷正百辟,率肆于酒,故丧师"。可见殷人确实饮酒过度,甚至一定程度影响了政权运转。所以,周人一方面吸取教训,反复告诫贵族"无彝酒"、"勿辩乃司民湎于酒"、"酒毋敢酖";另一方面,相比与殷人饮酒作乐,周人进一步强调燕饮的积极意义——通过燕享维护宗族组织的团结。这无疑是周人的高明之处,也是宗法制度的优势所在。

　　周代贵族的燕享也很频繁,就可靠的史料看,大体有如下几类情况。一是天子或诸侯之臣属有勋劳而设宴,也即郑玄《三礼目录》所说的"卿大夫有王事之劳",典型者如清华简《耆夜》记载毕公伐黎得胜归来,在文王宗庙

---

① (汉)郑玄注,(唐)贾公彦疏:《仪礼注疏》卷二五,(清)阮元校刻:《十三经注疏》,上海古籍出版社 1997 年版,第 1079 页

② 杨宽:《"乡饮酒礼"与"飨礼"新探》,载杨宽:《古史新探》,中华书局 1965 年版,第 280—309 页。

③ "各"读作"恪",参见杨树达:《积微居金文说》,上海古籍出版社 2013 年版,第 257 页。

行"饮至"之礼。二是诸侯、卿大夫招待天子或其他贵族往来聘问之使臣，即郑玄所谓"四方聘客与之燕"，乃聘礼的一个环节，这类情形《左传》、《国语》中多有记载，西周早中期金文中常见"用鄉王逆洀使人"（《集成》2487）、"用鄉王出入使人"（《集成》2733）等习语，亦属此意。三是周王及各级贵族举行隆重典礼，如祭祖、冠礼、婚礼、射礼等，一般兼有燕享之事。如西周中期遹簋铭文云："唯六月既生霸，穆穆王在莽京，呼渔于大池。王鄉酉（酒），遹御，亡遣"（《集成》4207），所叙即射礼之后的燕享。除此之外，还有郑玄所说的"诸侯无事而燕"，这里的"无事"，恐怕并非真的没有目的，其真实意图就在于召集同宗同族把酒促膝，于进退礼仪中巩固大宗的独尊地位，又于欢声笑语中增强宗族内部的凝聚力。《周礼·春官·大宗伯》"以饮食之礼，亲宗族兄弟"，表达的正是这个意思。早在克商之前，周人就已经有这样的观念，《诗经·大雅·公刘》云：

> 笃公刘，于京斯依，跄跄济济，俾筵俾几，既登乃依，乃造其曹，执豕于牢，酌之用匏，食之饮之，君之宗之。

上文谈宗统与君统时已引用过这段材料，其含义此不赘述。所谓"食之饮之"，即指公刘以宗族长的身份聚族宴饮。在其他诗篇中，对燕饮场面的描绘更加生动：

> 傧尔笾豆，饮酒之饫。兄弟既具，和乐且孺。（《诗经·小雅·常棣》）

《毛传》："傧，陈。饫，私也，下①脱履升堂谓之饫。"盖同族兄弟饮酒，径可脱履升堂，尽显感情之亲密。

> 伐木许许，酾酒有藇。既有肥羜，以速诸父。宁适不来，微我弗顾。
> 于粲洒扫，陈馈八簋。既有肥牡，以速诸舅。宁适不来，微我有咎。
> 伐木于阪，酾酒有衍。笾豆有践，兄弟无远……（《诗经·小雅·伐木》）
> 尔酒既旨，尔肴既嘉。岂伊异人，兄弟匪他……
> 尔酒既旨，尔肴既时。岂伊异人，兄弟具来……

---

① 各本误作"不"，依陈奂《诗毛氏传疏》改。参见（清）陈奂：《诗毛氏传疏》卷一六，台湾学生书局1967年版，第406页。

尔酒既旨,尔肴既阜。岂伊异人,兄弟甥舅……(《诗经·小雅·颊弁》)

此二诗旨意相近,主人已备下美酒佳肴,邀请同宗的诸父、兄弟,以及宗族外姻亲诸舅前来宴饮,并敦促他们一定要来,否则就是主人"有咎"。《毛传》以《伐木》为天子燕诸侯之诗,林义光《诗经通解》谓"是亲朋酒食相乐",殊为得之。

礼仪既备,钟鼓既戒,孝孙徂位,工祝致告。神具醉止,皇尸载起,鼓钟①送尸,神保聿归。诸宰君妇,废彻不迟。诸父兄弟,备言燕私。(《诗经·小雅·楚茨》)

此乃宗族内祭祀祖先的仪式结束之后,宗妇与家宰迅速撤下祭品,而同宗的长辈、兄弟,则趁此宴郷而尽叙私情,"所以亲骨肉也"。

……戚戚兄弟,莫远具尔(迩),或肆之筵,或授之几。

肆筵设席,授几有缉御。或献或酢,洗爵奠斝。醓醢以荐,或燔或炙。嘉肴脾臄,或歌或咢。(《诗经·大雅·行苇》)

凡同族兄弟要相聚在一起,年幼者设筵,年长者凭几,有人敬酒,有人酬答,佳肴美食进呈于前后,欢歌笑语回荡在席间。

湛湛露斯,匪阳不晞。厌厌夜饮,不醉无归。

湛湛露斯,在彼丰草。厌厌夜饮,在宗载考。(《诗经·小雅·湛露》)

《毛传》云:"厌厌,安也,夜饮,燕私也。宗子将有事,则族人皆侍,不醉而出,是不亲也。醉而不出,是渫宗也……夜饮必于宗室。"是同宗兄弟燕饮必醉,且可通宵达旦,足见亲密。

读完这些诗篇,西周时期宗族成员宴饮时敦亲睦恩、其乐融融的景象跃然纸上。不止传世典籍,燕享兄弟在铜器铭文嘏辞习语中出现尤多:

卫肇作厥文考己仲宝簋,用奉(祓)寿,匄永福,乃用郷王出入使人眔多朋友,子孙永宝。(卫鼎,《集成》2733,西周早期)

唯十又一月初吉甲申,王在华,王赐命鹿,用作宝彝。命其永以多友簋(匋=饱)飤(食)。(命簋,《集成》4112,西周早中期)

---

① 今本皆作"鼓钟",《宋书·礼志四》两引此诗作"钟鼓送尸",或谓唐初当作"钟鼓",今本承开成石经之谈。参见(清)段玉裁:《诗经小学》。

伯康作宝簋，用鄉朋友，用餴王父王母，熙熙受兹永命，无疆纯佑……（伯康簋，《集成》4160，西周晚期）

弭仲作宝簋……弭仲受无疆福，诸友饮飤（食）具匋（饱），弭仲具寿。（弭仲簋，《集成》4627，西周晚期到春秋早期）

旲季良父作殸姒尊壶，用盛旨酒，用享孝于兄弟、婚媾、诸老……（旲季良父壶，《集成》9713，春秋早期）

叔家父作仲姬簠，用盛稻粱，用速先后、诸兄……（叔家父簠，《集成》4615，春秋早期）

上面出现的"朋友"、"诸友"、"多友"、"兄弟"，所指大概一致，其例如《左传》襄公十四年"士有朋友"，桓公二年师服言"士有隶子弟"，"朋友"等同于家族之子弟，即宗亲组织内的同族兄弟。故凡此均属贵族制作铜器用于阖族宴饮。既然宗族内燕享之事在铜器铭文中被反复提及，且相当郑重，燕饮在时人心中的重要性不言而喻。

此宗族内燕享之具体仪式，彝铭并无详述，礼书亦未专门记载，然如秦惠田说道："由是推之，则族饫之礼，即为飨礼乎？族食其即食礼乎？族燕之有宾主，固即燕礼……然则礼于异姓有飨、有食、有燕饮、有稍事之饮，而在同姓则有族饫、族食、族燕以及私饮酒之仪，相配以成文，于以见王道公私之无间。"[1]孙诒让亦云："人君与宗族饮食之礼，今亡，盖与燕礼及公食大夫礼略同。"[2]按先秦饮酒之礼，以《乡饮酒礼》、《燕礼》为代表，大概包含以下程序：第一，某宾、迎宾。第二，献宾，主人取酒敬献宾客为"献"，宾客于主人席前还敬为"酢"，主人再饮并劝宾客为"酬"，合为一献之礼。第三，作乐，演奏《诗经》篇章。第四，旅酬安宾。第五，彻俎升席，无算爵，无算乐，即连续饮酒与奏乐，宾主尽欢。估计宗族内饮酒之仪式与此相类，《礼记·文王世子》谓："若公与族燕，则异姓为宾，膳宰为主人，公与父兄齿。"则"宗子"不为主人，以家宰为主人，以异姓姻亲为宾，席位亦与寻常燕礼不同。至于食礼，有正馔，有加馔，今日也难以弄清所谓"族食"具体包含哪些菜

---

① （清）秦惠田：《五礼通考》卷一四三《饮食礼》，光绪六年（1880）江苏书局刊本。

② （清）孙诒让撰，王文锦、陈玉霞点校：《周礼正义》卷三四，中华书局2013年版，第1360页。

肴。不过聚众燕享除了能敦促恩情外,同时也可昭示宗法等级秩序。《左传》所记臧叔纥立悼子的故事,就是典型例子,向来为人津津乐道:

> 季武子无適子,公弥长,而爱悼子,欲立之……访于臧纥,臧纥曰:"饮我酒,吾为子立之。"季氏饮大夫酒,臧纥为客。既献,臧孙命北面重席,新樽絜之,召悼子,降逆之,大夫皆起。及旅,而召公鉏,使与之齿。(《左传》襄公二十三年)

季武子要从庶子中选取继承人,钟爱年纪小的悼子,臧孙纥表示可以帮忙。杨宽对臧孙纥的做法解说得很明白:"臧孙纥为了帮助季武子立悼子为继承人,在献宾礼后,就'北面重席,新樽絜之',隆重地把悼子迎接来,等到'旅酬'排定席次时,又把公弥召来,使列席在悼子之下,这样就重新确定了长幼次序,把悼子提升到嫡子地位,把公弥降为次于悼子的庶子。因为按照乡饮酒礼,如果有'尊者'参加,'席于宾东,公三重,大夫再重'(《仪礼·乡饮酒礼》),这时臧孙纥把悼子迎上堂来,'北面重席',给予大夫的地位,就明确了他是季武子的继承人。又按'酬旅'的礼节,'介酬众宾,少长以齿'(《礼记·乡饮酒义》),臧孙纥就是借这个'少长以齿'的机会,把悼子提升为'长',公弥下降为'少'。"[1]这正是燕饮时宗族组织层级的反映,前引《文王世子》宗子不为主人,据郑玄注乃因为"君尊,不献酒",也体现了"尊尊"的意味。食礼亦然,《文王世子》又云:"公与族燕则以齿,而孝弟之道达矣。其族食世降一等,亲亲之杀也。"对此孔颖达《正义》解释说,假设亲兄弟每年聚会四次,则从父兄弟每年三次,从祖兄弟每年两次,同族兄弟每年一次,每隔一代则降一等,正体现了周代宗族"亲亲"的组织原则。虽然西周到春秋时未必有如此整齐的规则,但其中的精神内核与宗法制度是完全吻合的。

以上大约是周代宗族组织中日常生活之概况,其余如宗庙祭祀、聚居形式等,于别外详述,此不赘言。限于史料不足,许多细节还难以讲清,礼书之记载亦未能全信。但仅就有限的可靠文字,我们不难概括出其中的特色:

其一,特别重视"礼"的规范。从文献看,先秦时大到婚丧生死,小到饮酒交游,日常生活方方面面都要受到礼的约束,如《左传》成公十三年所谓

---

[1]　杨宽:《西周史》,上海人民出版社 2016 年版,第 793 页。

"礼,身之干也。"礼是任何社会成员凡事必定遵守的准则,上至天子,下至庶人,概莫能外。虽然这只是后代儒者一厢情愿的设计规划,而当时社会上违礼的事情亦绝不在少数,但至少部分礼制确实能够施行,且为出土材料所证明。礼制的核心也不外乎"亲亲"、"尊尊"二义,既要维护宗族群体的团结一心,聚合众人的力量,又要抬高大宗的地位,巩固等差秩序,确保统治框架的顺畅运行。西周至春秋时期,在广义的宗族组织内,无论宗氏还是别出的分族,无论宗子还是族内的"小子",大体都要依礼而行,依礼而止,日久天长,潜移默化,宗族统治秩序即融入宗族成员的日常生活之中。

其二,宗族集体在个人生活中的影响极大,甚至可以说无处不在。始生即由同宗宗妇照料,成人时要往宗庙行冠礼,由族内众人见证正式成为宗族之一员,娶妻要避开同姓,平日宗族成员聚居一处,燕享作乐,死后葬于族墓地中,木主升入宗庙之内,亲属之丧服也有严格的次序规定。个人意志要服从宗族礼法,个体之特色也淹没在宗族共同体之中。此亦为周代宗族组织发达之表征。

二、宗妇、家宰与族产管理

(一)宗族内部的管理体系

如上文所述,宗族首领与诸"小子"聚合为"宗氏",他们的日常生活包含在宗氏组织之内,所谓"君子劳心,小人劳力",贵族自然是不事生产的,为了维持宗氏成员的生活,一应生产活动及劳役均由贵族采邑上的附属民来完成。

农业生产是贵族获取生活资料的主要形式,是宗族一切政治经济活动的物质基础,西周金文中从事耕作之人被称作"佃人"、"畍臣"或"外臣仆":

> 唯二月初吉丁卯,公姞令次司田人。次蔑历,锡马锡裘,对扬公姞休,用作宝彝。(次卣,《集成》5405,西周中期)

> 唯八月初吉庚辰,君命宰蒪锡弗季姬畍臣于空木……(弗季姬方尊,《铭图》11811,西周中期)

> 唯十月初吉辰在庚午,师多父令闻于周曰:"余学事,汝毋不善,阗

朕采达(?)田外臣仆。汝毋有一不。"……(闻尊,《铭图》11810,西周中期)

《说文》云:"畞,平田也。""佃人"、"畞臣"之称,明确体现了其农业劳动者的身份,[1]闻尊铭文中的"宦"读如"胥",意即管理,"朕采达(?)田外臣仆",就是说我的采邑达(?)田上的外臣仆。"外"之限定表明他们与家内杂役之人不同,又与土田紧密联系,可知是师多父私属的农民。

除农业部门外,有的强宗雄族内部也有独立的手工业:

虢仲命公臣司朕百工,锡汝马乘、钟五金,用事……(公臣簋,《集成》4184,西周晚期)

唯王元年正月初吉丁亥,伯龢父若曰:师默,乃祖考有功于我家,汝有(旧)佳(唯)小子,余令汝死(司)我家,鞴(总)司我西偏、东偏仆驭、百工、牧、臣妾,董裁内外,毋敢不善……(师默簋,《集成》4311,西周中期)

《左传》隐公十一年云:"郑伯使许大夫百里奉许叔以居许东偏。"杜预注:"东偏,东鄙也。"[2]则师默簋铭中的"西偏、东偏"大概就指伯龢父采邑的东西边鄙。伯龢父与虢仲均是当时西周王朝重臣,故在家族内拥有"百工"从事手工业生产。而佃人与百工以外,尚有数量不少的仆驭、臣妾,或为贵族赶马驾车,或在贵族家内扫洒侍奉。

这些宗族内的附属劳力,数量恐怕不小,如无人约束,势必造成混乱;且宗氏拥有的宫室、土田往往散布各处,如第二节所举荣氏与克的例子,宗族首领孤身一人,断难担负起全部管理任务,也不会为土田仆庸而亲身奔波于各地。"宗子"既不亲自管理,则要设立家宰、家臣,由他们负责管理族内一应人口财产。然而家臣虽由男性宗族长任命,平时与他们接触最多的,却是族长的配偶,也即作为女性家族长的"宗妇",金文中有时称为"君"或"君氏"。前引牢季姬方尊铭文提到,"君"命令宰莆将空木一地的"畞臣"连同牛羊牲畜粮食等赏赐给牢季姬,牢季姬作器颂扬"君"之恩德,铭末言"其

---

① 陈絜:《西周金文"佃人"身份考》,《华夏考古》2012年第1期。
② (西晋)杜预注,(唐)孔颖达正义:《春秋左传正义》卷四,(清)阮元校刻:《十三经注疏》第6册,台湾艺文印书馆2007年版,第80页。

对扬王母休”,知君就是弔季姬的王母(也即母亲)。① 她能够将数量不少
的附庸劳力及财产赐给自己的女儿,可见宗妇确实拥有家臣的管理权,以及
宗族财产的支配权。类似的例子还见于螨鼎:

> 唯三月初吉,螨来遘于妊氏,妊氏命螨事(使)保厥家,因付厥祖仆
> 二家。螨拜稽首,曰休朕宝君弗望(忘)厥宝臣,对扬。用作宝隬。
> (《集成》2765,西周中期)

从“付厥祖仆二家”、“朕宝君弗望厥宝臣”之辞看,螨所在的核心家庭至少
从祖辈起就担任妊氏家臣,螨此时特意来拜见妊氏,接受妊氏的任命、赏赐,
宗妇妊氏在宗族内,尤其在家臣面前,无疑拥有极大的权威。

由某些材料看,西周时期宗妇在族产管理方面,地位甚至较“宗子”更
为重要,例如县改簋铭所记:

> 唯十有二月既望,辰在壬午。伯屖父休于县改,曰:“戲! 乃任县
> 伯室。锡汝妇爵、娰生、戈琱玉黄兩(?)。”县改娈(奉)扬伯屖父休,曰:
> “休伯罘(敢)盍(珏=展)卹县伯室,锡君我唯锡寿,我不能不罘县伯万
> 年保。”肆敢隊于彝,曰:其自今日,孙孙子子毋敢望(忘)伯休。(《集
> 成》4269,西周中期)

铭文中一些名物及叚辞的含义还不能完全讲明,但大意基本清晰。县伯已
是县氏族长,但推崇伯屖父之恩德,铭文言不敢忘记伯屖父的赏赐与扶持,
故最合理的人物关系为,伯屖父乃大宗“宗子”,县氏为其小宗分族,至于县
改乃己姓女子嫁于县氏者,县伯、县改二人显然为夫妇。伯屖父任命县改
曰:“乃任县伯室”,“乃”虽多用作第二人称领格,亦有表主格的例证,此处
“乃”可径训为“汝”,“任”则为主管之意。铭文一方面展现了分族“县氏”
自宗氏析出后自主管理财产的过程。另一方面,伯屖父撇开分族族长县伯,
任命宗妇县改为分族“县氏”财产的直接管理者,与前举弔季姬尊、螨鼎诸
铭反映的史实若合符契。相近的情况还出现在琱生诸器中。五年琱生簋、
五年琱生尊等铜器铭文记录了召氏宗族内部大小宗之间分割族产之事,细

---

① 据《尔雅·释亲》“父之妣为王母”,王母似为祖母之称。但西周金文中的“王母”相当于
“皇母”,指母亲,参见李晶:《〈尔雅·释亲〉王父王母考》,《历史研究》2016 年第 6 期。

节下文还会详加引述。仅就出现的人物看,有召伯虎的母亲、上一代宗妇"君氏"(又称"宗君"),又有召伯虎的妻子、当代宗妇"召姜"(又称"妇氏"),有关族产处置的具体意见,以及往来答复,均出自二人之口。而作为"宗子"的召伯虎,仅仅在"告庆"时出现,反而显得无足轻重。再比如新近公布的山西大河口墓地 M2002 出土气盘①铭文云:

　　唯八月戊申,霸姬以气讼于穆公曰:"以公命,用簋(勾)朕仆驭臣妾自气,不余气。"公曰:"余不汝令曰'虩霸姬'?"气誓曰⋯⋯

以下为"气"发誓、报誓、则誓之辞。② 其中的"簋"字,似当读作"勾"或"鸠",纠集、征调之谓。从铭文简短的追述中不难看出,霸氏曾与"气"发生"仆驭臣妾"的争讼,与召姜处置召氏族产的情况类似,代表"霸氏"出面打官司的正是宗妇"霸姬",她大概同样承担着"任霸伯室"的职责。以上诸例表明,西周时期宗族内土田附庸等财产其实是由宗妇掌握的。

　　然宗族内的采邑土田何止数十,附庸人口何止成百上千,彼此又空间远隔,仅凭宗妇一人管理,显然难以支撑,大量具体的工作还须任命家臣来分担,上面出现的次、宰茀、闻、公臣、师㝬、蟎等,均属这类的角色。有些家臣专管某一方面,如次负责管理佃人,闻要监管采邑达(?)田上劳作的臣仆,公臣只管辖虢仲族内的百工。但有些则权力颇大,如师㝬管理伯龢父族内仆驭、百工、臣妾各色人等,"董裁内外"。又如西周晚期的逆受叔氏任命"用龢(总)于公室仆庸、臣妾、小子室家,毋有不闻知"(《集成》62,西周晚期),不仅附属臣仆归他管理,族内的子嗣类"小子"亦由他支配。有的家臣冠以明确的官职"宰"、"大宰"("井姜大宰已",《集成》3896),或泛称的"有司"("师汤父有司仲衰父",《集成》746;"荣有司再",《集成》679;"南公有司㝬",《集成》2631),更多情况是直呼其名,并无具体的职事名号。

　　家臣有由同宗分族充任的,如伯龢父说师㝬"乃祖考有功于我家",又说"汝旧唯小子",显然师㝬的家族过去属伯龢父宗氏内的"小子",至迟在其祖辈已别族分出,祖孙三代袭任宗氏家臣,如今负责总管一应事务。又如

---

① 山西省考古研究所等:《山西翼城大河口西周墓地 2002 号墓发掘》,《考古学报》2018 年第 2 期。

② 参见严志斌、谢尧亭:《气盘、气盉与西周誓仪》,《中国国家博物馆馆刊》2018 年第 7 期。

禹鼎铭文中的禹：

> 禹曰：丕显趩趩（桓桓）皇祖穆公，克夹召先王，奠四方。肆武公亦弗叚望（忘）朕圣祖考幽大叔、懿叔，命禹屖（缵）朕祖考，政于井邦……（《集成》2833，西周晚期）

"政于井邦"，类似于逆钟的"许政于公室"，即管理井氏宗族。禹的家族自先祖幽大叔、懿叔开始，就承担宗族主管的职事，武公既为禹的家主，当为井氏宗族首领。尤须注意禹追述的最早的先祖为穆公，其人又见于张家坡M163出土的钟铭："井叔叔采作朕文祖穆公大钟……"（《集成》356、357）从出土铜器铭文看，张家坡墓地乃井叔家族之族墓地，井叔氏当为自井氏分出的小宗。故学者综合诸多线索推断，穆公为井氏大宗中重要人物，幽大叔为穆公之子，自井氏分出另立井叔氏，井叔氏又世代袭任井氏大宗的家臣，总管井氏宗族，禹即井叔氏某代族长。从上两例看，宗氏的分族如担任家臣，一般地位较高，权力较大。再如九年卫鼎、五祀卫鼎中的"卫小子"、散氏盘铭中的"散小子"，大概为宗氏内的"小子"替宗氏事务奔波操劳者，其身份也与家臣近似。除此之外，更多数的例子则体现不出家臣与主家有明确的血缘关联。尽管如此，家臣在宗族中仍占据着十分重要的地位，与血亲的宗族成员别无二致，同家主的关系甚至更加亲密，朱凤瀚将之称为"假血缘关系"[1]。关系尤其密切的家臣，其职务身份可世代承袭，以上揭两位位高权重的例子为证，家主叔氏褒扬逆云："乃祖考许政于公室"，则逆的祖、父都为叔氏宗族公室服务；伯龢父任命师獸时也说："乃祖考有功于我家"，可见师獸家族在伯龢父宗族内任事已逾三代。类似情况还见于西周中期后段的卯簋铭文：

> 唯王十又一月既生霸丁亥，荣季入右卯，立中廷，荣伯乎令卯曰："龏乃祖考死司荣公室，昔乃祖亦既令乃父死司莽人，不淑，乎我家，窠用丧。今余非敢梦先公又进遂（退），余懋再先公官，今余唯令汝死司莽宫、莽人，汝毋敢不善。锡汝瓒章（璋）四瑴、宗彝一瓺（壸）、宝，锡汝马十匹、牛十，锡于亡一田，锡于宣一田，锡于队一田，锡于戏一田。"卯拜

---

① 朱凤瀚：《商周家族形态研究》（增订本），天津古籍出版社2004年版，第320页。

手稽手,敢对扬荣伯休,用作宝䵼簋,卯其万年子子孙孙永宝用。(《集成》4327)

荣伯在任命卯时,已在宗族内形成了类似于王朝册命的仪式,以彰显"君臣"等级关系。卯的祖、父已承担管理荣公室的责任,且从"昔乃祖亦既令乃父死司夆人"之辞看,卯之家族世袭为荣氏家臣,也完全出于自身意愿;荣伯对卯之家族亦十分尊重,因为他们是荣氏先公认为可以托付重任之人,荣伯不敢违背先公的安排。更有甚者,六世七人委质为臣的例子也曾出现:

> 訇曰:不(丕)显天尹,匍保王身,谏薛(乂)四方。在朕皇高祖师要、亚祖师夆、亚祖师窥、亚祖师仆、王父师彪于(与)朕皇考师孝,献作尹氏童妾、甸(佃)人,鼻(德)屯(纯)亡(无)啟,世尹氏家。訇凤……(訇鼎,《铭图》2439,西周晚期)

器主訇的家族从高祖师要开始,历经五世至伯父师彪与先父师孝,世代为尹氏服务,如同尹氏族内的依附劳动者一般,恭恭敬敬不敢有差错。訇将自己比作"童妾、佃人",固然是一种自谦的说法,结合前引卯簋等铭文看,不难反映出家臣效忠主家的决心与意志。訇之家族算上訇自身,在尹氏宗族内担任家臣已历六世,这既展现出主仆之间的互相信任,也反映出宗族势力的强大及族内依附关系的稳固。

以上讨论的范围都限定在贵族宗族内,而周王室作为最高等级的宗氏,拥有数量庞大的臣妾、奴仆、百工等等,其族产的管理模式亦无异于贵族宗族。蔡簋铭文清楚地反映了有关"王家"管理的情形:

> 唯元年既望丁亥,王在减居。旦,王各庙,即位。宰䚸入佑蔡,立中廷。王呼史蒡册命蔡。王若曰:蔡!昔先王既命汝作宰,司王家。今余唯申就乃命,命汝眔䚸,緐(总)胥对各,死司王家外内,毋敢有不闻。司百工,出纳姜氏命,厥有见(献)有即命,厥非先告蔡,毋敢疾有入告。汝毋弗善效姜氏人,勿使敢又疾,作从狱。锡汝玄衮衣、赤舄,敬凤夕勿法(废)朕命。蔡拜手稽首,敢对扬天子丕显鲁休,用作宝䵼簋,蔡其万年眉寿,子子孙孙永宝用。(《集成》4340,西周中期晚段)

蔡与䚸同为宰官,负责管理"王家外内"以及"百工"等,类比于贵族宗族内的家臣,不妨称他们为王室内臣。蔡虽然接受周王的册命,但他的职责是

"出纳姜氏令",倘若不能很好地效力于姜氏,便会有牢狱之灾,显然王妇姜氏是宰蔡与宰䍍的直接领导者,是王室经济的直接掌控者。需要格外注意的是,贵族家臣主要存在于族内,其权力也基本限定在宗族事务之内;王室内臣设置之初,当也是为管理王家所有土田附庸、臣妾百工等,但由于他们接近周天子的独特地位,如宰、膳夫等内臣渐渐参与朝政之中,至西周晚期,膳夫之职全由高级贵族担任,职权也涵盖王朝内外。这是一般贵族宗族中不曾呈现的特征。

总之,西周时期宗族的采邑、属民、杂役及其他财产方面事务,大概形成了"宗妇—家宰"的二级管理体系,某些高级贵族拥有的土地及依附民数量众多,基层聚落中还有族长首领存在,例如**卌季姬尊铭**中二十五家农户的"师夫"丁,如此则形成了"宗妇—家宰—基层聚落首领"的三级管理体系,三者层层隶属,以保证大宗对"小子室家"及依附民的有效控制。到春秋时期,这一管理体系的框架犹存,但内里彼此的功能或多或少发生了变化。宗妇仍然是贵族家内事务的主导者,清华简《郑武夫人规孺子》记载春秋初期郑武夫人武姜之言:"老妇亦将纠攸(修)宫中之正(政),门槛之外毋敢有知焉。"这虽涉及武姜与庄公之间的政治斗争,但武姜以宗妇的身份主管宫中事务,也完全符合西周时期之常理。宗君、宗妇之间的外内之分,一直延续到后世,如《礼记·内则》所谓"男不言内,女不言外"、《曲礼》所云"外言不入于梱,内言不出于梱"之类。《国语·鲁语下》记载,公父文伯之母敬姜去大宗季氏家中,在外朝到寝门外不与季康子讲话。康子问其故,她回答说:

> 天子及诸侯,合民事于外朝,合神事于内朝;自卿以下,合官职于外朝,合家事于内朝;寝门之内,妇人治其业焉,上下同之。夫外朝,子将业君之官职焉,内朝,子将庇季氏之政焉,皆非吾所敢言也。

表面上看,敬姜所言男女外内之分仍是西周时期的延续,但细究其言,不难发现宗妇所主之"内"的范围,较西周金文反映的情况已大大收缩。只看卿大夫治理"家事"的内朝,宗妇已不能涉足,而《论语·子路》有"冉子退朝"之语,冉有当时即为季氏家臣,所退之朝必是季氏的内朝,足证宗妇不再管理家臣。此时女性贵族的权力局限在寝门之内,具体内容见于敬姜的另一段话:

王后亲织玄紞,公侯之夫人加之以纮、綖,卿之内子为大带,命妇成
祭服,列士之妻加之以朝服,自庶士以下皆衣其夫。(《国语·鲁语
下》)

此不过率领女眷纺纱织布,制作礼服而已,与西周时统领家臣、总管族产相
比,差距可谓天悬地隔。敬姜在《左传》、《国语》各书屡屡被树为知礼的榜
样,则春秋晚期主流价值观中,宗妇的地位确实大大下降。

此消彼长,宗妇权力消减的同时,家臣的影响不断扩大。春秋时家臣的
来源仍较广泛,同宗"小子"或"分族"充任家臣的例子明显增多,如《左传》
襄公二十三年记载季武子以庶子公鉏为季氏马正,定公十年记载叔孙氏使
同族公若藐为郈宰等,家臣仍以效忠主家为第一要务,即《国语·晋语八》
所谓"三世事家,君之;再世以下,主之",哀成叔鼎铭谓:"死于下土,台(以)
事康公,勿或能怠。"(《集成》2782,春秋晚期)则不仅生前须尽心尽力,死后
还要追随于下土,继续侍奉主君康公。当时还发展出一套"策名委质"的制
度,以盟誓的方式保证家臣的忠诚,1965 年在山西侯马晋都新田遗址发现
一批盟书,其中"委质类盟书"即为赵氏家臣表明决心效顺赵氏的遗物。①
但随着各国卿大夫如鲁三桓、晋六卿等渐渐掌控朝政,这些卿族中的家臣的
权力,也由宗族内部管理方面逐步向外扩展,越来越多的家臣参与国政,最
有甚者如季氏家臣阳虎,专秉鲁之国政,使三桓尽听命于己,以致孔子发出
"陪臣执国命"的感叹。另外一个重要变化就是家臣对于宗族的依附关系
开始减弱。春秋时仍有累世为臣的现象存在,如南遗、南蒯父子相继为季氏
采邑费宰,辛俞"世隶于栾氏,于今三世矣",②但家臣脱离主家者亦不在少
数,如《左传》成公十七年记载,齐鲍国本来投奔鲁施氏,为施孝叔家臣,但
鲍氏宗子鲍牵获罪后,鲍国又被齐人迎立为鲍氏宗子。又如《左传》哀公十
六年所记,卫之子伯季子"初为孔氏臣,新登于公",又如《左传》昭公十二年
记南蒯叛乱时曾言"我以费为公臣",皆表明家臣可以摆脱宗族私属的身
份,晋升为诸侯国之大夫,政治上有了仕进的空间。到春秋晚期,鲁国甚至

① 　参见山西省文物工作委员会编:《侯马盟书》,文物出版社 1976 年版,第 72 页。
② 　徐元诰撰,王树民、沈长云点校:《国语集解》(修订本),中华书局 2002 年版,第 422 页。

发生数次家臣的叛乱,这在西周时几乎是无法想象的。家臣势力的增强,与各国卿族力量的扩充同步,这表明旧的政治秩序逐步被打破;而家臣对于宗族依附关系的减弱,与宗法制度的渐趋瓦解也密不可分,西周时宗氏(子与小子)——类醜的层层隶属关系渐为政治等级关系取代,家臣制自然也向官僚制转变。春秋时期的种种变化,都蕴含着下一阶段变革的种子,昭示着早周以来的宗族组织在不久之后的命运。

(二)"宗子"对宗族财产的权力

前文描述宗族内部结构时讲到,宗氏对尚未别族的"小子"控制较严,对已分出的"亚族"则影响力有限。具体到经济生活,"小子"的私财相对较少,宗氏共有财产的支配权一般抓在宗氏首领手中,"分族"经济则基本独立。如逆钟铭文所示,宗氏将"小子"的财产一并纳入"公室"的管理体系之中:

> 唯王元年三月既生霸庚申,叔氏在大庙。叔氏命史𧸙召逆,叔氏若曰:逆,乃祖考许政于公室,今余锡汝盾五锡、戈彤沙,用剿(总)于公室仆庸、臣妾、小子室家,毋有不闻知……(逆钟,《集成》60—63,西周晚期)

该铭前文在论述家臣制度时曾多次引用,在叔氏家臣逆的职掌下,除了有附属于公室的仆庸、臣妾等劳动者外,还有"小子室家",即叔氏宗氏内若干个体小家庭及其私有财产。此情形可比拟于《丧服传》对"世父母、叔父母"(即伯父伯母、叔父叔母)服制的解释:"故昆弟之义无分,然而有分者,则辟子之私也,子不私其父,则不成为子。故有东宫,有西宫,有南宫,有北宫,异居而同财,有余则归之宗,不足则资之宗。"虽然说兄弟在大义上"无分",但为了至亲的父子关系能够确立,子必须"私其父",肯定了个体小家庭的存在,所以"小子"拥有自己的"室家";同时为了彰显"无分"之谊,要求"异居而同财",财产在宗氏内共享,所以叔氏会任命家臣统管"小子室家"。综合金文与文献的证据看,宗氏内"小子"的个体家庭应允许拥有各自的资财,但诸多亲缘较近的"小子"财产并不能真正为自己所有,①所谓"归之宗"

---

① 按《仪礼·丧服》,人子为昆弟及世父母、叔父母服齐衰不杖期,为世父叔父之子服大功九月,故郑玄注《士丧》谓"大功以上有同财之义"。所谓"大功"以上的范围,与前文主张的"小子"为亲兄弟或从父兄弟的亲缘界限相当。

“资之宗”，名义上是宗氏，归根结底还是宗氏族长，“宗子”通过家臣牢牢掌握尚未别族的“小子”之资产，这才是周代宗族“族内共财”的历史真相。

除了土田附庸外，祭祀礼器也是族产的重要组成部分，宗氏因在祭祀上拥有主导权，对这部分财产自然也拥有支配管理的权力，第一章引用的矩尊、胛卣两篇铭文就是很好的例证。由伯是宗氏族长，矩与胛均为宗氏内的“小子”，由伯指示二人为父丙作器，可见制作祭器的权力确实掌握在“宗子”手中，尤其是由伯特意强调所作器物“毋入于公”，公即公室，那么反过来考虑，如非单独交代，宗氏内庶子制作的祭祀礼器就要归入公室，成为宗族内的公产，“小子”不能私自拥有。公产自然是由“宗子”管理、支配了。类似实例还见于本章第二节引用的卫簋与伯獄诸器，“宗子”对祭器的制作流程也能充分掌控，“订制”内容相同的祈福嘏辞。

当“小子”积累起一定资产，获得足以自立的土田、附庸、官职，进而转变为“分族”以后，其经济生活大概能完全独立，财产由自己支配、管理。县改簋就是一个分族别族不久、从宗氏手中拿回财产管理权的例子：

> 唯十有二月既望，辰在壬午。伯屖父休于县改曰：“歔！乃任县伯室。锡汝妇爵、𡚬生、戈琱玉黄[illegible]（?）”县改妦（奉）扬伯屖父休，曰：“休伯哭（斁）㿻（珏＝展）卹县伯室，锡君我唯锡寿（幬），我不能不眔县伯万年保。”肆敢陈于彝，曰：其自今日，孙孙子子毋敢望伯休。（《集成》4269，西周中期）

哭，金文中与“斁”通用。《说文》：“斁……一曰终也。”《广雅·释诂》：“绎，终也。”㿻，疑从皿、珏省声，《说文》：“珏，极巧视之也。”典籍中多写作“展”。《尔雅·释诂》云：“展，信也”、“展，诚也”，“㿻卹”读如“展卹”，盖诚心体恤忧虑之意。“休伯斁展卹县伯室”，类似于“休朕公君匽侯锡圉贝”（《集成》2505），大意是说颂扬伯屖父“终了”也即“完成”体恤县伯“室”之恩德。我们不妨推想，县伯或其父亦“旧唯小子”，生活在宗氏之内，其私属货贿均被纳入公室的管理体系；这位县伯也许在王朝谋得一官半职，进而获得了独立的采邑土田作为庇族的资本，最终自大宗析出，建立独立的县氏。在此背景下，族长伯屖父命县伯之妻县改“任县伯室”，经过一番赏赐仪式，将财产管

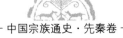
理权返还给分族县氏，交到宗妇县改手上。准此，县改颂扬伯屖父说的"戜展䢔县伯室"更易于理解：忧䢔县伯室者，不过阿谀之辞，实指大宗原本对县伯"小子室家"的日常管理，如今既命县改"任县伯室"，伯屖父对县伯室家的操劳可谓终成其事了。

"小子"想要脱离宗氏变为"分族"，必须实现经济独立；想要经济独立，就须获得采邑、臣仆及其他财产。从金文的实例看，"小子"获取资财的方式多种多样，有的是因为在王朝或诸侯国中为官，获得土田附庸的赏赐，致邑立氏，脱离大宗的掌控；有的则是从大宗那里获得土地人口，以为安身立命之本，如虡簋所记"公伯"赏赐给"厥臣弟"虡"井五量"（《集成》4167），不嬰簋铭记录大宗"伯氏"赏赐给"小子"不嬰"臣五家、田十田"，这些就可以成为不嬰独立生活的资本。最极端的情况是，宗氏的财产在族亲之间按照一定比例分配，类似于后世的"分家"，著名的西周晚期"琱生诸器"讲的就是这样一个案例：

> 唯五年正月己丑，琱生有事，召来答事。余献妇氏以壶。告曰："以君氏令曰：'余老止！公仆庸土田多諌（扰），弋（式）伯氏从许：公拓其叁，汝则拓其贰；公拓其贰，汝则拓其一。'"余叀（惠）于君氏大章（璋），报妇氏帛束、璜。召伯虎曰："余既讯，厌我考我母令，余弗敢乱。余或至我考我母令。"琱生则堇（觐）圭。（五年琱生簋，《集成》4292）

> 唯五年九月初吉，召姜以琱生戜五、帞、壶两，以君氏命曰："余老之！我仆庸土田多柔（扰），弋（式）许勿使散亡。余拓其叁，汝拓其贰。其兄公，其弟乃。"余叀（惠）大章（璋），报妇氏帛束、璜一。有司眔蒯两屖。琱生对扬朕宗君休，用作召公隣盧，用祈通禄、得（德）屯（纯）、灵冬（终），子孙永宝，用世享。其又敢乱兹命，曰毋事召人，公则明亟。（五年琱生尊，《铭图》11816、11817）

> 唯六年四月甲子，王在䇞。召伯虎告曰："余告庆！曰：公厥廪贝，用狱諌（扰）为！伯贤祇又成，亦我考幽伯、幽姜令。余告庆！余以邑讯有司，余典勿敢封。今余既讯，有司曰：'厌令。'今余既一名典，献伯氏。"则报璧。琱生对扬朕宗君其休，用作朕烈祖召公尝簋，其万年子子孙孙宝，用享于宗。（六年琱生簋，《集成》4293）

再结合琱生盉铭文"琱生作文考寏仲䵼鬲"(《集成》744)的信息,我们大体可以理清铭文中出现的人物关系:幽伯、幽姜为召氏上一代的"宗子"、宗妇,幽伯已死,幽姜(也即铭文中的"君氏")现已致老退休,新一代的"宗子"、宗妇是召伯虎与"妇氏"召姜。琱生之父寏仲是前代召公之次子,琱生为寏仲嫡子,与召伯虎之先考幽伯为从父兄弟关系,在召氏宗氏内属"小子"身份。幽伯去世后,其子召伯虎继任为大宗族长,同时琱生又出任周王室宰职,故而分宗立氏,初步完成了从"小子"到分族的别族过程,琱生自然是这一分支的族长,故幽姜呼之为"伯氏"①。厉王五年正月时,琱生与召氏因为析产别族之事打起了官司,召姜出面向琱生传达上一代宗妇幽姜的安排:或公室取五分之三,琱生取五分之二;或公室取三分之二,琱生取三分之一。八个月之后,双方就此达成一致,召氏大宗作出让步,按照三比二的比例分割召氏族内的"仆庸土田",叔侄双方的臣属代表"两犀"也即行平成之仪式。当然,尽管琱生别族成功,占有了五分之二的族产,一举获得强大的经济实力,但还要奉召氏大宗为尊,许下誓言不敢不侍奉召氏族人,不然"公则明亟"。正如前文所述,大宗在宗法等级制下具有名义上的领导权,超越政治、经济层面而存在。最后到厉王六年四月,召氏"宗子"召伯虎还要履行"告庆"等仪式,向堂叔琱生献上土地、人口之名籍典册。② 琱生当时在王室担任宰官(《集成》4325),他能够理直气壮地同大宗分割族产,未必不是得到王朝方面有力的支持;但也从侧面表明,分族别族时带走宗氏的宗族财产,可能是周代普遍存在的情况。只是即便政治、经济上能够独立,分族还要接受大宗宗法上的"领导"。

至春秋时期,分族的独立势头愈发强化,庶子别族越来越频繁,宗氏内的共财制也渐渐趋于崩溃。《左传》等书对于宗族内普通成员生活情况的记载寥寥无几,但我们不妨从大宗的处境加以推测。《国语·晋语》记有著名的"叔向贺贫"的故事:

> 叔向见韩宣子,宣子忧贫,叔向贺之。宣子曰:"吾有卿之名而无

---

① 周天子称同姓诸侯为"伯父""叔父",可作大宗称小宗族长为"伯氏"的类比材料。
② 参见陈絜:《琱生诸器铭文综合研究》,载朱凤瀚主编:《新出金文与西周历史》,上海古籍出版社 2011 年版,第 82—105 页。

其实,无以从二三子,吾是以忧,子贺我何故?"对曰:"昔栾武子无一卒之田,其官不备其宗器,宣其德行,顺其宪则,使越于诸侯,诸侯亲之,戎狄怀之,以正晋国,行刑不疚,以免于难……今吾子有栾武子之贫,吾以为能其德矣,是以贺。"

栾武子、韩宣子均为正卿,也是栾氏、韩氏宗族之长,他们的财产不超过"一卒之田"。但同样是讲到韩宣子韩起,《左传》昭公五年称"韩赋七邑,皆成县也"。杜预注:"成县,赋百乘也。"其实力大大超过"一卒之田"。其中矛盾之处,如钱宗范先生所说:"韩宣子之忧贫,不是忧韩氏宗族的贫,而是忧他自己'室'的贫。"①可见韩宣子虽为韩氏宗族"宗子",但宗族首领的私人财产与宗氏的全部力量是截然分开的,即便宗氏成员的余财也并未"归之宗"。此阶段宗氏内各个核心家庭或伸展家庭,也即西周金文中的"小子室家",大概能够独立拥有、管理、处置财产。

但"宗子"代表大宗掌握族产的权力还保留一点影子,礼书中的一些记载还能体现宗子权威在经济生活中的影响:

> 適子、庶子祗事宗子、宗妇,虽贵富,不敢以贵富入宗子之家;虽众车徒,舍于外,以寡约入。子弟犹归器,衣服、裘衾、车马则必献其上,而后敢服用其次也。若非所献,则不敢以入于宗子之门,不敢以贵富加于父兄宗族。若富,则具二牲,献其贤者于宗子,夫妇皆齐而宗敬焉,终事而后敢私祭。(《礼记·内则》)

这段文字写成大概在战国时期,但反映的却是西周以来宗法制度的影响,庶子无论是否别族,即便取得丰厚的财产,也不可在宗族首领面前炫耀;衣服车马等用具还要择其善者敬献给宗族首领。此虽未必是春秋时的真实情况,但应该有一定的现实依据。出土文献资料也有相应的佐证,侯马盟书中有一批"纳室"类盟书,其誓辞的基本格式大概为:"某自今以往,敢不率从此明(盟)质(誓)之言,而尚敢或内(纳)室者,而或闻宗人兄弟或内(纳)室者,而弗执弗献,丕显岳公大冢明亟视之,麻夷非是。"②"纳室"意同文献常

---

① 钱宗范:《周代宗法制度研究》,广西师范大学出版社1989年版,第279页。
② 山西省文物工作委员会编:《侯马盟书》,文物出版社1976年版,第73页。

见的"兼其室"、"分其室"等，即分割、占据其他贵族的财产。参与盟誓者不仅要保证自己不纳室，还要对"宗人兄弟"纳室的行为负责，要将侵夺他人财产的同宗之人，抓起来并交付有司处理。侯马盟书大概是春秋战国之际的遗物，可见到了春秋晚期，虽然族内共财制度难以维系，大宗"宗子"干预整个宗氏经济生活的权力仍部分延续了下来。

西周春秋时期宗族生活的一些其他细节，如生产资料如何管理、劳动成果如何分配等等，限于史料不足，我们已经很难讲清了。从其族产管理体系的特点，不难体会出宗法等级的浓厚意味。在宗法体系中，宗族长的权威凌驾于宗氏"小子"之上，整个宗族的利益又高于个人，故"宗子"能够掌握全族的经济命脉，私人的财产淹没于宗族族产之中。不过也须注意，一旦别族自立，分族的经济生活就较少受到宗氏干预，过去部分学者想象的宗氏、分族大规模地聚居、共财的场景可能并不存在。尽管传统的贵族宗族组织在新时期难免崩塌的命运，但西周宗族内经济生活的特点，对两千年间中国古代宗族经济仍有深刻的影响。

第四节　维护宗族运行的宗族制度与伦理教化

一、宗法等级制

宗法制度是一种以父权和族权为特征的宗族、家庭制度。西周宗法制的基本内容是宗族成员之间的等级差别的原则，它注重的是大小宗之间的差异，族长与族人之间统辖与服从的关系，它的核心就是要维护大宗，特别是族长在本宗族内的等级地位。宗法制度的等级性，不仅见于由周天子到士以上的贵族统治结构，还体现在贵族家庭内部嫡庶分明、长幼有序的运作体系上。

从西周一直到春秋中期，社会组织结构颇类似于一种金字塔的形状：居于塔尖的是周天子，顺势而下的则是诸侯、大夫、士，处在最底层的则是庶民阶层。自士以上至天子，宗亲血缘关系对其结构的稳定维系起到重要作用。这一时期的宗法制度及宗族形态，《左传》中即有多处记载，如：

天子建国,诸侯立家,卿置侧室,大夫有贰宗,士有隶子弟,庶人工商,各有分亲,皆有等衰。是以民服事其上而下无觊觎。(《左传》桓公二年)

是故天子有公,诸侯有卿,卿置侧室,大夫有贰宗,士有朋友。(《左传》襄公十四年)

两处文字比勘,可知"天子建国"等同于"天子有公",即周王通过分封制安置后嗣。就现有材料及研究结果看,西周时期周王有其宗族组织、行宗法之制乃不争之事实。周王既是天下之政治首领,同时也是同姓万宗的大族长,君统、宗统是合一的,这方面本章第一节已有详细考论,此不赘述。

"诸侯立家"对应"诸侯有卿",可知诸侯所立之家即卿大夫之家。立家也即立族。根据《仪礼·丧服》:"诸侯之子称公子,公子不得祢先君;公子之子称公孙,公孙不得祖诸侯,此自卑别于尊者也。若公子之子孙有封为国君者,则世世祖是人也,不祖公子,此自尊别于卑者也。""祢先君"、"祖诸侯"即立庙奉祀先父、先祖。这是说卿大夫以下不得立庙祭祀身为诸侯的先人,而其后代立族后,则可立庙祭祀自始封君起的祖先。诸侯为卿大夫立族命氏,与周天子分封诸侯程序有别。如《左传》隐公八年记载鲁国贵族无骇去世后,他的儿子羽父向隐公请求谥号,众仲的答复是:"天子建德,因生以赐姓,胙之土而命之氏。诸侯以字为谥,因以为族,官有世功,则有官族,邑亦如之。"可见诸侯的卿大夫以王父之字、官称、采邑名为族名,无骇的祖父为公子展,是鲁孝公之子,故立为展氏。出自鲁桓公的"三桓"季孙氏、叔孙氏、孟孙氏即以始封君的字为氏名。不过"三礼"之说系晚出,准诸侯可以祭所自出的天子为据,卿族当然也可以祭祀所自出的那一位诸侯。

"卿置侧室"之"侧室"当指支子。如《左传》文公十二年"赵有侧室曰穿"下杜预注:"侧室,支子。穿,赵夙庶孙。"孔颖达疏曰:"正室是嫡子,知侧室是支子,言在嫡子之侧也。"①嫡、庶分称为正、侧室,说明在一般贵族家族内,嫡子居于正室,庶子居于侧间,故正、侧室遂引申为嫡、庶子之称,

---

① (晋)杜预注,(唐)孔颖达疏:《春秋左传正义》卷一九,(清)阮元校刻:《十三经注疏》第6册,台湾艺文印书馆2007年版,第331页。

"侧室"又进一步衍化出小宗旁支的含义。

大夫之"贰宗"即下级大夫或"属大夫"。杜预注曰："適子为小宗,次子为贰宗,以相辅贰。"①依照礼书,大宗、小宗的区别在于能否继祀,只有百世不迁的才是大宗。则杜氏所说的小宗殆指礼书中的"五世则迁之宗"。又童书业先生提到："'侧室'、'贰宗'即广义之'小宗'。"②杨伯峻注："贰宗亦官名,亦以大夫之宗室子弟为之。"③其实这里的"贰宗"就是卿大夫嫡长子之外的子嗣,即庶子、支子,他们若分家别族,则成为相对于卿大夫而言的小宗。

"隶子弟"与"朋友"指代是一非二,即士之朋友是指其子弟。"朋"在典籍中,有类、群、辈、党等义,"朋友"连言,实是"友辈"、"友类"之义。④金文中"友"本义多指同族兄弟,引申理解即以"友"来表示同宗族人,这似是当时的一种流行的语言习惯。在西周晚期的很多诗篇,如《小雅·常棣》"傧尔笾豆,饮酒之饫,兄弟既具,和乐且孺"、《小雅·頍弁》"尔酒既旨,尔肴既嘉,岂伊异人,兄弟匪他"等等,所言虽是兄弟,而实际意思是要敦睦亲族,以兄弟关系来象征同宗族的族人关系。

西周贵族的亲属组织在发展到一定规模时,必然要衍化出若干小宗分支,小宗分支或因任王官受到王朝封赐等原因而得到土地采邑,如虢季氏被周王命令司理瑂宫,因而采取与大宗虢叔氏本族异居而非聚居形式独立生活,从而在经济上亦得到独立,但大小宗间仍保持着体现宗法关系的政治联系。大宗和小宗都属于同一类型的血缘组织,但二者间有等级之别,小宗统属于大宗。强调大小宗,其实是一个政治问题,是让宗统的社会行为服属于君统的政治行为。

在宗族之下,则又有宗支和主干家庭。宗族内的宗族秩序、宗法关系主要体现在作为宗族长的宗族首领与诸弟(以及庶兄)的关系上,正如《白虎

---

① （晋）杜预注,（唐）孔颖达疏:《春秋左传正义》卷五,（清）阮元校刻:《十三经注疏》第6册,台湾艺文印书馆2007年版,第97页。
② 童书业:《春秋左传研究》,上海人民出版社1980年版,第153页。
③ 杨伯峻:《春秋左传注》（修订本）,中华书局2009年版,第94页。
④ 参见朱凤瀚:《商周家族形态研究》（增订本）,天津古籍出版社2004年版,第296页。

通》卷三下《宗族》所言:"大宗能率小宗,小宗能率群弟,通其有无,所以纪理族人者也。"宗族首领作为嫡长子对其胞弟与庶兄弟是为大宗,其弟之长子对己之胞弟与庶兄弟又各为宗族首领,所以同一宗族内兄弟关系与宗法关系互为表里。故清儒程瑶田云:"宗之道,兄道也。"

在宗法系统里,宗族首领的地位非常重要。值得注意的是,"三礼"等东周文献中作为宗族长尊称的"宗子"一词,在西周时期其实另有所指。目前所见西周铜器铭文资料如善鼎(西周中期,《集成》2820)提到"用各我宗子雺(于)百生(甥)","百生"读作"百甥",是针对姻娅之族的亲属集合称谓,①故与"百甥"相对应的"宗子",当以"本宗子弟"作解更为恰当②。西周时期的《诗·大雅·板》"宗子维城"之"宗子",所指也是宗族内的子嗣。详细考辨参看本章第一节相关内容。而在《左传》等春秋时期的文献材料中,"宗子"已具有指代宗族首领的义项。

西周前期无论是"君之宗之"的公刘,还是"元孙"、"元子"的武王、康王,都是以周天子的政治身分为主流。真正重视族长在宗族中的作用是稍晚的事情。如西周后期农事诗《甫田》云"曾孙来止,以其妇子","曾孙不怒,农夫克敏",《大田》云"播厥百谷,既庭且硕,曾孙是若",诗中"曾孙"朱熹注云:"曾孙,主祭者之称。"可见曾孙即宗族长,他在农业生产与祖先祭祀中都扮演核心角色。贵族铸器作铭屡言"用享孝于宗室"(师器父鼎,《集成》2727,西周中晚期)、"用朝夕享孝宗室"(仲殷父簋,《集成》3964—3970,西周晚期)、"用享孝于文神"(此簋,《集成》4303—4310)等,也体现了这一点。总之,从《诗经》和铭文记载看贵族宗族长具有特殊地位。

春秋时期,传统的宗法等级关系虽延续下来,亦有瓦解迹象。宗族长仍具有高于一般族人的政治权力和地位,特别是对族人具有处置权,这在《左传》一书中有大量的例证。例如,《左传》昭公五年记叔孙昭子以庶子身份即位为叔孙氏宗子,"朝其家众,曰:'竖牛祸叔孙氏,使乱大从,杀嫡立庶;又披其邑,将以赦罪,罪莫大焉。必速杀之!'竖牛惧,奔齐"。竖牛虽也是

① 参见陈絜:《卜辞"多生"考》,载《纪念南开大学建校八十周年暨古籍所成立十六周年文史论集》,南开大学出版社1999年版,第24—42页。
② 参见陈絜:《"宗子维城"与善鼎"宗子"解诂》,《中国史研究》2021年第1期。

叔孙豹庶子,但昭子作为宗族首领则有权以族法惩罚之。由于宗子之权重,也由于宗法等级制的长期存在,春秋时代人们的宗法观念仍十分浓厚,族长以庇护族人为己任,族人以维护宗族利益和宗族首领统治为准则。

同时,在族人中与传统宗法等级观念相背离的思想已在滋长,并通过各种政治行为顽强地表现出来,这在当时成为引人注目的潮流,在《左传》之中有丰富的实例。如襄公十七年,"宋华阅卒,华臣弱皋比之室,使贼杀其宰华吴"。华阅为"宗子",卒后子皋比继之,华阅之弟华臣为削弱皋比之室,杀其宰,就是要凌驾于大宗之上。又如,定公八年,鲁季氏小宗季寤、公鉏极、叔孙氏小宗叔孙辄因分别不得志于季氏与叔孙氏,而投靠阳虎,"阳虎欲去三桓,以季寤更季氏,以叔孙辄更叔孙氏,己更孟氏"。可见,传统的宗族处在剧烈的矛盾斗争中,传统的宗法等级制受到冲击,大宗受到小宗的挑战,宗子的世袭权力遭到觊觎。

总之,西周、春秋时代实行的宗法制,实质上是对贵族宗族成员之间的等级关系的规定,其目的在于建立宗族内部的社会秩序,巩固宗子在宗族内部的中心地位,维护他在宗族政治、经济、祭祀方面的支配权。

二、同姓百世不婚

对于姓氏在周代社会中的功能,通常的认识是,"姓以别婚姻,氏以明贵贱"。姓的功能在于亲亲,也就是《白虎通·姓名篇》中所讲的"崇恩爱,厚亲亲",氏的作用则在于贵贵与尊尊。简言之,姓氏的功能就是为了维持社会秩序的稳定,为了维护封建宗族等级体系的长治久安,此中有强烈的政治意味。

古人十分讲究族类之别,而"姓"就是判定类别的标准。周人重视同姓、异姓、庶姓等概念,这种慎辨族类的思想,在诸多礼制中都有充分的体现。而所有这一切,其实都可以用"亲亲"一词以蔽之。通过对同姓、异姓的区分,达到其最大限度地团结同族、抵御外敌之政治目的。其中最凸出者,即"同姓不婚"的婚姻制度。

关于"同姓不婚"的记述以《左传》与礼书最为集中。如《左传》襄公二十八年"男女辨姓",又如《礼记·坊记》说"取妻不取同姓",《曲礼》说"取妻不取同姓,买妾不知其姓,则卜之",《大传》说"系之以姓而弗别,缀之以食而弗殊,虽百世而婚姻不通者,周道然也",等等。

不过即便是约定俗成的礼仪,也难免有反例存在,比如《春秋经》中涉及诸侯娶同姓的实例,汉人围绕相关记载如何理解,还产生一定争论。① 古书中确有"诸侯娶同姓"的记载,如《左传》庄公二十八年记晋献公娶狐姬、郦姬,昭公元年记晋平公"有四姬焉",哀公十二年记鲁昭公娶吴孟姬(讳称"孟子")等。但这些都是个别的事例,且在当时大都受到谴责与非议。如《论语·述而》陈司败批评鲁庄公说:"君取于吴,为同姓,谓之吴孟子。君而知礼,孰不知礼?"《礼记·坊记》也说:"《鲁春秋》犹去夫人之姓曰吴,其死曰'孟子卒'。"则史策犹隐讳其事。同样,晋平公也受到郑子产的批评。

总体来讲,周代普遍通行的仍是"同姓不婚"原则。以鲁国为例,《左传》哀公二十四年载:"周公及武公娶于薛,孝、惠娶于商,自桓以下娶于齐。"盖薛为任姓,商即宋为子姓,齐为姜姓,固无姬姓同族。至于鲁国嫁女,有纪(姜姓)、杞(姒姓)、鄫(姒姓)、宋(子姓)、莒(己姓或嬴姓)、齐高氏(姜姓)等通婚对象,皆非同姓。② 如此等等,皆是明证。

人们常说"同姓不婚",《左传》昭公元年记子产之言,认为"男女辨姓"是"礼之大司"。那么其原因究竟何在?《国语·晋语四》记白季之言云"同姓则同德,同德则同心,同心则同志"。周人"同姓不婚"的真谛是怕怨乱,怕灭姓,也即灭族。同姓之间需要"合义",而不是"合姓"(也即通婚)。做到了这一点,就能够"导利",就能够"阜姓",就能够"摄固""不迁"而"保其土房"。"同姓不婚"的真正目的,就是为了族属的长存与繁荣。③ 而同样是这种合和思想,决定了周民族是一个开放的、对异族有很大容纳性的民

①　参见(清)陈寿祺撰,曹建墩校点:《五经异义疏证》,上海古籍出版社 2013 年版,第144 页。

②　参见(清)顾栋高撰,吴树平、李解民点校:《春秋大事表》卷一九《春秋嘉礼表》,中华书局1993 年版,第 1644—1649 页。

③　如杨希枚《姓字古义析证》(载《杨希牧集》,中国社会科学出版社 2006 年版)、谢维扬《周代家庭形态》(黑龙江人民出版社 2005 年版)、李衡眉《论周代的"同姓不婚"礼俗》(《齐鲁学刊》1988 年第 5 期)、常金仓《周人同姓不婚为优生说辨》(《山西师范大学学报》1996年第 4 期)等论著中都有此类似的意见。

族:通过联姻的手段,最大限度地联合异族,从而保证政治秩序高度稳定。在一定范围内的血族组织中禁止通婚,是古已有之的禁忌。而周人之所以强调"同姓不婚",就是为了将禁婚范围尽量扩大到人们能够认同的最大程度,这是出于政治上的考虑,是为了最大限度地团结时人观念中有共同的父系单侧血缘关系的族类,从而保证有足够的力量成为天下之共主。

周人强调"姓百世不变",这一方面是表示姓族符号不变,另一方面则表示姓族组织不变。而后者才是周人真正想强调的东西。这也是一种利用"亲亲"之义维护宗统的手段,为彰显大宗常尊,为维护宗族等级结构的稳定。当宗统与君统合一之时,姓与姓族的"不变"也自然成了一种维持政局稳定的有效手段。当然,在西周、春秋时期,姓之所以能够百世不变,应该与周初赐姓制度有直接的关系。

总之,周代姓的功能,我们可以归结为一点,就是"厚亲亲"。但这种"厚亲亲"有其强烈政治目的,就是《左传》僖公二十四年所说的"扞御辱者,莫如亲亲,故以亲屏周",是为当时的政治秩序服务的。

三、宗庙与祭祀

"宗"字的原始意义即与宗庙祭祖有关。《说文》:"宗,尊祖庙也。"段玉裁解释说:"宗、尊双声,按当云尊也,祖庙也。"[1]"宗"字正体从宀、从示(主),示(主)即祖先神位。"宗"就是收纳先祖神主、以供子嗣祭祀的场所。一群在同一宗庙之内祭祀共同祖神的人,便组成一个有机的社会共同体,也就是宗族。周人雅言如《诗经·大雅·既醉》云"孝子不匮,永锡尔类",《左传》僖公十年云"神不歆非类,民不祀非族",到战国时代荀子讲"先祖者,类之本也"[2],都是在说奉祀共同祖先神的定制。根据《左传》的记载,"凡公行,告于宗庙,反行饮至,舍爵策勋焉"(桓公二年),"公至自晋,孟献子书劳于庙"(襄公十三年),春秋时代贵族参加朝聘盟会等政治活动,在离国和回国的时候都要告于宗庙。

---

① (汉)许慎撰,(清)段玉裁注:《说文解字注》,上海古籍出版社 1988 年版,第 342 页。
② (清)王先谦:《荀子集解》卷一三《礼论》篇,《诸子集成》本,中华书局 2002 年版,第 233 页。

　　周代贵族宗庙的设置,礼书设计与古史资料还存在一定出入。"三礼"中最通行的说法是"天子七庙"之制,如《礼记·王制》云:

　　　　天子七庙,三昭三穆与太祖之庙而七;诸侯五庙,二昭二穆与太祖之庙而五;大夫三庙,一昭一穆与太祖之庙而三;士一庙;庶人祭于寝。

类似说法又见于《谷梁传》僖公十五年:"天子至于士皆有庙:天子七庙,诸侯五,大夫三,士二。故德厚者流光,德薄者流卑。"《礼记·祭法》亦有"王立七庙""诸侯立五庙""大夫立三庙""適士立二庙""官师一庙""庶人无庙"之等差。凡此实际是一种"毁庙"制度,即只保留太祖之庙与三昭三穆,久远先祖要毁庙迁主。但是从金文资料看,以周天子为例,宣王时犹有"康昭宫"(颂鼎,《集成》2827—2829)、"康穆宫"(虞佐鼎,《资料库》NA0745、NA0746),可见周康王、昭王、穆王到西周末年皆未毁庙;再看《春秋》经传,东周时鲁国也没有坚持毁庙,《春秋》哀公三年"桓宫、僖宫灾",可见鲁哀公时六代前的僖公之庙、九代前的桓公之庙未拆毁。因此基于"昭穆制"推演而来的"毁庙制"大概不符合西周春秋实际,①考古资料所见宗庙建筑遗址也不支持此类文献记载②。朱凤瀚认为周人宗庙大致可分三类:一是大庙即始祖庙;二是宗宫,令方尊、彝铭文称为"京宫"(《集成》6016、9901),可能是一片包含历代先王宗庙的建筑群;三是父考之庙。③ 其中始祖的独尊地位,对于维系整个宗族(包括分离出去的亚族、小宗)凝聚力意义重大;对父考的特别推崇,与前文"宗氏"为亲缘较近的血亲集团的描述也相符合,因为如果"宗氏"成员主要为亲兄弟及从父兄弟,那么宗族长的父考便是"宗氏"成员最亲近的共同亲属。

　　建设宗庙的目的在于祭祀。宗法等级制度下,祭祀最突出的特征是务求等差。前引"天子七、诸侯五、大夫三"之类的庙数便很典型,又如荀子言:

　　　　有天下者事(十)[七]世,有一国者事五世,有五乘之地者事三世,

①　参见朱凤瀚:《论所谓昭穆制》,《中国社会科学》2022 年第 1 期。

②　参见胡进驻:《试论周代宗庙制度及其变迁》,《华夏考古》2020 年第 1 期;梁云、陈燕芝、刘婷:《论周至汉代宗庙形制的转变》,《故宫博物院院刊》2023 年第 3 期。

③　参见朱凤瀚:《论所谓昭穆制》,《中国社会科学》2022 年第 1 期。

有三乘之地者事二世,持手有食者不得立宗庙。①（《荀子·礼论》）
据这些后世文献的勾勒,周代的祭祀规模亦体现出与社会身份相一致的等级性。身份等级有一定物化表现,比如我们熟悉的青铜器,由《曲礼下》所云"凡家造,祭器为先,牺赋为次,养器为后。无田禄者不设祭器;有田禄者,先为祭服。君子虽贫,不粥祭器;虽寒,不衣祭服:为宫室,不斩于丘木"等可知,持有青铜祭器之类的礼器在贵族家族组织内是相当重要的事情,是贵族等级身份的象征之一。

祭祀程序也体现宗法等级。《诗经·小雅·楚茨》对西周贵族祭祀其"先祖"的过程有比较详细的描述:

> 先祖是皇,神保是飨。孝孙有庆。报以介福,万寿无疆。……君妇莫莫,为豆孔庶。为宾为客,献酬交错。……

> 孝孙祖位,工祝致告。神具醉止,皇尸载起。鼓钟送尸,神保聿归。诸宰君妇,废彻不迟。诸父兄弟,备言燕私。

后面一段的大意是说,当祭祀完毕后,孝孙(主祭者)走到主祭的位置上,工祝(负责致祝词者)向之报告说神已经醉了。于是击鼓送尸,送走神灵撤去祭品后,燕私(家族宴饮)即开始了,参加祭祀的同一家族成员共饮祭酒,同食祭肉,分享祖先所先授福禄,同时亦达到和睦家族的目的。诗中主祭者为"孝孙",他亦是福禄的承受者,当是宗族长。参与祭祀者还有"君妇",为宗妇;"诸父",为主祭者父辈,如叔父、伯父等;"兄弟",如同父兄弟,从父兄弟,从祖兄弟等;此外还有助祭者包括姻亲在内的"宾客"。宗族长与族众的等级关系在诗中反映的祭祖仪式中表现得是比较清楚的:宗氏首领在宗族中有高于一般族人的地位,君妇在祭祖仪式中起着辅助其夫的作用,她在仪式中不占主导地位,但地位要高于其他族人之妇。

宗法地位的等级差异,从《少牢》、《特牲》记述的祭祖仪式内容亦可窥见一斑。如《特牲》中记载筮日开始时众人就位,主人面朝西立于庙门之外,男性族人也面朝西立于主人之后,以北为上位。所谓"以北为上位"就

---

① （清）王先谦:《荀子集解》卷一三《礼论》篇,《诸子集成》本,中华书局2002年版,第234页。

是说族人要按照其地位之尊卑由北向南依次排列。祭祖礼所起的一个重要作用就是"合族"或"收族",其目的是通过祭祀共同的祖先来加强宗族成员之间的凝聚力。《礼记·内则》中也有一段文字对此有清楚的说明:

> 适子、庶子祇事宗子、宗妇,虽贵富,不敢以贵富入宗子之家;虽众车徒,舍于外,以寡约入。子弟犹归器,衣服、裘衾、车马则必献其上,而后敢服用其次也。若非所献,则不敢以入于宗子之门,不敢以贵富加于父兄宗族。若富,则具二牲,献其贤者于宗子,夫妇皆齐而宗敬焉,终事而后敢私祭。

参照孔颖达《疏》的解释,大宗祭祖,小宗夫妇要斋戒助祭。大宗祭祀后,小宗才能祭其祖父。大宗之外事小宗者也要遵守这个原则。《礼记·大传》所言"亲亲故尊祖,尊祖故敬宗,敬宗故收族"基本上道出了宗法制维护宗子至尊地位的特征,并精辟地概括了它对于宗族这一社会组织的重要作用。

周代宗族内部对宗族祖先的主祭权掌握在宗族首领手中。《礼记·曲礼下》有云"支子不祭,祭必告于宗子"。孔颖达疏:"支子,庶子也。祖祢庙在适子之家,而庶子贱,不敢辄祭之也。"可知古代贵族家族内宗族首领掌握祭祀的主宰权。据礼书文献记载,庶子没有祭祖祭祢的权力。如《礼记·丧服小记》云:"庶子不祭祖者,明其宗也……庶子不祭祢者,明其宗也。"又如《礼记·大传》云:"庶子不祭,明其宗也。庶子不得为长子三年,不继祖也。"

青铜器铭文与文献记载在宗氏首领主祭权与祭祀规模方面各有异同,所以理解西周史实尤须谨慎。如器主以"孟某父"为字者,一般也没有私自祭祀祖祢的权力,这点与文献记载是一致的。另一方面,宗族长既然占据至高地位,也可调整宗族成员在祭祀方面的权力,如盠父鼎(《集成》2671、2672)铭文提到盠父"作(胙=酬)轙鼎",目的是命令轙"率我友以事","事"殆指祭事,也就是授予轙领导族人祭祀之权力,宗族长"盠父"特意铸造铜器,将此宣示于众。然而需注意,过去我们将"支子"外延扩大化了,即分族亦被视同于支子。实际情况是,支子依然是指宗氏内部的小子,也即宗内众庶子,断不能将别族后的亚族(分族)涵盖其中。如前文多次引用的西周早期殷遗由伯器之矩尊、胐卣,复引其铭文:

> 豸(?)。由伯曰:"矩御,作尊彝。"曰:"母(毋)入于公。"曰由伯子

日："矩为厥父彝,丙日唯母(毋)入于公。"(矩尊,《集成》5998)

豺(?)。由伯曰："胛,作父丙宝尊彝。"(胛卣,《集成》5356)

这两件器物悉属由氏宗族器,其一是族长由伯命令矩所铸造,其二则为由伯令胛所造,祭祀对象均为父丙。由氏实别出于"豺"(?)族,本身属亚族之列。涉及的人物中由伯与矩及胛为兄弟关系,均为父丙之子,由伯与由伯子为父子关系。由伯与矩、胛可以理解为宗氏首领(嫡长子)及宗氏组织内部的庶子关系。即是说,矩与胛所在家庭在由氏宗族内实际上属小子室家,二人铸器之时并未别族立氏,所以祭祀父丙须有族长由伯准许,不可私自设祭,体现周代"支子不祭,祭必告于宗子"这一基本原则。倘若别族,则另当别论,祭祀与否恐怕不需要大宗的同意,因为大小宗之间(或者说母族与亚族之间)完全是两个相互独立的祭祀系统,小宗的祭祀行为无损大宗的权益。

于此不妨再次强调,宗氏祭祀权当然为宗氏首领所独享,但这种排他性的权力只体现在宗氏内部,一旦有庶子另立宗氏,其祭祀行为就不再受母族掌控。一言以蔽之,"庶子不祭"只在宗氏内部实施。大宗与小宗祭祀体系中所重叠的那位共有的祖先神,便是它们的血缘连接点。① 当然,大宗仍可通过赐予分支小宗祭器,来维系二者的宗法关系。如再簋铭文中所言"遣伯乍(祚=酬)再宗彝……朕文考其用乍(祚②)厥身"(《资料库》NB1600、《资料库》NB1780—1781),作为大宗的遣伯为小宗再作器,督促他祭其父,也是对尊祖敬宗风气的宣扬,通过礼器及铭文内涵勉励小宗依礼修身处事。

通过以上讨论,可知周代宗庙体系有其等级性,宗族内祭祀权为宗氏首领独有,不过由于某些字词概念混淆,文献记载与金文反映的实际情况有出入。金文"小子室家"或文献中的"庶子"、"支子"、"宗小子"等宗氏内部成员的祭祀行为要受到宗族长的控制,只有在宗氏首领特许的情况下方可铸器祭祀自己的父母,而亚族(分族)或文献中的"小宗"则有独立的祭祀体系和族体标识符号(也即氏名)。

---

① 　参见陈絜、田秋棉:《商周宗亲组织结构与形态》,《中国社会科学》2022 年第 4 期。

② 　此"乍"字读胙,训赐,与"胙土"义同。

四、姓氏与排行——贵族宗族组织的等级维系符号

有研究者指出,姓氏制度其实就是西周春秋时期宗法制度在称谓上的表现形式。① 姓与氏都是血族组织的符号,二者的区别主要在于氏是姓的分支。自姬周入主中原之后,中国古代的姓氏沿革史发生了一次巨大的变化。伴随周初分封而行的赐姓命氏制度的实施,那些或产生于史前时代的古老部族名号(也即先秦古姓)再一次受人重视,并且有了明确的类名,也就是"姓";而在殷商时期长期使用的族氏名号,由于其别婚姻的社会功能被转嫁于先秦古姓之上,所以其性质也发生了相应的变化,演化成为周代宗族组织的标识符号,也就是"氏",其作用则主要体现在收族这一点上。这就有了姓、氏二分的特殊现象的出现。

周代的姓氏制度,既是一种血缘性的家族制度,同时也可算作是一种政治制度,姓与氏,在当时的社会中发挥着重要的社会功能与政治功能。姓氏制度与宗法分封制度是紧密相连的,它体现着亲亲、尊尊与贵贵的宗法蕴涵。当血缘性的宗法制度被充分运用于政治统治之中的时候,姓氏制度也就具有了极其强烈的政治功能。所以,在当时的社会中,既有同姓、异姓、庶姓之别,又有有氏、无氏之分,那些用于维系政治稳定与血族团结的礼仪制度,诸如婚姻、宗盟、班位、临丧等礼制,无不围绕姓氏而行,姓氏制度变成了维护政治与社会秩序稳定的最为重要的礼制之一。

在周代的姓氏制度中,最需要注意的一点就是周初的赐姓命氏制度(所谓赐姓命氏制度,就是周天子赐予所分封的诸侯一种血族名号的制度),尤其是赐姓制度实施,成为商周之际姓氏制度发生巨变的关键之所在。凡此内容本章第一节已有详细考述,于此略述梗概:赐姓与命氏之制,是伴随周初封建而设的。在封建的过程中,赐姓、命氏与胙土是三位一体的有机组合,其中"胙之土而命之氏"的主旨,就是给受封者一块统辖的领地,以及一个用以标识分宗立族的名号。但这种政治举措会导致受封之国与所立之宗在事实上的独立,与"封建亲戚以藩屏周"的初衷产生矛盾。这对于

---

① 参见李向平:《春秋战国时代的姓氏制度》,《广西师范大学学报》1984 年第 3 期。

以"三千虎贲"起家、又欲接替殷商成为天下共主的"小邦周"来说,自然是个亟须解决的问题。所以,便有了赐姓的新政策。赐姓制度正是利用了原始的血缘亲情意识,使受封的众子弟能紧紧围绕宗周这一轴心,从而患难与共、生死相戚。这种依随分封而行的赐姓制度,所强调的就是受封者的责任与义务。当然,仅有赐姓之制还远远不够,还须将此类由古老氏族名号发展而来的先秦古姓的原始功能,诸如收族与别婚姻的作用,重新加以重视,使之不仅仅标记一个空泛的符号。而典籍中所见的"同姓从宗合族属"、"系之以姓而弗别"、"虽百世而婚姻不通"等等,就是周人重视族姓的具体表现。随着先秦古姓的原始功能在此被强调,族氏名号也就随之转化为氏。又由于姓氏与土田、封邑密不可分,因此便有了形式的等级性。而且姓、氏的获取又需要经过赐命,从而使得姓氏成为当时土地所有者,也即各级宗族贵族的身份性标志符号。至于那些没有土田的庶民,自然亦无姓氏可言了。这些宗法贵族为了维护既得的利益,又在姓氏制度上大做道德文章,姓氏成了"有德"、"有能"、"有功"者的专利品,周代姓氏制度之中所存在的浓烈的道德伦理色彩,就是缘此而生。这进而使得"以姓氏别贵贱"成为自西周以后五六百年间的社会通则。

周初赐姓命氏制度的实施,不仅改变了姓氏制度本身,而且也改造了当时的社会结构乃至社会性质。这主要表现为:其一,由史前氏族发展而来的、在商周之际其规模已超出氏族、胞族乃至部落的、结构也已松散的、功能又所剩无多的血缘组织也即姓族,在周初又重新受人重视,并被视作一个禁止内婚的、有机的血缘团体而得以确定;其二,族氏组织被改造成宗族组织;其三,姓族与宗族两级社会组织结构形成;其四,以宗族组织的分衍代替原先的氏族组织的分衍,从而使西周春秋时期的社会组织呈现为姓族—宗族—宗支—家庭上下一贯、层次丰富的多级结构。

长幼有序,嫡庶有别。讲究等级是宗族社会的一大特色,贯穿始终,这在当时姓氏名号中也有充分的体现。如宗族首领称"孙"或以氏名相称的习俗,排行名中"嫡长称伯、庶长称孟"的礼规等等,都是这一特色的具体反映。周代的伯仲叔季排行名,既能体现大、小宗之间的等级关系,同时也能将宗族内部的结构比较清晰地表述出来。

关于排行名的问题，早在东汉就有学者论及，如《白虎通·姓名》中提到的"嫡长称伯"、"庶长称孟"、"男女异长，各自有伯仲"、"质者系亲，故积于仲"、"文家尊尊，故积于叔"、"不积于伯、季，明其无二"。作为行第名的"伯"遵循"嫡长称伯"的称谓原则，其余兄弟均不得僭越，庶长则称孟；并且男女各自排序。就周民族主体文化而言，其名号中最具特色的当属伯仲叔季排行名。这些排行名的功能，与商人的复合族氏名号最为接近。在很大程度上，可称之为周代宗族分级结构的符号标识体系。像文献记载中的二虢、二蔡、八虞等等，便极有可能是此种文化现象的具体事例。而在青铜器铭文中，能够用排行名体现宗族组织中大小宗关系问题的，可举弭伯、弭仲、弭叔及禹伯、禹季等名号为证。

1959 年，陕西省蓝田县城南寺坡村出土青铜器 16 件，7 件有铭文，分别为弭叔鬲 3 件、弭叔簋 2 件、弭叔盨 1 件及询簋 1 件，[①]其中弭叔簋的口沿内缩，双兽耳衔环，圈足下有三小兽足；有盖，盖之捉手呈圈足状；器身饰瓦纹，口沿下饰一周窃曲纹，而器盖之纹饰亦与器身同。其铭文则云：

> 佳五月初吉甲戌，王在莽，各于大室，即立中廷，井叔内右师察，王乎尹氏册命师察："锡女赤舄、攸勒，用楚弭伯。"师察拜稽首，敢对扬天子休，用作朕文祖宝簋，弭叔其万年子子孙孙永宝用。(《集成》4253、4254)

从铜器组合、器形、纹饰、字体及铭文中所涉及的人物（如尹氏、井叔及询簋铭文中的益公）等多方面考察，弭叔器组应该是典型的西周中期器，其具体年代可以根据询簋和师询簋来裁断。据学者研究，询簋之器主"询"，与师询簋之器主"师询"，"是一非二"[②]，其中师询簋有明确的纪年，其铭文云：

> 王若曰："师询，丕显文武……"王曰："师询，哀哉！今日天疾畏降丧，时德不克尽，故亡承于先王。卿(嚮)女彶屯恤周邦，妥立余小子，恤厥事，佳王身厚□……"询稽首，敢对扬天子休，用作朕烈祖乙伯、同益姬宝簋。询其万斯年子子孙孙永宝用，作世宫宝。佳王元年二月既望庚寅，王各于大室，荣内右询。(《集成》4321)

---

① 　参见段绍嘉：《陕西蓝田县出土弭叔等彝器简介》，《文物》1960 年第 2 期。
② 　郭沫若：《弭叔簋及询簋考释》，《文物》1960 年第 2 期。

师询簋"佳王元年"目前在学界有一定的分歧,原来的说法,一般集中在共和以后的宣、幽之际①,但现阶段意见多倾向定于中期晚段,如"夏商周断代工程"便将它置于共王元年。② 弭叔诸器之年代与之基本接近。关于弭叔簋铭文中的"用楚弭伯"这句话,历来没有很好的解释,郭沫若将"用楚"属上,"弭伯"与"师察"连读,认为"楚字假为胥",弭伯、弭叔是一人。这种说法很不恰当。我们以为,"楚"从疋得声,依据于省吾先生提出的"因声指事"之理论③,"楚"字的本义,亦当在"疋"字中求得。西周金文中,屡有"用疋某人"之语,也就是辅弼某人的意思。所以,"楚"也有可能是辅弼之义,与"疋"同。要之,弭伯非弭叔亦可知矣。

而弭伯簋的出土,自然是彻底否定了郭氏的意见。1963 年 11 月,陕西省蓝田县辋川乡新村出土铜簋一件,④其铭文云:

> 佳八月初吉戊寅,王各于大室,荣伯内右师耤,即立中廷,王乎(呼)尹氏册命师耤:"锡女玄衣、黹屯、铱市、金黄、赤舄、戈琱胾彤沙、攸勒、銮旂五日,用事。"弭伯用作障簋,其万年子子孙孙永宝用。(《集成》4257)

弭伯簋之器形、纹饰与弭叔簋基本相同,也是典型的西周中期器物。所以,其器主"弭伯"与"弭叔"或为兄弟行。他们同任师职,经周王册命后,弭叔"用楚弭伯",成为弭伯的助理。但有一点要引起注意,弭伯、弭叔之器虽然均出于蓝田县,但具体的出土地点相距 13 公里之遥,这似乎能够证明,他们已经是各自分宗立氏了的。其中弭伯所代表的,应该是弭氏之大宗,而弭叔则代表弭氏之小宗。此外,传世器物中尚有弭仲簋(《集成》4627),其年代也在西周中期,其器主弭仲与上述弭伯、弭叔也应该是兄弟行,并且与弭叔

---

① 详参朱凤瀚、张荣明编:《西周诸王年代研究》(贵州人民出版社 1998 年版)一书中所收的诸家论说。

② 参见夏商周断代工程专家组:《夏商周断代工程 1996—2000 年阶段成果报告》,世界图书出版公司 2000 年版,第 30 页。另杜勇、沈长云等先生的排谱结果,也与"断代工程"一致。参见杜勇、沈长云:《金文断代方法探微》,人民出版社 2002 年版,第 278 页。

③ 参见于省吾:《释古文字中附划因声指事字的一例》,载《甲骨文字释林》,中华书局 1979 年版,第 445 页。

④ 参见陕西蓝田县文化馆应新、子敬:《记陕西蓝田县出土的西周铜簋》,《文物》1966 年第 1 期。

一样,是独立的以"弭仲"为氏名的弭氏小宗。

这就是排行名体现西周宗族组织中大小宗之间的分级关系的最为典型的例证之一。下面再谈谈另一组例证夨氏。

夨氏铜器主要出土在陕西省宝鸡市茹家庄、竹园沟、纸坊头等地。① 关于这批青铜器的年代序列以及相关人物的世系关系,学者研究后认为,应该是纸坊头夨伯(文王晚年、武、成)……竹园沟夨伯格、竹园沟夨季(康、昭之际)——茹家庄夨伯伽(昭、穆之际)。② 其说基本符合实际,但也存在一些问题。例如竹园沟墓地究竟是公墓还是邦墓? 其中的 M7 之墓主是否就是伯格? 伯格是否为夨氏宗族成员等等,尚待进一步探讨。

据典籍记载,周初的邦国很多,其中大多数邦国的国名已经失载。从竹园沟出土的高规格青铜器物诸如列鼎、列簋及编钟看,将"夨"视作典籍失载的国名之做法③,当然没有什么不妥的。但据《周礼》记载,周代的墓葬可分为公墓与邦墓两类。据郑玄注及唐人疏,公墓是指王或诸侯的墓地,而邦墓则属于一般的贵族与平民所有。④ 从现有的考古发掘材料看,《周礼》及汉唐注疏文字还是基本真实可信的。这种"公墓"与"邦墓"两分的现象,似乎自良诸文化、龙山文化就已经开始,并长时期地延续下来。如浙江余杭反山良诸墓地中就存在大小墓分葬的现象⑤;山东临朐朱封龙山墓葬群也是

---

① 分别参见《陕西省宝鸡市茹家庄西周墓发掘简报》(《文物》1976 年第 4 期)、《宝鸡竹园沟西周墓地发掘简报》(《文物》1983 年第 2 期)、《宝鸡纸坊头西周墓》(《文物》1988 年第 3 期)。

② 参见卢连成、胡智生:《宝鸡茹家庄、竹园沟墓地有关问题的探讨》,《文物》1983 年第 2 期。

③ 参见卢连成、胡智生:《宝鸡茹家庄、竹园沟墓地有关问题的探讨》,《文物》1983 年第 2 期。

④ 《周礼·冢人》云:"冢人,掌公墓之地,辨其兆域而为之图。先王之葬居中,以昭穆为左右。凡诸侯居左右以前,卿、大夫、士居后,各以其族。"郑玄训"公"为君,故所谓"公墓"就是指"君墓",也即《周礼注疏》卷二二所谓的"训公为君者,言公则诸侯之通称;言君则上通天子。此既王之墓域,故训为君也。"《周礼·墓大夫》云:"墓大夫,掌凡邦墓之地域,为之图。令国民族葬,而掌其禁令;正其位,掌其度数,使皆有私地域。"郑玄注云:"凡邦中之墓地,万民所葬地。"《周礼注疏》认为是"非有爵者"之墓地。由此可见,邦墓与公墓是两分的。

⑤ 参见浙江省文物考古研究所反山考古队:《浙江余杭反山良渚墓地发掘简报》,《文物》1988 年第 1 期。

大小墓分开埋葬的,西南发掘的三座都是大墓,东北发现的几座都是小墓,两片墓地相隔约 180 米①;山西襄汾陶寺墓地的墓葬分布,也是大墓大体集中在一起②;商代的墓地制度亦同样如此,西北岗大墓为王陵区,所谓的"殷墟西区墓地"则与文献记载的"邦墓"相似③,各级贵族尤其是下等贵族可以"居葬合一"的形式就地下葬。同样,1992—1994 年发掘的天马—曲村晋侯墓地,所反映的墓地制度也是诸侯"公墓"独立于"邦墓"。④ 有鉴于此,笔者主张,竹园沟墓地很可能是弜季宗族墓地,它应该是弜国公族的小宗之墓地,而不是以弜伯为代表的弜国公族的"公墓",其中的七号墓之墓主是否为伯格还待进一步探讨,伯格是否弜氏成员也待申论。而弜国公族的"公墓",应该在纸坊头弜伯墓地与茹家庄弜伯伸墓地。至于"公墓"为何被分隔成两处,则可能与该国族的势力消长或战争有关。所以,弜伯与弜季的关系,应该算是大宗和小宗的关系。而这种大小宗之间的分级关系,在形式上恰好是借助于伯仲排行名来体现的。

以上所举,仅为排行名如何与大宗、小宗相对应的具体事例。接下来,我们将要探讨排行名又是怎样表现宗氏内部的等级制的问题。

就目前所见的材料言,商代的族氏名号制度,尚不足以完全反映出当时族氏组织内部的分级结构。但是,周人的姓氏名号,却足以将宗族内部宗氏与家户之间的分级关系清晰地揭示出来。这就是李曦曾指出的,在兄弟拥有相同的氏名的情况下,排行名成了区分各自的宗支的标志性符号。⑤ 而目前比较有力的证据,就是 1975 年出土于陕西省岐山县董家村窖藏青铜器中所反映的"旅"氏宗族资料。

董家村窖藏青铜器共有 37 件,其中著名的器物有裘卫诸器、此簋、𫚭匜

① 参见中国社会科学院考古研究所山东工作队:《山东临朐朱封龙山文化墓葬》,《考古》1990 年第 7 期。

② 参见中国社会科学院考古研究所山西工作队、临汾地区文化局:《1978—1980 年山西襄汾陶寺墓地发掘简报》,《考古》1983 年第 1 期。

③ 参见杨锡璋:《商代的墓地制度》,《考古》1983 年第 10 期。

④ 参见李伯谦:《从晋侯墓地看西周公墓墓地制度的几个问题》,《考古》1997 年第 11 期。

⑤ 参见李曦:《周代伯仲排行称谓的宗法意义》,《陕西师大学报》(哲学社会科学版)1986 年第 1 期。

等等,它们应该属于同一个宗族不同世代的器物。① 依青铜器形制、纹饰及铭文字体推断,其器主时代序列应该是裘卫……公臣……旅伯、旅仲、佣——禹。其中裘卫诸器之年代,基本可以定在西周共、懿之际,"夏商周断代工程"排谱的结果为共王时期②;旅伯、旅仲、佣诸器之时代,当在宣王在位年间;禹器则铸于幽王之时。显然,在裘卫与公臣之间,或公臣与旅伯之间,尚存在很大的缺环。依笔者之见,在公臣与旅伯之间还可以添加两代,也即是"癸公"(《集成》4306、4307 两篇铭文又称"朱癸")与"此","此"乃旅伯、旅仲之父。现分析如下。

此簋铭文云:

> 隹十又七年十又二月既生霸乙卯,王在周康宫夷宫。旦,王格太室,即立(位),司徒毛叔右此入门立中廷。王呼史翏册命此曰:"旅邑人善夫,锡汝玄衣、黹屯、赤市、朱黄、鬱(銮)。"旅此敢对扬天子不显休命,用作朕皇考癸公障簋,用享孝于文神,用匃眉寿。此其万年无疆,畯臣天子雷终,子子孙孙永宝用。(《集成》4303—4310)

从形制、纹饰判断,此簋肯定是西周晚期的器物。铭文中提到,王在"周康宫夷宫"。所以,依据唐兰先生的"康宫"原则,所谓的"隹十又七年"应该在厉王十七年或宣王十七年。如果依照"月相四分说"进行排谱的话,当以厉王十七年说近是。③ 铭文中"旅邑人善夫"一语,不太好懂。或可理解为"管理邑人与膳夫"的意思,这需要解释几句。《左传》昭公三年记齐景公欲更晏子之宅,但晏子坚决推辞,所讲的理由就是:"君之先臣容焉,臣不足以嗣之,于臣侈矣。且小人近市,朝夕得所求。小人之利也,敢烦里旅?"杨伯峻注曰:"里旅即《周语中》、《鲁语上》之司里,亦即《鲁语上》之里人。其职掌卿大夫之家宅。"因此,此簋中的"旅"字,或有管理的意思,作名词用则为职官名。如果说"此"是由此得氏,便属于以官为氏之类型,相当于《左传》隐公八年所记载的赐姓命氏之制中的"官有世功,则有官族"。当然,我

---

① 参见《陕西省岐山县董家村西周铜器窖穴发掘简报》,《文物》1976 年第 5 期。
② 参见《夏商周断代工程 1996—2000 年阶段成果报告》,表八"西周金文历谱",世界图书出版公司 2000 年版。
③ "断代工程"排入宣王谱,但其月相取"二系说"。

们还可以有别的理解,即"旅邑"是"此"的居地或采邑所在地,他的官职则为"膳夫";进一步追究铭文中的细微之处,可知:大概是在厉王十七年,"此"获得了"旅邑"为采地,并被册命为"膳夫"之职。而这一种解释或许更直截了当些。

所以,"旅"族之氏名,当从"此"开始拥有。"此"的先祖"裘卫",司职裘毛之物的管理,职官类似于《周礼》中的"司裘"。至"公臣",则成为"虢仲"的家臣,管理"虢仲"家中的"百工"。到了"此"的父亲"癸公"这一代,尚以"朱"为氏,故又称"朱癸"。至厉王十七年,"此"大概是获得了"旅邑"这一地方为采邑,所以在受册命后便立即改口称"旅此",并铸造了大量的祭祀礼器,以示纪念。这种得氏方式,就是以采邑或地名为氏。至"旅伯"一代,世袭其父"此"的膳夫之职,故称"善夫旅伯",次子则称"旅仲"。总之,"旅"氏之宗族名号,应该与厉王册命"此""旅邑人善夫"有关。

从同坑关系、器形纹饰、文字字体及名字相应等角度出发,学者提出旅伯、此、伯辛父应为同一人,其中"旅"为氏名,"伯"为排行,"辛父"为字,"此"为名;而旅仲、仲涿父、庙孱亦为同一人,"仲"为排行,"涿父"为字,"庙孱"为名。旅仲是旅伯的弟弟。[1] 除却其"此"与"旅伯"为同一人、"伯"为排行等说法外,其余的意见基本可信。旅伯、旅仲兄弟都以"旅"为氏名。其中旅伯无疑是"旅"氏的宗族长,[2]"旅伯"这个名号,既代表了旅氏这一宗族的族长个人,同时也代表着整个宗氏组织。而旅仲也有铸造青铜礼器的权力和财力,所造器物又与宗族长"旅伯"的器物一同厘藏。所以我们推测,旅仲可能领有一个宗支,这个宗支附丽在"旅"氏宗族下,当时尚未发展为独立的宗氏;而"旅仲"之名号,就是这个宗支的标识符号,当然也代表旅仲这样一个具体的人。

此外,如卯簋铭文云:

> 佳王十又一月既生霸丁亥,荣季入右卯立中廷,荣伯乎令卯曰:"在乃先祖考,死司荣公室……今余佳令女死司葊宫葊人,女毋敢不善。

---

[1]　参见周瑗(李学勤):《矩伯、裘卫两家族的消长与周礼的崩坏》,《文物》1976年第6期。

[2]　当然,我们并不排除旅伯本身就是嫡长子的可能,而且这个可能性是相当大的。

锡女瓒璋四觳,宗彝一糒(堵)①宝……"卯拜手稽手,敢对扬荣伯休,用作宝尊簋,卯其万年子子孙孙永宝用。(《集成》4327)

铭文中的"荣伯"与"荣季"之名号,也很可能就是宗氏内不同家户之间的体现。

清儒程瑶田在其《宗法小记》中云:"尊祖故敬宗。宗之者,兄之也。""宗之道,兄之道也。大夫士之家,以兄统弟、而以弟事兄之道也。"其说有助于我们理解旅伯、旅仲及荣伯、荣季之间的关系。总之,排行是宗族内部同辈子嗣嫡庶、长幼的标识符号,在维持宗族组织的有序与稳定方面有重要作用。

当然,随着人口的繁衍,宗族规模的扩大,尤其是为了保证宗族继承权能在嫡支中顺利传承,宗氏中的某些家户必须分宗立氏,其中的庶支大概是首先被剔除的对象,其次则是嫡支中的除嫡长子之外的其余宗支。这些宗支的后裔,在没能得到天子或诸侯的"胙土命氏"的情况下②,"以王父字为氏"便成了他们获取氏名的最有效也是最直接的手段。在此过程中,"某仲"、"某叔"之类的宗支名,也就顺理成章地转化为宗族名号了。

五、族葬制度

诚如郑玄在《周礼·地官·大司徒》注中解释"族坟墓"时所言,"族,犹类也。同宗者,生相近,死相迫"。所以,对墓地的研究,可以比较直接地展现当时人们之间的血亲关系,特别是人们的亲属组织结构,同时也能一定程度反映社会等级关系。

目前公布的西周墓地发掘资料中,较完整而且能较清楚地说明贵族家族组织形态者不甚多,如山西晋南天马—曲村一带的晋侯墓地、湖北随州叶家山的曾侯墓地,这是诸侯一级的。此外则有陕西长安张家坡西周墓地北

---

① "糒"字以㤳为声符,当作为《周礼·春官·小胥》"半为堵,全为肆"之堵。

② 据赵伯雄先生研究,春秋时代存在有宗族之实而无宗族之名的事例,所以氏名需要请、需要赐(参见赵伯雄:《周代国家形态研究》,湖南教育出版社1990年版,第66页)。可见族名的获取是需要具备一定的条件的,在此基础上才有所谓的请与赐,而赐姓赐氏的权力也只有天子与诸侯才有。

区墓葬群与扶风黄堆西周高级贵族家族墓地,为卿大夫一级的家族墓葬。新近发掘的扶风姚家、岐山孔头沟等墓地亦值得关注,相关资料及研究成果正在陆续发表。低等级贵族家族墓地可举张家坡西区墓地为代表。

就目前资料而言,诸侯一级的墓葬,显然不存在诸侯与公室成员聚族而葬的情况,墓地往往是由历代诸侯与各自夫人的并穴墓组成,其余家族成员不能入葬诸侯墓地。这充分体现君权至上的特点。

张家坡北区井叔家族墓可视为西周畿内贵族族葬制的代表,从西周早期到西周末叶的百数十年间,共留下墓葬76座,可划分为4个墓组,其中大型墓19座、中型墓23座、小型墓31座、洞室墓2座,可见大、中型墓占了多数。依照朱凤瀚的分析,从中可以反映出井叔氏在畿内的一个发展变化过程:西周早期,井叔家族在贵族阶层内政治地位尚低,刚从畿内井氏之宗子井伯所领属宗族内分离出来,自立宗氏,所以只有孤立的两座墓葬,也即井叔夫妇。以后则逐渐发展壮大,慢慢发展成为包含一个宗氏与若干"小子室家"(子嗣辈核心家庭或主干家庭)、分支家族(含分族"宗氏"及相应的"小子室家"),具有一定规模的家族组织。朱凤瀚曾总结说:"井叔家族墓地由几个分支家族墓地组成,说明该家族以包含着几个近亲的小宗家族的宗族形态存在。西周贵族家族一般采取宗子本家与几个近亲的分支家族聚居的形式,井叔家族墓地的结构也应该是这种家族结构的反映。同一宗族内的近亲的小宗家族有自己的墓地,不相混杂,反映出在一个较大的宗族组织内各小宗家族在生活上是有自己一定的相对独立性的;但各分支墓地又相互聚合,则又透露出各分支家族在社会政治及经济生活中似并非独立单位,而仍是以所组合成的较大的宗族组织形式活动的。"[1]但须注意的是,井叔氏的历代宗子及其配偶还是并列而葬,与诸侯一级的葬式并无区别。当然,他们与其他以"小子室家"、分族"宗氏"为代表的宗亲成员的墓葬区隔,已不是十分显著了。

张家坡西区墓地(1967年)则为低等级贵族的家族族墓地。1967年发掘,共有42座墓,另有3座马坑(116号、140号、142号)。

---

[1]　朱凤瀚:《商周家族形态研究》(增订本),天津古籍出版社2004年版,第654页。

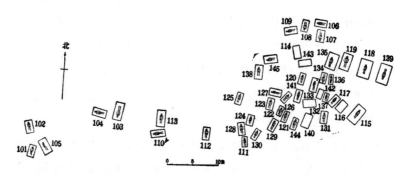

张家坡西周墓地西区（1967 年）墓葬分布图①

　　整片墓地在空间分布上，可直观地分为两部分：以居中的 M112 为界，西侧 7 座墓两或三座成组，似可代表不同的核心家庭，其中 M105、M103 皆随葬铜器，墓主人至少具有低级贵族身份，当为"户主"。东侧 34 座墓葬排列得更加稠密，聚合态势明显，不过从时代上还能进一步析分：在 M112 旁边，M111、124、129、130 居于东侧墓区的西南角，均属原报告二期即西周早期成康之世，与其余诸墓属西周晚期厉、宣、幽世相比，时代上存在较大缺环，有必要自成一组；剩余可断代墓葬计 23 座，五期（厉王前后）12 座，六期（宣、幽时期）11 座，朱凤瀚先生对这批资料作过详细剖析，综合墓葬方位、等级等因素，推测这是一个低级贵族的家族墓地，包含三代至四代人，平均每代家族人口为六到八人。② 这样的家族规模与前文勾画的"宗氏"结构——包含族长核心家庭与若干"小子"所在核心家庭——完全吻合。在朱凤瀚研究基础上，关于张家坡西区墓地（1967）还有两种现象值得继续推敲：（1）东侧 23 座晚期墓中，有多达 9 座墓有腰坑，且如 M127、131、132、137几座腰坑墓，与非腰坑墓错杂在一起，很难在空间上分隔。东侧 5 座面积稍大、随葬青铜器的中型墓中，排成一字的 M139、118、119、135 无腰坑，但南边的 M115 有腰坑。腰坑通常被看作商系人群的葬俗，据此为标准，则东侧

① 　参见中国社会科学院考古研究所沣西发掘队：《1967 年长安张家坡西周墓葬的发掘》，《考古学报》1980 年第 4 期。
② 　参见朱凤瀚：《商周家族形态研究》，天津古籍出版社 2004 年版，第 304—306 页。

墓地埋葬的人群至少有殷、周两系。(2)发掘报告特别提出,在东侧墓区的北部、西北,多见两墓一组排成丁字形,如 M106 与 107、M108 与 109、M114 与 143、M138 与 145、M132 与 133、M123 与 127 等,很可能是并穴夫妻墓的一种特殊墓位。且上举"丁字形墓组"时代多晚至六期,随葬陶器组合多为盂、豆、罐,发掘报告认为这些墓"可能分属于不同的家族",是值得重视的意见。"丁字形墓组"与"腰坑墓"重合的比例也不小,9 座腰坑墓除中型墓 M115 及旁边的 M142 以外,其余 7 座均可纳入"丁字形墓组"之内。根据这些现象似可推测,埋葬在西区东侧的贵族家族的实际规模,比分布图所呈现的墓葬数量要更少,似相当于主干家庭规模的低级贵族"宗氏";至于两两成组的若干"丁字形"墓,尚无充分条件归为同一宗族,核心家庭的重要位置应予以充分考虑。

以上墓地揭示的西周贵族家族之结构与规模,说明贵族家族一般是以近亲的几代亲属聚居的,像张家坡西区墓地所属贵族家族只是一个低级贵族家族,规模自然不会太大,仍为包含几个近亲核心家庭的伸展家族,可能属于直系家族。① 像张家坡北区井叔家族墓地,虽然看上去规模较大,但掺杂有共同居住的殷遗民、姜戎等人群,②真正围绕在"井叔墓"附近的井叔家族成员,数量也是有限的。这与前几节我们反复强调的观点,即聚居聚葬的实体性宗亲组织的规模限于"子—小子"近亲血缘集团,是完全一致的。

西周时期存在族葬制度是毫无疑问的,但有一定的等级限制,天子、诸侯在此制度以外,反映出的生活共同体不是十分庞大,宗族内部的基本构成要素是核心家庭。

六、孝友与德音——宗法制度的补充

宗法等级制下,宗族是社会的基本组织形式,宗法观念自然成为精神世界的主要内容。具体讲来,西周社会盛行之"孝"、"友"观念,以及"德音"之教化,就是宗法制度发展的必然结果。

---

① 参见朱凤瀚:《商周家族形态》(增订版),商务印书馆 2022 年版,第 364 页。

② 参见林森:《从张家坡墓地看西周社会基层地域组织》,《中国国家博物馆馆刊》2014 年第 7 期。

（一）孝友观念的盛行——宗法制度发展的必然结果

"孝友"是西周时期一种强大的社会舆论。①"孝"主要指对于前辈的尊敬与奉养，"友"指对于同宗族之人的友善。同宗族之人互称为"友"，又称"朋友"。"孝"、"友"是金文和文献中常常联列的两种盛行观念，比如曾引发广泛关注的西周思想史重要资料豳公盨铭文云：

> 天令禹敷土，堕山、濬川；乃畴方、设正、降民、监德；乃自作配，嚮民；成父母、生我王，作臣。厥美唯德，民好明德，任在天下。用厥邵好，益口懿德，康亡不懋。孝友觍明，经齐好祀，无悖心。好德婚媾，亦唯协天，敏用孝申（神）；复用祓禄，永孚于宁。燹公曰：民又惟克用兹德，无悔。（燹公盨，《铭图》5677，西周中期）

"孝友觍明"之"觍明"，究竟训为"大大地昌明"，还是同样表示美德，学者训释尚存争议，但"孝""友"可确定是两种最重要的"明德"。又如西周早期历方鼎铭云"历肇对元德，孝友惟型"（《集成》2614），"孝""友"是要继承学习的"元德"。至于失德之人，最大的罪状就是"不孝不友"，如《尚书·康诰》记诰辞云"元恶大憝，矧惟不孝不友"。总之，"孝友"是西周宗法等级制度下培育出的重要价值观念与行为规范。

西周金文中所言之"孝"，比之后世"孝敬父母"之"孝"，范畴犹略扩大，《尔雅·释诂》云"享，孝也"，享、孝互训，可分言曰"孝"曰"享"，也可合言"孝享"，②要之是奉祀祖先鬼神，如《论语·泰伯》所谓"致孝乎鬼神"。金文中也有诸多例证：

> ……用享孝于皇神祖考于（与）好朋友。（杜伯盨，《集成》4448—4452，西周晚期）

> 惟郜正二月初吉乙丑，上郜公秌人作尊簋，用孝享于厥皇且（祖）于（与）厥皇考……（上郜公秌人簋盖，《集成》4183，春秋早期）

> ……用享用孝于皇祖圣叔、皇妣圣姜，于（与）皇祖又成惠叔、

①　参见晁福林：《夏商西周的社会变迁》，北京师范大学出版社1996年版，第283页。
②　参见（清）王引之：《经义述闻》卷二六，凤凰出版社2000年版，第631页。

　　皇妣又成惠姜,皇考遟仲、皇母,用祈寿老母死,保虘(吾)兄弟,用求考

命弥生,肃肃义政,保虘(吾)子姓……(黋镈,《集成》271,春秋中期)

　　……我以享孝,乐我先且(祖),以祈眉寿。(郘黨钟,《集成》

225—237,春秋晚期)

现今发现的青铜器铭文中,几乎所有使用"孝"(或借"考"字为之)字的地

方,都与"享"等祭祀活动相联系,都是对自己祖先的祭奠和追享。在宗法

等级制度"敬宗收族"的要求下,祖先祭祀意义非凡;投射到宗族生活中,对

祖先的尊崇也泛化为对长辈的奉养,"孝"的对象由鬼神延及生人。

　　金文中的"友",有些从上下文看指"僚友"并无问题,如令方尊、彝铭文

"今我惟命汝二人亢眔吴奭左右于乃僚以乃友事"(《集成》6016、9901),僚、

友并举,大概表僚属之意。但更多金文材料显示,"友"在许多语境下,特别

是在"孝友"含义内,解释为指代兄弟的亲称更为合适,且此处的兄弟一般

为包含亲兄弟在内的同宗兄弟。如下所示:

　　……用好宗庙,享夙夕好朋友与百诸婚媾。用祈纯禄永命鲁寿子

孙,归夆其万年日用享于宗室。(乖伯簋,《集成》4331,西周中期)

　　……惟用献于师尹、朋友、闻(婚)媾,克其用朝夕享于皇祖考……

(膳夫克盨,《集成》4465,西周晚期)

　　旻季良父作殹姒尊壶,用盛旨酒,用享孝于兄弟、婚媾、诸老,用旂

匃眉寿,用万年灵终难老,子子孙孙是永宝。(旻季良父壶,《集成》

9713,西周晚期)……

　　用宴乐诸父兄弟,余不敢困穷……(文公之母弟钟,《资料库》

NA1479,春秋晚期)

比较上揭铭文叚辞,"朋友"与"兄弟"在习语中处在相同的位置,排在

"婚媾"之前,显然指比异姓姻亲更加亲密的同姓族人。站在宗族首领的立

场看,强调对祖先前辈的尊崇("孝")能够凝聚宗族成员的共同体意识,强

调对同族兄弟的关爱("友")则有助于笼络人心,团结亲属。"孝友"盛行,

实际便是宗族势力强盛在意识形态层面的一种反映。

　　春秋时期,"孝友"从个人美好品德向普世行为规范发展,形成更具系

统的理念。《诗经·小雅·六月》云"侯谁在矣,张仲孝友",《毛传》:"善父

母为孝,善兄弟为友"。《论语·为政》篇记有子曰:"《书》云:'孝乎惟孝,友于兄弟,施于有政。'是亦为政,奚其为为政?"定州汉墓竹简《论语》该处作"书云孝乎维孝,友……【弟】,施于有正"。《左传》昭公二十六年提到:"君令臣共,父慈子孝,兄爱弟敬,夫和妻柔,姑慈妇听,礼也。君令而不违,臣共而不贰,父慈而教,子孝而箴。兄爱而友,弟敬而顺,夫和而义,妻柔而正,姑慈而从,妇听而婉,礼之善物也。"这些记载表明兄弟孝友可与当时的君臣之礼比较,"孝友"超出宗族伦理规范的范畴,向政治学说、社会理念发展。

（二）德音之教

"德音"文献最早见于《诗经》,如《邶风·日月》、《邶风·谷风》、《郑风·有女同车》、《秦风·小戎》、《豳风·狼跋》、《小雅·鹿鸣》、《小雅·南山有台》、《小雅·车舝》、《小雅·隰桑》、《大雅·皇矣》、《小雅·假乐》等篇。除《诗经》外,《左传》、《国语》、《礼记》等亦多次出现"德音"或"德言",如《左传》僖公二十四年载,召穆公"思周德之不类",故纠合宗族于成周,而作诗曰"虽有小忿,不废懿亲",可见直到春秋初年,在人们的观念中,"周德"与氏族宗法仍然密不可分,"德"即礼制的观念还深深印在人们的头脑中。① 金文如再簋铭文也出现了"德音":

> 遣伯、遣姬锡再宗彝,罙（逮）厥小子:师俩,以友卅人。其用夙夜享邵文神,用万祈眉寿。朕文考其巠遣伯、遣姬之德音,其竞余一子。朕文考其用乍（祚）厥身,念再哉! 无害!（《铭图》5214）

这里的德音,体现的是宗氏首领对庶子或行将别族的小宗首领所施行的德教,是维系宗族等级关系的重要原则,也是周初以来统治者自上而下贯彻德教的反映。② 师㝨鼎铭文也表达了类似的内容:

> 㝨拜稽首,休白（伯）大师肩婣（任）,㝨臣皇辟。天子亦弗望（忘）公上父㝨德,㝨蔑历。伯大师不（丕）自乍小子夙夕尃（敷）由（迪）先祖剌（烈）德,用臣皇辟。白（伯）亦克歆由（迪）先祖盅,孙子一婣皇辟

---

① 参见晁福林:《先秦时期"德"观念的起源及其发展》,《中国社会科学》2005 年第 4 期。

② 参见高婧聪:《西周宗族形态及德教——以再器所见遣氏宗族为中心的考察》,《历史研究》2016 年第 6 期。

懿德,用保王身。(《集成》2830)

所谓"胡德"即是大德,"烈德"、"懿德"同样是美德。列祖列宗的各种德是后嗣繁衍的依凭。所以,才会在宗族内部强调"德音"之教。

有学者将音解释为古代的音乐教化,德是音乐的核心,音乐是德的载体,来宣扬"德"的教化。① 例如,《礼记·文王世子》记载天子在学校举行养老礼,"反,登歌《清庙》,既歌而语,以成之(养老礼)也:言父子、君臣、长幼之道,合德音之致,礼之大者也。"孙希旦云:"升歌《清庙》,以发文王之德,乃道德之音之极致;既歌而语,论说父子、君臣、长幼之道,合于德音之极致也。升歌、合语,事不相接,以二者皆所以发明道德,故合而言之。"②此处"德音"虽指《清庙》乐歌及体现的文王之德,但是与"父子、君臣、长幼之道"言论相配合,则亦包含君臣长幼之道德,也就是周代宗法社会所提倡的等级观念:既有对君臣关系的维系,又有对长幼秩序的维护。周人在讲"德"的时候常常围绕宗法及分封制度来进行,周代社会中每个人都生活在"德"的氛围中,人们敬奉以周天子为首的大大小小的"宗子",能够安于其位、不生篡逆之心,人际关系和平友善,这些都是周代道德观念的主要内容。③ 因此,禹器铭文所言的"德",进一步讲就是指宗法之德,也就是尊卑有序的道德观念。在宗族范围内,宗子对宗族成员教以宗法伦理观念,以团结族人,这样才能使宗族强盛,此即宗族首领的合族之道。《礼记·大传》载"同姓从宗,合族属","宗子"合族是为了增强宗族的凝聚力。由此可知,"德"是维系宗族内部成员关系的精神实质所在。

西周是古代中国"宗族"特色的奠基时代,宗族是西周时代的基础社会组织,这是近几十年来先秦史研究的一大重要结论。从"宗族"发展的宏观脉络看,从先秦历史的整体基调看,这样的结论无疑是可信的;但是从复原古史细节、把握中华文明早期发展特征的角度观察,旧的认知还有进一步细

① 参见王振华:《"德音"考论》,载中国诗经学会、河北师范大学编:《诗经研究丛刊》,学苑出版社 2010 年版,第 270—276 页。

② 孙希旦:《礼记集解》卷二〇,中华书局 1989 年版,第 577—578 页。

③ 参见晁福林:《先秦时期"德"观念的起源及其发展》,《中国社会科学》2005 年第 4 期。

化的空间。

西周春秋的"宗族"组织,应从"名""实"两分的视角切入理解:

在制度与观念层面,周人统治者借助古老的血缘标记"姓"构建起禁婚组织"姓族",利用传统的祖先祭祀凝聚起单侧父系血缘组织"宗族",通过宗法等级制度、嫡长子继承制度、姓氏制度等一系列宗法规则构筑起居于主导地位的"宗氏",于是同姓之内宗族分立,同宗之内大、小宗泾渭分明,普天之下的众多族氏被组织进入"姓族—宗族—宗氏/分族"的绵密体系之下。周王朝的统治得以稳固,影响中国上千年的"重宗亲、讲血缘"的观念也由此铸就。

在政治经济、社会生活层面,"姓族"演变为概念上的团体或松散的联盟,"宗族"近似于相同阵营的政治集团,"大宗""小宗"是标记出身宗法地位的血缘符号,"宗氏"才是族长与成员同居、共财、聚葬的实体性血亲组织,其家族规模与商代相比无甚差异,以涵盖宗族首领所在主干家庭及近亲"小子"核心家庭为主;"小子"壮大为"分族"后,仍脱离"宗氏"独立生活。过去很多"大小宗同居共财、共同祭祀"的认识,来自于以"小子"为"小宗"的误解。在绵密的宗族组织与宗法制度的笼罩下,国家社会的基层单位仍然是规模有限的、由主干家庭甚或核心家庭组成的血亲组织。

总而言之,周人重视血缘,也不排斥地缘,宗族统辖与基层治理均可用于维系统治,即便春秋时礼崩乐坏,王室尊崇不复,两套系统仍能并行不悖,持续发展。在此认识下,重新理解"宗族"在西周时代的意义,思考"宗法制度"、"宗族政治"、"宗族观念"等概念与范畴,探讨与"宗族"密切关联的周代分封制、世官制、井田制等诸多内容,相信会有全新的收获。

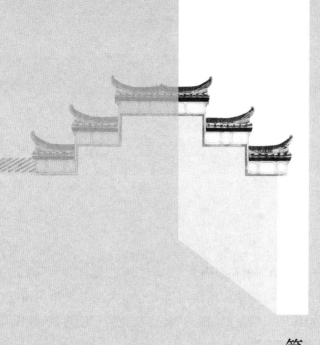

古典的式微与新传统的萌芽

第三章

在上一章的结语中我们提出,西周时期"血缘""地缘"两条纽带并行不悖,春秋时代仍承其绪余。然而当历史迎来大变革、"早期国家"终于走向成熟之时,血缘纽带维系的"宗族"势力难免趋于崩塌,地缘性基层组织之内,个体家庭迎来发展高峰。

第一节 贵族封建制的崩塌与宗族组织的瓦解

《左传》桓公二年有曰:

> 天子建国,诸侯立家,卿置侧室,大夫有贰宗,士有隶子弟,庶人工商各有分亲,皆有等衰,是以民服事其上而下无觊觎。

这就是非常典型的分封制度下的一种社会结构,姓族、宗族(大宗)与分支(小宗),自周天子到诸侯、大夫、士,甚至庶民,呈金字塔状,以血缘为纽带,层层统属,靡有缺遗,并最终保证政治权力结构的稳固。

但于春秋晚期,在政治、军事与经济等各种因素的合力推动下,社会结构发生了较大的变化,如《左传》昭公三年所记载的叔向与晏子之间关于"季世"之叹的那段对话,就是这一历史阶段社会面貌的高度概括。现不妨抄录原文如下:

> 晏子曰:"此季世也……"叔向曰:"然。虽吾公室,今亦季世也。戎马不驾,卿无军行,公乘无人,卒列无长。庶民罢敝,而公室滋侈。道殣相望,而女富溢尤。民闻公命,如逃寇仇。栾、郤、胥、原、狐、续、庆、伯,降在皂隶,政在家门,民无所依……"晏子曰:"子将若何?"叔向曰:"晋之公族尽矣。肸闻之,公室将卑,其宗族枝叶先落,则公从之。肸之宗

十一族,唯羊舌氏在而已。肸又无子,公室无度,幸而得死,岂其获祀?"

对于春秋末期所发生的"高岸为谷,深谷为陵"①的社会剧变,像晏子、叔向这样的济世之才,也只能无可奈何地感慨道:"此季世也"。

贵族封建制的崩塌,当然是由于周天子在东迁洛邑以后无力维持分封之制,其高高在上的王权也不时受到如郑、晋、楚等重要诸侯的践踏,可以"周郑交质",可以诸侯(晋侯)令天子"蒐于河阳",也可以诸侯(楚子)"问鼎中原",王威不再。诸侯国本身也是一样,先是卿大夫凌驾于国君之上,三桓可以代鲁侯行政,季氏可以"旅泰山"而"舞八佾",一国之君反而是颠沛流离,客死他乡,即所谓"政出家门"。继而便是陪臣执国命,如阳虎者大行其道。国与国之间大概也不再讲什么宗亲情谊,称什么伯父叔舅,战争形式变成了赤裸裸的灭国占地,新占之地则设郡置县,国君任命地方官员代行管理,即使所谓的"封君",也仅仅是在相应的"封土"上衣食租税而已,基于血缘的世卿世禄与世官之制不再盛行,原先的贵族子弟只能学"干禄之术"以谋求一官半职。甚至"降在皂隶",沦为本族或其他贵族家庭的依附民,其境遇与战国时期韩、魏百姓民不聊生"族类离散,流亡为臣妾"(《战国策·秦策》)者何等相似。运行数百年的封建制崩塌了,宗族自然就无法继续维系。这在作为宗族表征的姓氏制度上体现得尤为充分。

在《左传》等文献中我们能清楚看到,诸侯之间的盟诅,多以"坠命亡氏"、"踣其国家"②为言。这就是说,倘若宗族灭亡了,原来的宗族成员也就失去了用氏表示身份的资格。但这种情况大概只限于西周至春秋中期,其后的情形则为之大变,庶民以氏相称的绝不在少数。如此一来,氏自然是失去了"别贵贱"的功能。例如,仲尼七十二弟子几乎没有不系氏以称的,但他们的身份却贵贱不一,其中出自庶民阶层的恐怕不在少数,所以才会束脩而上,投奔在孔子门下,学"干禄"术。当然,从七十二弟子所系的氏名看,有许多是公族子弟的后裔,如公西华、公明贾、公伯寮等等③。这个现

---

① 《诗经·十月》。
② 《左传》襄公十一年。
③ 参见方炫琛:《春秋战国时代国君子孙以"公某"为称、为氏探论》,《大陆杂志》1991年第83卷第5期。

象,恐怕就是那些的没落贵胄子弟,依然摆脱不了他们原来的贵族情结,虽"降在皂隶",还是要摆一下老爷的谱。所以,才会出现氏流落于民间的现象。其味道颇似清末民初的八旗破落户。此中所揭示的一个重要事实便是,春秋晚期之后的氏,其旨趣已与此前的氏大相径庭,它已经与土地相剥离,蜕化为一种纯血缘性质的标识符号,不再具有"别贵贱"的政治与社会功能。

宗族社会的瓦解,在姓氏制度上的表徵可归纳为如下几点:

第一,在战国文献中,姓和氏在概念上逐渐混而不分;

第二,女子名号中已经罕见先秦古姓;

第三,男子名中则出现了原本为女子专用的先秦古姓;

第四,"同姓百世不婚"的制度遭到破坏,氏则逐渐跟土地、职官等前提要素脱钩,蜕变成一种虚化的、仅仅表示血缘的符号,也就是说已经没了"姓以别婚姻"、"氏以别贵贱"的规矩。

前文曾引用顾炎武《日知录・周末风俗》总结春秋与战国之间社会变化的一番著名议论,复引如下:

> 春秋时犹尊礼重信,而七国则绝不言礼与信矣;春秋犹宗周王,而七国则绝不言王矣;春秋时犹严祭祀、重聘享,而七国则无其事矣;春秋时犹论宗姓氏族,而七国则无一言及之矣;春秋时犹宴会赋诗,而七国则不闻矣;春秋时犹有赴告、策书,而七国则无有矣。

所谓"春秋时犹论宗姓氏族,而七国则无一言及之矣",实际上就是说战国时期不再存在宗族组织,也不再需要以姓氏来强调血缘亲情。所以,在战国时期的文献中,包括各种出土新材料,满纸都是"名事邑里"、若干口之家户与百亩之田,这显然不是宗族社会中所可得见的。也就是说,核心家庭、主干家庭等小型家庭已是当时社会的基本细胞。

第二节　中央集权制下的编户制度

"编户"、"编户民"、"编户之民"之类的文字多见于两汉著作,《汉书・高帝纪》颜师古注:"编户者,言列次名籍也。"所以编户民就是指登录于户籍册的民众。此类造册登记于户籍上的民众,理论上讲,身份地位齐等,所以又称之为"齐民"。①

政府登录治民口户,起源较之我们以前估计的要早,如《国语·周语上》记载仲山父进谏周宣王"料民太原"之事,便是颇须重视的材料,其文曰:

> 宣王既丧南国之师,乃料民于太原。仲山父谏曰:"民不可料也!夫古者不料民而知其多少,司民协孤终,司商协民姓,司徒协旅,司寇协奸,牧协职,工协革,场协入,廪协出,是则少多、死生、出入、往来者皆可知也。于是乎又审之以事,王治农于籍,蒐于农隙,耨获亦于籍,狝于既烝,狩于毕时,是皆习民数者也,又何料焉? 不谓其少而大料之,是示少而恶事也。临政示少,诸侯避之。治民恶事,无以赋令。且无故而料民,天之所恶也,害于政而妨于后嗣。"王卒料之,及幽王废灭。

韦注云:"司民,掌登万民之数,自生齿已上皆书于版。协,合也","司商,掌赐族受姓之官","司徒,掌合师旅之众也","司寇,刑官,掌合奸民,以知死刑之数也"。不管韦注准确与否②,但从中约略可知,王朝政府所掌握的治内民人的数量、生死、往来等情况,是通过司民、司商、司徒、司寇等王朝有司所"协"而得,也就是对各项数据加以统计而已。而"治农于籍,蒐于农隙,耨获亦于籍,狝于既烝,狩于毕时"诸事,即为审核民数的一种必要手段。仲山父反对周宣王料民于太原,无非是说天子料民之举不符合常规礼法,也不合时宜,更是示人以弱,让外敌有恃无恐,可以乘虚而入,绝不是讲西周末年没有相应的名籍或户籍管理制度③。

---

① 杜正胜:《编户齐民——传统政治社会结构之形成》,台湾联经出版事业公司 1990 年版,第 1 页。

② 韦注"自生齿已上皆书于版"云云盖指户籍,不过,学术界通常以为户籍制度要到战国时期才施行,与兵制的变革相适应。当然,这个问题还是可以继续讨论的。

③ 杜正胜先生认为,名籍登录管理制度自晚商便有其端倪,详参杜正胜:《编户齐民——传统政治社会结构之形成》,台湾联经出版事业公司 1990 年版,第 3—4 页。窃以为其说似可从。此外《周礼·司士》有"掌群臣之版以治其政令,岁登下其损益之数,辨其年岁与其贵贱,周知邦国、都家、县鄙之数,卿、大夫、士、【士】庶子之数,以诏王治"之辞,虽不能作为西周时期存在名籍登录管理制度的直接证据,但依然不失为一条可供参考的重要材料。

　　其实,从西周晚期的铜器铭文看,虽不敢说当时已经有了户籍,但名籍之类的书版毫无疑问是存在的。例如善夫克盨铭文(《集成》4465)曾提到,"王令尹氏友史趞典善夫克田人",大意是说,周王命令尹氏的僚友(副手一类的下属)史趞,对隶属于膳夫克的农业劳动人口加以造册登录①。再如六年琱生簋铭(《集成》4293)有"余以邑询有司,余典勿敢封。……今余既一名典,献伯氏"云云之辞,其中的"一名典",据杨树达、林沄等的研究,即为一一登录造册的意思。② 这就是说,代表王朝的"有司",保存有召氏家族的土地、仆庸(也即农业依附民)之类的书版,以备各方核查③。上引资料,包括大克鼎铭文(《集成》2836)中所记载的赐土赐民,其所涉及的均为贵族私属的土地与民人。从中亦不难想见,那些直辖于王朝或王室的土地与相应的农业人口,肯定是要被详尽登录造册,并保存于王朝相关部门之中。对王朝政府而言,这部分人口资料必定比贵族私属人口资料重要。所以,对《国语·周语》中的相关记载,恐怕不能率尔否定。

　　就《左传》哀公十五年相关记载看,春秋晚期齐国有"书社"制度。所谓"书社",即"以社之户口书于版图"④。社原指土地神,但基层邑落皆供奉有社神,长此以往,社也就成为邑的代名词。杜预指出,一社为二十五家,⑤可见其人群规模也与东周的邑大致相仿。"书社"的产生,表明当时诸侯国亦已采用户籍登记的手段对基层民众进行管理。

　　尽管如此,两周民户登录制度,其实施对象恐怕是以劳力者等下层尤其是依附民为主,由于有王属(周王朝)、公属(诸侯封国)与私属(卿士大夫)之分,对国家而言,此类"编户民"的职责义务不同,故难以用"齐民"视之。因此,真正意义上的户籍恐怕还是在特殊背景下形成的。

①　伊藤道治据此指出,当时已有户籍制度,参见[日]伊藤道治:《中国古代王朝的形成——以出土资料为主的殷周史研究》,中华书局 2002 年版,第 149 页。尽管其具体释文或有所偏差,但其观点是值得重视的。

②　杨树达:《积微居金文说》,科学出版社 1959 年版;林沄:《琱生簋新释》,载《古文字研究》第 3 辑,中华书局 1980 年版。

③　陈絜:《琱生诸器铭文综合研究》,载朱凤瀚主编:《新出金文与西周历史》,上海古籍出版社 2011 年版,第 99 页。

④　《荀子·仲尼》杨倞注,《诸子集成》本,中华书局 2002 年版,第 67 页。

⑤　参见《左传》哀公十五年杜预注。

春秋晚期以后，封建制步入末路，中央集权制渐成主流，与土地捆绑在一起的农业人口，也渐次转为"国有"。同时兼并战争规模越来越大，庶民不仅是军赋、徭役的主要承担者，渐渐亦成为国家对外战争的主要兵源，所以，进入战国以后，户籍的编制工作更加细密。这一时期，列国普遍以家户为基本单位，由各地基层官吏对各户人口情况进行调查和统计，目的是摸清辖区内的"壮男壮女之数、老弱之数、官士之数、以言说取食者之数、利民之数"①。一家之内无论男女老少皆著于版籍，最后逐级上报中央，从而将全国人口纳入到国家户籍中来。有的国家进一步采取"什伍"的户口编制，把居民统一编成五家为一伍、十家为一什的组织。《管子·度地》云："常以秋岁末之时阅其民，案家人比地，定什伍口数，别男女大小。"这一法令所反映的大概是战国齐制。公元前 375 年，秦献公始"为户籍相伍"，商鞅变法时进一步"令民为什伍，而牧司相连坐"，不仅要将完成户口登记的家庭全面以"什伍"相联，同时还令其中的居民相互监督和告发，否则一家有罪，其余各户均要连坐。这样一来，国家权力便通过严密的基层行政系统，最终施及每个个体家庭头上。

目前所见的最早的户籍册实物，就是湖北里耶所出的户籍简，②一支完整的户籍简，分为五栏，每栏所记内容不同：第一栏为户主信息；第二栏登录成年女性信息；包括寡母、妻妾；第三栏为未成年男性子嗣信息；第四栏为未成年女性子嗣及免老成年女性信息；第五栏登录家庭男性附属民"臣"及户主在里中所任职务如"伍长"。由此可见，当时户籍登记的内容为所有家庭成员的身份数据，通常包括居里、人口数目、爵称、成员姓名、是否成年或具体年龄等项，同时兼及家内"臣妾"等附属人口的信息，以此作为"计口授田"和征发军赋、徭役的基本依据。登记的过程谓之"傅"或"傅籍"，即附着姓名于户籍之上。随着兼并战争规模的扩大，到了秦王政十六年，秦国始规定无论男子成年与否，一律都要登记年龄。③ 户口登记完成以后，地方官府还要定期进行清查稽核，也即《周礼》记载的岁时"小比"和三年"大比"。

---

① 《商君书·去强》，《诸子集成》本，中华书局 2002 年版，第 10 页。
② 参见湖南省文物考古研究所：《里耶发掘报告》，岳麓书社 2007 年版。
③ 《史记·秦始皇本纪》，中华书局 1972 年版，第 232 页。

稽核的内容无外乎补录新生者,删削亡故者,更改身份变更者(如"免老"及臣妾之类的依附身份之免除①),同时根据年龄和身高变化调整课役类别。居民徙居也要上报官吏,进而重新登记户口,谓之"更籍"。当时各国对户籍的管理普遍较为严格,地方官吏每年向中央"上计",户口数就是最重要的考核项目之一。云梦睡虎地秦简中的《傅律》就是专门关于户籍制度的法律文本,其中规定户籍内容必须准确可靠,一旦出现错误或者隐匿、伪造身份信息等问题,当事家户及所在地的乡、里官吏都要受到相应的处罚。例如《傅律》谓百姓不应免老,或已免老而不进行申报,敢于弄虚作假者,都要罚二甲;里典、伍老若不加以告发,则各罚一甲;同伍之人,每家各罚一盾,并皆加以流放。

户籍制度一经建立,"四境之内,丈夫女子皆有名于上,生者着,死者削"②。所有户口著之版籍,藏在官府,统于中央,靡有遗漏。这样一来,每个家庭都成了国家的编户,每个居民自然也都成为编户之民,地域性的户籍便取代血缘家族成为统治者控制人口的重要凭借,课役对象的范围也相应地扩大到了全户。国家于是以户籍为依据,通过各级地方行政系统向家户和个人摊派军赋、徭役,从而掌握和动员更为丰富的劳动力资源,同时辅以授田制的实施,将农民束缚在固定的土地上,对其进行经济剥削。当时列国普遍都设有户口税,具体可分为按户征与按人头征收两种。所谓"正户籍",是指户税;③所谓"正人籍"、"正籍"、"籍于人"④及秦商鞅变法中的"口赋",都是指按人头征税。户口税的税额不小,是国家财政收入的一项重要来源。

由于存在配套施行的各项法律制度作为保障,原先具有一定规模的伸展家庭,最终被强制分割为相对独立的个体小家庭,广大民众普遍被束缚在"什伍"相联的基层组织当中,不得随意迁徙或者逃亡,只能服从国家的役

---

① 《岳麓简三·识劫婉案》有"乡唐、佐更曰:沛免婉为庶人,即书户籍曰免妾。沛后妻婉,不告唐、更。今籍为免妾,不知它"之文。

② 《商君书·境内》,《诸子集成》本,中华书局2002年版,第33页。

③ 参见《管子·国蓄》:"以正户籍,谓之养赢。"

④ 《管子·轻重乙》:"正籍者,君之所强求也。"《管子·国蓄》:"以正人籍,谓之离情。"《管子·海王》桓公曰:"吾欲籍于人,何如?"

使而致力于耕战,人身自由受到了极大的限制,这些都是中央集权体制发展的必然结果。

第三节　战国家庭的主要类型

先秦两汉时期的各类传世与出土文献中,习见描述家庭人口数量的文字,例如:

(1)耕者之所获,一夫百亩;百亩之粪,上农夫食九人,上次食八人,中食七人,中次食六人,下食五人。(《孟子·万章下》)

(2)百亩之田,匹夫耕之,八口之家足以无饥矣。(《孟子·尽心上》)

(3)上地家七人……中地家六人……下地家五人。(《周礼·小司徒》)

(4)食口七人,上家之数也。食口六人,中家之数也。食口五人,下[家之数也。](银雀山汉简《田法》)

(5)今一夫挟五口,治田百亩。(《汉书·食货志》)

以上材料中的口数,有五、六、七、八、九之分,上、中、下之别。研究者或认为,其中的七口、八口与九口之家,乃小型伸展家庭中的主干或直系家庭,而五口、六口之家则为核心家庭。但这样的家庭类型的划分有简单化之倾向,不能完全据信。家庭类型的划分应以家庭结构为依据,家户口数多寡实际上还会受到生养能力及家庭依附人口有无等因素的影响,与家庭结构类型无必然联系。

战国时期的亲族组织形态,其实比较简单,小型的个体家庭为其主流。如《礼记·檀弓》有云:"有殡,闻远兄弟之丧,虽缌必往;非兄弟,虽邻不往。所识,其兄弟不同居者皆吊。"由此可见,即便是齐衰一年的手足兄弟,亦多别居异财,家庭组织自然是小型化的。战国末年的里耶户籍简则体现得尤为充分,[1]且看下表所示:

---

① 关于里耶户籍简的年代与性质,参见陈絜:《里耶"户籍简"与战国末期的基层社会》,《历史研究》2009 年第 5 期。

迁陵县(道)都乡南阳里户籍事类综览表

简号(完/残)	第一栏	第二栏	第三栏	第四栏	第五栏	家庭类型	口数①
K27(完)	南阳户人荆不更蛮强	妻曰嗛	子小上造□	子小女子驼	臣曰聚伍长	核心	4+1
K1/25/50(完)	南阳户人荆不更黄得	妻曰嗛	子小上造台子小上造子小上造[定]	子小女虏子小女移子小女[平]	伍长	核心	8
K28/29(完)	南阳户人荆不更黄□	妻曰负乌	子小上造□	子小女子[祠]毋室	○	核心	4
K17(完)	南阳户人荆不更黄□子不更昌	妻曰不实	子小上造悍子小上造	子小女规子小女移	○	核心	7
K4(残)	南阳户人荆不更挛喜子不更衍	妻大女子娭隶大女子华	子小上造章子小上造	子小女子赵子小女子见	×	核心	8
K33(完)	南阳户人荆不更□疾	疾妻曰娔	○	○	○	核心	2
K42/46(完)	南阳户人荆不更□□	[妻]曰义	……	母睢	伍长	主干	4
K30/45(残)	南阳户人不更彭奄弟不更说	母曰错妾曰□	子小上造状	……	×	主干	6
K13/48(残)	南阳户人荆不更□□	妻曰有	子小上造[绰]	[母]□	×	主干	4
K8/9/11/47(完)	南阳户人荆不更五□□	妻曰缯	……	……	………	核心或主干	4+2
K5(残)	□□献	妻曰缚□妻曰□[下]妻曰娑	……	×	×	核心或主干	5或5以上
K7(残)	□更□	……	……	……	……	核心或主干	4+1

① 本表所列的口数并不一定准确,聊备参考。对于第五栏的臣妾等附属人口的统计,其原则是一"……"一口,确切与否,尚有待于今后进一步核查。

续表

简号(完/残)	第一栏	第二栏	第三栏	第四栏	第五栏	家庭类型	口数
K31/37 (完)	[南]阳户人荆 不更李[獾]	妻曰耰	子小上造□ 子小上造□	……	……	核心或 主干	6+1
K43(完)	南阳户人荆不 更大□ 弟不更庆	妻曰嬘 庆妻规	子小上造视 □□□ 子小上造□ □□□①	○	○	联合	6
K2/23 (完)	南阳户人荆不 更宋午 弟不更熊 弟不更卫	▨②熊妻 曰□□ 卫妻曰□	子小上造传 子小上造逐 □子小上造□ [熊]子小上 造□	[卫]子小 女子□	臣曰襧	联合	10+1
K38/39 (残)	南阳户人荆不 更□▨	×	×	×	×	?	1以上
K18(残)	南阳户人荆大 夫▨	×	×	×	×	?	1以上
K36(残)	×	×	×	……	伍长▨	?	?
K3(残)	×	×	子小上造□ 子小上造夫	……	×	?	?
K15(残)	×	□妻曰差	×	×	×	?	?
K6(残)	×	妻曰□□	……	×	×	?	?
K26(残)	×	……	……	子小女子 □ 子小女子 □	×	?	?
K35(残)	×	×	×	……	……	?	?
K14(残)	×	×	×	……	……	?	?
K51(残)	▨□▨					?	?

符号说明："×"表示简牍残去部分；"○"表示该栏留白无文字内容；"……"表示该栏有文字痕迹而无法释读；"▨"表示简牍残断处；"▨▨▨"表示原有文字被削刮；"□"表示该文字无法隶释。

---

① 该栏内容《里耶发掘报告》仅作"子小上造视"、"子小上造□"，不过从所附照片(《里耶发掘报告》彩版三十六·5、6)看，每列之下均有未释文字三，似为某种特殊说明文字，只是照片文字漫漶，无从辨识，故暂以"□"符补足。

② 据《里耶发掘报告》第205页文字，此处有削刮痕迹，今改用"▨▨▨"符表示，以清眉目。

依照《史记·商君列传》记载,在秦孝公时期,出于富国强兵的需要,商鞅针对秦国旧有的、以"父子兄弟同室内息"、"男女无别"为主要表征的家庭居住形态,大力推行分户析居的新政策,规定每个家庭中若有成年傅籍的同辈兄弟二人以上者,必须分家立户,否则便得加倍缴纳口赋,以示惩戒,即所谓"民有二男以上不分异者倍其赋"①。所以,此后秦国的家庭类型便以核心家庭和主干家庭为主。② 这在睡虎地秦简中多有体现,③其《法律问答》所载各式条文,对夫妻关系的强调往往胜过父子关系,而对兄弟关系则鲜有提及,这便是当时基层社会中,编户民家庭类型是以核心家庭和主干家庭为主的最好折射。④ 现如今,我们从里耶"户籍简"中清楚地看到,迁陵都乡南阳里中有联合家庭2户,即如简K43、K2/23所示,这也是一个非常有意思的现象。整理者以为此类现象值得推敲,甚是。不过,联合家庭的存在其实也不难理解。首先,南阳里中居民原本便以楚国编户民为主,这从户主基本上均系之以"荆"字一点便可窥知。追述楚人旧俗,在怀王时期,楚境之内便有较大规模的家族组织存在。例如,包山简中有一条家族成员由于不分析田产而被起诉的案件记录,⑤其辞云:

---

① "倍其赋"之"赋",学界有户赋和口赋(类似于汉代的"算赋",即人头税)两种不同的意见。窃以为口赋说或许更加合理,也比较符合先秦时期"赋"字的实际含义以及"算赋"的真实起源与发展变化过程。设若仅仅是户赋的话,则对那些多个兄弟(3个或3个以上)合籍的家庭来讲,显然是有百利而无一害的。庶民家庭若能借此减轻或逃脱赋税,则当时社会中的家庭类型必定是以直系家庭、联合家庭甚至更大规模的家族为主,而不是现在所见的以核心家庭、主干家庭为主流的情形。据《史记·秦始皇本纪》所录《过秦论》记载,汉初大儒贾谊曾讲,在商鞅推行"分异令"后,"秦人家富子壮则出分家,家贫子壮则出赘"。这恐怕并非向壁虚造之辞。

② 本书所涉及的"核心家庭"、"主干家庭"、"直系家庭"、"联合家庭"、"伸展家庭"、"个体家庭"等概念,参见朱凤瀚:《商周家族形态研究》(增订本),天津古籍出版社2004年版,第9—10页;谢维扬:《周代家庭形态》,中国社会科学出版社1990年版,第265页。

③ 参见《睡虎地秦墓竹简·封诊式》简8—12"封守"条、简50—51"告子"条。

④ 参见《睡虎地秦墓竹简·法律问答》17、18、19、62、170、171诸简。

⑤ 包山楚简的年代问题学界目前尚有一定争议,通行的意见是定在楚怀王时期。参见湖北省荆沙铁路考古队编:《包山楚墓》,文物出版社1991年版;王胜利:《包山楚简历法刍议》,《江汉论坛》1997年第2期;武家璧:《包山楚简历法新证》,《自然科学史研究》1997年第1期;陈伟:《包山楚简初探》,武汉大学出版社1996年版,第9—20页。

冬柰之月,甲寅之日,齘快讼邥努、邥□、邥㤟、邥寿、邥采、邥觐,以其不分田之故。　　　期乙丑。　　　郱路公蛙识之,㼌劲为李(理)。(《包山楚简》82)

上引简文大体是讲,由于邥氏 6 人不对其田产进行分割,故遭齘快起诉。而邥努等同姓 6 人应该都属于业已傅籍的成年男性,相互间很可能是兄弟、从兄弟关系,甚至不能排除存在三代人的可能,也就是说,他们所处的家庭极有可能是扩展型家庭。此案卷起码可以说明两点:其一,战国中晚期之交的楚国,也有着与秦国类似的家庭析产制度,同样推行类似于“民有二男以上”应加分异的政策。当然,仅以法律制度层面言,这或许是受其邻国(秦)政治制度影响的结果。① 其二,若不加分异,会被人起诉,遭到惩罚。尽管具体惩处手段现已无从知晓,不过可以肯定,惩治手法不会太过酷烈,否则绝不会有人甘冒大险,故而出现较大规模的伸展家庭是可以理解的。迁陵都乡南阳里中有联合家庭存在,大致可以看作是此类特殊现象的延续。

再则,尽管按照秦律之规定,编户民有二男以上而不加分异者,会受到加倍缴纳口赋的处罚,但这毕竟不同于其他更严厉的处罚。所以,当一个家庭没有足够的财力为新组建的家庭提供单独住宅空间等基本生活设施时,或者基于血缘亲情等方面的特殊考虑不愿分家析产时,自然会权衡轻重、避害趋利,口赋加倍也不能算是最坏的选择。这在睡虎地秦简中也有所体现。例如,睡虎地 4 号秦墓中出土有我们分别称之为“黑夫家书”和“惊家书”的两方木牍,② 从其文字内容分析,黑夫与惊兄弟两人相处于以兄长“衷”为户主的家庭之中,很显然,这是一个三世同堂且包含多个生育家庭的联合家庭。③ 而且,该家庭当时比较贫困,即便是置办军服的费用(亦即数量并不

---

① 父子、兄弟析产异居其实在东周列国中具有广泛的社会现实基础,商鞅变法对战国家族形态小型化的推进究竟有多大、是否具有普适性、恐怕需要重新考察。

② 参见云梦睡虎地秦墓编写组:《云梦睡虎地秦墓》图版 167—168,文物出版社 1981 年版。

③ 参见尹在硕:《睡虎地秦简〈日书〉所见“室”的结构与战国末期秦的家族类型》,《中国史研究》1995 年第 3 期。

算多的"五六百"钱），也须用卖掉院落内所植柏树的方式攒凑。① 从中我们大致可以体会到当时"分异令"的执行情况与贫困家庭的应对办法。② 至于出于孝、友等血缘亲情意识考虑而兄弟合籍的个例，像《史记》《汉书》等文献中亦不乏记载，③若以"汉承秦制"而论，这些个例大概多少也能折射出战国晚期或秦代的某些史影来。

此外，尤其需要注意的是，今人所见到的某些史料，其所描述的历史面貌往往是静态的、平面的。里耶"户籍简"本身也有类似缺陷，它所载录的户籍资料是以某一时间为界限的，恐怕很难反映出当时社会中家庭形态结构的动态变化。以民族学家对四川省汶川县羌村的观察为例，一个家庭，往往"是在核心家庭—联合家庭—主干家庭和新的核心家庭的模式中循环"，联合家庭只是其中的过渡形式，其存在时间非常短暂，很快会被其他两种类型所替代。④ 这些都是值得我们借鉴和认真思考的。倘若我们能以动态的眼光来审视相关史料的话，战国秦汉时期的联合家庭是否存在、是否合理等

① 《睡虎地秦墓竹简·秦律十八种·金布律》规定，"钱十一当一布"，所谓"一布"大致就是《金布律》中所见的"布广袤八尺，幅广二尺五寸"。而当时囚徒的冬衣价格为：襜布 1 块计 10 钱，大褐 1 领计 60 钱，中褐 1 领计 46 钱，小褐 1 领计 36 钱。又据里耶秦简"文书简"记载，当时编户民的"赀钱"（欠官府的钱银）动辄在一两千以上，最常见数目便是"千三百卌（四十）四"，见 J1⑨4、J1⑨8、J1⑨10、J1⑨12 诸简，多者则可达到七八千乃至上万，如 J1⑨1、J1⑨9、J1⑨7 等简所示。（参见湖南省文物考古研究所、湘西土家族苗族自治州文物处：《湘西里耶秦代简牍选释》，《中国历史文物》2003 年第 1 期）可见，"惊家书"中的五六百的置装费（也即"衣钱"）并不是什么太大的数目，故其家境之窘困便可想而知了。也有研究者认为，M4 出有青铜鼎 1 器，其家庭不能被划入贫困家庭。（参见尹在硕：《睡虎地秦简〈日书〉所见"室"的结构与战国末期秦的家族类型》，《中国史研究》1995 年第 3 期）窃以为此说不尽妥当。随葬品中有一鼎，只能说明墓主的社会地位或相当于士一级，但东周以来，社会地位与财富本身不能画等号，《论语》所记孔子不愿卖车葬徒便是一例，而当时商贾可以累至千金、腰缠万贯，但依旧不能脱其贱籍，所有这些都是大家熟悉的史实。

② 尹在硕认为里耶"户籍简"中还记录有直系家庭，提出直系家庭和联合家庭的存在，有可能反映秦国自商鞅变法以来从未实行过小家庭政策。（参见蔡万进：《"中国里耶古城·秦简与秦文化国际学术研讨会"综述》，《中国史研究动态》2008 年第 5 期）窃以为尹说有待进一步商讨：其一，里耶"户籍简"中并无大型直系家庭，而主干家庭的存在又完全合理合法。其二，联合家庭也仅有 2 户，并非主流。当然，尹先生的大作尚未公开发表，其依据何在不得而知，在此笔者无法也不便作进一步的评判。

③ 参见许倬云：《汉代家庭的大小》，载《求古编》，新星出版社 2006 年版，第 384—403 页。

④ 参见徐平：《羌村社会》，中国社会科学出版社 1993 年版，第 74—76 页。

问题,便不会再令人困惑。而新近发布的岳麓简中,便有非常生动的涉及家庭类型动态变化的详实例子,如其中的"识劫婉案"简有曰:

敢谳之:十八年八月丙戌,大女子婉自告曰:七月为子小走马义占家赀,义当□大夫建、公卒昌、士伍簪褫、喜、遗钱六万八千三百,有券,婉匿不占吏为赀。婉有市布肆一、舍客室一。公士识劫婉曰:以肆、室予识。不予识,识且告婉匿赀。婉恐,即以肆、室予识,为建等折弃券,弗责。先自告,告识劫婉。

婉曰:与义同居,故大夫沛妾。沛御婉,婉产义、女娸。沛妻危以十岁时死,沛不娶妻。居可二岁,沛免婉为庶人,妻婉。婉又产男必、女若。居二岁,沛告宗人、里人大夫快、臣、走马拳、上造嘉、颉曰:沛有子婉所四人,不娶妻矣。欲令婉入宗,出里单赋,与里人通饮食。快等曰:可。婉即入宗,里人不幸死者出单赋,如它人妻。居六岁,沛死,义代为户、爵后,有肆、宅。识故为沛隶,同居。沛以三岁时为识娶妻。居一岁,为识买室,贾(价)五千钱,分马一匹、稻田廿亩,异识。识从军,沛死。来归,谓婉曰:沛未死时言以肆、舍客室予识,识弗得。婉谓:沛死时不令予识,识弗当得。识曰:婉匿赀,不予识,识且告婉。婉以匿赀故,即予肆、室。沛未死,弗欲以肆、舍客室予识。不告婉,不知户籍不为妻,为免妾故。它如前。

识曰:"自小为沛隶。沛令上造狗求上造羽子女黔为识妻。令狗告羽曰:且以布肆、舍客室予识。羽乃许沛。沛已为识娶黔,即为识买室,分识马、田,异识,而不以肆、舍客室予识。……军归,沛已死,识以沛未死言谓婉,婉不以肆、室予识,识且告婉匿赀。婉乃予识,识即弗告。识以沛言求肆、室,非劫婉。不知婉曰劫之故。它如婉。"(《岳麓简三·识劫婉案》①简108—123)

从上引卷宗文字看,大夫沛的家庭于十余年间其口众、结构一直处在变化之中,今根据整理者的注释意见,尤其是时间的理解,具体归纳其家庭变动情况如下表:

---

①　朱汉民、陈松长主编:《岳麓书院藏秦简》(三),上海辞书出版社2013年版。

大夫沛家庭变动情况

时间	家庭成员	家庭口数	家庭结构	事件变故
11 年前 （王正 7 年）	夫沛、妻㐹、妾夗、隶识、子义、女姝	6	核心家庭	
10 年前 （王正 8 年）	夫沛、妾夗、隶识、子义、女姝	5	核心家庭	妻㐹亡故
8 年前 （王正 10 年）	夫沛、免妾夗、隶识、子义、女姝、子必、女若	7	核心家庭	免夗为庶人，妻夗，又产子必、女若
6 年前 （王正 12 年）	夫沛、妻夗、隶识、子义、女姝、子必、女若	7	核心家庭	沛告宗人、里人，令夗入宗，出里单赋，与里人通饮食
3 年前 （王正 15 年）	夫沛、妻夗、子义、女姝、子必(?)、女若、隶识、识妻黔	8 或 7	主干家庭 (?) 联合家庭 (?)	为识娶黔。幼子必或夭折
2 年前 （王正 16 年）	夫沛、妻夗、子义、女姝、子必(?)、女若	6 或 5	核心家庭	识分异别室。幼子必或夭折
案发之时 （王正 18 年）	户主义、母夗、妹姝、妹若	4	残破型主干家庭(?)	沛亡故、幼弟必夭折

可见，家庭口数的多寡与家庭结构的类型并无严格的对应关系，且家庭结构会随着家庭成员的生老病死与娶妻别室而不断发生变化。同样，从里耶户籍简中也能获得类似的信息。例如简 K1/25/50 所登录人口为 8，但其成员由一对夫妇加 6 个未成年子女构成，其家庭结构属典型的核心家庭。简 K4 口数亦为 8，同样是核心家庭。而简 K42/46、K30/45 所登录的口数分别为 4 与 6，但恰恰是主干家庭。而联合家庭的人口最多有 11 人（K2/23，包括臣 1 人），少则为 6 口（K43），也难以体现其口数必定高于核心家庭。秦汉以降的家庭发展史中也存在同样的现象，对此，李根蟠已有过系统论述。① 这也可以作为相关讨论的佐证。

总之，在秦人所登录的"户籍简"中出现联合家庭，这是可以理解的。况且，秦国的法律是否能够在新征服地区雷厉风行地推行落实，本身亦是一个未知数。与此同时，我们还无法排除此乃秦人对新征服地区施行恩宠政

---

① 参见李根蟠：《从秦汉家庭论及家庭结构的动态变化》，《中国史研究》2006 年第 1 期。

策的可能性。

　　然而,联合家庭毕竟不是编户民的主体家庭类型,核心家庭与主干家庭才是当时社会的主流。就现有材料言,迁陵都乡南阳里中的核心家庭有 6 户,主干家庭有 3 户,而从行文格式判断,像 K8/9/11/47、K5、K7、K31/37 诸简所登录的 4 户,同样应该属于核心家庭或主干家庭,只是照片不够清晰,而整理者也没给出相应的释文,我们无法作进一步的明确分类罢了。将核心家庭数量和主干家庭数量相加,其数已高达 13 户,约占可供家庭类型分析的总户数(即 15 户)的 87%,这足以说明问题的实质。而且,需要注意的是,南阳里中的 4 位伍长,有 3 位明确出自核心家庭(2 位,K27、K1/25/50)和主干家庭(1 位,K42/46),残简 K36 中的"伍长"大致也应该归属于小型个体家庭中,均与联合家庭无关。从中或能体察到,当时秦国政府对联合家庭的态度,至少谈不上友善。论者若过分强调当时社会中联合家庭的主体地位,①笔者认为是欠妥的。

　　需要指出的是,目前所知的主干家庭均为残破型,即第一代人口中没有男性,这可能是战国末年连年战争的结果。而第一代人口中的 3 例女性,即木简中以"母某"为称者,有 2 例是被登录在第四栏中的,似与未成年女子一视同仁。按《晋书·食货志》记载当时户调之式,有"男女……十二已下、六十六已上为老、小,不事"之辞,对我们理解"户籍简"中的相关现象,或具有一定参考价值。据此,我们大致可以推断,她们属于老年女性,业已丧失基本劳动能力,或已到法定的"免老"年龄,不再承担或只须部分承担政府所摊派的诸如徭役、算赋②之类的义务。③ 应该特别说明的是,《史记·商

①　参见尹在硕:《睡虎地秦简〈日书〉所见"室"的结构与战国末期秦的家族类型》,《中国史研究》1995 年第 3 期。

②　史籍记载,算赋始行于汉武帝时期。不过,从出土新材料看,其始行年代恐怕要早得多,甚至可能在战国中期便已出现,如新出新蔡葛陵楚墓竹简中便有相关线索。而睡虎地秦简中的"户赋",杨宽力主为"口赋",认为是汉代"算赋"的源头。(参见杨宽:《战国史》,上海人民出版社 2016 年版,第 193 页)窃以为杨先生之说是有一定道理和依据的。

③　《墨子·号令》有"丁女子"持矛守城之说,同书《备城门》讲守城之法,有"守法:五十步,丈夫十人,丁女二十人,老少十人"云云之辞,这说明战国时期的某些国家,其编户民中的适当年龄段的女子是被当作"丁"来看待的,需要承担国家所分派的各种劳作,在战争等非常时期,甚至需要参与战事。

君列传》"民有二男"中的"二男",从亲属关系上讲,是兄弟关系,而非父子。
因为子辈称"男"是汉人的习惯,这在汉简中有大量证据,毋须赘言。所以,
主干家庭成为当时社会中的主要家庭类型之一,与商鞅"分异令"并无违
迕。人有生老病死,需要子孙养老送终,一个社会,尤其是根本没有建立起
养老等社会保障体系的中国古代社会,如果不存在主干家庭,或者主干家庭
被政治力量直接破坏,反而会让人感到奇怪。① 如睡虎地秦简中提到:

> 可(何)谓"家罪"?父子同居,杀伤父臣妾、畜产及盗之,父已死,
> 或告,勿听,是胃(谓)"家罪"。(《睡虎地秦墓竹简·法律答问》108)

如简文所示,秦律对"家罪"的解释,"父子同居"成为首要条件。反过来说,
父子不同居,便不能称之为"家罪"。再如:

> 人奴妾盗其主之父母,为盗主且不为? 同居者为盗主,不同居不为
> 盗主。(《睡虎地秦墓竹简·法律答问》20—21)

"盗主"应该是盗窃主人的意思。私家奴婢盗窃家主父母的财物是否构成
"盗主"之罪,关键要看家主(同时也是法律上的"户人")与其父母是否同
居共财。由此可见,父子同居和父子别居一样,是秦代社会的普遍现象。故
而,与此相对应的主干家庭和核心家庭,也应该是基层社会中家庭类型的主
流形式。将商鞅"分异令"与核心家庭间接地画上等号、排斥主干家庭的做
法,②恐不足取。

　　鉴于以上所论,我们似可断定,编户齐民制下的社会基本细胞是核心家
庭与主干家庭,同时还有暂时性的由数个生育家庭组成的联合家庭的出现。
若从动态的角度加以审视,从核心家庭到联合家庭再到主干家庭,恰恰反映
了当时家庭组织极为自然的发展与分衍过程,是生老病死、婚丧嫁娶、养老
送终等社会行为的天然体现。

　　我们更须关注的是当时存在于家庭内的臣妾之类的依附民,他们被登

---

① 睡虎地秦墓竹简整理小组:《睡虎地秦墓竹简·秦律杂抄》简39提到,"戍律曰:同居毋并
　行"。此中显然有便于编户民奉养老人的意蕴在其间。
② 参见杜正胜:《传统家族试论》,《大陆杂志》1982年第65卷第2、3期,收入黄宽重、刘增贵
　主编:《家族与社会》,中国大百科全书出版社2005年版,第1—87页。林启屏:《从五口
　之家的新社会基础论商鞅韩非支配格局的建立》,《台大中文学报》1995年第11期。

录于政府编制的户籍之中,成为相应家庭的构成成员,而且依附民的身份也会凭借某一机缘而得以免除,这一现象可算是一个新生事物。

第四节　从群体依附到个体依附
——战国时期的家庭依附民

依附民至少从周初便已存在,并与周代封邦建国的分封运动相始终。如《诗经·鲁颂·閟宫》"乃命鲁公,俾侯于东。赐之山川、土田、附庸";《左传》定公四年卫子鱼祖述周初封建,曰分鲁公"殷民六族……使帅其宗氏,辑其分族,将其类醜"、"土田陪敦[附庸]",分卫康叔"殷民七族"、分唐叔虞"怀姓九宗"云云;《诗经·崧高》"王命申伯,式是南邦。因是谢人,以作尔庸",如此种种,均为适例。而在西周金文中更是常见,如克罍克盉、宜侯吴簋、邢侯簋等重器所示。宽泛地理解,像鲁之"殷民六族"、卫之"殷民七族"、晋之"怀姓九宗"、燕之"羌、免、戜、御、微"五族、邢之"州人重人郭人"等,均可视为依附民。唯此类殷遗旧族多属新政权下政治层面上的依附,其旧有贵族身份未变,并在新王朝体系中继续参与各类政治活动,属劳心者。这与严格意义上的处于社会底层的、与土地紧密相连的权贵家族私属依附阶层,还是具有极大差异的,后者通常称之为"类醜"、"附庸"、"臣仆"与"臣妾",亦曰"人鬲"(大盂鼎)、"畂臣"(弔季姬方尊)、"外臣仆"(闻尊)等,名目虽繁,但本质上悉属劳力者。周代私属依附民,往往以家庭为单位附属于贵族组织之内,最为典型者莫如逆钟(《集成》60—63)所讲的叔氏命逆负责管理"公室仆庸、臣妾、小子室家"事宜,这里作为依附民的仆庸与臣妾,均有各自的"室家"组织,也即家庭。此可与金文习见的"赐臣若干家"、"赐仆若干家"互相呼应。当然,在弔季姬方尊中,我们甚至看到了更大规模的依附民亲缘组织,由 26 家组成,被一并赏赐给了业已出嫁的季姬。①金文中还多见"赐臣若干夫"的记录,"夫"通常特指依附民的家户主,"若干

---

① 参见陈絜:《西周金文"佃人"身份考》,《华夏考古》2021 年第 2 期。另如伐簋(《铭图》5321)所记更为罕见,尚未别族的"小子夅"就有高达 51 家的同族依附民。

夫”便是若干个以核心家庭为主的个体家庭。总之,周代私属依附民主要是以群体依附的形式而存在。至于当时是否已出现个体依附现象,目前还缺乏确凿的史料依据,很难给出确切肯定的回答。

就现下所见材料看,战国时期的私属依附民,已经呈现出个体依附的大趋势。例如前引识劾兖案件中的双方,原本均属大夫沛的依附民,即兖为妾、识为隶。其中兖以妾身为大夫沛生育二子,在原配危去世后,先被其家主大夫沛免为庶人,若干年后又成为大夫沛的继室。识亦深得大夫沛的喜爱,先为之娶妻,再为之买房,又赠予土地马匹,让其分家别过,即简文所说的“异识”,使之成为身份独立的国家编户民。从中我们可以推测,兖与“自幼为隶”的识,境况大概相似,也是打小为大夫沛的家庭依附人口。同样的情况亦见于里耶“户籍简”,如臣聚(K27)、臣褊(K2/23)、妾□□(K30/45)隶大女子华(K4)等,均属个体依附,或许也是自幼便为臣为妾为隶。

在此我们要讨论的另一个要点就是:战国以降的编户民的家庭人口中,是否包括臣妾之类的附属人口于其中?学界对此问题的认识有一定分歧。如睡虎地秦简中有一条有关“封守”的爰书,其辞曰:

> 封守　乡某爰书:以某县丞某书,封有鞫者某里士五(伍)甲家室、妻、子、臣妾、衣器、畜产。●甲室、人:一宇二内,各有户,内室皆瓦盖,大木具,门桑十木(朱=株)。●妻曰某,亡,不会封。●子大女子某,未有夫。●子小男子某,高六尺五寸。●臣某,妾小女子某。●牡犬一。●几讯典某某、甲伍公士某某:“甲党(倘)有【它】当封守而某等脱弗占书,且有罪。”某等皆言曰:“甲封具此,毋(无)它当封者。”即以甲封付某等,与里人更守之,待令。(《睡虎地秦墓竹简 · 封诊式》8—12)

所谓“封守”,就是“查封犯人的产业,看守犯人的家属”①。“鞫”便是审讯之谓。这是一条乡官对待罪受审之人的人口、家产加以查封,并将有关情况上报县廷的文书程式。此中所涉及的家庭规模和结构应该具有典型性

① 睡虎地秦墓竹简整理小组:《睡虎地秦墓竹简 · 封诊式》,第149页,简6—7“有鞫”条注释⑥。

和普遍性,否则不会作为公文写作的参考格式加以抄录并随葬于死者"喜"的墓葬中。从上引简文看,"封守"的对象包括"室"与"人"两大块,如一宇二内属于"室"、妻与子属于"人",这都不成问题,但像"臣某"、"妾小女子某"等依附民究竟是"室"还是"人",便成为聚讼焦点。例如,《左传》文公元年记载,楚穆王继位之后,"以其为太子之室与潘崇"。孔疏云:"商臣今既为王,以其为太子之时所居室内财物、仆妾尽以予潘崇,非与其所居之宫室。"这就是说,"室"只包括居室之内的财产与臣妾,换言之,臣妾是财物而非"人"。故而,有学者据此认为,秦国及秦代的私家奴仆并未被当作编户民的家庭成员或准家庭成员看待。

笔者以为,且不说孔颖达的解释是否准确、可否遽信,仅就"封守"条行文格式判断,个中"臣某"、"妾小女子某"属于"人"的可能性更大一些。而联系里耶"户籍简",此中分歧或可消除。如 K27、K2/23 诸简所示,臣隶是明确被登录在编户民的户籍之中的。另如 K8/9/11/47、K7、K31/37、K35诸简,大致也有臣或妾被登录于编户民户版的痕迹。户版毕竟不是编户民的资财簿籍,①所以当时编户民所拥有的家内依附民(臣与妾),显然是"人"而非家产,这些奴仆类的依附民应该是被看成编户民的家庭成员或准家庭成员。他们被登录在主家的户版之上,充分说明他们与主家间的依附关系已得到法律的认可。

当然,里耶"户籍简"所反映的这一现象,究竟是秦制还是荆楚旧制,值得思考。倘若联系秦、楚两国在家庭分异制度以及民爵称谓方面的共通性,笔者以为,将臣妾等奴仆视为编户民家庭法定意义上的附属人口的做法,不仅秦国有,荆楚同样也有。例如,《包山楚简》42 有曰:

　　　八月丙申之日,需里子之州加公文壬、里公苛臧受期,九月戊戌之日不酅(讂)公孙觥(柙)②之恒(属)之死,升门又败。

①　据《睡虎地秦墓竹简·效律》56—57、58—59 以及《睡虎地秦墓竹简·法律答问》209 诸简记载,当时还有专门针对于牛马的统计上报制度,这说明当时有专门登录编户民的资财簿籍。
②　按"觥"字即《论语·季氏》"虎兕出于柙"之柙的表意初文,在金文与竹简中多读作"甲",如庚壶(《集成》9733)、清华简《耆夜》所示。

按"伹"字从"豆"得声,可读为"属"①,即私属人员之谓。简文的大意是说,"霝里子之州"的加公文壬、里公苟臧,由于没有及时核实公孙桙之私属人口的死亡情况,故而受到有司的处罚。② 这就是说,早在楚怀王时期,私属人员与家主之间已经有了比较严格的依附关系,这与上引睡虎地简《法律答问》108"父子同居,杀伤父臣妾"云云,内在精神完全一致。我们甚至怀疑,这样的制度可能还存在于其他战国诸雄之中,在战国时代具有普遍性。由此说来,文献中所讲的"五口之家"、"六口之家"、"七口之家"、"八口之家"与"九口之家"等等,极有可能包括编户民所拥有的私家奴仆类的依附民之数,所以,把它们作为推断家庭类型的依据,哪怕仅仅是辅助性的参考依据,都须慎之又慎。

过去我们曾简单讨论过家庭私属依附民的身份免除问题,提出女性奴仆则可以通过婚姻或生育达到提高社会与家庭地位的目的,③而岳麓简《识劫𡚤案》一篇,恰恰给我们提供了坚实的依据。不仅如此,男性奴仆也有极大机会"免为庶人",堂堂正正地转变为国家的编户民。当然,私属臣妾依附身份的免除与否,完全在于家主的主观意愿与实际行动,这同样可以《识劫𡚤案》为例据。

如上节所述,据周代善夫克盨、瑚生诸器铭文判断,西周时期的贵族私家依附民,往往需要登录造册并上报王朝政府以备核查。战国时期似依然循此惯例,试举二例如下:

(1)臧王之墨以纳其臣之溺典:熹之子庚一夫,尻(居)郢里。(《包山楚简》7)

(2)刽之玉府之典:刽戠之少僮盬族郦一夫、疾一夫,尻(居)于郣逾(路)区泉邑。(《包山楚简》3)

例(1)所涉及的庚,为熹之子,居住于郢里,身份为臧王之墨的私臣,

---

① 裘锡圭在郭店简《老子释文注释》中提到,"豆"、"属"上古音相近,其说可从。参见荆门市博物馆:《郭店楚墓竹简》,文物出版社1998年版,第113页注释5。

② 参见陈絜:《再论包山楚简"州"的性质与归属》,载《中国古代社会高层论坛文集》,中华书局2011年版,第261—283页。

③ 参见陈絜:《里耶"户籍简"与战国末期的基层社会》,《历史研究》2009年第5期。

"溺典"就是臧王之墨编录的、专门登录自家依附民居处名族等信息的名册。例（2）"少僮"须略予解释。按西周𤉤鼎（《铭图》2439）有𤉤"献作尹氏童妾、佃人"语，其中的童妾就是指贵族家族内的、以服侍杂役为主的私属依附民，[1]故简文"少僮"应理解为未成年的男僮，来自鹽姓家庭的郦、疾二人均在此列，他们都是刉戝个人所有的私属人员，居住在鄑路区泉邑。这里的"刉之玉府之典"，显然也是一种由刉氏家族自行编制的登录家庭私属依附民信息的名册。这样的名册需要上报地方政府，一则表明私家依附民来历正当，二则也是便于地方政府户籍册的编制与治下人口数的统计核实。

战国依附民的来历目前可推测出两种主要途经。其一是旧贵族家族成员的没落，如《左传》昭公三年叔向讲晋国"栾、郤、胥、原、狐、续、庆、伯，降在皂隶"，春秋末年的这一社会变化，到战国时期只会愈演愈烈，上述郦、疾二人出自鹽氏之族，应视作所在家庭中衰而"降在皂隶"的著例。其二则是人口买卖所得。按《礼记·坊记》曰："子云：'取妻不取同姓，以厚别也。'故买妾不知其姓，则卜之。"可见买无姓的平民家庭女性为妾在战国时期应该相对常见，富裕阶层买贫家子弟为臣仆殆亦非异事，上引无姓氏的"熹之子庚"，或应归入此列；《识劫𡟰案》中自幼为妾为臣的𡟰与识，甚至《包山楚简》7 中的郦、疾二人，也不排除买卖所得的可能。

此外还需要注意的是逋逃者为生计而沦为依附民的情况，如韩、魏百姓在战争中民不聊生，《战国策·秦策》谓"族类离散，流亡为臣妾"。他如楚国，亦莫能免，如《包山楚简》90 有云：

> 竞（景）得讼絲（繁）丘之南里人葬悷、葬酉，胃（谓）杀其兄。九月甲唇（辰）之日，絲（繁）丘少司败远𩂋䛡（复）𦣻，言胃（谓）：絲（繁）丘之南里信有葬酉，酉以甘臣（固）之戳（岁）为偏（鬲）于喜，居陪（隋）里。絲（繁）昜（阳）旦无有葬悷。正秀齐𢦗之，邸（旦）尚为李。

我们从这段文字中大致可推测出，葬酉逃亡喜地为依附民的原因是身上背有命案，无法再以正常的编户民身份于故土生存。当然，法网恢恢，葬

① 参见陈絜：《𤉤鼎铭文补释及其相关问题》，载朱凤瀚编：《新出金文与西周历史》，上海古籍出版社 2011 年版，第 196—202 页。

酉最终还是难逃杀人之罪,这恐怕要归功于当时人口登录制度的严格实施。

总之,战国时期国家编户民的家庭内部往往生活着一定数量的依附民,而个体依附是当时比较显著的特点。从群体依附到个体依附的转变,恰与战国时期宗族普遍解体、社会家族组织小型化、土地收归国有并计口受田等社会与政治变革互相谐适。

第五节　里居形态与管理
——以竹简所见战国楚地居民为例

关于战国时期的里居形态及其管理,此前学者多用传世文献为依据,做过相应的讨论。但随着新资料的积累,过去的某些认识似可得到进一步的细化甚或修正。今以楚地居民为例,试对相关问题做一补充。

就目前所见的楚简资料而言,战国时期尤其是战国中晚期在楚国的基层农村聚落与社区,也即邑、里以及里的特殊形式“州”,均设有专门的诸如邑公、里公、州公以及州佐之类的行政管理人员,这些基层官吏只对相应的上级行政机构负责。[1] 就现有材料判断,他们所管理的基层社会组织,无疑是属于中央集权政体下的地方基层行政单位,其地缘性特征较之血缘特性更为显著。今不妨举一个简单的例子以示说明。例如天星观1号楚墓遣策中有“番之里人”之残辞,依照遣册通例大致可以推断出,此乃墓主番勅(胜)同里之人赗赠财物以助丧葬的文字记录。发掘与整理者推测认为,该赗助之人与墓主番胜同姓。[2] 倘若这一推论不误,则足以说明,作为地域组织的“里”,其重要性或已远远超出作为血缘组织的家族和宗族,否则赗书中无由强调其间的“里人”关系,而忽略二人之间的宗亲血缘特征。而我们所关注的是,像这样的一种地缘性的基层居民组织,尤其是作为城市社区的“里”与“州”,其内部居民的社会关系,是否如过去许多学者对商周时期基层聚落与城市社区的想象那样,被较为浓烈的血缘意识所笼罩? 在笔者看

---

① 参见陈絜:《包山简“州加公”、“州里公”身份述论》,载刘泽华、罗宗强主编:《中国思想与社会研究》第 2 辑,中国社会科学出版社 2009 年版,第 204—214 页。

② 荆州地区博物馆:《江陵天星观 1 号墓》,《考古学报》1982 年第 1 期。

来,社会形态与社会结构的变迁,最终还是要体现在基层聚落内部之社会关系的变化发展上的,所以,只有各个历史阶段的里居形态梳理清楚了,其他相关的社会与政治问题才有得到厘清的可能。这也是我们探究里居形态的意义之所在。

关于战国时期的里居形态,或者说里中居民的社会关系之问题,目前学界大致有两种完全相左的主张。以朱凤瀚为代表的学者认为,在当时以小型个体家庭(包括核心家庭与主干家庭)为内核的基层社会中,血缘意识已被稀释,农村基层聚落与城市社区中的居民,已经摆脱商周以来的家族或宗族血缘关系的束缚,故而里邑中的居民基本上以异姓聚居为主体,并不存在大范围、大规模的宗族聚居现象。① 另一种观点则与之完全相反,其代表人物便是"中研院"史语所的邢义田。他通过对传世文献的梳理,从族居、族葬与世业角度加以分析,进而指出战国到西汉的村里聚落"应更是聚族而居、聚族而葬才是"②,以为聚族里居是战国秦汉时代的常态,并未因列国轰轰烈烈的变法运动而有本质性改变③。与此观点相似的还有徐扬杰等。④当然,我们并不否认宗亲血缘意识在民众日常生活中依然具有的积极作用,如前文提到大夫沛免厺为庶人,需要徧告宗人与里人。再如《礼记·杂记下》记为死者主丧人员的顺序,可能更具有普遍意义。其辞曰:

> 姑姊妹,其夫死而夫党无兄弟,使夫之族人主丧。妻之党,虽亲弗主。夫若无族矣,则前后家,东西家。无有,则里尹主之。或曰:主之而附于夫之党。

即遵循兄弟、族人的顺序,无族者则由四邻、里尹代为主丧的原则。由此可见宗亲的作用充斥于里中民众的生活日常。但亲缘意识并不等同于居、葬

① 参见朱凤瀚:《商周家族形态研究》(增订本),天津古籍出版社 2004 年版,第 565—566 页。

② 邢义田:《从战国至西汉的族居、族葬、世业论中国古代宗族社会的延续》,《新史学》1995 年第 2 期,收入黄宽重、刘增贵主编:《家族与社会》,中国大百科全书出版社 2005 年版,第 96 页。

③ 参见邢义田:《从战国至西汉的族居、族葬、世业论中国古代宗族社会的延续》,《新史学》1995 年第 2 期,收入黄宽重、刘增贵主编:《家族与社会》,中国大百科全书出版社 2005 年版,第 96 页。

④ 徐扬杰:《中国家族制度史》,人民出版社 1992 年版,第 160—162 页。

实态,所以第一种看法可能更近真实,大范围的宗族聚居不能说没有个例,但一定不是普遍现象。前两节所揭示战国时期以主干与核心家庭为主、群体依附转为个体依附等现象,也与异姓聚居、地缘优先的结论相吻合。本节将以楚简资料为主要依据,对相关问题作进一步的补充与阐述。

春秋晚期以降,城市社区的"里",原本作为内部社会纽带之基础的血缘关系,业已松动。如《左传》昭公三年所载晏子语中,已提及"非宅是卜,惟邻是卜"之时谚。这大致能说明,起码在春秋晚期,民众之邻里可以通过占卜而选定,而且还比较盛行,故而成为时谚而被流传。又《论语·里仁》有云:"子曰:'里仁为美。择不处仁,焉得知。'"郑注曰:"求居而不处仁者之里,不得为有知。"①选择有仁者之里作为自己的居所,虽不能说是当时的普遍现象,但也绝不会是个别特例。《礼记·檀弓下》"苛政猛于虎"条讲述泰山之侧一妇人因其公公、丈夫与儿子先后葬身虎口而恸哭于墓,孔子有"何不去之"之问,亦见庶民徙居之常。再如《韩非子·说林下》讲"有与悍者邻,欲卖宅而避之",也同样说明时人在邻里和居址的选择上颇有一定的自由度。上引传世东周文献中的种种记载,均揭示西周时期或存在的聚族里居的地缘与血缘合一的旧有模式在春秋晚期以降已逐渐解体,且此类现象或带有一定的普遍性,存在于列国之中。而战国时期的楚国,似乎也无有例外,在历年所出的楚简资料中,关于卜居、徙居的记录亦时有所见。例如新蔡葛陵楚墓所出竹简②有云:

(1)▨□且君必遟(徙)尻(居)安善。𦐇。或为君贞……(《新蔡》简甲二 19、20)

(2)▨。或为君贞:以其不安于氏(是)尻(居)也,恒遟(徙)去▨(《新蔡》简甲三 132、130)

(3)▨遟(徙)去氏(是)尻(居)也,尚吉。定占之曰:甚▨(《新蔡》简甲三 165)

① 依照孔子或儒家的思想要素,此处"知"字似当训作"智",战国竹简文字中"知"、"智"往往互用,或可作为佐证。

② 河南省文物考古研究所编:《新蔡葛陵楚墓》,大象出版社 2003 年版。以下引用简称《新蔡》并括注原简编号。

上述材料所记录的是出自楚国王族的坪夜君的卜居与徙居情况。

再如《九店楚简》①相关记载：

（1）凡敀日……不利以祭祀、聚众、囗去遥（徙）家。（《九店》15 下）

（2）凡宁日，利以娶妻、内（纳）人、暴（徙）家室。（《九店》17 下）

上引九店日书简中所反映的情况，则可以涵盖楚国贵族阶层与普通编户民。

此外，包山简中同样存在着诸多鲜活的例子，楚国贵族与一般编户民一并牵涉其间。例如，祭祷文书简中就有楚国左尹邵㳆在王都之内自由徙居、复居的迹象②，这是高等贵族的情形。再如大家所熟知的《包山楚简》127、128 所示，阳年的儿子阳鐯，由于其叔父阳必在郢地为官，故由漾陵县的州里迁徙至郢都，"与季父同室"，也就是和自己的叔父住在一起。此中所揭示的或为一般贵族的情形。至于编户民的迁徙事例，最为典型的大概非《包山楚简》90 所提到的龚酉莫属。据该文书相关记载，我们可以清楚看到，当事之人龚酉，由于"为偏于喜"，也即成为他人的依附民，而自繁丘的南里迁徙到了喜地隋里。

上述材料业已清楚揭示，楚国的情形与其他列国并无太大区别。由此也不难想见，此类卜居、徙居的大量存在，必然会冲击乃至于彻底改变基层聚落内部旧有的社会关系模式。

再就墓葬制度而言，战国中晚期的楚国，其社会各阶层似乎很少聚族而葬，而能够体现个体家庭关系的夫妇合葬墓，却在大量涌现。③ 从中我们大致可以体察到，楚国民众生前聚族而居的里居模式可能不再盛行，与之相应的宗族组织恐怕也已瓦解。即便大型血族组织尚有个别存在，也不太可能是以族居形态而呈现。同样，从楚简文字材料看，当时城市社区中的居民，相互间绝非仅以血缘关系为联结纽带了，大家所能看到的，往往是一个个小

---

① 湖北省文物考古研究所、北京大学中文系编：《九店楚简》，中华书局 1999 年版。以下引用简称"《九店》"并括注原简编号。

② 《包山楚简》249—250。具体解释参见陈絜：《包山简"州加公"、"州里公"身份述论》，载刘泽华、罗宗强主编：《中国思想与社会研究》第 2 辑，中国社会科学出版社 2009 年版。

③ 参见湖北省荆州地区博物馆、中国社会科学院考古研究所：《江陵雨台山楚墓》，文物出版社 1984 年版；湖南省博物馆等：《长沙楚墓》，文物出版社 2000 年版。

型家庭和具体个人,不再有习见于文献或偶见于金文的那种规模庞大、结构复杂的血缘团体。① 由此,我们或可以直截了当地说,当时基层聚落或社区内的居民,主要依照地缘关系编定,血亲等因素或许已不在优先考虑之列。

这在包山简中也有其线索。例如,在著名的舒明被杀这一诉讼案中,有司专门就出庭作证的证人之条件作了专门的规定,其辞曰:

……与其戜(仇)又(有)悁(怨)不可陸(证),同社、同里、同官不可陸(证),匿(昵)至从父兄弟不可陸(证)。(《包山楚简》138 反)

按:联系郭店楚简《兹(缁)衣》以及传世文献《礼记·缁衣》与《诗经》等有关篇章,其中的"戜"字可读为"仇"。"悁"字从心、肙声,此处可读为"怨"②。故"与其仇有怨不可证"一句,或可理解为与对方有夙怨者不能出庭作证。"同社"所揭示的大致就是基于某种共同祭祀活动的基层团体组织关系,"同里"是指邻里关系,"同官"即同属某官署的同僚,"昵至从父兄弟"就是指血缘关系为从父兄弟(俗称"堂兄弟")的大功之亲。按照当时的规定,诸如此类的人员,都不能在案件审理中出庭作证,以免舞弊串供,妨碍司法公正。需要注意的是,"同里不可证"和"从父兄弟不可证"同时被提出,这说明大功之亲异里异地而居或已是比较普遍的社会现象③,作为基层社区的里邑之内,已很少有较大规模的家族组织存在了,个体家庭(核心和主干家庭)已成为社会组织的基本细胞,而同里聚居的各个个体家庭间,未必具有血缘上的联系。

不可否认,上引资料其内容还显得比较笼统概括,但于问题实质的揭

---

① 如西周中期伯穌父宗族,在"小子"师獸别族之前,至少涵盖了小功之亲。若以平辈计,即师獸为伯穌父的从祖兄弟,别族前的宗族涵盖兄弟、堂兄弟与从祖兄弟三支旁系族亲。若师獸为伯穌父的子侄辈,便属族兄弟之子,即所谓"五世亲尽而别族",则该宗族组织实含第四个旁支(族兄弟)族亲,诚为目前所知的、存在于西周时期的、最符合礼书所记的宗族组织了。此外如逆钟、卯簋诸器铭文似亦可措意,唯家臣与家主间是否存在亲缘关系尚无线索可寻。

② 陈伟:《包山楚简中的宛郡》,《武汉大学学报》1998 年第 6 期。季旭升:《由上博诗论"小宛"谈楚简中几个特殊的从"肙"的字》,《汉学研究》2002 年第 2 期,另该《郭店简·尊德义》34"民不悁"、清华简《尹至》篇"厥辟作悁于民",其中的"悁"字亦应读作"怨","作怨"也即起怨之谓,此适可作为新的佐证。

③ 从包山简看,当时同姓氏之人往往遍布楚国各地,似可作为一个佐证。当然,当时姓氏来历比较复杂,同姓氏是否表示同出一族,似乎也须作精细的考辨。

示,窃以为尚具有提纲挈领的作用。为了使问题更为具体明晰,不妨再看几条能够说明异姓同里聚居模式的简文。例如:

　　(1)十月辛巳之日,滋庢人范臣讼滋庢之南阳里人阳缓、李臧,谓杀其兄……(《包山楚简》96)

　　(2)正阳之酷里人邵奂、邦辔、盘己,正阳之牢中兽竹邑人宋颢,葛(阳?)陵之畩里人石绅,贷徒葊之王金不赛……(《包山楚简》150)

例(1)所载的狱讼案卷中,被讼之人一为阳缓,一为李臧,均属滋庢①南阳里中的居民,也即是说,一里之中起码已有阳、李2个姓氏②的居民。例(2)是关于编户民借贷黄金而不及时归还的案卷记录,共涉及3个里落中的5个人,其中正阳县酷里涉案者计3人,分别是邵奂、邦辔与盘己,这就是说,该社区之内至少有邵、邦、盘3个姓氏。很显然,诸如此类的情形,与西周时期曾存在过的一族一里的社区聚居模式有别,倒与《庄子·则阳》所讲的捏合"十姓百名"之"丘"大相仿佛。

　　再如《包山楚简》120—123所记载的刑事案例中,涉及案犯与里中连坐人员颇多,现录其文字如下:

　　□客蓝臣去(?)楚之岁,享月乙卯之日,下蔡薙里人舒鼺(狷)告下蔡钒执事人易成公柜罜……享月丁巳之日,下蔡山阳里人郏佟言于易成公柜罜、大渔尹屈遒、郢易莫嚣臧□、舒羊。佟言胃(谓):"小人不信窃马。小人信卡下蔡阆里人雁(应)母返、东邘里人场贮、萸里人竞不割,晷(金?)杀舒罜于竞不割之官(馆),而相卡弃之于大路,竞不割不至□安(焉)。"卜执场贮、里公郏□、士尹紬□,返,卜言胃(谓):"场贮既走于前,卜弗及。"卜执雁(应)母(毋)返、加公臧申、里公利崟,返,卜言胃(谓):"母(毋)返既走于前,卜弗及。"卜执竞不割、里公吴拘、亚□郙(宛)辕(乘),返,卜言胃(谓):"不割既走于前,卜弗及。"卜收郏佟之伙、加公范戍、里公舒□,返,卜言胃(谓):"郏佟之伙既走于前,卜弗及。"郏佟未至剸,有疾,死于徇。雁(应)母(毋)返、场贮、竞不割皆

───────────────

① 此中提到的"滋庢"究竟是县邑之名还是贵族名号目前还无法确定。

② 此所谓"姓氏"是指与土地剥离后的姓、氏合二为一下的新姓氏,已经失去了区别贵贱与婚姻禁忌的功能。

既盟。

我们简单归纳一下：其中下蔡县阛里中的涉案人员为应毋返，受牵涉者有该里之加公臧申与里公利贤；下蔡山阳里的涉案人员为邸倦，受牵连的有该里之加公范戍及里公舍某；下蔡黄里的涉案人员为竞不割，其里公吴拘及时任"亚某"之职的宛乘由此而连坐；下蔡县东邡里的涉案人员为场贮，其里公邸某与士尹紬慎亦未能脱去干系。楚之加公与里公，窃以为就是文献所见的父老与里正①。而从汉儒的相关文献记载看，社区与基层农村聚落中的领导阶层，也即父老、里正之属，一般就是从各自的基层组织内部选拔出来的，即汉儒何休所谓的"在田曰庐，在邑曰里，一里八十户，八家共一巷，中里为校室。选其耆老有高德者，名曰父老，其有辩护伉健者，为里正"②。可见里中居民来历的错综复杂。

再如，里耶一号古井所出秦代文书简有曰③：

卅二年正月戊寅朔甲午，启陵乡夫敢言之：成里典、启陵邮人缺，除士五（伍）成里匄、成，[成]为典，匄为邮人，谒令、尉以从事，敢言之。（J1⑧157 正）

正月戊寅朔丁酉，迁陵丞昌郄（却）之启陵：廿七户已有一典，今有（又）除成为典，何律令？应尉已除成，匄为启陵邮人，其以律令。／气手。／正月戊戌日中，守府快行。／正月丁酉旦食时，隶妾冉以来。欣发。壬手。（J1⑧157 背）

此文书大意是讲：秦始皇三十二年（前215年）正月甲午之日，启陵乡的啬夫向迁陵县的县令及县尉汇报，欲分别任命成里居民"成"与"匄"为该里的里典和启陵乡的邮人，得到的批复是同意对"匄"的任命，但驳回"成"为成里里典的提议，不予任命的主要理由便是"廿七户已有一典"。此文书说明，秦朝的基层组织首领里正，也是从基层聚落内部推荐选拔的。尽管目

① 参见陈絜：《包山简"州加公"、"州里公"身份述论》，载刘泽华、罗宗强主编：《中国思想与社会研究》第2辑，中国社会科学出版社2009年版。
② 《公羊传》宣公十五年何休注。
③ 湖南省文物考古研究所、湘西土家族苗族自治州文物处：《湘西里耶秦代简牍选释》，《中国历史文物》2003年第1期。

前还没有直接涉及楚国基层行政人员选拔、任命问题的材料,但其实际情形恐怕秦汉相去不远。我们在相关楚简材料中也能找到某种种线索,如:

> ……之日,上酟(临?)邑公酟(临?)劜、下酟(临?)邑酟(临?)得受期,己未之日不延,升门又败。(《包山楚简》79)

简文中涉及的上临、下临二邑,大概是一个基层聚落的分化,而其管理人员皆以临为姓氏,故一种合理的推论便是,这些基层管理者均从各自聚落内选拔,出自同家族的成员可以散居在不同的基层聚落内。

由此我们大致可以断定,舍翆被杀案卷中所涉及的下蔡闾里有应、臧、利3个姓氏,下蔡山阳里有郲、范、舍3个姓氏,下蔡黄里起码有竞、吴2个姓氏,下蔡东邥里也至少有场、郲2个姓氏。该案卷所涉及的4个社区,没有一例是单一家族聚居区。应该说,多少还是能够反映出当时楚国基层组织内部居民间的社会关系的,不可能是纯粹的巧合。

"里"的里居形态既已如此,那么作为特殊形式的"里"——楚都之"州",其内部居民的社会关系恐怕也很少例外。比如大家经常援引的著名的黄钦越狱自伤案(《包山楚简》142—144),其中提到"秦大夫怠之州"有"州人"故怆,而该州的管理者"里公"则姓周名癥,这就是说,同州居民中至少有故、周2个姓氏了。

我们再来看看"受期简"中的相关文书:

> 八月丙申之日,霝里子之州加公文壬、里公苛臧受期,九月戊戌之日不斷(斸)公孙颣(柙)之侸(属)之死,升门又败。戥劲、戥猾。(《包山楚简》42)

上引文书并没有明确交代"灵里子之州"中的死亡人员之姓名,但该州的管理者有加公文壬和里公苛臧。且从情理上讲,公孙柙及其私属人员至少有一方应该居住于该州内,受州中加公、里公管辖,否则便不能有该案卷的存在。而在《包山楚简》180中还提到有"霝里子之州佐许時","州佐"或可理解为州里公的副贰之属,大概不太可能出自"霝里子之州"而外的其他社区。若此推论不误,则该州之中至少已有文、苛、许等3个姓氏,如果灵里子、公孙柙及其附属人口也居于其间,则姓氏情况必将更为复杂。类似的例子还有很多,我们将相关材料整理成下表,不再一一援引分析了。

包山简多"姓"之州一览表

序号	州名	州内居民名号	资料出处
1	郳司马之州	李瑞（逗、偂①）	《包山楚简》22、24、30
		随得	
		陈雁②	
2	福阳宰尹之州	娄屯	《包山楚简》37
		苛辰③	
3	霝里子之州	文壬	《包山楚简》42
		苛臧	
		许瞱	《包山楚简》180
4	鄬君之耆州	周踦	《包山楚简》68
		邹（邛）怆	
5	辻大命珊之州	周竿、周墨	《包山楚简》74
		逾嘉	
6	秦大夫怠之州	周瘷	《包山楚简》142
		故怆	
7	雁（应）族之州	孙止	《包山楚简》181
		昃府历	
		黄固	《包山楚简》191
8	王西州	周誃	《包山楚简》184
		命誃④	《包山楚简》191

上表所列,仅仅是根据文书字面意思推导出来的多姓氏之州的 8 个例

① 瑞、逗、偂或属因抄手不同而导致的同音通假。

② 陈雁是否属于"郳司马之州"的州人,《包山楚简》22、24、30 诸简均无明确交代,但其伤情须由州中的加公、里公核查,或说明陈雁乃该州居民。

③ 苛辰是否属于"福阳宰尹之州"的州人,《包山楚简》37 中没有明确交代,但既然是要由该州之里公娄屯"将之以廷",说明苛辰是受娄屯管辖的州中居民。

④ "周誃"与"命誃"身份相同,均任"王西州"之里公,故尚不能排除"周"、"命"二字中有一字属文书抄录者误记的可能性。

子,表面上看,只占了 42 州中的 19%之比例,但这里必须强调的是,我们所能利用的材料是性质比较特殊的法律文书,并非完整的基层行政组织内部的名籍、户籍资料,所以这个百分比应该是相当之高了,而且也不能说没有一定的代表性。此外,笔者也曾有讨论,认为所谓的贵族之州,其实其绝大部分就是封君、官吏及普通贵族在楚国王都的京宅所在之社区,类似于汉代的"郡国邸"与朝宿邑。① 所以,各自的州内,还应该包括此类贵族或其家庭成员。如此一来,多姓氏之州的比例还会更高很多。例如,我们根据《包山楚简》27 可知,"邸阳君之州"其里公为邓缨,而从时代稍早的江陵天星观一号楚墓发掘的竹简资料推测②,包山简中的邸阳君其姓氏可能为"番"③,所以,"邸阳君之州"或亦能划入多姓氏之州之列。同样,"坪夜君之州"的加公为畬鹿(《包山楚简》181),而平夜君一族出自楚昭王,其姓氏为邵。"竞贮之州"其加公为阳䏁(《包山楚简》180),"竞"、"阳"不同姓;"枬券之州"有"州人"周庚(《包山楚简》183);"邧竞之州"其加公曰"旦秦"(《包山楚简》189),"雁(应)族之州"或可能以应氏为主体,但其里公为黄固(《包山楚简》191),所以这些也都属于异姓聚居之州。如此算来,目前至少可以找出 13 个多姓氏聚居之州了,几占已知总量的31%。这仅仅是根据性质特殊的司法文书清理出来的异族聚州而居的情况,事实上,当时州内异姓杂居应该更为普遍。

　　总之,州中居民的社会关系,与当时里的模式并无本质区别,多姓之民聚居于一州或是常态。州内家族组织恐怕也是以核心家庭、个体家庭为主体,家庭与家庭之间很少有血缘关系存在。

　　通过上述引证分析,我们对战国中晚期楚国的里居形态大致已有比较清楚的认识了,可以说异姓异族同里而居是其常态,这与其他列国的情况是

---

① 参见陈絜:《再论包山楚简"州"的性质与归属》,载南开大学历史学院等编:《中国古代社会高层论坛文集》,中华书局 2011 年版。

② 参见湖北省荆州地区博物馆:《江陵天星观一号楚墓》,《考古学报》1982 年第 1 期。

③ 何浩、刘彬徽认为,包山简中的邸阳君大概是天星观一号楚墓墓主"邸阳君番乘"的后人,详参何浩、刘彬徽:《包山楚简"封"释地》,载《包山楚墓》,文物出版社 1991 年版,附录二五。而彭浩则直接把包山简邸阳君等同于天星观一号墓墓主番乘,参见彭浩:《包山楚简反映的楚国法律与司法制度》,载《包山楚墓》,文物出版社 1991 年版,附录二二。

一致的。当然,我们也不完全否认当时或有极少数的一族一里(或州)之类的社区模式的存在,如据《史记·屈原列传》及裴骃《集解》,屈原曾任"三闾大夫",而"三闾"之内的居民分别是从楚王室中分离出来的昭、景、屈三族。但这样的社区或聚落模式,在当时恐怕是极其个别的特例而已。而目前包山简中所记录的数十个州里之中,恐怕很难证明有类似于"三闾"这样的基层聚落模式存在。即便在名义上极似一族一州的"应族之州",其实也是异姓杂处。

战国是颠覆三代传统的时代,也是典型"宗族"解体的时代,此为古今学者高度一致的结论。古人哀叹于王政不再,人心不古;现代学者更为清楚地认识到,"宗族"作为一种血缘集团,其形态必然与物质资料生产、国家政权建构、宗教文化诸方面的变化相协调:

宗亲集体耕作的"井田制"转变为个体占有生产资料的国家"授田制",个体家庭能够挣脱"宗族"对土地田产的垄断,争取到独立发展的"资本";

政治、军事的动荡,使得人口的迁徙、流动成为常态,"宗族"由此丧失了对成员人身自由的有效控制;

酷烈的兼并战争驱使列国争夺人力资源,基层民众失去"宗族"团体的庇护,转化为负担国家赋役的"编户齐民";

为了适应统一集权的国家政体,"郡县乡里"为代表的地方行政制度趋于健全,"宗族"在基层治理方面的职能近乎剥离;

"唯才是举"的风气下,阶层随时而升降,"姓氏"不再是贵族的符号,甚至底层依附民也可"登堂入室",世家大族不能垄断政治权力,维系"宗族"组织的核心"宗法等级制"宣告崩溃。

以上宗族与社会的变革因素,前人论证已相当周详。不过也应看到,过去高度强调战国的"变革"因素,对"承袭"因素未免过于轻忽。就战国时代"宗族"形态而言,其中家庭类型的动态变化、基层聚落的异姓聚居模式、政府对人口的掌握、依附民在家族中的重要地位等,皆显现出自西周"宗族"乃至晚商族氏组织相承袭的特征。或者说,西周春秋时代"宗族"的"名""实"两分,到战国时终于发展为"表""里"如一,既有在制度、体系、观念层次"变化"的一面,也有在亲族层级、家庭类型、居住形态等方面"延续"的一面。从更宏观的视角看,战国以后历朝历代,或多或少都继承了周人从血亲纽带改造而来的统治工具——宗族组织、宗法等级制度与宗亲观念,从而缔造了中华文明绵延两千年的"宗族"特色。

结　语

最后，我们希望以简短随性的几段话，概述对先秦宗族的认识，聊充全文结语。

什么是宗族？怎样的社会组织方能称宗族？此中争议之大，超乎想象。从文字本义追溯，宗族的原始意义恐怕就是围绕宗庙祭祀而聚簇的一群人，所以只要有祭祀祖先神的宗庙及相应的祭祀行为之存在，便可视为有宗族组织，也就是宗族。从这一层意义上讲，宗族不在其规模的大小、结构的复杂与否，只要有庙祭行为即可。其规模与结构，事实上是由神灵的特性与宗庙祭祀的相应礼规所决定。

商代王室自有其宗庙，宗庙中供奉着自上甲以降的先公先王，商王无时无刻不在祭祀祖神。但因商王是"帝立子生商"，是上帝派往人间的代言人，是"余一人"，是独一无二的，是唯一可以在死后"陟降帝廷"、"宾于上帝"的特色人等，所以王室宗庙中所供奉的祖神，其神性突变，不再是一家一族之神，异姓异族可以祭拜求祐，它们是国家的象征，其所庇护的是天下万邦之民。故而，王室的宗庙已与宗族组织剥离了关系。商王也不是以所谓"宗子"的身份主持祭仪，他们所行使的是政治意义上的"帝子人王"的权力，不仅祭祀自家的祖神，亦可随意祷拜异族异邦的地方神灵，商王是超乎族类之外的。商王死后，其神灵上陟帝廷，肉体则入葬王陵。这一王陵，断非其配偶子嗣所敢企望的归宿地，王室中商王以外的其他家族成员只能另辟兆域。这些王室家族成员是否集中埋葬，目前尚无线索可寻，殊为遗憾。我们大胆推测，应该是没有。或者说，王室并无社会史意义上的宗族组织，它游离于社会之外。

好在未继位的王子王孙，可以另立门庭，可以立庙铸器，祭祀所自出的祖灵,家族神灵唯自家门庭是顾,不理旁人闲事,于是便保留了"多子族"的血族团体组织,有了宗族。但因商代并无"百世不迁"、"五世则迁"的礼规,别族随意,故累世聚居于一起的生活共同体,规模不大。其他贵族情况亦基本如此,目前没有看到商人家族有规模宏大的墓葬群,而以一夫一妻的核心家庭为生活共同体的基本构成要素,反映到墓葬制度,则是夫妇并葬。周人讲商遗的宗族成员是宗氏、小子与类丑,应该比较准确,其中宗氏就是以宗族首领夫妇为核心的小型家庭,小子则是宗族内没有主祭权的庶子家庭,类丑则为宗族内归贵族役使的依附民,宗族结构并不复杂,人口数量也并不庞大,而且小子还有自己独立的家财,宗氏可以恩赐小子独立祭祀生身父母的权力。小子有功,得到王的赏识,担当王的近臣,或得到安身立命的土地资源,便有别族的机会。一经别族,有了自己的族邑,亦有自家的新墓地,无论经济、军事、政治与祭祖,均完全独立,而且还有了标榜自己家庭的新的族氏名号,成为一个全新的宗族。针对于所自出的母族,他们是亚族,也就是分族。分族与母族,只是血缘上的情谊,名义上的故旧,需要时可以将母族的名号添置在自家新名号之前,不需要时便完全撇清,但署"亚某",甚至连"亚"字也可省略。这就是晚商宗族组织之大略,他们的宗族组织不大,他们并不使用"姓",亦不施行同姓不婚之制,似乎根本就没有"姓族"的观念。同姓聚居,着实是后人的一种假想,可以姑罔听之,亦不妨姑罔信之。但商人的血统意识不强,实属不争的事实。

姬周乃鄙处西土的一蕞尔小邦,商末臣服有商,趁商王帝辛东土经营中造成的乱局,举兵东进,竟然一战成功,开创了新的王朝。继后又经东征,将势力进一步拓展至以泰沂为核心的东方。如何掌控辽阔的新世界,成为武成时期新统治者必须面临的新课题。以周、召诸公为代表的周族统治阶层,其政治智慧足够高明,想出了封建与相应的足够严密的新制度,这就是赐民、赐土与赐姓命氏。赐民是封赏受封者用以役使盘剥的民众,赐土是给予受封者安身立命的本钱,土、民二项实为一体,民多来自受封地,故以当地土著为主。命氏干什么? 就是给一个政治上法权符号,使受封者名实相应。赐姓有何用? 这才是妙招,它可用来消弭受赐者的离心力。正是最为原始本能的血缘亲情意识的发掘,使受封的众子弟能紧紧围绕宗周这一轴心,从

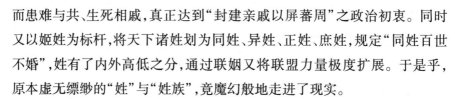

而患难与共、生死相戚,真正达到"封建亲戚以屏蕃周"之政治初衷。同时又以姬姓为标杆,将天下诸姓划为同姓、异姓、正姓、庶姓,规定"同姓百世不婚",姓有了内外高低之分,通过联姻又将联盟力量极度扩展。于是乎,原本虚无缥缈的"姓"与"姓族",竟魔幻般地走进了现实。

"姓族"的出现,改变了周人对血亲范围的认知,使周人体会到宗亲团结的重要,自发性的分家别族的本能冲动受到抑制,宗族结构亦由此生变。于是有宗氏,有分族,以大小宗加以等级规范和系联。宗氏与分族又各有若干小子之家,不管小子之家的家庭结构如何变化,"五世"别族之礼规,让那些不愿受人管束的冲动,泯灭于无形之中。宗族结构由此变得复杂,族内口众越来越庞大。不要忘了,宗族之上还有"姓族",这需要用"宗盟"来维系。

周天子也没有将自己置身宗族组织之外,他要将宗统、君统弥合在一起,让血缘为政治服务,所以天子就成了"百世不迁"的天下大宗之宗族首领,集王权族权于一身,这是何等的荣光。但还得承认,血缘只是为周王朝政治统治服务的一种辅助手段,更不可能成为治政的万灵神药,其副作用在数百年后便有充分显现。

大规模复杂结构的宗族组织的维系,须有丰厚的物质基础与人力供给,也就是提供物产的土地与耕种土地的口众。几百年的发展,土地没有了,可供盘剥役使的口众也被公、私瓜分完毕。宗法社会也就走进了死胡同。对人口与土地的争夺,改变了战争性质,基层治理的策略也随之更替。于此迎来了传统社会,"编户齐民"的时代从此到来。历史似乎走完了一个循环。

但周人创设的血统模式并未由此绝迹,在秦汉以后的两千余年,它不时受到统治者的重视而重现于江湖。

先秦宗族史的梳理告诉我们,血缘与地缘的关系并非你死我活只能存一的对立,也不一定此消彼长,单向递进。我们的思维方式需要转变,不能长期在陈旧的单一社会进化论上打转。

先秦时代似乎也没有纯净的血亲家族,其中的依附人口不应该被忽略。家族依附民或是今后可以深入讨论的核心课题。涉及具体家族,学界的认知往往有别,可做点地理考证的工作,看看他们的族居地究竟有何变化,宗亲成员又有怎样的迁徙与分衍。这样的考辨是能够做出来的。讨论基层社会究竟是血缘还是地缘,最好先有个明确的研究范围,不妨在里、邑、州、丘之类的基层聚落内部找线索,分析对象小一点,看到的问题或许更清楚、更深刻。

参 考 文 献

一、典籍

《公羊传》(《十三经注疏》本),中华书局 1980 年版。

《谷梁传》(《十三经注疏》本),中华书局 1980 年版。

《国语》,上海古籍出版社 1988 年版。

《汉书》(中华书局点校本),中华书局 1962 年版。

《后汉书》(中华书局点校本),中华书局 1965 年版。

《礼记》(《十三经注疏》本),中华书局 1980 年版。

《论语》(《十三经注疏》本),中华书局 1980 年版。

《孟子》(《十三经注疏》本),中华书局 1980 年版。

《尚书》(《十三经注疏》本),中华书局 1980 年版。

《诗经》(《十三经注疏》本),中华书局 1980 年版。

《史记》(中华书局点校本),中华书局 1982 年版。

《世本》(雷学淇辑),商务印书馆 1937 年版。

《仪礼》(《十三经注疏》本),中华书局 1980 年版。

《战国策》,上海古籍出版社 1985 年版。

《周礼》(《十三经注疏》本),中华书局 1980 年版。

《左传》(《十三经注疏》本),中华书局 1980 年版。

曾运乾:《尚书正读》,华东师范大学出版社 2011 年版。

(清)陈奂:《诗毛氏传疏》(国学基本丛书本),商务印书馆印行。

(清)陈立:《白虎通疏证》,中华书局 1994 年版。

(清)高士奇:《春秋地名考略》。

(清)洪亮吉:《春秋左传诂》,中华书局 1987 年版。

(清)胡培翚:《仪礼正义》(万有文库本),商务印书馆 1934 年版。

(清)黄汝成:《日知录集释》,花山文艺出版社 1990 年版。

(清)江声:《尚书集注音疏》,《续修四库全书》本。

（清）江永：《春秋地理考实》卷二，《清经解》，上海书店 1988 年版。

（北魏）郦道元注，（清）王先谦校：《合校水经注》，中华书局 2009 年版。

（清）马瑞辰：《毛诗传笺通释》，中华书局 1989 年版。

（清）秦惠田：《五礼通考》，光绪六年（1880 年）江苏书局刊本。

（清）孙希旦：《礼记集解》，中华书局 1989 年版。

（清）孙星衍：《尚书今古文注疏》，中华书局 1986 年版。

（清）孙诒让：《周礼正义》，中华书局 1987 年版。

（清）汪继培：《潜夫论笺》，中华书局 1979 年版。

王利器：《风俗通义校注》，中华书局 1981 年版。

（清）王念孙：《广雅疏证》，中华书局 1983 年版。

（清）王聘珍：《大戴礼记解诂》，中华书局 1983 年版。

吴树平：《风俗通义校释》，天津古籍出版社 1980 年版。

杨伯峻：《春秋左传注》，中华书局 1981 年版。

（清）朱彬：《礼记训纂》，中华书局 1996 年版。

（宋）朱熹：《楚辞集注》，上海古籍出版社 1979 年版。

二、出土文献资料集

《河南出土商周青铜器》编辑组：《河南出土商周青铜器》第 1 册，文物出版社 1981 年版。

甘肃省文物考古研究所：《居延新简》，文物出版社 1990 年版。

高明：《古陶文汇编》，中华书局 1990 年版。

郭沫若主编、胡厚宣总编辑：《甲骨文合集》，中华书局 1979—1982 年版。

湖北省荆沙铁路考古队：《包山楚简》，文物出版社 1991 年版。

罗福颐主编：《古玺汇编》，文物出版社 1981 年版。

罗振玉：《三代吉金文存》，中华书局 1983 年版。

陕西省考古研究所等：《陕西出土商周青铜器》1—4 册，文物出版社 1979—1984 年版。

睡虎地秦墓竹简整理小组编：《睡虎地秦墓竹简》，文物出版社 2001 年版。

孙慰祖主编：《古封泥集成》，上海书店出版社 1994 年版。

徐中舒主编：《殷周金文集录》，四川辞书出版社 1986 年版。

于省吾：《商周金文录遗》，中华书局 1993 年版。

袁仲一：《秦代陶文》，三秦出版社 1987 年版。

中国社会科学院考古研究所：《殷墟花园庄东地甲骨》，云南人民出版社 2003 年版。

中国社会科学院考古研究所：《安阳殷墟郭家庄商代墓葬》，中国大百科全书出版社 1998 年版。

中国社会科学院考古研究所:《居延汉简·甲乙编》,中华书局 1980 年版。

中国社会科学院考古研究所:《滕州前掌大墓地》,文物出版社 2005 年版。

中国社会科学院考古研究所:《小屯南地甲骨》,中华书局 1980 年版。

中国社会科学院考古研究所:《殷墟的发现与研究》,方志出版社 2007 年版。

中国社会科学院考古研究所:《殷周金文集成》,中华书局 1984—1994 年版。

朱汉民、陈松长主编:《岳麓书院藏秦简》(三),上海辞书出版社 2013 年版。

三、专著与研究文集

[俄]史禄国:《北方通古斯人的社会组织》,内蒙古人民出版社 1984 年版。

[俄]史禄国:《满族的社会组织》,商务印书馆 1997 年版。

崔述:《考信录》,载《崔东壁遗书》(顾颉刚编订),上海古籍出版社 1983 年版。

顾栋高:《春秋大事表》,中华书局 1993 年版。

[日]白川静:《甲骨文的世界》,日本平凡社 1972 年版。

[日]白川静:《金文的世界——殷商社会史》,台湾联经出版事业公司 1989 年版。

[日]贝冢茂树:《古代殷帝国》,日本京都 1957 年版。

[日]岛邦男:《甲骨文的世界》,日本平凡社 1972 年版。

[日]岛邦男:《殷墟卜辞研究》,鼎文书局 1975 年版。

[日]伊藤道治:《中国古代王朝的形成——以出土资料为主的殷周史研究》,中华书局 2002 年版。

[日]竹添光鸿:《左传会笺》,台湾天工书局 1998 年版。

[英]W.H.R.里弗斯:《社会的组织》,商务印书馆 1990 年版。

Cho-Yun Hsu and Katheryn M. Linduff, *Western Chou Civilization*, New Haven and London: Yale University Press, 1988.

Herrlee G. Creel, *The Origins of Statecraft in China (Volume one): The Western Chou Empire*, Chicago: the University of Chicago Press, 1970.

Jessica Rawson, *Ancient China: Art and Archaeology*, New York: Harper & Row, 1980.

K. C. Chang, *Studied of Shang Archaeology*, New Haven and London: Yale University Press, 1986.

常玉芝:《商代周祭制度》,中国社会科学出版社 1987 年版。

晁福林:《夏商西周的社会变迁》,北京师范大学出版社 1996 年版。

陈絜:《商周姓氏制度研究》,商务印书馆 2007 年版。

陈梦家:《殷虚卜辞综述》,中华书局 1988 年版。

陈槃:《春秋大事表列国爵姓及存灭表譔异》,台湾"中央研究院"1969 年版。

丁山:《甲骨文所见氏族及其制度》,中华书局 1988 年版。

董家遵:《中国古代婚姻史研究》,广东人民出版社 1995 年版。

杜正胜:《编户齐民:传统政治社会结构之形成》,台湾联经出版事业公司 1990 年版。

杜正胜:《周代城邦》(修订版),台湾联经出版事业公司 1981 年版。

杜正胜等:《吾土与吾民》,生活·读书·新知三联书店 1991 年版。

冯尔康主编:《中国社会结构的演变》,河南人民出版社 1994 年版。

郭沫若:《中国古代社会研究》,《郭沫若全集·历史编》卷 1,人民出版社 1982 年版。

何怀宏:《世袭社会及其解体》,生活·读书·新知三联书店 1996 年版。

胡厚宣:《甲骨学商史论丛初集》,齐鲁大学国学研究所 1944 年版。

胡厚宣:《甲骨学商史论丛二集》,齐鲁大学国学研究所 1945 年版。

蒋善国:《尚书综述》,上海古籍出版社 1988 年版。

李衡眉:《昭穆制度研究》,齐鲁书社 1996 年版。

李零:《李零自选集》,广西师范大学出版社 1998 年版。

李玄伯:《中国古代社会新研》,开明书店 1948 年版。

李学勤:《东周与秦代文明》,文物出版社 1984 年版。

李学勤:《四海寻珍》,清华大学出版社 1998 年版。

李学勤:《新出青铜器研究》,文物出版社 1990 年版。

林沄:《商史三题》,台湾"中央研究院"历史语言研究所 2018 年版。

刘源:《商周祭祖礼研究》,商务印书馆 2004 年版。

洛阳市文物工作队:《洛阳北窑西周墓》,文物出版社 2002 年版。

钱杭:《周代宗法制度史研究》,学林出版社 1991 年版。

钱宗范、梁颖等:《广西各民族宗法制度研究》,广西师范大学出版社 1997 年版。

钱宗范:《周代宗法制度研究》,广西师范大学出版社 1989 年版。

裘锡圭:《古代文史研究新探》,江苏古籍出版社 1992 年版。

容庚:《商周彝器通考》,哈佛燕京学社 1941 年版。

陕西省考古研究所:《宝鸡𢐗国墓地》,文物出版社 1989 年版。

宋镇豪:《夏商社会生活史》,中国社会科学出版社 1996 年版。

孙作云:《诗经与周代社会研究》,中华书局 1966 年版。

唐兰:《西周青铜器铭文分代史征》,中华书局 1986 年版。

田昌五、臧知非:《周秦社会结构研究》,西北大学出版社 1996 年版。

王国维:《古史新证——王国维最后的讲义》,清华大学出版社 1994 年版。

王国维:《观堂集林》,中华书局 1984 年版。

王献唐:《山东古国考》,齐鲁书社1983年版。

谢维扬:《中国早期国家》,浙江人民出版社1995年版。

谢维扬:《周代家庭形态》,中国社会科学出版社1990年版。

徐复观:《两汉思想史》,华东师范大学出版社2001年版。

徐扬杰:《中国家族制度史》,人民出版社1992年版。

徐中舒:《先秦史十讲》,中华书局2009年版。

严志斌:《商代青铜器铭文研究》,上海古籍出版社2017年版。

杨宽:《古史新探》,中华书局1965年版。

杨希枚:《先秦文化史论集》,中国社会科学出版社1995年版。

杨向奎:《宗周社会与礼乐文明》(修订本),人民出版社1997年版。

姚萱:《殷墟花园庄东地甲骨卜辞的初步研究》,线装书局2006年版。

于省吾:《甲骨文字诂林》,中华书局1996年版。

俞伟超:《中国古代公社组织的考察》,文物出版社1988年版。

张光直:《商代文明》,北京工艺美术出版社1999年版。

张光直:《中国考古学论文集》,生活·读书·新知三联书店1999年版。

张光直:《中国青铜时代》(二集),生活·读书·新知三联书店1990年版。

张光直:《中国青铜时代》,生活·读书·新知三联书店1983年版。

章景明:《先秦丧服制度考》,台湾中华书局1971年版。

赵伯雄:《周代国家形态研究》,湖南教育出版社1990年版。

赵光贤:《周代社会辨析》,人民出版社1980年版。

赵林:《殷契释亲——论商代的亲属称谓及亲属组织制度》,上海古籍出版社2011年版。

赵世超:《周代国野制度研究》,陕西人民出版社1991年版。

郑杰祥:《商代地理概论》,中州古籍出版社1994年版。

中华书局编辑部编:《云梦秦简研究》,中华书局1981年版。

钟柏生:《殷商卜辞地理论丛》,台湾艺文印书馆1989年版。

朱凤瀚、徐勇:《先秦史研究概要》,天津教育出版社1996年版。

朱凤瀚:《中国青铜器综论》,上海古籍出版社2009年版。

朱凤瀚:《商周家族形态研究》(增订本),天津古籍出版社2004年版。

邹衡:《夏商周考古论文集》,文物出版社1980年版。

四、期刊与单篇论文

安阳市文物工作队:《1983—1986年安阳刘家庄殷代墓葬发掘报告》,《华夏考古》1997年第2期。

宝鸡茹家庄西周墓发掘队:《陕西省宝鸡市茹家庄西周墓发掘简报》,《文物》

1976 年第 4 期。

　　宝鸡市博物馆:《宝鸡竹园沟西周墓地发掘简报》,《文物》1983 年第 2 期。

　　蔡万进:《"中国里耶古城·秦简与秦文化国际学术研讨会"综述》,《中国史研究动态》2008 年第 5 期。

　　曹大志:《"族徽"内涵与商代的国家结构》,载北京大学中国考古学研究中心、北京大学震旦古代文明研究中心编:《古代文明》第 12 卷,上海古籍出版社 2018 年版。

　　曹定云:《论殷墟卜辞中的"上示"与"下示"——兼论相关的集合庙主》,载《中国考古学论丛》,科学出版社 1993 年版。

　　常金仓:《周人同姓不婚为优生说辨》,《山西师范大学学报》1996 年第 4 期。

　　常玉芝:《论商代王位继承制》,《中国史研究》1992 年第 4 期。

　　常玉芝:《太甲、外丙的即位纠纷与商代王位继承制》,《殷墟博物苑苑刊》1989 年创刊号。

　　晁福林:《关于殷墟卜辞中的"示"和"宗"的探讨——兼论宗法制的若干问题》,《社会科学战线》1989 年第 3 期。

　　晁福林:《先秦时期"德"观念的起源及其发展》,《中国社会科学》2005 年第 4 期。

　　陈剑:《说花园庄东地甲骨卜辞的"丁"——附:释"速"》,《故宫博物院院刊》2004 年第 4 期。

　　陈絜、李晶:《夰季鼎、扬簋与西周法制、官制研究中的相关问题》,《南开学报》(哲学社会科学版)2007 年第 2 期。

　　陈絜、刘洋:《宜侯夨簋与宜地地望》,《中原文物》2018 年第 3 期。

　　陈絜、田秋棉:《卜辞"龟"地与武丁时期的王室田猎区》,《故宫博物院院刊》2018 年第 1 期。

　　陈絜、赵庆森:《"泰山田猎区"与商末东土地理——以田猎卜辞"盂"、"劈"诸地地望考察为中心》,《历史研究》2015 年第 5 期。

　　陈絜:《𡨦方鼎铭与周公东征路线初探》,载李宗焜主编:《古文字与古代史》第 4 辑,台湾"中央研究院"历史语言研究所 2015 年版。

　　陈絜:《"鸡麓"地望与卜辞东土地理的新坐标》,《古代文明》2017 年第 1 期。

　　陈絜:《"梁山七器"与周代巡狩之制》,台湾《汉学研究》2016 年第 1 期。

　　陈絜:《包山简"州加公"、"州里公"身份述论》,载刘泽华、罗宗强主编:《中国思想与社会研究》第 2 辑,中国社会科学出版社 2009 年版。

　　陈絜:《卜辞京、鸿地望与先秦齐鲁交通》,《史学集刊》2016 年第 6 期。

　　陈絜:《卜辞中的紫祭与柴地》,《中原文化研究》2018 年第 2 期。

　　陈絜:《琱生诸器铭文综合研究》,载朱凤瀚主编:《新出金文与西周历史》,上海古籍出版社 2011 年版。

陈絜:《甲骨金文中的"⊠"字及其相关问题之检讨》,载北京大学出土文献研究所编:《青铜器与金文》第 3 辑,上海古籍出版社 2019 年版。

陈絜:《里耶"户籍简"与战国末期的基层社会》,《历史研究》2009 年第 5 期。

陈絜:《郊国墓地所出毕仲簋与殷墟卜辞中的毕族》,《文史》2020 年第 2 期。

陈絜:《清华简〈系年〉第二十章地名补正》,载李守奎主编:《清华简〈系年〉与古史研究》,中西书局 2016 年版。

陈絜:《商周东土开发与象之南迁不复》,《历史研究》2016 年第 5 期。

陈絜:《商周时期的东土诸嬴与"飞廉东逃于商盖"》,载黄德宽主编:《清华简研究》2019 年第 4 辑,中西书局 2019 年版。

陈絜:《射子削、射南簋与谢氏族姓及地望》,载《古文字研究》第 31 辑,中华书局 2016 年版。

陈絜:《试论殷墟聚落居民的族系问题》,《南开学报》(哲学社会科学版)2002 年第 6 期。

陈絜:《戍甫鼎铭中的地理问题及其意义》,《中国国家博物馆馆刊》2019 年第 9 期。

陈絜:《〈四祀卯其卣〉与晚商东土交通》,载北京大学出土文献研究所编:《青铜器与金文》第 1 辑,上海古籍出版社 2017 年版。

陈絜:《小臣缶鼎与晚商矍族族居地》,载北京大学出土文献研究所编:《青铜器与金文》第 2 辑,上海古籍出版社 2018 年版。

陈絜:《小屯 M18 所出朱书玉戈与商人东进交通线》,《故宫博物院院刊》2019 年第 3 期。

陈絜:《血族组织地缘化与地缘组织血族化——关于周代基层组织与基层社会的几点看法》,《社会科学战线》2009 年第 1 期。

陈絜:《鄂氏诸器铭文及其相关历史问题》,《故宫博物院院刊》2009 年第 2 期。

陈絜:《再论包山楚简"州"的性质与归属》,载南开大学历史学院等编:《中国古代社会高层论坛文集》,中华书局 2011 年版。

陈絜:《"宗子维城"与善鼎"宗子"解诂》,《中国史研究》2021 年第 1 期。

陈絜、田秋棉:《商周宗亲组织的结构与形态》,《中国社会科学》2022 年第 4 期。

陈其南:《中国古代之亲属制度——再论商王庙号的社会结构意义》,载台湾《"中央研究院"民族学研究所集刊》1973 年第 35 期。

陈伟:《包山楚简中的宛郡》,《武汉大学学报》1998 年第 6 期。

陈昭容:《从青铜器铭文看两周汉淮地区诸国婚姻关系》,台湾《"中央研究院"历史语言研究所集刊》2004 年第 75 本第 4 分。

程长新、曲得龙、姜东方:《北京捡选一组二十八件商代带铭铜器》,《文物》1982

年第 9 期。

丁山:《宗法考源》,台湾《"中央研究院"历史语言研究所集刊》1934 年第 4 本第 4 分。

丁骕:《商殷王室的婚姻制度》,《中国文字》1992 年新 16 期。

董珊:《释西周金文的"沈子"和〈逸周书·皇门〉的"沈人"》,载《出土文献》第 2 辑,中西书局 2011 年版。

杜正胜:《传统家族试论》,《大陆杂志》1982 年第 65 卷第 2、3 期,收入黄宽重、刘增贵主编:《家族与社会》,中国大百科全书出版社 2005 年版。

段绍嘉:《陕西蓝田县出土弭叔等彝器简介》,《文物》1960 年第 2 期。

方辉:《山东商代考古的历史回顾》,载《海岱地区青铜时代考古》,山东大学出版社 2007 年版。

方述鑫:《论殷墟卜辞中的示》,载洛阳文物二队编:《夏商文明研究》,中州古籍出版社 1995 年版。

方炫琛:《春秋战国时代国君子孙以"公某"为称、为氏探论》,《大陆杂志》1991 年第 83 卷第 5 期。

冯尔康:《开展社会史研究》,《历史研究》1987 年第 1 期。

高婧聪:《西周宗族形态及德教——以霉器所见遣氏宗族为中心的考察》,《历史研究》2016 年第 6 期。

高炜、李健民:《1978—1980 年山西襄汾陶寺墓地发掘简报》,《考古》1983 年第 1 期。

郜向平:《晚商"族墓地"再检视》,载北京大学中国考古学研究中心等编:《古代文明》第 12 卷,上海古籍出版社 2018 年版。

葛启扬:《卜辞所见之殷代家族制度》,《燕京大学史学年报》1938 年第 2 卷第 5 期。

葛英会:《附论袚祭卜辞》,载《夏商周文明研究》,中国文联出版社 1999 年版。

葛英会:《殷墟卜辞所见王族及相关问题》,载北京大学考古系编:《纪念北京大学考古专业三十周年论文集(1952—1982)》,文物出版社 1990 年版。

葛志毅:《商周王位继承制度新探》,载吴荣曾主编:《尽心集—— 张政烺先生八十庆寿论文集》,中国社会科学出版社 1996 年版。

郭沫若:《弭叔簋及询簋考释》,《文物》1960 年第 2 期。

郭沫若:《殷彝中图形文字之一解》,载《殷周青铜器铭文研究》(修订本),人民出版社 1954 年版。

韩建业:《殷墟西区墓地分析》,《考古》1997 年第 1 期。

韩榕:《山东临朐朱封龙山文化墓葬》,《考古》1990 年第 7 期。

何景成:《商末周初的举族研究》,《考古》2008 年第 11 期。

河南省文物考古研究所、郑州大学文博学院考古系、南开大学历史系博物馆学专业:《1995 年郑州小双桥遗址的发掘》,《华夏考古》1996 年第 3 期。

胡智生、刘宝爱、李永泽:《宝鸡纸坊头西周墓》,《文物》1988 年第 3 期。

湖北省荆州地区博物馆:《江陵天星观 1 号楚墓》,《考古学报》1982 年第 1 期。

湖南省文物考古研究所、湘西土家族苗族自治州文物处:《湘西里耶秦代简牍选释》,《中国历史文物》2003 年第 1 期。

湖南省文物考古研究所等:《湖南龙山里耶战国——秦代古城一号井发掘简报》,《文物》2003 年第 1 期。

黄德宽、徐在国:《〈上海博物馆藏战国楚简书〉(一)释文补正》,载《新出楚简文字考》,安徽大学出版社 2007 年版。

黄铭崇:《甲骨文、金文所见以十日命名者的继统"区别字"》,载台湾《"中央研究院"历史语言研究所集刊》2005 年第 76 本第 4 分。

季旭升:《由上博诗论"小宛"谈楚简中几个特殊的从"冐"的字》,《汉学研究》2002 年第 2 期。

李伯谦:《从晋侯墓地看西周公墓墓地制度的几个问题》,《考古》1997 年第 11 期。

李伯谦:《从殷墟青铜器族徽所代表的族氏的地理分布看商王朝的统辖范围与统辖措施》,载《考古学研究》(六),科学出版社 2006 年版。

李根蟠:《从秦汉家庭论及家庭结构的动态变化》,《中国史研究》2006 年第 1 期。

李国梁:《安徽宿县谢芦村出土周代青铜器》,《文物》1991 年第 11 期。

李衡眉:《论周代的"同姓不婚"礼俗》,《齐鲁学刊》1988 年第 5 期。

李晶:《〈尔雅·释亲〉王父王母考》,《历史研究》2016 年第 6 期。

李守奎:《〈郑武夫人规孺子〉中的丧礼用语与相关礼制问题》,《中国史研究》2016 年第 1 期。

李曦:《周代伯仲排行称谓的宗法意义》,《陕西师大学报》(哲学社会科学版)1986 年第 1 期。

李向平:《春秋战国时代的姓氏制度》,《广西师范大学学报》1984 年第 3 期。

李学勤:《曾侯膴(舆)编钟铭文前半释读》,《江汉考古》2014 年第 4 期。

李学勤:《帝乙时代的非王卜辞》,《考古学报》1958 年第 1 期。

李学勤:《关于花园庄东地卜辞所谓"丁"的一点看法》,《故宫博物院院刊》2004 年第 5 期。

李学勤:《论汉淮间的春秋青铜器》,《文物》1980 年第 1 期。

李学勤:《论殷代亲族制度》,《文史哲》1957 年第 11 期。

李学勤:《试论山东新出青铜器的意义》,《文物》1983 年第 12 期。

李学勤：《释花园庄两版卜雨腹甲》，载《夏商周年代学札记》，辽宁大学出版社1999 年版。

李学勤：《续释"寻"字》，《故宫博物院院刊》2000 年第 6 期。

李则鸣：《殷商宗法制简议》，《江汉论坛》1984 年第 11 期。

林启屏：《从五口之家的新社会基础论商鞅韩非支配格局的建立》，《台大中文学报》1999 年第 11 期。

林巳奈夫：《殷周时代的图像记号》，《东方学报（京都）》1968 年第 39 册。

林沄：《"百姓"古义新解——兼论中国早期国家的社会基础》，《吉林大学社会科学学报》2005 年第 4 期。

林沄：《从武丁时代的几种"子卜辞"试论商代的家族形态》，载《古文字研究》第 1 辑，中华书局 1979 年版。

林沄：《对早期铜器铭文的几点看法》，载《古文字研究》第 5 辑，中华书局 1981 年版。

林沄：《花东子卜辞所见人物研究》，载陈昭容主编：《古文字与古代史》第 1 辑，台湾"中央研究院"历史语言研究所 2007 年版。

临朐县文化馆、潍坊地区文物管理委员会：《山东临朐发现齐、鄗、曾诸国铜器》，《文物》1983 年第 12 期。

临沂文物收集组：《山东苍山县出土青铜器》，《文物》1965 年第 7 期。

刘桓：《补释甲骨文寻、瞑二字并释"降永"》，载《古文字研究》第 29 辑，中华书局 2012 年版。

刘启益：《略谈卜辞中"武丁诸父之称谓"及"殷代王位继承法"》，《历史研究》1956 年第 4 期。

刘源：《花园庄卜辞有关祭祀的两个问题》，载《揖芬集——张政烺先生九十华诞纪念文集》，社会科学文献出版社 2002 年版。

刘钊：《安阳殷墟大墓出土骨片文字考释》，载李宗焜主编：《古文字与古代史》第 2 辑，台湾"中央研究院"历史语言研究所 2009 年版。

卢连成、胡智生：《宝鸡茹家庄、竹园沟墓地有关问题的探讨》，《文物》1983 年第 2 期。

马立志：《论周代的寻氏铜器及其相关问题》，《中国国家博物馆馆刊》2019 年第 7 期。

庞怀清、镇烽、忠如、志儒：《陕西省岐山县董家村西周铜器窖穴发掘简报》，《文物》1976 年第 5 期。

钱宗范：《中国宗法制度论》，《广西民族学院学报》1996 年第 4 期。

丘山代、刘文阁：《河南正阳出土"禽"铭铜器初探》，《南方文物》2016 年第 2 期。

裘锡圭：《"花东子卜辞"和"子组卜辞"中指称武丁的"丁"可能应该读为

"帝"》,载陕西师范大学、宝鸡青铜博物馆主编:《黄盛璋先生八秩华诞纪念文集》,中国教育文化出版社 2005 年版。

裘锡圭:《从几件周代铜器铭文看宗法制度下的所有制》,载《裘锡圭学术文集》第 5 卷,复旦大学出版社 2012 年版。

裘锡圭:《𤔲伯卣的形制和铭文》,载《保利藏金(续)》,岭南美术出版社 2001 年版。

裘锡圭:《关于商代的宗族组织与贵族和平民两个阶级的初步研究》,《文史》第 17 辑,中华书局 1982 年版。

裘锡圭:《甲骨卜辞中所见的"田""牧""卫"等职官之研究——兼论"侯""甸""男""卫"等几种诸侯的起源》,载《裘锡圭学术文集》第 5 卷,复旦大学出版社 2012 年版。

裘锡圭:《说"𥷪𩊚伯大师武"》,《考古》1978 年第 5 期。

山东博物馆:《山东长清出土的青铜器》,《文物》1964 年第 4 期。

沈培:《上博简〈缁衣〉"㤅"字解》,载《新出土文献与古代文明研究》,上海大学出版社 2004 年版。

沈长云:《说殷墟卜辞中的"王族"》,《殷都学刊》1998 年第 1 期。

沈长云:《夏后氏居于古河济之间考》,《中国史研究》1994 年第 3 期。

宋镇豪:《商代婚姻的运作礼规》,《历史研究》1994 年第 6 期。

孙敬明、何琳仪、黄锡全:《山东临朐新出铜器铭文考释及有关问题》,《文物》1983 年 12 期。

孙庆伟:《从新出𫷷簋看昭王南征与晋侯燮父》,《文物》2007 年第 1 期。

唐际根:《殷墟家族墓地初探》,载《中国商文化国际学术讨论会论文集》,中国大百科全书出版社 1998 年版。

王恩田:《甲骨文中的济南和趵突泉》,《济南大学学报》2002 年第 1 期。

王国维:《殷周制度论》,载《观堂集林》(附别集),中华书局 1959 年版。

王明达:《浙江余杭反山良渚墓地发掘简报》,《文物》1988 年第 1 期。

王胜利:《包山楚简历法刍议》,《江汉论坛》1997 年第 2 期;

王旭东:《殷墟"戎"族铜器与安阳"族墓地"辨析》,《故宫博物院院刊》2021 年第 4 期。

王轩:《山东邹县七家峪村出土的西周铜器》,《考古》1965 年第 11 期。

王言京:《山东邹县春秋邾国故城附近发现一件铜鼎》,《文物》1974 年第 1 期。

王玉哲:《试论商代"兄终弟及"的继统法与殷商前期的社会性质》,《南开大学学报》1956 年第 1 期。

王振华:《"德音"考论》,载中国诗经学会、河北师范大学编:《诗经研究丛刊》,学苑出版社 2010 年版。

王震中:《商代都鄙邑落结构与商王的统治方式》,《中国社会科学》2007 年第 4 期。

魏国:《山东新泰出土一件战国"柴内右"铜戈》,《文物》1994 年第 3 期。

吴浩坤:《商朝王位继承制度论略》,《学术月刊》1989 年第 12 期。

吴浩坤:《西周和春秋时代宗法制度的几个问题》,《复旦学报》(社会科学版) 1984 年第 1 期。

吴镇烽:《鲍子鼎铭文考释》,《中国历史文物》2009 年第 2 期。

武家璧:《包山楚简历法新证》,《自然科学史研究》1997 年第 1 期。

谢励斌:《继统与承嗣:中国商代和埃及第十八王朝王位继承制比较探究》,《文化学刊》2017 年第 3 期。

信阳地区文管会:《河南信阳发现两批春秋铜器》,《文物》1980 年第 1 期。

邢义田:《从战国至西汉的族居、族葬、世业论中国古代宗族社会的延续》,《新史学》1995 年第 2 期,收入黄宽重、刘增贵主编:《家族与社会》,中国大百科全书出版社 2005 年版。

许倬云:《汉代家庭的大小》,载《求古编》,新星出版社 2006 年版。

严志斌:《复合氏名层级说之思考》,《中原文物》2002 年第 3 期。

严志斌:《殷墟西区墓地所见铜器铭文探讨》,载《三代考古》(二),科学出版社 2006 年版。

严志斌:《关于殷墟的"族邑"问题与"工坊区模式"》,《中国国家博物馆馆刊》2022 年第 10 期。

杨升南:《从殷墟卜辞中的"示"、"宗"说到商代的宗法制度》,《中国史研究》1985 年第 3 期。

杨升南:《关于殷墟西区墓地的性质》,《殷都学刊》1999 年第 1 期。

杨升南:《是幼子继承制,还是长子继承制》,《中国史研究》1982 年第 1 期。

杨希枚:《先秦赐姓制度理论的商榷》,台湾《"中央研究院"历史语言研究所集刊》1955 年第 26 本。

杨锡璋:《商代的墓地制度》,《考古》1983 年第 10 期。

杨向奎:《夏民族起于东方考》,《禹贡》第 7 卷第 6,7 合期。

尹在硕:《睡虎地秦简〈日书〉所见"室"的结构与战国末期秦的家族类型》,《中国史研究》1995 年第 3 期。

于嘉芳:《淄博市南韩村发现战国墓》,《考古》1988 年第 5 期。

于省吾:《释古文字中附划因声指事字的一例》,载《甲骨文字释林》,中华书局 1979 年版。

袁俊杰、王龙正:《论无鼎与丧服礼》,《考古》2015 年第 6 期。

岳洪彬、何毓灵、岳占伟:《殷墟都邑布局研究中的几个问题》,载《三代考古》

（四），科学出版社 2011 年版。

詹鄞鑫：《商代继统法新探》，《文史哲》2004 年第 5 期。

张光直：《商王庙号新考》，见《中国青铜时代》，原载台湾《"中央研究院"民族学研究所集刊》1963 年第 15 期。

张光直：《谈王亥与伊尹的忌日并再论殷商王制》，见《中国青铜时代》，原载台湾《"中央研究院"民族学研究所集刊》1973 年第 35 期。

张光直：《殷礼中的二分现象》，见《中国青铜时代》，原载《庆祝李济先生七十岁论文集》，台湾清华学报社 1967 年版。

张荣强：《湖南里耶所出"秦代迁陵县南阳里户版"研究》，《北京师范大学学报》2008 年第 4 期。

张政烺：《哀成叔鼎释文》，载《张政烺文史论集》，中华书局 2004 年版。

张政烺：《试释周初青铜器铭文中的易卦》，《考古学报》1980 年第 4 期。

张政烺：《释它示——论卜辞中没有蚕神》，载《古文字研究》第 1 辑，中华书局 1979 年版。

赵林：《商代的宗庙与宗族制度》，台湾《"国立政治大学"历史学报》1983 年第 1 期。

赵平安：《宋公圝作汋叔子鼎与滥国》，《中华文史论丛》2013 年第 3 期。

赵庆淼：《卜辞之曾地望考》，《中原文物》2015 年第 4 期。

赵锡元：《论商代的继承制度》，《中国史研究》1980 年第 4 期。

郑宏卫：《商代王位继承之实质——立壮》，《殷都学刊》1991 年第 4 期。

郑慧生：《从商代无嫡妾制度说到它的生母入祀法》，《社会科学战线》1984 年第 4 期。

郑慧生：《商族的婚姻制度》，《史学月刊》1988 年第 6 期。

郑若葵：《殷墟"大邑商"族邑布局初探》，《中原文物》1995 年第 3 期。

中国社会科学院考古研究所：《河南偃师商城商代早期王室祭祀遗址》，《考古》2002 年第 7 期。

中国社会科学院考古研究所安阳工作队：《1969—1977 年殷墟西区墓葬发掘报告》，《考古学报》1979 年第 1 期。

中国社科院考古研究所安阳工作队：《河南安阳市殷墟孝民屯东南地商代墓葬1989—1990 年的发掘》，《考古》2009 年第 9 期。

周瑗：《矩伯、裘卫两家族的消长与周礼的崩坏》，《文物》1976 年第 6 期。

朱凤瀚：《卜辞所见子姓商族的结构——关于"子族""王族"的组成关系及其他》，《殷墟博物苑苑刊》1989 年创刊号。

朱凤瀚：《金文所见西周贵族家族作器制度》，载北京大学出土文献研究所编：《青铜器与金文》第 1 辑，上海古籍出版社 2017 年版。

朱凤瀚:《论殷墟卜辞中的"大示"及其相关问题》,《古文字研究》第 16 辑,中华书局 1989 年版。

朱凤瀚:《先秦时代的"里"——关于先秦基层地域组织之发展》,载中国先秦史学会秘书处编:《先秦史研究》,云南民族出版社 1987 年版。

朱凤瀚:《殷墟卜辞所见商王室宗庙制度》,《历史研究》1990 年第 6 期。

朱凤瀚:《殷墟卜辞中"侯"的身份补证——兼论"侯"、"伯"之异同》,载李宗焜主编:《古文字与古代史》第 4 辑,台湾"中央研究院"历史语言研究所 2015 年版。

朱凤瀚:《殷墟花园庄东地甲骨卜辞中的人物关系再探讨》,载李宗焜主编:《古文字与古代史》第 2 辑,台湾"中央研究院"历史语言研究所 2012 年版。

朱凤瀚:《有关邲其卣的几个问题》,《故宫博物院院刊》1998 年第 4 期。

驻马店市文物管理所:《河南驻马店闰楼商代墓地发掘报告》,《考古学报》2018 年第 4 期。

索　引

后　记

　　"中国宗族通史"是深具南开特色的国家重大课题,2014 年我进入项目组,具体承担先秦宗族卷的写作。这原本是好事,可以借此将早年的个人研究浅见梳理一番,形成体系。但内心着实彷惶不已,因为当时的学术志趣与研究重心早已从商周社会史全然转向甲骨金文地理,新领域的探索恰似无底洞,分身乏术,无力全身心投入先秦宗族史的编写。2019 年临近结项,猛然间发现,自己所谓的积累有年的商周宗亲组织认知体系,已被"自我革命"了,初稿中的诸多观点需要重新梳理,甚至整体推倒重来。好在结项比较顺利,结题专家组给予的评价也是正面的鼓励为主。其后的修订,也一直是在新旧观念的抉择中不停纠结,原本的一些章节不得不忍痛割舍,讨论的重点只能聚焦于纷争较大的核心问题上。

　　说起认知变更,其实与十余年来我们所做的商周地理探索有莫大关系。卜辞金文地名地理新体系的初步构建,让我们逐步厘清了商周诸多古族的地理分布状况,也能看清部分典型宗亲组织的历史发展演变过程,母族出自何地,支庶又是如何衍生与迁徙,族与族之间有何种地缘关系,如此种种,均促使我们对旧的认知体系作出全方位反思。所以,空洞无据的血缘与地缘互斥的旧理论解释模式,只有彻底扬弃。当然,我们提出的新的甲骨金文地理体系与具体地名地理考证结果,还有诸多隙漏,亟待完善。以此为主要视角的商周宗族史新探索,目前自然难称完满。加之时间紧迫,书稿中观点新旧纠结、难定一尊之处不免时有。这说明我们如今所作的商周宗亲、宗族问题的探讨,还属"毛坯",还有极大的推进与完善的余地。

　　本书的主体思想、书写内容与章节设计由本人负责,具体撰写分工为:赵庆森,引论(一);刘佳琳,第一章第四节;田秋棉,第二章第四节;王旭东,

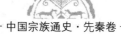
第一章第二节(三)、第一章第三节(二)、第二章第一节(一—三)、第二章第二节、第二章第三节;其余部分由本人完成。全书的统稿亦由本人负责,王旭东做了大量的协助工作。此外,聂生靖芳亦参与了部分前期工作。对于所有参与其事者,在此致以诚挚的谢意。

书稿虽成于众手,但个中疏漏错误等问题,理应由我个人承担。

陈　絜

2023 年 11 月 11 日

责任编辑:方国根　钟金铃

封面设计:石笑梦

版式设计:顾杰珍

图书在版编目(CIP)数据

中国宗族通史.先秦卷/常建华 主编;陈絜,王旭东 著. —北京:
　人民出版社,2024.1
　ISBN 978－7－01－026173－7

Ⅰ.①中…　　Ⅱ.①常…②陈…③王…　　Ⅲ.①宗族-历史-中国-
　先秦时代　　Ⅳ.①K820.9

中国国家版本馆 CIP 数据核字(2023)第 244594 号

中国宗族通史

ZHONGGUO ZONGZU TONGSHI

(先秦卷)

常建华 主编　　陈絜　王旭东 著

人民出版社 出版发行

(100706 北京市东城区隆福寺街 99 号)

北京盛通印刷股份有限公司印刷　新华书店经销

2024 年 1 月第 1 版　2024 年 1 月北京第 1 次印刷

开本:710 毫米×1000 毫米 1/16　印张:19

字数:300 千字

ISBN 978－7－01－026173－7　定价:125.00 元

邮购地址 100706　北京市东城区隆福寺街 99 号

人民东方图书销售中心　电话 (010)65250042　65289539